W0179812

HADRIAN

Für Guido und Alexander Constantin

UTE SCHALL

HADRIAN

Ein Kaiser für den Frieden.
Das Leben eines ungewöhnlichen Mannes

GRABERT—VERLAG—TÜBINGEN

Satz: Druck + Text GmbH, Koblenz
Druck: Gulde-Druck GmbH, Tübingen
Buchbinderarbeiten: Großbuchbinderei Lachenmaier, Reutlingen

CIP-Kurztitelaufnahme der Deutschen Bibliothek

Schall, Ute
Hadrian: E. Kaiser für d. Frieden;
d. Leben e. ungewöhnl. Mannes / Ute Schall. —
Tübingen: Grabert, 1986.
ISBN 3-87847-084-3

(c) 1986 by Grabert-Verlag, Tübingen
Printed in Germany
Alle Rechte, insbesondere das der Übersetzung in fremde Sprachen, vorbe-
halten. Ohne ausdrückliche Genehmigung des Verlages sind Vervielfälti-
gungen dieses Buches oder von Buchteilen auf fotomechanischem Weg
(Fotokopie, Mikrokopie) nicht gestattet.

INHALTSVERZEICHNIS

VORWORT

... da wird Vergangenes lebendig ...

Jetzt, da ich endlich zum Schreibzeug greife, liegt meine erste Lateinstunde schon viele Jahre zurück. Und doch will es mir immer mehr erscheinen, als sei damals der Grundstein gelegt worden zu meiner heutigen Begeisterung für diese Sprache und alles, was mit ihr zusammenhängt. Dabei verdanke ich das mehr oder weniger einem Zufall: Wir hatten seinerzeit noch nicht die Qual der Wahl. Latein war Pflichtfach in fast jedem Gymnasium, das einigermaßen auf sich hielt.

Was kindlichem Unverstand lästig, manchmal sogar überflüssig erscheinen wollte, erwies sich sehr bald als nützlich. Heute möchte ich keineswegs missen, was ich mir damals so überaus mühsam und wohl auch unter manchem Fluchen erarbeiten mußte. Denn es ist mir längst ein Stück Lebensqualität geworden.

Und so flüchte ich mich, wenn ich unserer aussichtslosen Gegenwart und der noch hoffnungsloseren Zukunft wenigstens für Augenblicke entrinnen möchte, in versunkene Welten. Der Zauber großer Vergangenheit überwältigt noch immer.

7

Dann nehme ich mir Vergils Aeneis vor: arma virumque cano ... (die Waffen besinge ich und den Mann). Ich lausche dem reinen Klang dieser vokalreichen Verse. ... passus dum conderet urbem ... (... erlitt, bis die Stadt er gegründet ...). Ich fühle ihre rhythmischen Schwingungen nach. Oder ich vergesse Zeit und Raum bei der Lektüre römischer Geschichte. Ihre gleichnishafte Lebendigkeit verwischt mir Vergangenes und Gegenwart. Sie, ein Kriminalroman gewaltigen Ausmaßes, ist so fesselnd und spannend geschrieben, wie eben nur ein Dichter zu schreiben vermag: das Leben.

Und plötzlich werden sie alle lebendig, die längst erloschenen Gestalten aus jenen Tagen. Die beiden Gracchen etwa, die ihre Neuerungsversuche so tragisch mit dem Leben bezahlten. Vielleicht waren sie nur ein paar Jahrhunderte zu früh geboren. Oder der geniale Cäsar, für dessen Herrschaftsgedanken die Zeit ebenfalls noch nicht reif war.

Des »Kicherers« Cicero brillante Reden tauchen auf und die Lebensanschauungen des weisen Seneca, die bis heute nichts von ihrer Aktualität verloren haben:

Niemand sorgt dafür, weise zu leben. Alle sorgen sich nur, lange zu leben. Dabei kann es jedem gelingen, weise zu leben, keinem jedoch, lange auf Erden zu sein.

Und dann die schier endlose Reihe der römischen Kaiser! Hier wechselten edelmütigste mit den niederträchtigsten Charakteren. Viele von ihnen haben den Herrschaftsgedanken ad absurdum geführt und das riesige Reich schließlich zugrunde gerichtet. Und die Tragik derer, die sich mühten, liegt darin, daß sie oft unter Überforderung ihrer Kräfte an der Aufgabe scheiterten.

Als es mir vor wenigen Monaten gelang, erstmals nach Rom zu kommen, schien mein Glück vollkommen. Konnte ich ahnen, daß diese wenigen Tage nichts weiter sein würden als ein Tropfen auf einen heißen Stein? Konnte ich voraussehen, daß meine Sehnsucht nach allem Vergangenen, nach seiner Sicherheit und seinem Bestand, jetzt erst recht geweckt werden würde? Wie konnte ich wissen, daß mich die »Roma aeterna« von nun an endgültig in ihren Bann ziehen sollte? Seitdem bin ich dieser Stadt verfallen, wie man nur einem Geliebten verfallen sein kann. Und ich beginne die Welt zu erahnen, ihre großen Zusammenhänge zu fühlen und zu durchschauen ...

Rom ist untergegangen? Ich bezweifle es. Ich bin durch Neros goldenes Haus geschlichen, wo man noch auf Schritt und Tritt dem Geist des wahnsinnigen Kaisers begegnet. In den langen Gängen der Katakomben habe ich den jahrhundertealten Moder in mich aufgesogen. Gesang war zu hören, dumpf und feierlich. Die frühen Christen feierten gerade das Abendmahl. Im gewaltigen Kolosseum klirrte das Eisen der Gladiatoren. Das Gegröle der Menge sprengte mir fast das Trommelfell. Wie von selbst stellten sich im Forumstal die Trümmer aufeinander, fügten sich die Gewölbe zu makellosem Rund. Die umgestürzten Säulen errichteten sich, und die roten Ziegelwände überzogen sich mit blendendem Marmor. Aus aller Welt kehrten die Kunstwerke zurück, die frevelnde Menschenhand hier in Jahrhunderten geraubt hatte. Paläste erstrahlten in gleißendem Goldglanz, und auf dem Palatin öffneten sich die Tore der kaiserlichen Residenzen. Rom bot mir Einblick in seine vergangenen Herrlichkeiten.

Vergangen? Nein, lebendig! Man muß nur sehen können, hören, fühlen und riechen. Ja, auch riechen! Auf den kleinen Plätzen in Tibernähe zum Beispiel, wo einem der Fischgestank fast den Atem raubt. Uralte Holzkarren werden hier herumgestoßen. Hunde streunen über das schmutzige Pflaster und schnappen nach Abfällen. Bilder, die vor zweitausend Jahren kaum anders ausgesehen haben können.

Es sei schlecht um uns bestellt, wenn wir beginnen müßten, in unseren Erinnerungen zu leben, meinte neulich einer meiner Bekannten. Daran mag Wahres sein. Aber es ist die Erinnerung, die uns prägt, die uns zu dem macht, was wir sind. Römische Geschichte ist europäische Geschichte und damit unsere gemeinsame Erinnerung. Roms Größe ist unsere Größe, ist die des gesamten westlichen Europa. Denn unser Kontinent wäre nicht der stolze, erhabene, vielfach auch beneidete Teil der Welt, wenn nicht vor zweitausend Jahren und mehr dort am Mittelmeer der Grundstein dazu gelegt worden wäre.

Als die römischen Legionen auszogen, ein Weltreich zu erobern, haben sie die unterworfenen Völker in ganz bestimmte Bahnen gelenkt. Sie haben die schlafenden Stämme des Nordens aufgeweckt, um sie aus ihren dunklen Wäldern an die Sonne zu führen. Freilich konnten sie nicht wissen, daß ihnen nur eine Mittlerrolle zukam zwischen den reifen Kulturen des Ostens und den noch unzivilisierten westlichen Völkern.

Solche Erkenntnisse lassen sich erst in späteren Zeiten rückblickend gewinnen. Aber es ist eine alte Weisheit, daß viel Licht aus dem Osten kommt. Dieses Licht haben die Römer westwärts getragen. Die Sage erzählt es uns in sehr anschaulichen Bildern:

Der flüchtige Trojaner Aeneas landet an Latiums Küste. Einer seiner Nachfahren gründet Rom. Damit ist göttlichem Ratschluß Genüge getan, und ein großes Kapitel der Menschheitsgeschichte beginnt sich zu schreiben. Ein höhe-

rer Auftrag hat faßbare Gestalt angenommen, ist Aufgabe
für Menschen geworden.

»... tu regere imperio populos, Romane, memento hae tibi
erunt artes — pacique imponere morem, parcere subiectis et
debellare superbos! ...«

(Du aber, Römer, gedenke mit Macht der Völker zu wal-
ten, dies sei deine Berufung — des Friedens Gesetze zu ordnen! Schon den, der sich fügt, doch brich den Trotz der
Rebellen!)

Aeneis, 6. Gesang, 851—853

Die Geschichte weiß von keinem anderen Volk, das seine
Aufgabe gründlicher angepackt hätte als dieses. Freilich ist
Rom dann auch an dieser Gründlichkeit zugrunde gegangen. Das ist eben die fast schon sprichwörtliche Ironie der
Geschichte: Wie der gelehrige Schüler bald seine Lehrer
überflügelt, so wurde auch das alte, in Jahrhunderten
morsch gewordene römische Staatsgebilde von Unver-
brauchterem abgelöst. Oder sagt man besser: übernommen?
Denn es lebt fort. In unserer Staatsidee, in unserer Religion. In Kunst und Wissenschaft, in Recht und Gesetz. Ja,
selbst in solchen banalen Dingen wie Monatsnamen und Kalender! Rom ist abendländische Kultur, die trotz zweier
Weltkriege und dem Damoklesschwert der Atombombe
noch nicht untergegangen ist. Sie erweist sich vielmehr als
widerstandsfähig und zäh, zäher, als es manchem außerhalb
dieses Kulturkreises lieb sein mag. Und Rom wird leben, solange es eine einzige und wäre es auch nur von einem Menschen bewohnte Stadt im Abendland gibt.

Der Gedanke, über etwas Römisches zu schreiben, kam mir schon in Rom. Nur, begrenzt sollte es sein, ein winziger Abschnitt nur aus dieser vielhundertjährigen turbulenten Geschichte. Meine Bekannten lächelten mitleidig. Unsere Zeit berge, weiß Gott, genügend Probleme, mit denen es sich zu beschäftigen lohne. Einer, dem ich von meiner Absicht erzählte, meinte gar verächtlich: »Geschichte? Nein, danke! Was interessieren mich die alten Zöpfe. Für uns zählt, wie der amerikanische Dollar steigt und fällt. Mit ihm steigen und fallen wir.«

Unsere Zeit ist trotz oder gerade wegen ihres materiellen Wohlstandes arm. Fortschritt heißt die Devise. Technik und Elektronik erobern nahezu alle Lebensbereiche. Mehr und mehr wird der Mensch verdrängt und aus seiner herrschenden Stellung in dienende Funktionen abgeschoben. Ein Sklave der Technik, läßt er sich, so paradox das klingen mag, zum Werkzeug seiner eigenen Erfindungen degradieren. Und das schlimmste ist, er merkt es nicht oder kaum. Für alles Alte haben wir oft nicht mehr als ein müdes Lächeln. Längst gehört das Fach Geschichte nicht mehr zu jenen privilegierten Gebieten, deren Beherrschung noch vor zwanzig Jahren jedem Abiturienten Ehre einlegte. Man kann es sogar abwählen. Man ignoriert die Vergangenheit. Man will nicht mehr wahrhaben, daß die Zeit gar nicht soviel Neues bringt. Dabei ist alles schon einmal dagewesen. In mehr oder weniger regelmäßigen Abständen wiederholen sich geschichtliche Ereignisse. Manches neuzeitliche Problem ließe sich rückblickend sicherlich leichter lösen. Denn zwei- oder drei- oder auch fünftausend Jahre sind wenig im gewaltigen Rad der Menschheitsgeschichte.

Aber die Vergangenheit wird verdrängt oder zumindest verleugnet. Die Menschen ziehen sich zunehmend auf eine

Gegenwart zurück, die ihnen jedoch verweigert, was sie suchen. Viele werden verunsichert. Die wachsende Zahl der Aussteiger beweist es. Aber aussteigen, wohin? Konturenlos ist das Zukunftsbild. Es weckt längst keine Hoffnungen mehr.

Nur die Vergangenheit bietet mir Bestand. Nur in ihr finde ich, was ich in der Gegenwart so vergeblich suche: Sicherheit. Insofern bin auch ich ein Aussteiger.

Ich lasse mich nicht beirren. Niemals! Ich habe Roms Glanz geschaut, als ich wirklichkeitsentrückt durch die Einsamkeit des verwunschenen Palatins schlenderte. Für nichts auf der Welt möchte ich dieses Glücksgefühl tauschen. Ich habe Roms Macht erfahren, als ich vor der scharfumrissenen Kulisse der wehrhaften Engelsburg stand, hinter der die Abendsonne gerade verglühte. Und dann im Pantheon spürte ich den großen unvergänglichen antiken Geist. Reich, Weltall, Kosmos, die ganze Schöpfung offenbart sich in diesem herrlichen Monument aus Mörtel und Stein. Ist es nur Zufall, daß gerade dieser Bau der besterhaltene der antiken Stadt ist? Hat da nicht vielmehr eine Idee die Stürme der Zeiten überdauert?

Ich las die Weihinschrift im Architrav.

M. Agrippa L F COS Tertium fecit (Marcus Agrippa, Lucius' Sohn, zum dritten Mal Konsul, hat es erbaut).

Eigenartig, war mir doch immer, als sei Hadrian der Schöpfer dieser symbolisierten Vollkommenheit gewesen. Ich schlug nach. Ich hatte mich nicht getäuscht. Zwar war der ursprüngliche Tempel von Agrippa errichtet worden. Als er aber im vom Feuer heimgesuchten Rom zum zweiten Mal abgebrannt war, ließ ihn Hadrian als eigenwilligen Kuppelbau von Grund auf neu erstellen. Das geschah in den Jahren

120 bis 125 n. Chr. In einem fast rührend anmutenden An-
flug von Bescheidenheit hat dieser ungewöhnliche Mann
durch die Anbringung der Inschrift den ersten Erbauer
geehrt. Solch ein Akt verrät Größe. Mag er doch fast unverständlich erscheinen in einer Zeit, in der kaiserlicher Gel-
tungsdrang mehr war als eine flüchtige Modeerscheinung.
Zeugte er nicht von einem edlen Charakter? Welcher andere
Kaiser hätte ebenso gehandelt? Sein Nachfolger Antoninus
vielleicht, dem der Senat schon zu Lebzeiten das in der Geschichte wohl einmalige Prädikat »Pius« (der Fromme) verlieh? Oder Marc Aurel, der Philosoph, der das höchste
irdische Herrscheramt bekleidete und doch zeitlebens um
den Frieden seiner Seele rang?

Noch wußte ich nicht, daß sie beide ohne Hadrian nicht
auf den Thron gekommen wären. Oder, wenn ich es je gehört hatte, war es mir doch im Laufe der Zeit entfallen.

Hadrian. Welch zauberhafter Name! Was war mir eigentlich von ihm bekannt? Daß er von 117 bis 138 n. Chr. regier-
te? Daß er zu den Adoptivkaisern gehörte und zu denjenigen, die Nichtrömer, ja nicht einmal Italier waren? Habe ich
mich damals überhaupt daran erinnert? Selbst das kann ich
heute nicht mit Bestimmtheit sagen. Ich weiß nur, wie da auf
einmal mehr war als der verlockende Klang eines Namens.
Ein Mensch begann mich zu faszinieren, ein Mann, der einmal Beherrscher dieser Welt war und dessen sterbliche Überreste nirgendwo mehr zu finden sind.

Und mit wachsender Neugier wollte mir dieses Leben zunehmend modern erscheinen.

Ich erinnere eine frühere Existenz. Ich habe schon gelebt.
Oft. Ich habe den Kaiser gesehen, wie er von den Schranken
des Trajan aus zum Volk sprach. Keiner hat ihm zugejubelt.

Auch ich nicht. Das römische Volk hatte wenig Sympathie für einen Mann, der sich so viel um die Provinzen und so wenig um die Hauptstadt kümmerte. Nichts habe ich getan, sein Ansehen zu steigern. Nur im stillen habe ich ihn bewundert, hingen meine Augen an dem ebenmäßig vornehmen Gesicht mit dem gelockten Vollbart. Ich bin dem Kaiser begegnet draußen in Tibur, wo er in stundenlangen einsamen Spaziergängen wehmütig seinen Erinnerungen nachhing. Auch ihm vermochte die Gegenwart wenig zu geben. Auch er mußte sie fliehen und Schutz suchen in der Gewißheit des Vergangenen.

Ich habe hinter Hadrian gestanden, als er von Baiae noch einmal hinaus aufs weite Meer sah. Den Wellen teilte er seine Sehnsucht mit. Den Winden trug er Grüße auf für sein geliebtes Griechenland, das er nie wiedersehen sollte. Der Tod hatte ihn schon gezeichnet, damals. Und er wußte es.

Da verfaßte er in einer der wenigen Sternstunden seines Lebens jene Verse, die ihn für Jahrhunderte unvergessen machen sollten, weniger als Herrscher, denn als Dichter und Philosoph:

Animula vagula, blandula,
hospes comesque corporis,
quae nunc abibis in loca
pallidula, rigida, nudula
nec, ut soles, dabis iocos.

Seele, zärtlicher Atem,
Gast und Gefährtin meines Körpers.
Schon entfliehst du
ins Reich der bleichen, kalten Schatten,

und die Spiele mit mir und meinen Freunden
sind vorüber ...

(Übers. aus: Das Rom der Cäsaren,
Leonardo B. Dal Maso, Rom)

Rätselhaft waren uns seine Worte schon damals. Rätselhaft sind sie bis heute geblieben. Jedenfalls bin ich auf meinem langen Weg durch die Jahrhunderte keinem begegnet, der sie hätte einwandfrei deuten können.

Hadrian! Verführender Klang eines Namens, voll von Melancholie und schwermütiger Traurigkeit. Nomen est omen. So warst du.

Ich will dich noch einmal auferstehen lassen. Ich will noch einmal den geheimnisvollen Zauber deines Wesens einfangen, ehe du ganz ins Reich der Schatten entschwindest. Du sollst leben, großer weiser Mann, und wäre es auch nur für Bruchteile von Sekunden. Du sollst noch einmal unter uns weilen, damit uns kommende Generationen nicht vorhalten können: Den hat es ja niemals gegeben.

Ute Schall

Hadrian, römischer Kaiser von 117–138 n. Chr.; Rom,
Kapitolinische Museen

1.

HÜGEL, DIE DIE WELT BEHERRSCHEN ...

Man zählt 829 Jahre ab urbe condita. Unser Kalender ist längst erfunden. Caesar hat ihn vor mehr als 100 Jahren eingeführt. Er hat das ungenaue Mondjahr kurzerhand nach ägyptischem Vorbild durch das Sonnenjahr ersetzt. 365 Tage zählt es jetzt. Alle vier Jahre wird zur Korrektur ein weiterer Tag eingeschaltet. Erst 1500 Jahre später wird dieser Kalender unter Papst Gregor XIII. eine winzige Verbesserung erfahren.

Aber daran denkt noch niemand. Noch ist Rom der Anfang und das Ende, ist Alpha und Omega dieser Welt. Noch ordnet man politische und geschichtliche Ereignisse nach dem Zeitpunkt der Stadtgründung ein, die der Gelehrte Varro in augusteischer Zeit auf den 21. April 753 vor Beginn unserer christlichen Zeitrechnung festgelegt hat. Erst im Laufe von Jahrhunderten, wenn das Christentum überall im römischen Reich Fuß gefaßt und es schließlich abgelöst haben wird, wird man Christi Geburt zum Ausgangspunkt aller historischen Ereignisse machen. Das Jahr 829 ab urbe condita wird dann das Jahr 76 n. Chr. sein.

Aber noch steht Rom. Mächtiger als je zuvor, so jedenfalls scheint es, steuert es seinem tausendjährigen Bestehen entgegen. Niemals zuvor ist eine Stadt in solchem Maße mit ihrem Reich, ist ein Reich so sehr mit seiner Hauptstadt identifiziert worden wie hier. Wenn heute die Franzosen von ihrer Hauptstadt stolz verkünden: »Paris, c'est la France!« (Paris, das ist Frankreich), so kann man rückblickend mit Sicherheit sagen, das Imperium Romanum war Rom.

Tatsächlich hat sich in den gelehrten Köpfen aller kommenden Generationen der Begriff »das alte Rom« stellvertretend für den riesigen Machtkomplex rund um das Mittelmeer festgesetzt.

Dabei ist Roms Höhepunkt in jenen Tagen noch nicht einmal erreicht. Erst unter Kaiser Trajan, mehr als 20 Jahre später, wird das Imperium seine größte Ausdehnung erlangen. Aber schon sein Nachfolger Hadrian wird den imperialen Gedanken wieder aufgeben. Denn er wird erkennen, daß Roms traditionelle Eroberungspolitik mit den verfügbaren Kräften auf Dauer nicht zu verwirklichen ist. Damit aber wird er gleichzeitig neue politische Weichen stellen, die dann allerdings, so paradox das klingen mag, den Untergang beschleunigt herbeiführen werden.

Doch schon jetzt spannt sich der Bogen römischer Macht ungeheuer weit. Von dem einen Ende der damals bekannten Welt bis zum anderen spricht das klirrende Metall der römischen Waffen seine eigene Sprache. Millionen erzittern vor dem Klang des römischen Namens. Millionen bannt dieser Name aber auch mit magischer Kraft: Rom, das unermeßliche Imperium, Roma, die »ewige Stadt«, wie man sie jetzt, in Vespasians Tagen, zu nennen beginnt.

Und ich meine: Rom, das war Hadrian. Er war die personifizierte Idee jenes Weltreichs, mehr als Cäsar, mehr als Augustus. Er trug den Reichsgedanken bis in den entferntesten Winkel seines Herrschaftsgebietes, damit auch der letzte

Einwohner teilhabe am Glanz der »ewigen Stadt«. Zu seiner Zeit hatte das Imperium 90 Millionen Einwohner. Zwei Drittel davon waren römische Bürger. Es umfaßte innerhalb seiner gesicherten Grenzen fünf Millionen Quadratkilometer.

»Die UdSSR hat heute mehr als 250 Millionen Einwohner, ihre Grenzen umschließen 22 Millionen Quadratkilometer. Dessen ungeachtet ist die Sowjetunion nur eine Weltmacht, kein Weltreich, nicht die Welt, nicht einmal die halbe.

Für das Bewußtsein der Römer aber, und darauf kommt es an, war ihr Reich die Welt. Hinter seinen Grenzen lebten › Barbaren ‹, die es immer wieder zu bekämpfen oder zu unterwerfen galt. Römische Herrschaft reichte vom Atlantik bis Mesopotamien, von Schottland bis in den heutigen Sudan. In diesen Grenzen konnte sich jeder römische Bürger frei bewegen, Pässe gab es nicht, das Geld in Spanien war das gleiche wie das in Ägypten, und Spezialprägungen von Münzen konnten austauschbar verwendet werden. Auf diesen Raum muß man den Spruch projizieren: Alle Wege führen nach Rom.«

Dabei ist das Rom des ausgehenden ersten Jahrhunderts eine gebeutelte Stadt. Ihr Untergang scheint längst beschlossene Sache. Wie Stadt und Reich nicht an einem Tag erbaut wurden, so sind sie ebensowenig an einem Tag verschwunden. Jahrhunderte haben an Roms Verderben gewirkt, zermürbend und zersetzend. Das Mark des einst so kräftigen Imperiums wurde allmählich ausgehöhlt, sein Fleisch aufgefressen, bis das übriggebliebene Gerippe schließlich in sich zusammenfiel. Sittliche Verwahrlosung mag einer der Schmarotzer geheißen haben, die da so vollkommene Arbeit leisteten. Es ist wohl immer das gleiche: politische und wirtschaftliche Macht bringt Wohlstand. Der macht die Menschen bald übermütig und blind. Und so steuern sie geradewegs in ihr Verderben. Neue Völker erobern den Platz an der Sonne. Mit dem politischen Einfluß nach außen wächst auch ihr Wohlergehen im Innern, doch nur, um eines Tages wieder abgelöst zu werden von weniger Mürbem, weniger Verbrauchtem. Es ist ein ewiger Teufelskreis, aus dem es bislang keinen Ausweg zu geben scheint. Bis heute jedenfalls ist gegen diese Krankheit kein Kraut gewachsen.

In Rom mag es damals manchen gegeben haben, der diese verhängnisvolle Entwicklung, wenn nicht voraussah, so doch mehr oder weniger ahnte. Der römische Schriftsteller Juvenal, zeitkritisch wie gelegentlich Seneca auch er, trifft den Nagel auf den Kopf, wenn er meint: »Das Verderben der Sitten, ein Feind viel schlimmer als der Krieg, beherrscht und rächt den von uns bezwungenen Erdkreis. Jegliche Art von Verbrechen und Wollust stellte sich ein, seit Rom nicht mehr arm ist.« Und er klagt weiter: »Jegliches Laster erreichte den Gipfel. Die Nachwelt wird den heutigen Sitten nichts Neues hinzufügen können.« Wer sich nur ein wenig mit römischer Sittengeschichte beschäftigt hat, weiß, wie recht er damit hatte. Aber Philosophen, Schriftsteller und Kritiker waren zu allen Zeiten wenig beliebt. Zahlreiche Beispiele aus der Geschichte beweisen es. Allzu leichtfertig werden sie oft in die Nähe von Umstürzlern und Aufwieglern gebracht oder gar als deren Wegbereiter angesehen. Das hat sich bis auf den heutigen Tag nicht geändert. So blieben auch Juvenals Warnungen in den Wind gesprochen, sehr zum Schaden von Stadt und Reich, wie die Entwicklung gezeigt hat.

Was aber war wirklich geschehen? Mehr als hundert Jahre zuvor war die alte republikanische Ära zu Ende gegangen.

Blutige Wirren hatten unter anderem diesem alten, festgefügten Staatsgebilde den Lebensfaden abgeschnitten. »Die römische Republik ist an den Folgen ihres Sieges zugrundegegangen.« So wird es der französische Philosoph Montesquieu Jahrhunderte später formulieren. Was er für die Republik gesagt hat, gilt wohl stellvertretend für das gesamte Reich.

Mit dem Ende der republikanischen Staatsform stand Rom an einer Zeitenwende. Wie häufig bei solchen schicksalträchtigen Einschnitten im Dasein eines Volkes stehen die Menschen allen Neuerungen mit gemischten Gefühlen gegenüber. So auch hier, als die abgewirtschaftete Herrschaft vieler im Prinzipat eines einzelnen neu erstand. Allzu lebendig mag noch die Erinnerung an den letzten römischen König gewesen sein, den Etrusker Tarquinius, den die Nachwelt mit dem unrühmlichen Namen »Superbus«, der Hochmütige, bedachte. Hatte man ihn nicht wegen seiner Willkürherrschaft vor mehr als 500 Jahren davongejagt? Hatte man sich nicht damals geschworen, nie mehr einem einzelnen alle Machtbefugnisse in die Hände zu legen? Wollte man die Geschicke des Volkes nicht künftig nur noch von einer Auslese der Besten und Ältesten leiten lassen? (An eine Demokratie moderner Prägung dachte dabei freilich noch niemand. Die Idee von der politischen Gleichheit aller Menschen war noch nicht geboren. Sie sollte noch fast 2000 Jahre auf sich warten lassen ...) Und hatte nicht erst vor wenigen Jahren der große Julier daran glauben müssen, weil er allzu offensichtlich nach den Sternen gegriffen hatte? Solche oder ähnliche Gedanken mögen in den römischen Köpfen vorgegangen sein, als der Senat dem Cäsar-Neffen Oktavian den Titel »Der Erhabene und der in Ehrfurcht zu Verehrende«, Augustus, verlieh. Dieser Oktavian war ein erstaunlicher Mann. Im Jahre 31 v. Chr. hatte er über die vereinigten Heere von Antonius und Kleopatra gesiegt. Damit war der nach Cäsars Tod entstandene Machtkampf zugunsten Roms und der gesamten westlichen Welt für Jahrhunderte entschieden. Rom mußte ihm dankbar sein. Durfte man auf einen solchen Mann, der seinen Mitmenschen den generationenlang ersehnten Frieden verschafft hatte, nicht auch alle Hoffnungen setzen, so hochtrabend sie auch immer gewesen sein mögen?

Tatsächlich vermochte jener erste Augustus, dem man anfangs noch recht mißtrauisch gegenübergestanden hatte, dem Reich eine gewisse Beständigkeit zu verleihen. Noch 40 v. Chr. hatte er als »Rächer von Perugia« an den Iden des März am Altar seines gemeuchelten Onkels verkündet: »Moriendum est« — jetzt wird gestorben! Nun erwies er sich als einer der segensreichsten, gerechtesten, ja weisesten Herrscher, den das heimgesuchte Rom je gesehen hatte. Dabei war er klug genug, nach außen hin nicht als Alleinherrscher aufzutreten. Bescheiden nannte er sich »princeps«, was nicht mehr als »der Erste« bedeutet. Und so sind viele Historiker der Meinung, nicht mit ihm habe Roms Kaiserzeit begonnen, sondern erst unter seinem Nachfolger Tiberius. Wie dem auch sei, anfängliche Zweifel an diesem Oktavian wurden schnell zerstreut. Man fand sich mit der Herrschaft dieses einen Mannes bald ab und sogar zurecht. 45 Jahre lang war es ihm vergönnt, die Zügel seines Reiches in der Hand zu halten. Niemals zuvor hatten sich die Römer einer so anhaltenden Friedensepoche und eines so großen Wohlstands erfreuen dürfen wie zu seiner Regierungszeit. Der Begriff »Pax Romana« (Römischer Frieden) wurde geprägt und bald als »Pax Augusta« (Kaiserfrieden) mit der Person des Kaisers untrennbar verbunden. Und diese wenigen Silben sagen wahrscheinlich mehr aus, als es große geschichtliche Abhandlungen vermögen. Kalt und ungewöhnlich war der Mann, der sich wohl nie so richtig ernst genommen hat: »Hab ich die Komödie gut gespielt? Wenn euch das Schauspiel meines Lebens gefallen hat, klatscht Beifall!« Das sollen seine letzten Worte auf dem Sterbebett gewesen sein. Wie ironisch sie auch gedacht sein mochten, der Beifall war ihm gewiß. Wie kein zweiter wurde Augustus in der Folgezeit verehrt. Er wird es eigentlich bis auf den heutigen Tag. Wer heute in Kaufabsicht oder auch nur interessehalber die zahlreichen Souvenirläden entlang der Via della Conciliatione abklappert, begegnet seinem Konterfei auf Schritt und Tritt. In vielhundertfacher Ausführung kann man Augustus mit nach Hause nehmen. Und die Verkäufer preisen ihn freudestrahlend als ihren »Cesare« an. Fragt man dagegen nach einem Abbild seines bestimmt genialeren Vorfahren, erntet man nur düsteres Stirnrunzeln und mißtrauische Blicke.

So trägt der erste Kaiser auf dem römischen Thron noch heute sein Scherflein bei zum Wohlergehen seiner Stadt und zum Glück ihrer Bewohner.

Was sich mit Oktavian so vielversprechend angelassen hatte, sollte aber bald schon wieder zu Ende sein. Auf Augustus folgte sein Stiefsohn Tiberius, ein Mann »mißtrauisch und finster, mit sich und der Welt zerfallen«. Am Ende einer Schreckensherrschaft von über 20 Jahren wurde ihm die Rechnung präsentiert: er war der erste Kaiser Roms, der durch Mörderhand fiel. Der 78jährige Greis erwies sich als zäher, als es seinen Verwandten lieb sein konnte. Da er einfach nicht sterben sollte, mußte nachgeholfen werden. Sein

Großneffe Caligula wußte ein probates Mittel, er ließ Tiberius mit schweren Wolldecken ersticken. So einfach war es mitunter, sich selbst die Nachfolge zu sichern. Fortan sollte es wenigen Caesaren vergönnt sein, die Bühne des Lebens auf natürlichem Weg zu verlassen.

Wie Tiberius wurde auch Caligula ermordet. Knapp vier Jahre lang hatte man ein Ungeheuer ertragen, das Rom das Zittern zu lehren verstand. Dann erfüllte sich auch an ihm das Schicksal, das er während seiner Regierungszeit unzähligen seiner Mitmenschen zugedacht hatte. Sein Mörder kam aus den Reihen der Offiziere. Das war neu. Noch ahnte niemand, daß künftig das Militär keinen geringen Einfluß auf politische Entscheidungen ausüben sollte...

Caligulas Onkel Claudius war »eine Mißgeburt von einem Menschen, von der Natur nur begonnen, nicht vollendet.« So hatte ihn die eigene Mutter einmal beschrieben. Und doch sollte diese Mißgeburt zu einem Hoffnungsschimmer für Rom werden. Wenigstens vorübergehend. Leider war Claudius zu sehr dem Einfluß übler Frauen verfallen. Unter ihnen befand sich die mehr berüchtigte als berühmte Messalina. Schließlich wurde ihm auch eine Frau zum Verhängnis. Über den Ehrgeiz Agrippinas, seiner letzten Ehefrau, stolperte er. Sie nämlich brauchte seinen Platz für ihren Sohn aus erster Ehe: Nero. Und so gab sie dem Kaiser, was des Kaisers war: Als vergiftete Pilze nicht die erhoffte Wirkung zeigten, mußte eine erneute Dosis Gift nachhelfen. Von ihr hat sich der alternde Mann nicht mehr erholt.

Nero Claudius Augustus Germanicus war gebildet. Seneca hatte ihn in die Abenteuer der Philosophie eingeweiht. Der junge Kaiser sang. Der junge Kaiser malte. Der junge Kaiser dichtete sogar. Er soll durchaus künstlerisch begabt gewesen sein. Sueton behauptet es, und die neuere Geschichtsforschung glaubt ihm. Ein Hinweis mehr, wie nahe bisweilen Genie und Irrsinn beieinanderliegen können...

Vom Irrsinn merkte man anfangs freilich noch nichts. Im Gegenteil! Alle Vorzüge eines zum Herrschen Geborenen schienen von der Natur in diesem rotblonden Jüngling auf geheimnisvolle Weise vereint. Rom schwebte wie immer, wenn ein neuer Kaiser an die Macht kam, auf Wolkenpfühlen. Und Rom sollte, wie so oft an der Schwelle zu einer neuen Zeit, auf das bitterste enttäuscht werden.

Es begann mit Brudermord. Dann ließ Nero im Jahre 59 Agrippina, die »optima mater« (beste Mutter), töten. Sie hatte sich einer Verbindung ihres Sohnes mit der ehrgeizigen Poppäa Sabina widersetzt. Ihr folgte bald Oktavia, die Gattin, kaum zwanzigjährig. Acht Ehejahre waren für einen Mann wie Nero entschieden zu lang.

Nach Bereinigung dieser Familienangelegenheiten kam die Öffentlichkeit an die Reihe. Die kaiserlichen Säuberungsaktionen machten nicht einmal vor der Stadt halt. Sie war damals schon alt, ihre Gassen waren eng und gewunden. Kein Wunder, daß sie den Schönheitssinn der Majestät beleidigte. Aber auch hier wußte der Kaiser Abhilfe. Kurzerhand ließ er die ganze Stadt anzünden. Das geschah im Jahre 64 n. Chr. Wieviel Nahrung die Flammen fanden, kann man sich leicht vorstellen: Rom, das war keineswegs nur die Stadt der goldverzierten Prunkbauten des Forumstals und der gleißenden Marmorpaläste auf dem Palatin. Rom, das war zumindest ebenso die Stadt der schmutzigen Mietskasernen. Diese »insulae« hatte man kunstlos und oft auch ohne sicheren Halt in die Höhe getrieben. Wolkenkratzer sind keine Erfindung der Neuzeit. Platz war Mangelware schon im alten Rom, mit über einer Million Einwohnern für damalige Verhältnisse eine gigantische Ansiedlung. Und es drängten immer mehr Menschen in die Stadt, die damals für viele Leute die Stadt aller Städte war.

Sechs Tage und sieben Nächte lang, ist uns überliefert, fraßen sich die Flammen durch die Straßen. Über zwei Drittel Roms versanken in Schutt und Asche. Und der Kaiser soll von der Sicherheit seines Palastes aus der sinnlosen Zerstörung fasziniert zugeschaut haben. Erst jetzt konnte sich wohl der arme Irre die Einäscherung Trojas so richtig vorstellen. Das Feuer hatte ihn offensichtlich so übermannt, daß er ein Lied vom Untergang Ilions komponierte.

Jede Schandtat schreit nach Sühne. Weil sich ein Kaiser schlecht selbst bezichtigen kann, mußte auch für dieses Verbrechen ein Sündenbock gefunden werden. Zu jener Zeit hatte das Christentum Rom noch nicht erobert. Aber es war unterwegs. Die kleine Kirche »Quo vadis« (Wohin gehst du?) an der Via Appia Antica erinnert noch heute daran. Schon hatten sich einige wenige der neuen Lehre hoffnungsvoll zugewandt. Sie boten sich der kaiserlichen Grausamkeit als geduldige Opferlämmer geradezu an. Unverzüglich wurde den »christiani« die Brandstiftung in die Schuhe geschoben, wurde über viele von ihnen die Todesstrafe verhängt. Die erste organisierte Christenverfolgung begann. Eigenartigerweise wird Jahrzehnte später der Historiker Sueton diese Maßnahmen des Kaisers in die »anerkennenswertesten« einreihen, die Nero je getroffen hat.

Aber eines Tages traf auch diesen Kaiser die ausgleichende Gerechtigkeit des Schicksals, der letztlich niemand entgeht. Seiner Ermordung kam er nur durch Selbstmod zuvor. Als eines der größten Scheusale, das jemals über Menschen geherrscht hat, ist Nero in alle Geschichtsbücher eingegangen. Ein wahrhaft unrühmliches Andenken für einen Mann, der zeitlebens nach olympischem Lorbeer gegriffen hatte. Erst in neuerer Zeit mehren sich die Stimmen zu seinen Gunsten: Nero sei in Wirklichkeit nicht mehr gewesen als ein bedauerliches Werkzeug seines kranken Geistes.

Mit ihm starb das Julisch-Claudische Kaiserhaus aus. Zwar war das Prinzipat nicht erblich, jedenfalls zu Anfang nicht. Aber Theorie und Praxis unterscheiden sich oft. Schon Augustus hatte schwer daran getragen, keinen leiblichen Erben zu haben. Seinen Nachfolgern wird es nicht anders gegangen sein.

Auf keine Geringere als die Göttin Venus führte nämlich das Geschlecht der Julier seine Ahnenreihe zurück. Ihr und des trojanischen Edlen Anchises Sohn Aeneas galt als der eigentliche Stammvater Roms. Denn mit ihm und der Begründung der römischen Herrschaft hatten die besiegten und gedemütigten Trojaner letztlich doch über alle Listen der Griechen triumphiert. Wer das bisher noch nicht gewußt hatte, durfte es jetzt erfahren. Vergil hatte es in einem Epos stolz verkündet. Und die weise Umsicht des ersten Kaisers hatte dieses Zeugnis römischen Ursprungs schließlich entgegen den Launen des sterbenden Dichters für die Nachwelt bewahrt.

Mehr als hundert Jahre waren vergangen, seit Gaius Iulius Cäsar der großen Stammutter auf dem julischen Forum den Tempel der »mater genetrix« errichten ließ. Hoch wurde seitdem die Göttin der Liebe und der Schönheit in der ganzen Stadt verehrt. Und so war auch mit dem Tod ihres letzten Nachkommen das Andenken an Roms ruhmreiche Vergangenheit keineswegs erloschen. Venus sollte auch in der Folgezeit als wenigstens symbolische Ahnin des Herrscherhauses gelten. Auch Hadrian sollte sie und die Stadtgöttin Roma in einem Tempel ehren, der nicht nur die damalige Welt in Erstaunen versetzte. Allen kommenden Geschlechtern sollte er künden, was es in der alten Welt bedeutete, ein Gott zu sein ...

Aber bis zu seinem Bau würde damals noch mancher römische Legionär auf feindlichen Schlachtfeldern sein Leben aushauchen ...

Galba war ein gichtiger Greis. Nur sein angeborenes Mißtrauen hatte ihn vor den Mördern bewahren können, die Nero gedungen hatte. Dieses Mißtrauen trug jetzt Früchte. Aber Galba war auch geizig, und sein Geiz brach ihm schließlich das Genick. Er fiel von Mörderhand, nur acht Monate, nachdem er den Thron bestiegen hatte. Tacitus meint, es sei sein Pech gewesen, daß er überhaupt Kaiser wurde. Denn wäre er es nicht geworden, hätte doch jeder von ihm geglaubt, daß er ein guter hätte werden können.

Dann kamen Otho und Vitellius. Auch sie regierten nur kurz. Nur, Vitellius übertraf seine beiden Vorgänger noch im Versagen, wenn es davon eine Steigerungsform überhaupt gibt. Das Dreikaiserjahr 69 war ruhmlos. Mit Vitellius' Tod war der Krieg zwar aus, der Friede aber noch nicht angebrochen. So wieder Tacitus. Rom sah wie schon so oft hoffnungsvolleren Zeiten entgegen.

Aus den bürgerkriegsähnlichen Unruhen des Jahres 69 ging Titus Flavius Vespasianus als der eigentliche Sieger hervor. Mit ihm kam frisches Blut auf den Caesarenthron. Die alten Adelsgeschlechter hatten ausgedient. Verbraucht, korrupt, bis ins Mark sittlich verfallen, hatten sie es immer weniger verstanden, die Zügel des Weltreiches sicher in der

Hand zu halten. Aus dem Volk und ihm verbunden mußte der neue Kaiser sein, von dem sich das Volk so vieles erhoffte.

Schon hatten sich Grenzvölker gegen die römische Herrschaft erhoben. Im Norden war die römische Besatzungsmacht von den Batavern vorübergehend über den Rhein zurückgedrängt worden. Im Vorderen Orient wiegelte das kleine Judäa umliegende Stämme gegen die verhaßten Besatzer auf. Denn weit verbreitet hatte sich inzwischen die Kunde, aus diesem unbedeutenden Stamm werde einst die Herrschaft über die Welt kommen, wie es uns Sueton so glaubhaft überliefert. Vor mehr als 30 Jahren war dort ein Nazarener ans Kreuz geschlagen worden, ein Umstürzler nur, ein Aufwiegler, der die alten Lehren in Frage gestellt und Gott gelästert hatte. Der hatte sich »Christus« genannt, anmaßend, provozierend, Christus, der Gesalbte und Sohn des lebendigen Gottes. Bei seinem Tod waren merkwürdige Dinge passiert. Da hatte die Erde gebebt. Da war Judäa für einige Zeit in schreckliche Finsternis getaucht worden. Und die Sage ging, die Gräber hätten sich aufgetan ... Hatte man etwa doch Schuld auf sich geladen mit dem Tod dieses »Gerechten«, wie ihn der Statthalter Pilatus genannt hatte? Schuldgefühle keimten auf. Das jüdische Gewissen begann sich zu regen und nährte die seit Jahrhunderten schwelende Hoffnung auf den Messias, bis sie aufloderte und den ganzen Orient wie ein Lauffeuer überzog.

Vespasian war der geeignete Mann, die aufrührerischen Juden zur Vernunft zu bringen. Sein Sohn Titus half ihm dabei. Beiden, Vater wie Sohn, hat die Lösung des jüdischen Problems zweifelhaften Ruhm eingebracht. Denn sie haben in Palästina eine Entwicklung eingeleitet, die dann unter

29

Hadrian einen so gründlichen Abschluß erfahren sollte und noch heute, nach fast 2000 Jahren, den Weltfrieden immer wieder gefährdet. Mit dem Ende der hadrianischen Regierungszeit sollte der jüdische Staat von jeder Landkarte verschwinden. Damit war der Leidensweg eines Volkes vorgezeichnet, auf das die eigenen Worte wie ein tödlicher Bumerang zurückzuschlagen begannen: Das Blut komme über uns und unsere Kinder.

Anfang Juli des Jahres 69 rufen die Legionen Titus Flavius Vespasianus zum Kaiser aus. Bald wird man ihn auch in Rom als Herrscher anerkennen. So überläßt er die Fortführung des jüdischen Krieges seinem Sohn und eilt in die Hauptstadt. Mißtrauisch wird er empfangen. Mit gemischten Gefühlen steht man auch seinen Neuerungen gegenüber. Aber der Kaiser läßt sich nicht beirren. Wie in denen des Krieges ist er auch in den Geschäften des Friedens erfahren. Er sieht, was nur wenigen seiner Zeitgenossen zu sehen vergönnt ist: Rom am Rande des Verderbens. Mehr noch. Mit sicherem Instikt ortet er die Wurzel manchen Übels, den Verfall der Sitten. Diese verwahrloste Stadt, diesen Sündenpfuhl wieder auf den rechten Weg zu bringen, macht er sich fortan zur Hauptaufgabe.

Als dann im Laufe von Jahren das fast unmöglich Scheinende gelingt, legt sich allmählich das Murren. Wohlgefüllt ist wieder die Staatskasse. Dem Volk ist zurückgegeben, was des Volkes ist. Die weitläufigen Gärten der neronischen Villa zwischen Palatin und Esquilin sind eingeebnet. Stolz wächst an der tiefen Talsenke zwischen den Hügeln ein mächtiger elliptischer Bau aus dem Boden: das Amphitheatrum Flavium (flavische Amphitheater). Spätere Generationen werden es Kolosseum nennen, nicht wegen seiner gigantischen Ausmaße, sondern wegen einer Kolossalstatue des Nero, die dort gestanden hatte. 36 Meter hoch soll sie gewesen sein. Hadrian hatte sie einst mit Hilfe von 24 Elefanten dorthin schleppen lassen und die Züge des verhaßten Kaisers durch diejenigen des Sonnengottes ersetzt. Was mit ihr in späteren Jahrhunderten geschehen ist, bleibt eines der vielen Geheimnisse, die die ewige Stadt wohl nie mehr preisgeben wird.

Bald wird dieses Kolosseum zum Wahrzeichen der Stadt werden. Auf Münzen wird man es prägen und damit Roms Größe in alle Welt verkünden. Den Stürmen der Zeit wird es trotzen. Noch nach fast 2000 Jahren wird seine schreckliche Faszination immer wieder Menschen aus aller Herren Länder anlocken. Selbst dann wird es stehen, ein unerschütterlicher Zeuge einer längst versunkenen Welt, einer der letzten großen Vertreter einstigen römischen Glanzes. Und es wird nur wenige geben, die über ihrer Bewunderung auch daran denken werden, daß dieser Bau eigentlich zu den unrühmlichsten Kapiteln römischer Geschichte gehört, ja der Menschheitsgeschichte überhaupt. Aber selbst sie werden binnen kurzem dem geheimnisvollen Zauber des mächtigen Steinkolosses erliegen ...

Jetzt, im Jahre 76, baut man gerade vier Jahre daran. Weitere vier wird es dauern, bis es Kaiser Titus in hunderttägigen Spielen wird einweihen können. 5000 Tiere werden in diesen Tagen ihr Leben lassen. Unzählige weitere werden ihnen im Laufe von Jahrhunderten folgen. Und die Zahl der Menschen, die man hier zur Belustigung der Menge hinschlachten wird: niemand wird sie auch nur annähernd schätzen können.

Das war Rom im ausgehenden ersten Jahrhundert unserer christlichen Zeitrechnung. Eine unglückliche Stadt. Eine verkommene Stadt. Eine Stadt, die zum Untergang verurteilt war. Denn Hochmut kommt bekanntlich vor dem Fall.

Da wurde am 24. Januar des Jahres 76 im fernen Südspanien ein Knabe geboren, der diese große, stolze römische Welt einmal beherrschen sollte. Ein Genie, ja ein Wunder werden ihn viele Geschichtsforscher nennen. Rom wird unter ihm und seinen Nachfolgern noch einmal eine wahrhaft goldene Ära erleben. Pax Romana und Pax Augusta werden noch einmal auferstehen, prächtiger und — wenigstens scheinbar — sicherer als jemals zuvor.

Noch einmal werden römische Caesaren das Reich auf ihre kräftigen Schultern laden und es sicher über dem Abgrund halten — doch nur, daß es danach um so schneller und um so tiefer falle.

Und doch werden die Historiker aller kommenden Zeiten diese Jahrzehnte als die glücklichsten des römischen Imperiums preisen. Ja, es werden Geschichtswissenschaftler diese Behauptung dahin steigern, die letzten wenigen Jahre römischen Glanzes als die fruchtbarste Zeit zu rühmen, seit Menschen überhaupt Geschichte gemacht haben.

»Wenn man die Periode in der Weltgeschichte festlegen sollte«, sagt der englische Historiker Gibbon, »zu der das Menschengeschlecht am glücklichsten war und den größten Wohlstand genoß, dann müßte man, ohne zu zögern, diejenige nennen, die nach dem Tode Domitians bis zum Regierungsantritt von Commodus (96 — 180 n. Chr.) verstrichen ist.«

Das aber war hauptsächlich Hadrians Verdienst.

2.

EIN KNABE NAMENS PUBLIUS

»Wie ein Wunder tritt das Genie aus dem Dunkel menschlicher Geschichte. Kaiser Hadrian war ein Weiser, wie ihn die Menschheit nur in Abständen von einigen hundert Jahren erlebt — ein Kaiser des Friedens, der Güte und der Ordnung, ein Mann mit unglaublich vielen Fähigkeiten.«

Eine alte Weissagung verkündete, aus Spanien werde einst der Herr der Welt kommen. Schon Galba hatte diese Prophezeiung auf sich bezogen, sehr zu Unrecht, wie wir wissen. Denn sein Thron wankte, ehe er ihn richtig bestiegen hatte. Zudem war er nicht von Geburt Spanier, sondern nur vorübergehend Statthalter einer spanischen Provinz. Das berechtigte keineswegs zu solch hochtrabenden Hoffnungen. Aber auch Karl V. und Philipp II. werden die Prophezeiung für sich beanspruchen, Jahrhunderte später. Nur Hadrian wird es nie. Er ist sehr bescheiden. Er wird sich sogar, sobald er Kaiser ist, für jetzt und alle Zeiten jegliche Ehrenbezeigungen verbitten, die man bislang einem Kaiser üblicherweise entgegenbringt. Und doch wird dieser Mann ein Gutteil seines Lebens in seinem Innersten um die Kaiserkrone bangen.

Wem dieser sibyllinische Spruch in Wirklichkeit galt, wissen wir nicht. Wie Hadrian stammte auch sein Vorgänger Trajan aus Spanien. Und unter ihm, dem Verwandten Hadrians, hatte das Imperium bekanntlich seine größte Ausdehnung. Und doch will es mir immer mehr erscheinen, als wolle der hohe Anspruch »Herr der Welt« allein auf Hadrian zutreffen. Wegen seiner Weisheit. Wegen seiner umfassenden Bildung. Wegen seiner Genialität. Vielleicht sollte man Größe nicht immer nur im politisch-militärischen Bereich suchen. Es gibt auch ein geistig-philosophisches Herrschertum. Das ist zweifellos größer. Und gerade darin scheint Hadrian unübertroffen.

Neben obiger Weissagung stand noch die wohl berühmteste abendländische Geburtsprophetie unerfüllt im Raum. In klangschönen Hexametern kündigte Vergil der erschütterten Welt einen Heil- und Friedensbringer an. Sein Versprechen steht in der Bucolica, jener Sammlung von zehn Hirtengedichten, die einst den Ruhm des Dichters begründeten.

»Weit über den Themenkreis der bukolischen Poesie hebt sich die vierte Ekloge. Sie erzählt von einem Knaben, der das Reich des Zwistes überwinden und das goldene Zeitalter des Friedens heraufführen wird, in dem sich alle Wunschträume der Menschheit erfüllen.« »Iam nova progenies caelo demittitur alto — schon kommt ein neuer Erbe vom Himmel herab ...«

Wenn sich diese Ankündigung tatsächlich auf einen Römer bezogen hat und nicht Ausdruck der Zeitstimmung und auf Augustus gemünzt war oder, wie die späteren Christen glaubten, eine messianische Weissagung darstellte, erscheint ihrer im Spiegel der Geschichte Hadrian vor allen anderen römischen Herrschern würdig.

Sein Anfang aber war eher bescheiden. Vieles liegt im dunkeln. Bestimmt hat dem Neugeborenen niemand an der

Wiege gesungen, daß er dereinst auf dem fernen römischen Thron herrschen werde. Schon der Gedanke daran, dorthin könne jemals ein anderer als ein Stadtrömer oder doch wenigstens ein Italier gelangen, war unwahrscheinlich und mag zu jener Zeit fast an Frevel gegrenzt haben.

Noch immer stellte Rom seine Caesaren, wenn sie auch nicht mehr aus den alten Adelsgeschlechtern kamen und es inzwischen üblich geworden war, daß diese fern der Hauptstadt von unwissenden Legionssoldaten ausgerufen wurden. Nur der letzte, dieser Vespasian, war kein Römer. Das war neu. Das war eigenartig. Niemand ahnte, daß es in der Folgezeit die Regel bleiben würde.

Hadrian wurde am 24. Januar des Jahres 76 in Italica geboren. Italica, das liegt ganz im Süden Spaniens, im heutigen Andalusien. Noch heute künden — wieder ausgegrabene — Ruinen des Amphitheaters, des Theaters und von Tempeln von der einstigen Bedeutung dieses Städtchens in unmittelbarer Nähe von Sevilla, dem Hispalis der Antike.

Zu allen Zeiten wurde mit Andalusien die Vorstellung von Licht und Wärme verbunden, von ewigem Frühling und südlicher Ausgelassenheit. Tatsächlich liegt dort die mittlere Jahrestemperatur stellenweise bei 18°C.

Zu allen Zeiten hat dieses gesegnete Land Menschen aller Nationen angelockt. Zuerst waren es Phöniker, die um 1100 v. Chr. Cadiz gründeten. Sie vermischten sich mit den einheimischen Iberern. Mit den Etruskern rangen sie hier um den Seehandel. Den Phönikern folgten Griechen, ihnen Karthager und Römer, nach dem Beginn der christlichen Zeitrechnung schließlich Vandalen und Goten. Im 8. Jahrhundert gaben die Araber der römischen Provinz Baetica den Namen Al Andalus. Er geht auf die Vandalen zurück, denen sie das Land wegnahmen, und hat sich bis auf den heutigen Tag erhalten.

Aber sehr im Gegensatz zu der ausgelassen heiteren Landschaft, in die er hineingeboren wurde und in der er aufwuchs, stand Hadrians Charakter. Insofern war er kein Kind seines Landes. Oder hat gerade in ihm die Ausnahme die Regel bestätigt? Darüber wird noch ausführlich zu berichten sein.

Der große Scipio Africanus d.Ä. vertrieb die Karthager von der Iberischen Halbinsel und beschloß, das eroberte Land zu romanisieren. Die im Jahre 206 v.Chr. an den Ufern des Guadalquivir gegründete Kolonie Colonia Victrix Italicensis stellte ein Experiment dar. Es sollte sich als mindestens ebenso fruchtbar erweisen wie die Gründung europäischer Niederlassungen auf afrikanischem, amerikanischem oder asiatischem Boden (wenn man kultivierten Völkern überhaupt ein Recht einräumt, vermeintlich unkultivierten ihre Zivilisation aufzuzwingen). Italica, das war eine Stadt der Veteranen, der kranken, verwundeten und ausgedienten Soldaten, die man aus Italien hier ansiedelte. Der Name der Stadt sollte sie an ihre Heimat erinnern, die sie nie wiedersehen sollten.

Aber es ließ sich leben in diesem Baetica, möglicherweise sogar großzügiger als im Mutterland Italien. Denn die Ebenen waren weit und fruchtbar, die Vegetation war üppig. Breite Flüsse sorgten für das kostbare Naß. Ein immer heiterer Himmel mag auch die Verdrießlichen bald versöhnt haben. Zudem war die Landschaft reizvoll. Tiefebenen wechselten mit sanften Hügelketten, die bis zur gebirgigen Sierra Nevada anstiegen. Und selbst die Vegetation glich der des Heimatlandes, von Pinien und Eukalyptushainen in den

Niederungen bis zu Palmen weiter landeinwärts. So viel anders war es hier eigentlich nicht. Und so war man es schließlich zufrieden.

Alle Völker, auch die bereits wieder vertriebenen, hatten in Andalusien ihre Spuren hinterlassen. In friedlichem Zusammenleben wohnten hier die verschiedensten Stämme neben- und miteinander. In diese bunte Vielfalt von Traditionen, Sitten und Gebräuchen wurde Hadrian hineingeboren. Wenn es richtig ist, daß nichts den Menschen stärker prägt als Kindheitserlebnisse, dann mag auch die Umwelt der ersten Jahre für Hadrian von einem gewissen Einfluß auf seine späteren Verhaltensweisen gewesen sein. Von Geburt an hatte er Kontakt zu den unterschiedlichsten Volksgruppen seiner Heimat. Diese Tatsache sollte sich auf sein Herrschertum ebenso vorteilhaft auswirken wie die, daß er ein Kind der Provinz war. Denn er würde nicht nur Kaiser der Römer sein, sondern des ganzen Reiches, jenes gewaltigen Schmelztiegels so vieler Nationen. Und nicht nur das sollte ihn einmal vor allen anderen Herrschern auszeichnen.

Er hieß mit vollem Namen Publius Aelius Hadrianus, wie vor ihm sein Vater und vor diesem sein Großvater. Die Römer pflegten dem ersten männlichen Nachkommen stets die Namen ihrer Vorfahren zu geben. Hadrian hatte keine Brüder. Seine einzige Schwester wurde nach der Mutter Domitia Paulina genannt.

Die Wahl der Namen beweist, wie sehr man noch römischen Traditionen verhaftet war. Man fühlte sich keineswegs als »Provinzler«. Man war Römer, auch wenn man fern der Hauptstadt lebte. Und man war stolz darauf.

Meist fügten die Römer ihrem Vornamen (praenomen) und dem Geschlechtsnamen (nomen gentile) noch einen dritten hinzu, den cognomen. Er hatte die Aufgabe, die Person näher zu kennzeichnen, ihre Herkunft oder auch ihre guten oder schlechten Eigenschaften. Ähnliche Funktionen haben heute noch die Spitznamen. Ein oder auch mehrere Beinamen, die agnomen, traten bisweilen noch zu dem dritten Namen hinzu. Sie waren Ehrenbezeichnungen, die beispielsweise Feldherren als besondere Auszeichnung (ex virtute) für ihre Verdienste im Krieg erhielten. Solche Namensvielfalt war freilich nur dem männlichen Nachwuchs vorbehalten. Bei Töchtern machte man keine Geschichten. Sie hatten nicht einmal einen eigenen Vornamen, sondern hießen einfach nach ihrer Familie. Dabei mußten sich mehrere Schwestern den Namen noch nach der Reihenfolge der Geburten teilen. Wenn man bedenkt, daß es heute wenigstens in der Namengebung keinen Unterschied der Geschlechter mehr gibt, sind die Frauen auf ihrem langen Weg in die Emanzipation doch ein gutes Stück vorwärts gekommen. Denn wie so vieles ist auch die Namengebung mit dem römischen Recht in abendländisches Kulturgut eingegangen.

In der Regel hatte der Römer also drei Namen, wobei der cognomen die Person näher bestimmte. Oft sind aber gerade große Römer unter diesem Namen in die Geschichte eingegangen.

Das berühmteste Beispiel ist Cicero, was eigentlich »Kichererbse« bedeutet. Dieses eine Wort sagt über das Wesen oder die Angewohnheiten des großen Redners wohl mehr aus als lange Romane.

Ein weiteres eindrucksvolles Beispiel für die Zähigkeit eines cognomen ist »Caesar«. Die Bedeutung ist nicht genau bekannt. Man vermutet aber, daß der Elefant gemeint war, den ein Vorfahr des großen Juliers während des Ersten Punischen Krieges (um 250 v.Chr.) erschlagen habe. Der Elefant hieß in der Sprache der Karthager »Caesar«. Und der tapfere Krieger wurde mit dem Spitznamen Caesar bedacht, wobei wohl niemand ahnte, daß der Begriff einst von den römischen Caesaren weitergetragen und schließlich zum Inbegriff des höchsten Herrscheramtes werden sollte: Kaiser. Die Bedeutung dieses Wortes blieb bis auf den heutigen Tag erhalten. Daß der hohe Titel auf die Person des Gaius Iulius zurückgeht und nicht mit der Tapferkeit seines weniger berühmten Vorfahren in Verbindung gebracht wird, ist Belesenen bekannt.

Auch Hadrian ist der Nachwelt unter seinem cognomen in Erinnerung geblieben. Der Name bedeutet »der aus Hadria Stammende«.

An der Ostküste der Apenninischen Halbinsel in der mittelitalienischen Region Marken lag in alten Tagen Picenum und in diesem Distrikt eine kleine Stadt. Sie hieß Hadria. Das Städtchen war eine würdige Heimat, selbst für einen zukünftigen Kaiser. Denn die Einwohner Picenums galten als zähe, kräftige Rasse eingeborener Italiker, die vom Blut eingewanderter Gallier durchsetzt war.

Hadrian hat in seiner Autobiographie stolz die Geschichte vom Ursprung seiner Familie erzählt. Und er hat auch berichtet, wie einer seiner Veteranenvorfahren in den Tagen der Scipionen in Italica siedelte.

Die schriftlichen antiken Quellen über Hadrian sind spärlich. Karg ist unser Wissen um seine Kindheit und Jugend. Dies würde sich möglicherweise ändern, wenn uns seine Autobiographie erhalten geblieben wäre, jene Lebenserinnerungen, die der Kaiser einst unter seinem Freigelassenen Phlegon veröffentlicht hatte.

Nur zwei antike Geschichtsschreiber haben sich eingehend mit Hadrian beschäftigt: Dion Cassius und Aelius Spartianus.

Der griechische Historiker Dion Cassius hat seine Römische Geschichte, 80 Bände, im Jahr 200 veröffentlicht. Unglücklicherweise ist uns das 69. Buch, das sich mit Hadrian befaßt, nur in einem Auszug aus dem 11. Jahrhundert erhalten. Ein Mönch namens Xiphilinos hat ihn geschrieben. Die Abschrift ist aber nicht nur unzulänglich, sondern verdreht manchmal sogar den Sinn.

Der lateinische Chronist Spartianus hat seine »Vita Hadriani« erst mehr als hundert Jahre später vorgelegt. Sie gilt als einer der gediegensten Texte der »Historia Augusta«, jener Lebensbeschreibung der ersten Kaiser, die möglicherweise von verschiedenen Verfassern stammt.

Beide Schriftsteller haben aber aus längst verlorengegangenen Dokumenten, darunter den eigenen Lebensbeschreibungen des Kaisers, geschöpft. »Dion und Spartianus waren weder große Historiker noch bedeutende Biographen, doch ist es gerade das Kunstlose ihrer Darstellung und, bis zu einem gewissen Grade, ihr Mangel an System, der sie so nahe bei der gelebten Wirklichkeit bleiben läßt ...«

Wahrscheinlich wurden die meisten Kaiserbiographien erst einige Jahrzehnte nach dem Tod der jeweiligen Herrscher geschrieben. Zeit verwischt und entstellt. Und so geben diese Berichte wohl kaum ein authentisches Bild derer wider, von denen sie berichten.

Vorbild für die Viten-Autoren war Sueton, einer der letzten brauchbaren römischen Biographen. Eine Zeitlang gehörte er zu Hadrians Geheimsekretären. Später fiel er beim Kaiser in Ungnade, wurde entlassen und widmete sich fortan

nur noch seinen literarischen Arbeiten. Sein Hauptwerk —
»De vita Caesarum«, Vom Leben der Kaiser — umfaßt in
acht Büchern zwölf Kaiserbiographien von Julius Cäsar bis
Domitian. Dabei ging er jeweils nach einem ganz bestimmten Gliederungsschema vor: »Stammbaum, Vorgeschichte
bis zum Regierungsantritt, Regierungszeit, Privatleben, Tod,
Bestattung«.

Wichtig schien ihm ausschließlich das rein Biographische.
Deshalb machen ihm die Gelehrten immer wieder zum Vorwurf, über nichtigem Klatsch und anekdotischen Zügen das
eigentlich Geschichtliche zu vernachlässigen. Eine zu harte
Kritik, wie mir scheint. Denn im Kern der Anekdote offenbart sich oft das Wesen eines Menschen. Durch die Augen
seiner Mitmenschen wird er uns nähergebracht. Ein Bild
zeichnet sich ab, das uns die verzwickten Zusammenhänge
zwischen Leben und politischem wie auch geschichtlichem
Handeln langsam erkennen läßt.

Suetons Nachahmer besaßen freilich nicht annähernd die
Begabung ihres großen Vorbilds. Und so scheinen ihre Berichte neben den lebendig-volkstümlichen Bildern, die Sueton zeichnet, auffallend blaß.

Auch die beiden Hadrianbiographen weisen Besonderheiten auf. Während Spartianus von seinem Kaiser sehr angetan ist, ist Dion Cassius gegen Hadrian eingestellt. Er war
Senator, und Hadrian hat nach seiner Auffassung den Senat
schlecht behandelt. So schieden sich schon in der Antike die
Geister ...

Es gibt nur wenige weitere Autoren des Altertums, die sich
mit Hadrian beschäftigen. So erscheint der Kaiser als Rand-
figur bei einigen christlichen Schriftstellern, beispielsweise
bei Epiphanius, bei Eusebius und Hieronymus. Ihr Hadrian-

bild ist verständlicherweise wenig objektiv, zumal sie auch erst Jahrhunderte nach ihm gelebt haben.

Da war noch ein Aurelius Victor. Er hat im vierten Jahrhundert geschrieben. Seine Darstellung der Cäsaren von Augustus bis Constantin ist flüchtig, zu oberflächlich, als daß sie uns Verläßliches über den jeweiligen Herrscher vermitteln könnte.

Was bleibt, ist fragmentarisch. Es sind vor allem Inschriften und Münzen, es sind die kaiserlichen Edikte, seine kühnheroischen Bauten, die uns seine Ideen verraten, und jene rätselhaften Verse, die diesen Mann charakterisieren. Wir können sein Wesen nur erahnen, kaum erkennen. Damit müssen wir uns bescheiden.

3.

BEHÜTETE KINDHEIT

Die Aelier oder Hadrianer gehörten zu den Vornehmen der Provinz. Wer sich so nennen durfte, war von Familie. Man war eng mit den Trajanern verwandt, hervorragenden Offizieren, von denen einer unter Vespasian in Judäa eine Division befehligt hatte. Jener Marcus Ulpius Traianus, der Vater des späteren Kaisers, wurde danach Konsul und Statthalter in Asien. Die Trajaner gehörten eigentlich schon kraft ihrer Geburt zu den Anwärtern auf den römischen Thron, seitdem die Adelsfamilien in Rom so kläglich versagt hatten. Doch selbst daß von ihnen einmal einer so weit kommen würde, wagte im Jahre 76 noch niemand vorauszusagen.

Hadrians Vater war weniger bedeutend. Er, ein Sohn der Ulpia, der Schwester des Generals und späteren Konsuls, hatte weder politischen noch militärischen Ehrgeiz. Zwar hatte man ihn einmal zum Prätor ernannt. Das aber war für einen Mann seiner Herkunft keineswegs ungewöhnlich. Denn Prätoren, höchste richterliche Beamte, gab es viele. Sie führten den Vorsitz in Zivil- und Strafsachen, übernahmen gelegentlich aber auch militärische Aufgaben oder die Statthalterschaft in den Provinzen. Aber nur, wer einen Konsul zu seinen Ahnen zählte, durfte auf politische Karriere hoffen. So jedenfalls war es bisher üblich gewesen. Die Idee vom Adoptivkaisertum, das sich im zweiten Jahrhundert so segensreich auf Stadt und Reich auswirken sollte, war noch nicht geboren. Dennoch hatte sich dieser Mann hier in der Provinz Ansehen erworben. Er hatte sogar den Ehrennamen »Afer« (der Afrikaner) erhalten, wohl für militärische Verdienste in Mauretanien.

Die Aelier konnten sich also durchaus sehen lassen.

Hadrians Mutter kam aus Cádiz, dem Tor zum Atlantik. Sie war ein echtes Kind dieser Stadt, obwohl sie die wohlklingenden Namen Domitia Paulina trug.

Spanier war Hadrian. Spanisch war seine Muttersprache. Doch zum Land seiner Geburt sollte er sich später am wenigsten hingezogen fühlen. Denn die Geburt in Spanien galt ihm nicht mehr als ein Zufall. »Der wirkliche Geburtsort ist der, wo sich der Mensch zum ersten Mal seiner selbst bewußt wird ...« Hadrians erste Heimstätte waren Bücher. Genauer gesagt, griechische Bücher. Das vor allem charakterisiert ihn. Griechenland war und blieb seine große Liebe.

In der damals wie heute kältesten Jahreszeit wurde der künftige Kaiser geboren, aber das milde Klima seines Geburtslandes nimmt dem ansonsten grimmen Winter seine Schrecken. Im Januar erblickte dieser Weise das Licht der Welt, im Sternzeichen des Wassermanns, charakterlich aber eher noch zu dem des Steinbocks gehörend. Jeweils im Januar legte der sterngläubige Kaiser schriftlich fest, was ihm im Laufe des Jahres zustoßen würde. Die Astrologie bedeutete ihm viel. Seine Hellsichtigkeit soll sogar so weit gegangen sein, daß er im Jahre seines Todes genau niedergeschrieben habe, was ihm widerfahren würde. Es habe sich erfüllt bis auf die Stunde und Minute, in der er seine unglückliche Seele aushauchte.

Schon Großvater Marullinus glaubte an die Sterne. Mochte sein, der Knabe hatte von ihm den Hang zu allem Übersinnlichen geerbt. Zumindest wird er durch den Großvater zum ersten Mal mit den okkulten Mächten konfrontiert worden sein.

Aberglaube war für die damalige Zeit weder ehrenrührig noch ungewöhnlich. Im Gegenteil! Auguren und Eingeweidebeschauer erfreuten sich größter Beliebtheit. Kaum eine Entscheidung wurde getroffen, ohne daß man nicht vorher ihren sachkundigen Rat eingeholt hätte. Kein Wunder! Die Zeiten waren unsicher. Und wenn die »Weisen mit ihrer Weisheit am Ende sind, kann man es niemandem verübeln, daß er auf das zufällige Gezwitscher der Vögel achtet oder auf die ferne Gegenschrift der Gestirne.« Eine ähnliche Neigung läßt sich auch heute wieder beobachten.

Über Geburt und Kindheit im aelischen Elternhaus wissen wir wenig. Der Vater, Römer mit Haut und Haaren, wird auf die strengen rituellen Bräuche Wert gelegt haben, die mit der Geburt eines Kindes und seiner Aufnahme in die Familie verbunden waren. Das Neugeborene wurde vor ihm auf den Boden gelegt. Kraft seiner väterlichen Gewalt, der »patria potestas«, konnte er es durch Aufheben anerkennen oder zur Aussetzung oder Tötung bestimmen.

Körperliche und geistige Erziehung des Kleinkindes lagen vor allem in den Händen der Mutter. Wenn das auch bei den Aeliern der Fall war, muß Hadrians Mutter eine kluge und gebildete Frau gewesen sein, für die Antike reichlich ungewöhnlich, soweit es die Bildung betrifft. Hadrians breitgefächerte Interessen wurden wahrscheinlich schon in Kinderzeiten gefördert. Jedenfalls wird in der Regel da schon der Grundstein dazu gelegt.

Am neunten Tag, dem Tag der Reinigung, erhielt ein Knabe, am achten ein Mädchen seinen Namen. An den Hausaltären wurde den Penaten und Laren geopfert. Die traditionsbewußten Aelier werden auf die Einhaltung solcher Bräuche streng geachtet haben.

Die Rolle der Mutter im Leben eines Kleinkindes war ein Beispiel für die vielfältigen Möglichkeiten, durch die eine Frau mittelbar auf das öffentliche Geschehen Einfluß nehmen konnte. Frauen hatten keinen Anteil an politischen Entscheidungen, jedenfalls war ihnen offiziell vom Gesetz nie ein solcher eingeräumt worden. Daß viele Entscheidungen doch im Bett getroffen wurden, ist ein offenes Geheimnis. Schon der alte Cato hatte einmal festgestellt, daß der Römer zwar die Welt beherrsche, den Römer aber die Frau ...

Über Domitia Paulinas Herkunft ist wenig bekannt. Es ist anzunehmen, daß sie aus guter, wenn auch keineswegs bedeutender Familie stammte. Ein Mann wie Hadrians Vater, der die Prätorwürde innehatte oder zumindest doch zum Zeitpunkt seiner Eheschließung die Anwartschaft dazu besaß, wird sich kaum in niedrige Kreise verstiegen haben. Zudem waren politische Ehen damals an der Tagesordnung. Auch Hadrian wird eine solche eingehen, wenn er Sabina, die Großnichte Kaiser Trajans, zur Frau nimmt, um dadurch dem Kaiser und dem Thron noch enger verbunden zu sein. Aber er wird in dieser Verbindung, der die gegenseitige Zuneigung fehlt, niemals glücklich werden. Sabina mag eine annehmbare Kaiserin gewesen sein; eine gute Ehefrau war sie nach unserer Kenntnis nicht.

Noch eine Frau wird im Leben des Kaisers eine entscheidende Rolle spielen: Kaiserin Plotina, die Frau Trajans. Ihr wird Hadrian zeitlebens freundschaftlich verbunden, ja geistig verwandt sein. Wir werden darüber noch hören.

Mit großer Wahrscheinlichkeit war es die Mutter, die dem Knaben den Sinn für alles Schöne öffnete, die Bewunderung für Kunst und Kultur, vielleicht sogar die Neigung zum Griechentum. Möglicherweise hat auch sie ihn in die Philosophie eingeführt. Wir wissen es nicht. Interessant ist nur, daß Hadrian schon als Jüngling den Spitznamen »Graeculus« erhielt. Auch das sagt mehr aus als ganze Bücher.

Wie wuchs Hadrian heran? Hatte er Freunde? Wie verbrachte er die langen Tage? Auch insofern sind wir nur auf Vermutungen angewiesen. Er wird gespielt haben, gelacht und gescherzt. Wie alle Kinder vor ihm und alle Kinder nach ihm.

Die römischen Kinder vergnügten sich hauptsächlich mit Ball- und Murmelspielen, zu denen sie Nüsse verwendeten. Oder sie malten und kritzelten und ahmten die für sie noch nicht erreichbare Welt der Erwachsenen nach. Kinderträume gleichen sich zu allen Zeiten.

Auch die Kinder zu Hadrians Zeiten steckten voll Bewunderung für diese so ferne Welt, wo tapfere Krieger und furchtlose Gladiatoren um bleibenden Ruhm kämpften. Und sie hielten ihre Sehnsüchte in Zeichnungen fest, ähnlich denen früherer Höhlenbewohner, die ihre Jagdtiere in die Steinwände ihrer Behausungen ritzten, um sie zu bannen. Wandkritzeleien von Kindern im wiederausgegrabenen Pompeji zeugen von diesem bevorzugten Zeitvertreib.

Auch Hadrian wird sich in solchen Zeichnungen und Spielen geübt haben. Was konnte schließlich einem Römer, und war er auch noch so jung an Jahren, erstrebenswerter erscheinen als die Verherrlichung der urrömischen Tugend, der »virtus«, jenes umfassenden Begriffs, für den keine

Sprache der Welt eine annähernd gerechte Übersetzung kennt?

Dann, mit sechs oder sieben Jahren, wird er die ersten Schreibversuche unternommen haben. Vielleicht unter der Anleitung der Mutter, vielleicht auch unter der Aufsicht und mit Hilfe eines gebildeten Sklaven, dem man die geistige Erziehung des Kindes anvertrauen konnte. Auch das ist nicht bekannt.

Schon zu damaliger Zeit gab es öffentliche Schulen. Freilich standen noch keine geräumigen Schulhäuser zur Verfügung. Man unterrichtete in kleinen Räumen, bei günstiger Witterung sogar im Freien. Aber es ist doch erstaunlich, wie sehr der Unterricht im Jahresverlauf unserer heutigen Schulorganisation glich, vom Jahresbeginn im März (auch bei uns war es noch vor wenigen Jahren die Osterzeit) bis zu den Sommerferien. Solche öffentlichen Elementarschulen, die »ludi«, waren in der Regel nur für Minderbemittelte eingerichtet. Die römischen Nobiles verpflichteten für ihre Sprößlinge Privatlehrer, wie das bei den Vornehmen der Welt ja noch in neuester Zeit Sitte war. Auch Hadrian mag seinen eigenen Lehrer gehabt haben.

Die Römer empfanden die lateinische Sprache als schwer. Besonderer Wert wurde auf Grammatik gelegt. Daneben übte man die richtige Aussprache. Der Lehrer, der dieses Grundwissen zu vermitteln hatte, hieß daher bezeichnenderweise »grammaticus«.

Die Kinder lernten das Schreiben auf kleinen Holztäfelchen, den »tabellae«, die mit farbigem Wachs überzogen waren. In dieses wurden mit spitzen Griffeln Buchstaben und Worte geritzt. Mit dem spachtelförmigen Ende des Griffels konnte man das Geschriebene bei Bedarf wieder glätten. Ein Verfahren, das sich in Schiefertafeln und dem entsprechenden Schreibgerät bis über die Mitte des 20. Jahrhunderts hinaus erhalten hat. Möglicherweise wird man im Zeichen zunehmender Rohstoffverknappung irgendwann einmal auf diese sparsame Methode zurückgreifen.

Später wird Plutarch Hadrians Lehrer sein. Der um 46 in Chaironeia geborene griechische Philosoph und Schriftsteller war überaus belesen und von hohen moralisch-ethischen Grundsätzen getragen. Er stand der platonischen Lehre nahe und gehörte lange zu den Vertrauensleuten Trajans. In ihm wird Hadrian ein großes Vorbild finden. Bis zu Plutarchs Tod im Jahre 126 wird er diesen ungewöhnlich gebildeten Mann als einen der letzten großen Vertreter griechischer Geisteswelt verehren.

Wie Hadrians Ausbildung im einzelnen vor sich ging, ist nicht überliefert. Man kann daher nur von der allgemeinen Praxis auf den besonderen Fall schließen.

Ein fundiertes Wissen um das Griechentum galt zumindest allen römischen Patriziern als Bildungspflicht. Zunächst wurde die griechische Sprache erlernt, erst an Hand lateinischer Übersetzungen, dann an Originaltexten. Homers Odyssee diente dabei als bevorzugtes Lehr- und Lernmittel. Die Kenntnis der Sprache war Voraussetzung für die Beschäftigung mit griechischer Philosophie und Literatur. Und sie war notwendig für einen Aufenthalt in Griechenland. Dorthin wenigstens einmal im Leben zu kommen, war das Ziel jedes gebildeten Römers.

Hadrian war mit Sicherheit ein hochbegabter Schüler. Hierfür zeugen seine dichterische und schriftstellerische Hinterlassenschaft und die Tatsache, daß er selbst von Zeitgenossen als überaus gebildet geachtet wurde. Zeitlebens umgab er sich gern mit Philosophen und Dichtern. Er disku-

49

tierte mit ihnen, er meditierte mit ihnen, oder man tauschte gegenseitig Verse aus. »Seine Fähigkeiten scheinen selbst Zeitgenossen, deren Bildungsideal seine Gelehrsamkeit, Kunstfertigkeit und Gewandtheit in hohem Maße entsprach, ungewöhnlich gewesen zu sein. In fast allen Wissenschaften diskutiert er ernsthaft mit den bedeutendsten Fachleuten. Er verfügt ebenso über Kenntnisse der höheren Mathematik wie über künstlerische Fertigkeiten. Er versucht sich als Bildhauer und malt angeblich nicht ungeschickt, er dichtet, er rezitiert und musiziert. Er betätigt sich als Architekt ebenso wie als Philologe und Grammatiker. Er ist schlagfertig und ein vorzüglicher Redner ... Er beherrscht wie wenige außer der lateinischen auch die griechische Sprache ...«

Auch Quantität und Qualität seiner Bauwerke lassen einen regen Geist erkennen. Von ihnen gehen die meisten nachweislich auf Hadrians eigene Entwürfe zurück.

Manche der kaiserlichen Biographen rühmen Hadrians phänomenales Gedächtnis. Er habe sehr schnell glänzend formulierte Reden diktieren können, ganze Bücher auswendig im Kopf behalten. Er habe geschrieben, sich mit Freunden unterhalten, zugehört. Und alles gleichzeitig. »Unglaublich, wie es scheint.«

Wenn auch solche Wundernachrichten zu dem üblichen Bild des bedeutenden Staatsmannes gehören, so erstaunen doch die Häufigkeit ihrer Wiederkehr und die Tatsache, daß sie von verschiedenen Autoren hervorgehoben werden.

Für seine Lehrer muß es eine Freude gewesen sein, mit ihm zu arbeiten. Freilich war vielleicht auch der junge Publius nicht immer ein Musterschüler. Vielleicht hat auch dieses Kind die Weite der andalusischen Ebene zu Spiel und Frohsinn hinausgelockt oder haben die hohen Berge der Sierra die Phantasie des Jungen zu ausschweifenden Träumereien verleitet. Einige Jahre später nämlich hat er die Freiheit bei Sport und Jagd leidenschaftlich geliebt.

Das hohe römische Bildungsideal, die »virtus«, jene unvergleichliche Mischung aus Maß, Gerechtigkeit, Tugend und Tapferkeit, war aber nur durch Körperbeherrschung zu erreichen. Deshalb stand die körperliche Erziehung gleichberechtigt neben der geistigen. Die Redewendung »Mens sana in corpore sano« (Ein gesunder Geist in einem gesunden Körper) erinnert noch heute daran. Hadrians späteres Verhalten läßt auch auf seine körperliche Entwicklung ganz bestimmte Rückschlüsse zu. Niemals wird er einen Wagen benutzen. Selbst als Kaiser wird er in voller Rüstung mit seinen Legionen marschieren. Kein noch so anstrengender Feldzug soll an den Ermüdungserscheinungen seiner Person scheitern. Mit seinen Soldaten wird er die einfachste Nahrung teilen. Barhaupt wird er Wind und Wetter trotzen, dem germanischen Frost ebenso wie der sengenden Glut Ägyptens. Überhaupt wird dieser Kaiser ein Leben lang unstetig im Reich umherziehen, mit Hofstaat und Beamtenstab, wie etwa die mittelalterlichen deutschen Kaiser tausend Jahre nach ihm. Solch unverwüstliche Rüstigkeit verrät ein Stählen des Körpers von Jugend an.

War die geistige Erziehung des Kindes in der Regel der Mutter oder besonderen Lehrern überlassen, so hatte der Vater für die körperliche Ertüchtigung zu sorgen. Er unterwies die Söhne im Diskuswerfen, Laufen und Springen, im Ringen, Schwimmen und Reiten. In der Hauptstadt stand für diese sportlichen Übungen das Marsfeld zur Verfügung. Aber auch in vielen Provinzstädten waren Sportanlagen eingerichtet. Italica verfügte über zwei Badeanlagen und einen

Sportplatz. Diese Freizeiteinrichtungen waren sogar großzügiger angelegt als die in Pompeji. Die Überreste beweisen es. Das mag freilich daran liegen, daß Italica unter den Antoninen, Hadrians Nachfolgern, besonders geehrt wurde. Eine Stadt, die dem Imperium nacheinander zwei Kaiser geschenkt hatte, hatte wahrlich Anspruch auf eine herausragende Stellung.

Schon Hadrian selbst hatte sich öfter seiner Heimatstadt erinnert. Aufgesucht hat er sie als Kaiser nie. Als besondere Ehrung nannte er die »Colonia Victrix Italiensis« in »Colonia Aelia Augusta« um. Unter diesem Namen ist sie der Nachwelt in Erinnerung geblieben. Wenn auch die prachtvolle Ausschmückung auf spätere Zeit zurückgeht: Der Grundriß der ausgegrabenen Stadt bietet sich dem Betrachter wohl so dar, wie er auch dem jungen Hadrian vertraut gewesen sein muß.

Von prägender Kraft mag auch das Haus gewesen sein, in dem der junge Publius aufwuchs. Man glaubt es zu kennen. Die freigelegten Fußbodenmosaiken zeigen in der Regel die klassischen römischen Themen aus der Mythen- und Sagenwelt. Aber es gibt auch andere, Afrika darstellend. Es ist besonders die bunte vielfältige Vogelwelt des afrikanischen Kontinents, die hier in winzigen Steinchen unvergänglich festgehalten ist. Möglicherweise hatte der Mauretanienaufenthalt Hadrians Vater zu solcher Ausschmückung seines Heimes angeregt. Denn daß die Familie einmal nach Afrika übersetzte, ist nicht anzunehmen. Dieses Land war fremd und feindlich. Und an Bildungsreisen in alle Welt, wie sie heute üblich sind, dachte damals noch niemand. Man begnügte sich damit, die zivilisierte Welt kennenzulernen. Das Unverständnis, mit dem man der afrikanischen Kultur gegenüberstand, drückt sich anschaulich in einem Mosaik des aelischen Hauses aus: »Es handelt sich um eine ziemlich grobe Arbeit, in schwarz und weiß gehalten. Sie zeigt eine burleske Darstellung afrikanischer Neger, die in ... unanständigen Stellungen in Kämpfe mit Ungeheuern verwickelt sind.« Solche von den Eltern vorprogrammierte Denkart mag auch in dem Knaben ihre Spuren hinterlassen haben. Denn alles Unrömische und Ungriechische, alle barbarischen Völker werden ihm fremd bleiben. Er wird die Juden verfolgen und die Christen niemals verstehen, obwohl er gerade ihnen wahrscheinlich näher stand als je ein Kaiser vor ihm und mancher Herrscher nach ihm. Aber das ist ihm nie bewußt geworden.

Als Publius zehn Jahre alt war, starb sein Vater. Was gemeinhin für ein Kind als Unglück empfunden wird, mag für den jungen Aelier ein Glück gewesen sein, jedenfalls, was seine spätere politische Karriere betraf. Denn es wurde ein Vormund nötig. Er wäre selbst dann nötig geworden, wenn die Mutter damals noch gelebt hätte. Doch darüber hüllen sich die Quellen in Schweigen.

Der einflußreiche Onkel, der, gerade 33jährig, seinen Prätordienst abgeleistet hatte, nahm sich des verwaisten Verwandten an. Aber Trajan war in erster Linie Feldherr. Schon hatte man ihm den Oberbefehl über eine der beiden spanischen Legionen übertragen. Die Vergangenheit hatte gelehrt, daß er voraussichtlich immer nur kurz im Lande weilen würde und sich nur unzulänglich um das Mündel würde kümmern können. Deshalb mußte ein Mitvormund bestellt werden. Man wählte Acilius Attianus, einen ebenfalls einflußreichen Mann aus dem Ritterstand. Die Kombination dieser beiden wichtigen und dazu noch befreundeten Männer sollte sich später für Hadrian als überaus günstig erweisen. Wählte tatsächlich Domitia Paulina die beiden Vormünder für ihren Sohn aus, bewies sie damit eine Art sechsten Sinn. Man findet dies bei Müttern, die Zukunftsentscheidungen zugunsten ihrer Kinder treffen, immer wieder. Besonders die römische Geschichte kennt viele Frauen, die instinktiv die Geschicke ihrer Kinder vorteilhaft zu lenken verstanden. Die vorbildliche Mutter der Gracchen gehört dazu oder die untadelige Matrone Aurelia, die Mutter von Gaius Julius Caesar.

Das Erwartete trat bald ein. Trajan wurde mit seiner Legion an den Rhein gerufen. Dort galt es wieder einmal, die Rheingrenze zu sichern, die nach einem Aufstand übermütig gewordener Legionäre gefährdet schien. Trajan wird auch am Rhein, nämlich in Köln, weilen, wenn ihm der Neffe, fast zwölf Jahre später, zur Ernennung zum Kaiser gratulieren wird.

Inzwischen aber blieb das Kind in der Obhut des Mitvormunds Attianus. Der glaubte, dem jungen Adligen einen großen Dienst zu erweisen, als er ihn, den erst Zehnjährigen, mit nach Rom nahm. Ob Attianus seinen Irrtum je erkannte, wissen wir nicht. Fest steht, daß schon damals der Grundstein für das Verhältnis des späteren Kaisers zur Hauptstadt seines Reiches gelegt wurde: Es war gespannt und sollte es für alle Zeiten bleiben.

Ein Beweis mehr für die mitprägende Kraft von Kindheitserlebnissen.

4.

STOLZE, AUSSCHWEIFENDE RÖMISCHE WELT

Wir haben Rom im Jahre 76 n. Chr. verlassen, dem Geburtsjahr des Publius Aelius Hadrianus. Mehr als zehn Jahre lang
haben wir das Kind im fernen Südspanien aufwachsen sehen, in der Geborgenheit des aelischen Elternhauses und im
Schoße einer gesitteten Provinz. Wir können den Schmerz
des Zehnjährigen nachfühlen, den er am Grabe des soeben
verstorbenen Vaters empfand. Aber es ist ein Vorrecht der
Jugend, schnell zu vergessen. Das war zu allen Zeiten so.
Und so wird uns auch die Freude verständlich werden, die
den Jungen vor der Abreise in die fast schon legendäre
Hauptstadt beflügelt haben mag. Noch einmal wird er über
die weite Ebene seiner Heimat gestrichen sein, um Abschied
zu nehmen, noch einmal zu den Bergen der Sierra hinüber-
geschaut haben, ehe ihn der Rausch des bevorstehenden
Abenteuers aufnahm.

Wie waren die ersten Eindrücke des bescheidenen Kindes
aus der Provinz angesichts der prunküberladenen Hauptstadt? Was mochte er fühlen und denken, als er zum ersten
Mal den Boden Roms betrat, das in so schwindelerregendem
Höhenflug die Herrschaft über die Welt an sich gerissen hatte? Auch hier sind wir wieder auf Vermutungen angewiesen,
auf das, was Kinder im allgemeinen empfinden, wenn sie

erstmals der Wirklichkeit gegenübergestellt werden. Überschwengliche Freude mag sich da mit der Furcht vor dem Ungewissen mischen, die Erfüllung manch geheimen Wunsches mit der Enttäuschung über alles, was sich kindliche Phantasie größer, prächtiger und märchenhafter ausgemalt hatte. Auch dem jungen Spanier wird es da nicht viel anders ergangen sein, wenn auch bei ihm anfangs das Staunen überwogen haben wird.

Denn Rom war die Welt. Palatin und Forumstal, Capitol und esquilinischer Hügel, die riesigen Circusanlagen und die komfortablen Thermen waren zwar oft nachgeahmt worden. Erreicht hatte man sie anderswo nie. Was die unterworfenen Provinzen an Kostbarkeiten aufzubieten hatten, wurde in die Hauptstadt geschafft. Ihr Reichtum wuchs ins Unermeßliche. Und es war ein Reichtum, den man gern und voller Stolz zur Schau stellte.

Aber auch an Rom waren die Jahre nicht spurlos vorübergegangen. Wie ein neuer Stern war Vespasian über den römischen Himmel gezogen, ein Hoffnungsschimmer, ein Freudenstrahl, der Begründer einer neuen Ära, wie es schien.

Doch der Stern war allzu schnell verglüht. Seinem Sohn Titus hatte Vespasian ein geordnetes Reich hinterlassen. Und Titus trat das Erbe an mit den besten Vorsätzen. Er war möglicherweise noch fähiger als sein Vater. Aber er war krank, von Jugend an. Als Sechzehnjähriger hatte er an Neros Tafel von dem Gift gekostet, das dem unglücklichen Kaiserbruder Britannicus kredenzt worden war. Dieses Gift zeigte jetzt eine späte Wirkung. Vielleicht half auch der machthungrige Bruder Domitian nach. Als sich nämlich der fieberkranke Titus im heimatlichen Sabinerland aufhielt, ließ ihm der angeblich besorgte Bruder Schneepackungen verabreichen. Sie sollten das Fieber senken. In Wahrheit aber verkürzten sie wohl nur die Zeitspanne zu Domitians Nachfolge.

Nur zwei Jahre saß der Bezwinger der Juden auf dem Thron der Welt. Dann raffte ihn das Schicksal hinweg, einen erst 42jährigen in der Blüte seiner Jahre. Es scheint, als habe das Gute in schlechter Zeit wenig Bestand.

Darüber hinaus hatte ein ungnädiger Himmel dieser kurzen Regierungszeit außerordentlich schwere Prüfungen auferlegt.

Nur zwei Monate nach der Thronbesteigung brach der Vesuv aus. Die Städte Pompeji, Stabiae und Herculaneum wurden vom Aschenregen verschüttet.

Diesem Unglück folgte nach Dion Cassius die Seuche auf dem Fuße, eine so furchtbare Pest, wie sie noch nie aufgetreten war. Möglicherweise sorgte für ihre rasche Verbreitung der Aschenregen, der, wie Dio weiter berichtet, sogar Syrien und Afrika erreicht habe.

Während der Kaiser noch helfend im Katastrophengebiet weilte, wurde Rom von einem verheerenden Feuer verwüstet. Ihm fiel auch das Pantheon des Agrippa zum Opfer. Erst unter Hadrian, etwa 40 Jahre später, sollte der Tempel seine heutige Form erhalten. Wie ungerecht ein solches Schicksal für einen Mann, der so guten Willens war, auch erscheinen mag, bleibender Ruhm war Titus gewiß. Er »war ein Licht am dunklen Himmel römischer Kaisergeschichte«. Und Sueton rühmt ihn als »die Liebe und das Entzücken des Menschengeschlechtes«. Noch heute wahrt ihm der Titusbogen, ein hünenhafter Wächter am Eingang zum Forumstal, ein ehrendes Andenken.

Nichts geändert hatte sich indessen an Roms — wir würden sagen — Lust am Leben. Auch Vespasian war kein Frauenverächter, wenn er sich auch mit der moralischen Rettung der ewigen Stadt ein hohes Ziel gesteckt hatte. Ausschweifender noch als sein eher nüchterner Vater lebte der Menschenliebling Titus. Zu Feldherrenzeiten schon hatte er die jüdische Prinzessin Berenice zur Geliebten gehabt, eine Frau, die einmal kurz verheiratet gewesen war und danach mit ihrem Bruder in wilder Ehe gelebt hatte. Titus rühmte sich oft seiner »rücksichtslosen Hemmungslosigkeit gegenüber dem weiblichen Geschlecht«. Beide übertraf noch Domitian, der im Jahre 81 nach dem Tod des Bruders den Thron bestiegen hatte. Über ihn berichtet Sueton: »Er war von einer übermäßigen Wollust und vollzog den unausgesetzen Geschlechtsverkehr wie ein Turnübung, die er mit einem griechischen Wort als › Bettgymnastik ‹ bezeichnete.«

Doch sehr im Gegensatz zu seiner eigenen Zügellosigkeit standen die Sittengesetze, die dieser Kaiser erließ. Für sie war Domitian keineswegs Vorbild. So wurde beispielsweise der Ehebruch unter strenge Strafe gestellt, wurde die Gleichgeschlechtlichkeit verdammt. Auch verbot Domitian die Kinderprostitution und untersagte die Aufführung unanständiger Pantomimen. Diese Maßnahmen waren freilich eine Farce. Denn niemand hielt sich daran. Nicht einmal das einfache Volk in den schmutzigen Vorstädten, das das ausschweifende Leben der Hochgestellten in jeder Einzelheit nachahmte. Armut bedeutete noch nie ein Hindernis für die Liebe. Und über die Orgien der Vornehmen Roms war man bestens unterrichtet. Sklaven und Hausdiener sorgten unaufhörlich dafür, daß Palastgeheimnisse schnell zum Stadtgespräch wurden. Und das lüsterne Volk, von den Verantwortlichen ohnehin nur zu Müßiggang, zu Brot und Spielen angehalten, lernte leicht.

Auch merkwürdige Gesetze waren unter Domitians Erlassen. Er setzte zum Beispiel die Preise der Sklavenhändler für ihre Ware herab. Er verbot Frauen zweifelhaften Rufs, sich in Sänften tragen zu lassen oder eine Erbschaft anzunehmen. Unkeusche Vestalinnen bestrafte er nach der Vorfahren Brauch. Sie wurden lebendig begraben, ihre Liebhaber zu Tode gepeitscht. Vestalinnenprozesse bereiteten dem Kaiser offensichtlich Vergnügen, denn er machte häufig davon Gebrauch. Und Plinius meint, in keinem Fall sei die Schuld der Priesterinnen nachgewiesen gewesen.

Zu einem Scheinparlament war inzwischen der Senat abgewertet. Die Zugehörigkeit zu diesem Gremium brachte zwar immer noch Ansehen und eine gewisse Bevorzugung im Rechtsverfahren mit sich. Politische Entscheidungsgewalt hatten die Senatoren aber nicht mehr. Sie waren zu Jasagern in bezug auf kaiserlichen Launen entsprungene Einfälle geworden. Wagte jemand zu widersprechen, konnte es ihn Besitz und sogar Leben kosten.

Jetzt, zu Domitians Zeiten, wurde oft die bloße Zugehörigkeit zum Parlament zur Gefahr. Denn überall witterte die mißtrauische Majestät Verschwörung. Spätestens auf der Folter, wo der Kaiser Verdächtigen die Schamteile ausbrennen ließ, kam die »Wahrheit« zutage. Auf der Folter hat schließlich noch ein jeder gestanden. Ein Todesurteil folgte dem anderen. Und dem erschreckten Senat blieb nichts, als »den Göttern in den von Domitian mit goldenen Türen und Dächern ausgestatteten Tempeln immer wieder für die Errettung des Kaisers zu danken.« Domitian war der erste römische Herrscher, der seinen Untertanen zumutete, ihn schon zu Lebzeiten mit »Herr und Gott« anzusprechen. Mit sich erhob er seine engere Verwandtschaft in göttliche Stellung, auch den verstorbenen Vater Vespasian. Das erscheint fast wie Hohn. Denn der alte Haudegen hatte noch bis zum letzten Atemzug die Vergöttlichung eines Menschen verspottet. Als er eine tödliche Krankheit in sich spürte, sollen seine Worte gewesen sein: »Oh weh, ich glaube, ich werde jetzt ein Gott.«

Vater, ermordeter Bruder, Gattin und Schwestern, die sich hauptsächlich durch Unkeuschheit ausgezeichnet haben sollen, sie alle wurden zu flavischen Gottheiten ernannt. Ihnen dienten eigene Priester. Für sich selbst aber ließ dieser Wahnsinnige an öffentlichen Statuen Köpfe mit den kaiserlichen Zügen anbringen, damit ihn seine Untertanen jederzeit anbeten konnten. Kein Wunder, daß der Kaiser für solche, die seiner Verherrlichung nicht nachkommen wollten, wenig Sympathie empfand. Christen und Juden, die ihm die Reverenz verweigerten, ließ er grausam hinrichten. Unter den ermordeten Christen befand sich sogar sein eigener Neffe.

In diese verkommene Stadt kam das wohlbehütete Kind aus der Provinz. Die Familie hatte im fernen Südspanien an den Begebenheiten der Epoche wenig Anteil gehabt. Nur der Großvater hatte dem späteren Kaiser Galba einmal anläßlich eines Aufstandes gegen Nero für eine Nacht Asyl gewährt. Ansonsten aber war man vom Wellenschlag der Zeit verschont geblieben. Man lebte dem Andenken ruhmreicher Ahnen, eines Fabius Hadrianus zum Beispiel, den »die Karthager bei der Belagerung von Utica lebend verbrannt hatten«. Aber auch sein Name wurde nur in den Archiven aufbewahrt. Außer Angehörigen der Familie sprach niemand mehr von ihm.

Das anfängliche Staunen des kleinen Aelius wird sich deshalb bald in Abneigung verkehrt haben. Dem intelligenten Jungen kann unmöglich verborgen geblieben sein, daß in dem vielgerühmten Rom eben doch nicht alles in Ordnung war. Und so tat er das klügste, was man angesichts der eigenen Ohnmacht eigentlich tun kann: Er vergrub sich in seine Bücher. Damals war in der Hauptstadt gerade eine gewisse Bildungsreform im Entstehen. Die Schulwissenschaften nahmen einen immer breiteren Raum ein. Auf dem Gebiet der Rhetorik stand am Anfang dieser Entwicklung der ältere Seneca, der Vater des Philosophen und Nero-Erziehers. Aber sein Stil verschnörkelte zusehends, bis unter den Flaviern Fabius Quintilianus dagegen ankämpfte. Der aus Spanien stammende Lehrer führte seinen Schülern immer wieder Cicero als das große klassische Vorbild römischer Beredsamkeit vor Augen.

Unter Vespasian wurde F. Quintilianus als erster staatlich fest besoldeter Erzieher in Rhetorik an die Spitze einer öffentlichen Schule gestellt. Später wurde er Günstling Domitians und von ihm mit der Unterweisung der kaiserlichen Neffen betraut. Am Ende seines Lebens endlich konnte der große Kritiker seine Methoden und Lernziele in zwölf Büchern festhalten. Diese »Institutio oratoria« (Unterricht in der Redekunst) ist auch heute noch interessant (und hat über fast 2000 Jahre kaum etwas von ihrer Aktualität verloren). Es ist anzunehmen, daß auch Hadrian zu Quintilians Schülern gehörte. Denn seine künftige kulturelle Blickrichtung spiegelt deutlich die Anschauungen dieses Lehrers über die Sprache wider. In Philosophie und Literatur wurde er in der Schule eines gewissen Terentius Scaurus unterrichtet. Aber diese Lehranstalt vermochte ihm nur mäßige Kenntnisse zu vermitteln, jedenfalls, was das Wissen in den beiden Fachrichtungen betraf. Um so besser wird er dort auf das Leben vorbereitet worden sein. Viel später, schon gegen Ende seiner Tage, wird er sich der zahlreichen Ränkespiele und Rangstreitigkeiten erinnern, die die Lehrer ständig untereinander austrugen. Und er wird — allerdings mit geringer Verwunderung — feststellen, daß er sie Zeit seines Lebens in allen Gesellschaftsschichten angetroffen hat.

Schon damals muß der Heranwachsende eine besondere Leidenschaft für Philosophie und Dichtkunst gezeigt haben. Sokrates hieß der große Verführer. Vergil vor allen bewunderte er. Überhaupt zog er unter den Dichtern die dunklen, schwer verständlichen den heiter unbeschwerten vor. Auch das entsprach seinem Charakter. In jener römischen Schulzeit unternahm Hadrian wohl auch die ersten literarischen Versuche. Terentius Scaurus prophzeite ihm allerdings, er werde es niemals zum großen Dichter bringen. Denn es fehle ihm nicht nur an Begabung, sondern auch an Fleiß. Man kann sich leicht vorstellen, wie hart den jungen intelligenten Mann ein solches Urteil getroffen haben wird.

Vielleicht flüchtete er sich auch deshalb ins Griechische. Nicht im Römertum hatte die Philosophie ihre Geburtsstätte. Dieses Natur- und Bauernvolk war von Anfang an der Scholle und dem Schwert verhaftet, ordnete seit jeher irdisches Zusammenleben nach Recht und Gesetz. Trotzdem oder gerade deshalb bewunderten die Römer das Hellenentum. Die Lehren der Stoa reiften in Rom zu letzter Vollendung. Das Volk der Waffen schmückte den Alltag mit Gedichten, stellte sich mit Vergils Aeneis kühn neben Homers heroische Epen. Große Historienschreiber wie Tacitus sollten bleibenden Ruhm erlangen.

Dennoch kannte der Römer die Grenzen seiner Begabung. Er wußte um die nüchterne Schlichtheit seines Wesens. Er hatte längst erfahren, daß er Griechenland zwar mit dem Schwert bezwungen hatte, seiner Kunst und Kultur jedoch nur mit der sprach- und machtlosen Bewunderung des Staunens gegenüberstehen konnte. Und er hatte in weiser Voraussicht diese Kunst nicht zerstört, sie vielmehr übernommen, »in verzückter Andacht gehegt und als heiliges Erbe weitergegeben an die kommenden Jahrhunderte«. So ist uns vieles erhalten, was in den Wirren der Zeiten vielleicht für immer verlorengegangen wäre, wenn auch das Erhaltene eine gröbere und härtere Form aufweist.

Auch den jungen Spanier hat dieses Griechenland und alles, was damit zusammenhing, fasziniert. Dort lagen die wirklichen Wurzeln der Menschheit, jedenfalls, was bis dahin greifbar war. Griechisches Kulturgut glich einer unerschöpflichen Quelle. Nichts gab es im gegenwärtigen Rom, was nicht schon einmal vergleichbar dort gewesen wäre. Alles, was in Rom geschah, das Gute wie das Böse, Tugend und Laster, Mäßigung wie Ausschweifung, hatte im Griechischen seine großen Vorläufer. Griechenland war die Schatztruhe aller römischen Erfahrungen.

So sprach der durchschnittlich gebildete Römer schon seit Generationen lateinisch und griechisch fließend nebeneinander. Und Quintilian trat sogar dafür ein, daß das Griechische in den Schulen bevorzugt gelehrt werden müsse, da die Kinder die lateinische Muttersprache ohnehin von zu Hause mitbrächten.

Schon als Kind hatte Hadrian versucht, die schwierigen Buchstaben des fremden Alphabets nachzumalen. Aber erst jetzt, da er zu ihrem Studium fest angehalten wurde, stellten sich auch die ersten Erfolge ein. Und er begann, die Sprache zu lieben. Seine Zuneigung gipfelte schließlich in der Erkenntnis, daß, »was am besten gesagt ist, auf Griechisch gesagt ist«. Dieser seiner wohl größten Leidenschaft ist er Zeit seines Lebens treu geblieben.

Wahrscheinlich hatte Acilius Attianus mit seinem Mündel größere Pläne, als der Menschheit »nur« einen Dichter und Philosophen heranzuziehen. Möglicherweise erkannte der erfahrene Mann den Charakter des jungen Aelius auch zu gut, als daß er hätte verantworten können, ihn länger in seinem Bücherwissen verkümmern zu lassen. Nach fünf Jahren jedenfalls schickte der Vormund das Mündel nach Hause. Das Leben im Freien würde dem Bücherwurm guttun und zudem seine Gesundheit kräftigen.

Als Hadrian in der spanischen Heimat ankam, konnte er freilich nicht ahnen, daß sein heimatlicher Aufenthalt keine zwei Jahre dauern sollte. Denn nach Ablauf dieser kurzen Zeit sollte er wieder in Rom sein, diesmal bereits unter den Fittichen des bereits berühmten eigentlichen Vormundes Trajan. Damit aber begann sein kometenhafter Aufstieg.

Hadrian war nämlich nicht der »selfmademan«, der sein Schicksal eigenverantwortlich in die Hand nahm, wie etwa Friedrich der Staufer mehr als 1000 Jahre nach ihm. Seine Laufbahn gleicht vielmehr einer Aneinanderkettung glücklicher Umstände.

War sein Weg wirklich von höherer Gewalt vorgezeichnet? Stand er vielleicht sogar in den Sternen?

5.

UNRUHIGE JUGEND

Die Aufgabe des neuzeitlichen Biographen ist schwierig, wenn er auf sich nimmt, über weit Zurückliegendes zu berichten. Er hat in die Sprache unserer Zeit zu übersetzen, was seit Jahrhunderten vorgegeben ist. Mit Fingerspitzengefühl hat er Wahrscheinliches von Unmöglichem zu trennen. Dabei darf er niemals gesichertes Wissen in Anspruch nehmen. Nur das Denkbare ist ihm erlaubt zu verwenden. Und er muß schweigen, wo selbst die Quellen versiegen.

Was ist über den fünfzehnjährigen Hadrian zu sagen? Genaues weiß man nicht. Konnte man damals schon seinen zwiespältigen Charakter ahnen und vermuten, daß er ein Leben lang zwischen Griechen- und Römertum, zwischen Traumwelt und Wirklichkeit hin- und hergerissen werden sollte?

Ungewöhlich war bestimmt, daß er als Heranwachsender aus der Provinz bereits ein gutes Drittel seines Lebens in der Hauptstadt zugebracht hatte. Zumindest darin wird er sich von den Gleichaltrigen seiner Heimat unterschieden haben. Ob er sich diesen Unterschied anmerken ließ? Ob er ihn ausspielte gegen die noch unerfahrenen Kameraden? Vielleicht hat Hadrian schon damals seinen anmaßenden Stolz gezeigt, der sich bis zur Eitelkeit steigern konnte, und die Eifersucht, die die »unselige Kehrseite seiner glanzvollen Talente« war. Mit Sicherheit aber wird der junge Aelier die gleichen Probleme gehabt haben wie die meisten Jugendlichen vor ihm und nach ihm: Er befand sich in einem Lebensalter der Gärung. Er war noch nicht Mann. Und doch lag die Kinderzeit schon schemenhaft weit zurück.

Fest steht, daß Hadrian um das Jahr 91 wieder nach Italica kam. Ob er dort mit seiner Familie, also im Hause der Mutter Domitia Paulina, lebte, ist nicht bekannt. Wir wissen nicht einmal, ob sie damals überhaupt noch am Leben war.

Vieles spricht dafür, daß Publius im Hause der verheirateten Schwester Paulina aufgenommen wurde. Sie, ein stilles, vielleicht schwermütiges Mädchen, das dem Bruder in mancher Hinsicht geglichen haben mag, war mit einem gewissen Servianus verheiratet. Dieser Mann war 31 Jahre älter als sein Schwager und diesem zeitlebens wenig günstig gesonnen. Vielleicht war er eifersüchtig auf den glänzend begabten jungen Mann, der über alle körperlichen und geistigen Vorzüge verfügte und darüber hinaus Trajans Mündel war. Wir wissen es nicht.

Merkwürdig erscheint die Überlieferung, Hadrian sei unmittelbar nach seiner Ankunft in der Heimat in militärische Dienste getreten. Die Provinz Baetica war friedlich. Legionen waren dort nicht stationiert. Es ist aber durchaus möglich, daß der junge Aelier seine Lehrzeit bei der VII. Legion ableistete, die damals in den Pyrenäen lag.

Einen Hauptteil der ihm verbliebenen Jugend hat der angehende Kaiser wohl mit Jagen verbracht. Der Wildbestand war reichlich. Und für einen jungen Mann vornehmer Herkunft wird es kaum eine angemessenere Freizeitbeschäftigung gegeben haben als das Jagen, das darüber hinaus den

Vorzug hatte, den sich entwickelnden Körper zu kräftigen. Außerdem frönte Hadrian schon damals einem überaus beliebten Jugendsport: Er machte Schulden. Das war keineswegs ungewöhnlich oder ehrenrührig. Mehr als ein berühmtes Vorbild lieferte hierfür die jüngste römische Geschichte.

Die zügellose Jagdleidenschaft und das Schuldenmachen erregten aber Servians Mißfallen. Er, ein an sich rechtschaffener Mann, der es trotz seiner fast 50 Jahre noch zu wenig Ansehen gebracht hatte, zeigte für das ausschweifende Verhalten des jungen Verwandten wenig Verständnis. Daß er ihn beim Vormund Trajan anschwärzte und in Mißkredit zu bringen suchte, gehört zu den vielen glücklichen Meilensteinen, die Hadrians Weg säumen. Es war eine weitere Sprosse des jungen Aeliers auf der Leiter zum Erfolg. Denn so war Trajan gezwungen, sich seines Mündels persönlich anzunehmen.

Fürs erste aber kennzeichnete dieser Sachverhalt nur den Beginn des Verhältnisses zwischen Schwager und Schwager: Man hat sich nie geliebt.

Zu jener Zeit, um das Jahr 93, war Trajan schon ein geachteter Mann. Das hohe Ansehen des noch nicht Vierzigjährigen, das er sich auf den Schlachtfeldern des Imperiums erworben hatte, wurde noch mit der Würde des einjährigen Konsulats gekrönt. Zwar war auch dieses Amt im Zuge kaiserlicher Machtausweitung zu einem Scheinamt herabgestuft worden. Die Hauptaufgabe des Konsuls bestand immer noch darin, im Senat den Vorsitz zu führen und seine Beschlüsse zu vollstrecken. Senatsbeschlüsse freilich gab es längst nicht mehr. Zumindest hatten sie keinerlei praktische Bedeutung, seitdem es so gefährlich geworden war, sich kaiserlichen Launen offen zu widersetzen.

Aber der vornehme Römer gab sich traditionsbewußt. Erinnerte doch die Einrichtung des Konsulats an die gute alte Zeit der Republik, die erst jetzt in der Verklärung der Vergangenheit als gut empfunden wurde. Und so hielt man an diesen überkommenen Werten wenigstens nach außen hin fest. Kein Wunder also, daß das Amt des Konsuls noch immer mit hohem Ansehen verbunden war und eigentlich nur der auf politische Karriere hoffen durfte, der einen Konsul zu seinen Ahnen zählte. Darüber hinaus stand Trajan auch in hoher Gunst bei Domitian. In gefährlicher Lage nämlich hatte er seine Kaisertreue bewiesen. General Saturnius, der am Rhein stationiert war, hatte vor zwei Jahren einen Aufstand gegen den Kaiser angezettelt, und fast wäre es darüber wieder einmal zum Bürgerkrieg gekommen. Da hatte sich der treue Trajan als Retter in der Not erwiesen. Daß er erst an den Unruheherd kam, als die Gefahr schon gebannt war, kreidete man ihm nicht weiter an. Der Kaiser hielt ihn fortan vielmehr in hohen Ehren. Hätte er natürlich geahnt, daß dieser Trajan dereinst zu seinen Nachfolgern gehören würde, das Leben des Generals wäre keinen Pfifferling mehr wert gewesen. Denn Domitian teilte das Los aller Tyrannen. Er lebte in ständiger Angst vor potentiellen Mördern. Dieser Angst versuchte er seinerseits durch Mord zu begegnen. Als er nur drei Jahre später tatsächlich von Mörderhand fiel, glich das wieder jener fast schon sprichwörtlichen Ironie des Schicksals.

In einem Brief nun hatte Servianus Trajan mitgeteilt, der junge Hadrian habe nichts als die Jagd im Sinn und mache zudem noch Schulden. Und Trajan, der sich als pflichtbewußter Römer für sein Mündel verantwortlich fühlte, beorderte seinen Schützling umgehend nach Rom.

Hadrian war jetzt 17 Jahre alt, befand sich also in einem Alter, in dem nach althergebrachter Sitte der Austritt aus dem Knabenstand erfolgte. Der Übergang ins Erwachsenendasein war mit sehr strengen rituellen Bräuchen verbunden. Der Jugendliche legte die purpurverbrämte Knabentoga ab und empfing die »toga virilis«. Das war ein festliches Ereignis, der Höhepunkt im Leben eines jungen Römers, vielleicht vergleichbar mit der Feier der Erstkommunion oder der Konfirmation im christlichen Brauchtum. Verwandte und Freunde waren geladen. Zur Weihe des Tages wurde den häuslichen Schutzgöttern, den Laren, geopfert. Dann begleiteten die Gäste den »Iuvenis«, den neuen Erwachsenen, in feierlicher Prozession auf das Forum. Der Zug wurde vom Vater oder vom Vormund angeführt. Aber erst, wenn der junge Mann dort in die Liste der kriegsfähigen Männer eingetragen war, war die Mündigkeitserklärung vollzogen. Von diesem Tage an durfte der neue Bürger drei Namen führen. Publius Aelius hieß ab jetzt auch Hadrianus. Es ist anzunehmen, daß die traditionsbewußte trajanische Familie auf die Einhaltung dieser alten Bräuche streng geachtet hat, besonders, da die spanischen Trajaner sich in jenen Tagen in Rom niederzulassen begannen.

Mündigkeitserklärungen wurden in der Regel am Festtag der Liberalia (17. März) abgehalten. Die feierlichen Prozessionen auf dem Forum unter der erwachenden Frühlingssonne müssen für Beteiligte wie Außenstehende ein bezauberndes Bild geboten haben.

Für den jungen Hadrian bedeutete die Verleihung der Männertoga darüber hinaus den Eintritt in eine glänzende Zukunft. Türen und Tore waren ihm nun geöffnet. Alle Möglichkeiten breiteten sich vor ihm aus. Es kam nur noch darauf an, im richtigen Augenblick zuzugreifen.

Es war üblich, daß die jungen Vornehmen ihre politische Laufbahn in niedrigen Ämtern begannen. Hadrian wurde zum Richter bei einem Gericht ernannt, das sich mit Erbschaftsstreitigkeiten befaßte. Auf diese Weise bekam er bald Kontakt zur römischen Prominenz, kann andererseits aber in der Rechtsprechung nichts Bedeutendes geleistet haben. Denn dazu, daß er selbst für damalige römische Verhältnisse für das verantwortungsvolle Richteramt noch sehr jung war, kam seine Unerfahrenheit in Rechtsdingen. So wird sich der Anfang seiner Richterjahre kaum von seinen Studienjahren unterschieden haben. Glücklicherweise stand ihm in Neratius Priscus ein erfahrener Kollege hilfreich zur Seite. Als Freund und Rechtsberater sollte er dem späteren Kaiser bis an sein Lebensende beistehen und bei dessen Rechtsreform wesentlich mitwirken. In ihm hatte Hadrian wohl einen Berater, dem die gerichtliche Praxis geläufiger war als anderen Zeitgenossen. Und wahrscheinlich hat sich Neratius Priscus auch gegen nützliche Neuerungen nie ernsthaft gesträubt.

Öffentlichen Anstoß erregte in jenen Tagen Hadrians provinzielle Aussprache. Auf ein akzentfreies Aussprechen der von den Römern als schwierig empfundenen lateinischen Sprache und ihre richtige Betonung wurde im rhetorikfreundlichen Rom allezeit Wert gelegt. Vielleicht war auch das ein Grund dafür, daß sich der Aelier ins Griechische flüchtete und dem Lateinischen zeitlebens mit fast resignierend scheuer Bewunderung gegenüberstand. Mit Sicherheit wird der spanische, vielleicht sogar ein wenig bäuerliche Akzent für sein Richteramt nicht eben förderlich gewesen sein. Später werden ihn die Senatoren sogar deswegen verlachen, wenn er Trajans Reden, die er für den Kaiser verfassen wird, im Senat vorliest. Und man glaubt der »Vita« gern, daß der junge Mann, dem gerade der Ehrgeiz erwachte, verzweifelt gegen diesen offensichtlichen Mangel anzukämpfen versuchte, indem er Sprachunterricht nahm.

Indessen ging das Zeitalter Domitians zur Neige. Rom lag schon lange in ständigem Streit mit diesem Kaiser, der sich zuletzt nur noch durch Hinrichtungen an der Macht halten konnte. Das aber beschleunigte andererseits auch sein Ende. Neue Kräfte schwangen sich zur Macht auf und kreisten Domitian immer stärker ein. Die Stimme des Volkes blieb nicht ungehört im vor Angst und Schrecken wie gelähmten Rom. Nachts kritzelten Unbekannte auf die kaiserlichen Statuen: »Es ist genug«. So »begannen die Verschwörer ihr stilles, unheimliches Werk«. Langsam rottete sich auch das Heer gegen den Kaiser zusammen. Der junge Hadrian, der nicht viel von diesem Kampf verstand, begnügte sich damit, »für den Tyrannen die etwas überhebliche Verachtung des angehenden Philosophen aufzubringen«. Im übrigen versah er seinen Dienst und kümmerte sich wenig um die Politik. So hatte es ihm wahrscheinlich der weise Acilius Attianus geraten.

Im römischen Verwaltungsrecht verschmolzen schon auf der untersten Stufe der hierarchischen Leiter zivile und militärische Machtbereiche. Der junge Nachlaßrichter wurde deshalb bald zum Tribunen der »Adiutrix« befördert. Sie, die II. Legion, lag gerade in Aquincum an der oberen Donau, dem heutigen Budapest. Ihr Name war ein Eigenname, wie ihn fast alle römischen Legionen trugen. Er bedeutet soviel wie »Helferin«. Diese Helferin war von Trajan aus einer Hilfstruppe der Marine rekrutiert worden.

Der Einzug zur Armee mag Hadrians Rettung gewesen sein. Denn womöglich wäre damals ein junger Mensch aus dem unmoralischen Rom nicht schadlos herausgekommen. Blieb einem doch kaum etwas anderes übrig, als sich anzupassen! Außerdem wird er als Mann der Provinz die freie Natur begrüßt haben, die ihn dort am Anfang der Ungarischen Tiefebene erwartete.

Damals war Aquincum das Bollwerk des Westens gegen feindliche nördliche und östliche Völker. Es hatte die Aufgabe, die romanisch kultivierte Welt gegen barbarische Menschenhorden abzuschirmen. Die günstige Lage half ihm dabei. Die breite Donau, für die Antike der längste Fluß der Erde, bot sich als natürliche Reichsgrenze geradezu an. Außerdem war eine Sicherung gerade dieser Grenze auch notwendig. Man kannte die Nachbarn nicht. Man wußte nur, daß sie wild und ungezähmt waren. Und man hatte in zahlreichen Überfällen ihre Unberechenbarkeit erfahren. Gerade hier war die Lebensader Roms oft bedenklich bedroht.

Der Eindruck, den der soeben ernannte Tribun von diesem Grenzland gewann, muß sehr nachhaltig gewesen sein. Denn als Kaiser wird er nach und nach fast alle Grenzen des Imperiums besuchen, in Afrika, im Orient, ja sogar bis hinauf in den hohen Norden des römischen Reiches, nach Britannien, wird die kaiserliche Majestät sich wagen.

Sein Aufenthalt in Aquincum sollte allerdings nicht von langer Dauer sein. Nur ein paar verregnete Herbstmonate verbrachte er dort. Dann wurde er, zwanzigjährig, zur fünften makedonischen Legion versetzt. Sie war in der Provinz Moesia stationiert, die das Mündungsgebiet der Donau, etwa den nördlichen Teil des heutigen Bulgarien, umfaßte.

Noch bevor Hadrian dort angekommen war, erreichte ihn die Nachricht von Domitians Ermordung. Niemand war über den Tod des Kaisers traurig. Vielmehr freuten sich alle, daß wieder einmal der Abschnitt einer Schreckensherrschaft verhältnismäßig glimpflich geendet hatte. Die Büsten des Kaisers wurden am Boden zerschmettert, seine Statuen eingeschmolzen. Man wollte das Andenken an den verhaßten Tyrannen auslöschen. Die »damnatio memoriae« war noch immer ein probates Mittel, unliebsame Blätter aus dem großen Buch der Geschichte herauszureißen.

Der Kaiser selbst hatte seinen nahen Tod vorausgeahnt. Nicht nur die Chaldäer, die Wahrsager, hatten ihn vorausgesagt. Nicht nur Askletarion, der Astrologe, hatte Mord prophezeit, eine kühne Vorhersage, für die er mit dem Leben bezahlte. Auch die Sterne standen schlecht. Sie vor allem kündigten das nahe Ende an. Und gegen das Schicksal kämpften Götter selbst vergebens...

»Am 16. September 96 war der Mond in den Wassermann getreten. Am 18. September verließ er ihn. Zur selben Zeit standen Mars und Saturn im Wassermann, eine Konjugation, die die Katastrophe sicher anzeigte. Der Kaiser wußte, daß er um die fünfte Stunde sterben würde.« Bei aller Skepsis gegen die Auskunft der Sterne ist es doch erstaunlich, daß der Kaiser tatsächlich um die fünfte Stunde starb, auch wenn ihm ein Diener gesagt hatte, es sei bereits sechs Uhr. Das war nur zur Beruhigung Domitians geschehen, der schließlich frohlockte, das Schicksal überlistet zu haben. Es war sein letzter und größter Irrtum.

Stephanus, der Gutsverwalter der Christin Domitilla, hatte den tödlichen Dolch geführt. Mit dem Kaiser starben seine Frau und seine einzige kleine Tochter.

Die Geschichte Roms im ersten nachchristlichen Jahrhundert steckt voller Überraschungen. Zum ersten Mal wählte der Senat den neuen Kaiser aus den Reihen seiner Mitglieder. Dies war um so erstaunlicher, als Nerva bereits 64 Jahre zählte, zudem anfällig und von labiler Gesundheit war. Vielleicht hatten sich die Senatoren von dieser Wahl ein Zurückgewinnen ihres ehemaligen Einflusses versprochen. Möglicherweise träumten auch jetzt noch einige von ihnen von der Wiederherstellung der Republik.

Trotzdem leistete der alte Mann in kürzester Zeit Erstaunliches. Die Kerker öffneten sich. Verbannte wurden nach Italien zurückgeholt. Die Christenverfolgungen stellte er ein. Niemand durfte mehr wegen »jüdischer Lebensweise« vor Gericht gestellt werden. Auch dem Volk war der neue Kaiser gewogen. Er scheute sich beispielsweise nicht, für die ganz Armen kaiserlichen Besitz zu versilbern.

Trotz allem war nicht zu erwarten, daß Nerva noch lange herrschen würde. Gegen eine längere Regierungszeit sprach schon sein hohes Alter. Das erkannte er auch selbst. In »gottähnlicher Voraussicht«, wie Eutropius sagt, sicherte er deshalb alsbald die Nachfolge. Er nahm Trajan, den römischen Statthalter in Germanien, als Sohn an. Mehr noch. Er ernannte ihn zum Thronfolger, um ganz sicher zu gehen. Das war gegen Ende des Jahres 97. Erst jetzt konnte er beruhigt ans Sterben denken.

Durch diesen kühnen Entschluß hat Nerva nicht nur für sich bleibenden Ruhm geerntet. Hatte er doch bei der Auswahl eines geeigneten Nachfolgers die eigene Verwandtschaft übergangen und zudem das Unglaubliche, das Ungeheuerliche gewagt, einen »Ausländer« auf den begehrten Thron zu heben! Er hatte darüber hinaus dem angeschlagenen Rom für fast ein Jahrhundert eine Reihe tüchtigster Herrscher beschert, die den Untergang des Reiches zwar nicht aufhalten, aber doch wenigstens verzögern konnten.

Im Jahre 98 überstürzten sich dann die Ereignisse. Nerva starb. Trajan wußte bereits um die Nachfolge. Denn der Adoptivvater hatte ihm handschriftlich mitgeteilt, er habe ihn, Marcus Ulpius Nerva Traianus, an Sohnes Statt angenommen und vom Senat zum Caesar, zum Kronprinzen, ernennen lassen. Schon Vespasian hatte seine beiden Söhne mit dem hohen Titel »Caesar« ausgezeichnet, um allen anzuzeigen, daß er sie als Nachfolger im Prinzipat auserwählt hatte. Bis Antoninus Pius sollte der Titel Caesar, der auf den großen Julier zurückgeht, dem Thronfolger vorbehalten bleiben.

Hadrian weilte seit kurzem in Obergermanien. Man hatte ihn nach dem Bekanntwerden der Adoption eilends zur Legion XXII Primigenia Pia Fidelis versetzt. Offiziell wurde es damit begründet, Hadrian sollte dem Vormund und angehenden Kaiser die Glückwünsche des Offizierskorps der makedonischen Legion übermitteln. In Wirklichkeit wollte man sich wahrscheinlich des Kaisermündels entledigen, das einer eigenen Karriere so hinderlich im Wege stehen konnte. Denn man wird vielleicht die Qualitäten des jungen spanischen Offiziers nicht übersehen haben. Hadrians Sterne aber standen günstig wie nie. Nicht nur der Großonkel Aelius, ein damals anerkannter Hellseher, hatte ihm einmal die Herrschaft über die Welt vorausgesagt. Vor kurzem erst war er in Moesia einem Astrologen begegnet, der in ihm den kommenden Weltherrn begrüßte. Das gab natürlich Selbstvertrauen. Zudem erwies sich die Versetzung nach Obergermanien, die möglicherweise als Fallstrick gedacht war, als die vielleicht glücklichste Fügung auf Hadrians steilem Weg nach oben. Denn so war er dem neuen Kaiser nahe, als Nerva am 25. Januar des Jahres 98 die Augen schloß. Wer sonst als er wäre dazu ausersehen gewesen, dem gerade proklamierten Kaiser zu gratulieren? Unverzüglich brach er also nach Germania Inferior auf, um Trajan seine persönlichen Glückwünsche zu übermitteln. Was sich an den folgenden Tagen abspielte, gleicht eher einem der Phantasie entsprungenen Kriminalroman denn Ereignissen, die sich wirklich zugetragen haben.

Wir sehen den einundzwanzigjährigen Aelier auf der Reichsstraße dahinsprengen. Sie führt durch gallisches Gebiet. Über Trier muß er, um zum Onkel zu gelangen. Dort aber ist an Stelle Trajans jetzt der Schwager Servianus Statthalter. Hadrian ist arglos. Er besucht den Schwestermann in bester Absicht. Ihn nicht aufzusuchen, wäre unschicklich gewesen. Er erzählt, was er vorhat. Er bemerkt nicht, daß Servians »schwacher Kopf von Kaiserträumen vernebelt« ist. Oder, wenn er es bemerkt, macht er sich doch keine Gedanken darüber. Zum Kaiser will er. Als erster muß er dort sein. Viel, alles hängt davon ab. Sein ganzes künftiges Leben ist mit diesen wenigen Stunden verflochten. Er bricht auf. Er ist in Eile. Noch ahnt er nichts von der Bösartigkeit Verwandter, die ihre ehrgeizigen Träume zerrinnen sehen.

Der Reisewagen bricht. Servianus hat diesen kleinen Unfall inszeniert, um dem jungen Schwager zuvorzukommen. Auch sein Kurier ist mit den Glückwünschen für Trajan schon unterwegs. Keinesfalls darf der junge Hadrian diesen Boten überholen.

Erst jetzt fällt es dem Aelier wie Schuppen von den Augen. Ein ehemaliger Sklave des Servianus gesteht alles. Aber Hadrian läßt sich dennoch nicht beirren. Servianus hat nämlich einen entscheidenden Fehler begangen: Er hat Hadrian nicht umbringen lassen. Dieser Mann war schon immer feige. Seine Feigheit sollte ihm jetzt zum Verhängnis gereichen.

Zu Fuß stürmt Hadrian weiter. Das Glück gehört dem Tüchtigen. In nur wenigen Stunden erreicht er Köln. Er hat den Kurier des Statthalters um mehrere Runden geschlagen. Er darf aufatmen. — Vierzig Jahre später erst wird er sich an Servianus auch dafür bitter rächen...

Der Onkel ist erstaunt. Der Onkel ist erfreut. Soviel Beharrlichkeit hätte er dem leidenschaftlichen Jäger und dem noch leidenschaftlicheren Schuldenmacher nicht zugetraut. Seine Bemühungen um das Mündel sind also doch nicht erfolglos geblieben, tragen nach Jahren endlich lohnende Früchte. Aber was soll mit dem jungen Mann geschehen? Er ist so ganz anders als Trajan, unterscheidet sich wohl auch von allen bisher dagewesenen Thronanwärtern. Nein! Die unsterblichen Götter mögen Rom und die Welt vor diesem heimatlosen Träumer bewahren!

Aber hierbleiben soll er. Es ist wohl besser, wenn der Kaiser, den vor allem das Schuldenmachen empört, den jungen Verwandten unter seinen Fittichen behält. Der könnte anderswo nämlich auf noch dümmere Gedanken kommen.

Damit aber hat der Onkel ungewollt Hadrians politische Laufbahn vorgezeichnet. Und doch sollte sich der Neffe zeitlebens so grundlegend von seinem Vorgänger und Wegbereiter unterscheiden.

»Im Wesen waren sie sehr verschieden voneinander«, bemerkt Heinz Kähler in einem Buch über Hadrians Villa bei Tivoli. »Trajan ein einfacher heiterer Mensch, dem alles, was er anpackte, erfolgreich ausging, klug, instinktsicher, unmittelbar, ohne Arg, offen und zugleich in sich gesammelt und fest, trotz seiner Herkunft aus Spanien ein › vir vere Romanus ‹ (ein wahrhaft römischer Mann). Hadrian unruhig, bisweilen schwermütig, getrieben von Launen, wenn auch gezügelt, schwer zu befriedigen. Ihm fehlte die glückliche Gelassenheit seines Vorgängers, die ungebrochene Freude an den Dingen und Menschen, das letzte Zutrauen zu ihnen. Er konnte nicht wie Trajan unbeschwert die Abende und Nächte bei Wein und frohen Späßen verbringen...«

Aber selbst bei den Zechereien des Oheims wird Hadrian mithalten und auch darin seinen Mann stehen. Denn allzu verführerisch glitzert in ferner Zukunft des Reiches Krone.

6.

AM HOFE DES KAISERS

Trajan ist in der Tat ein merkwürdiger Mensch. Mit bewundernswerter Gelassenheit hat er die Nachricht seiner Ernennung zum Kaiser entgegengenommen. So, als wüßte er um seine Verdienste, als müsse Rom ihm dankbar sein. Aber er darf sich nicht aufhalten lassen. Er hat größere Pläne. Er will ein Alexander sein. Indien heißt seine große Sehnsucht, die auch die des heroischen Vorbilds gewesen war. Roms Siege müssen noch gemehrt werden. Nur dafür scheint er überhaupt zu leben.

Im Gegensatz zu dem glücklichen Makedonen aber wird er Indien nie erreichen. Im Alter wird er einmal ein Schiff dorthin segeln sehen und dazu resignierend feststellen: »Auch nach Indien wollte ich, wenn ich noch jünger wäre.« Trajan war ein glänzender Feldherr, ein ausgezeichneter Armeeführer, der letzte große Offizier auf dem römischen Thron. Nur ein fähiger Politiker war er nicht. Darin unterscheidet er sich von Alexander dem Großen: Er verstand es nicht, die unterworfenen Völker an seine Persönlichkeit zu fesseln. Er kannte nicht das Mittel der politischen Ehe zum Zwecke der Abhängigmachung geschlagener Stämme. Oder, wenn er es kannte, verstand er es doch nicht anzuwenden. Dion Cassius berichtet hierzu:

»Er war nicht einmal in der Lage, das zu halten, was er erobert hatte. Neben anderen Ehrungen erlaubte ihm der Senat, über so viele Völker Triumphe zu feiern, wie er nur wollte. Denn er teilte den Senatoren die Namen so vieler unterworfener Völker mit, daß man sie nicht mehr auseinanderhalten und richtig benennen konnte...

Aber er sollte Rom nie wiedersehen. Nie mehr sollte er etwas vollbringen, was seiner frühen Erfolge würdig gewesen wäre. Vielmehr sollte er das bisher Erreichte wieder verlieren. Während er nämlich flußabwärts zum Ozean segelte und von dort wieder zurück, fielen die eroberten Gebiete von Rom ab, und die dort stationierten Truppen wurden getötet oder vertrieben...«

Doch jetzt, nach der für ihn fast selbstverständlichen Ernennung zum Kaiser, galt es zunächst, zum Senat zu sprechen. Trajan schrieb einen eigenhändigen Brief. Noch könne er nicht selbst nach Rom kommen. Noch hielten ihn kriegerische Ereignisse fest. Aber er versicherte schon jetzt den Senatoren, stets mit Gerechtigkeit und Mäßigung zu regieren. Niemand sollte mehr widerrechtlich hingerichtet oder seines Besitzes beraubt werden. Die abgeschlagenen Köpfe freigeborener Männer sollten nicht mehr auf dem Forum öffentlich zur Schau gestellt werden...

Und doch mußte er ein Exempel statuieren. In der Prätorianergarde war gegen Nerva gemeutert worden. Und der gute alte Mann hatte weder den Mut noch die Kraft aufgebracht, sich dagegen zu wehren. Er hatte die Verschwörer nur dadurch in Verlegenheit gebracht, daß er sich »unbewaffnet und sehr freundlich in ihre unmittelbare Nähe« begab. Trajan mußte den Vater rächen. Das war er ihm schuldig. Und so wurden überführte Offiziere und Mannschaften unverzüglich hingerichtet. Aber Trajan war dadurch einer nicht nur in römischen Augen heiligen Sohnespflicht nachgekommen. Er hatte auch von vornherein klargestellt, daß die Leibgarde der Prätorianer dem Kaiser unterstand und nicht der Kaiser ihr.

Dann zog der neue Herr der Welt zur Donaugrenze, um sich zu überzeugen, daß dort alles ruhig war. Erst im Spätsommer des Jahres 99 konnte er nach Rom aufbrechen.

Sein junger Neffe begleitete ihn.

Hadrian hatte schnell erkannt, daß er mit dem Onkel nie so richtig vertraut werden würde. Zu sehr unterschieden sich ihrer beider Charaktere. Da lagen Welten zwischen dem friedliebenden Philosophen, der im gelegentlichen Armeedienst nicht mehr sah als eine Art körperlicher Ertüchtigung, und dem Mann der Tat, der nur dem Krieg lebte oder doch nur im Krieg wirklich leben konnte.

Da trennte beide die ahnungsvolle Scheu, die der nur mäßig gebildete Trajan dem um eine Generation jüngeren intellektuellen Verwandten entgegenbrachte.

Aber Hadrian hatte bereits an der Macht geschnuppert. Zu köstlich erschien ihm diese Frucht, ein Kaisertum nach seinen Vorstellungen, als daß er für sich darauf hätte verzichten mögen. Zweifel begannen ihn zu peinigen, Bedenken an der Zuverlässigkeit früherer Prophezeiungen. Er mußte sich Gewißheit verschaffen. Und er beschloß, das Vergilische Orakel zu befragen. Das war nicht ungewöhnlich, auch wenn wir heute vielleicht darüber lächeln. Jeder gebildete Römer in gleicher oder ähnlicher Lage würde in damaliger Zeit ebenso gehandelt haben.

Er traf auf die Stelle im sechsten Buch der Aeneis, wo es heißt: »missus in imperium magnum...« (zu großer Macht bestimmt). Sie bezieht sich auf den römischen König Numa Pompilius, dem sie große Macht verheißt.

Ein günstigeres Omen hätte sich Hadrian nicht wünschen können. Dennoch war er nicht zufrieden. Noch einmal wollte er dem Schicksal ein Schnippchen schlagen und einen kurzen Blick in die Zukunft werfen. Er bemühte das Orakel im Heiligtum des Jupiter in Nikephorion in Asien. Es bestätigte die vergilische Vorhersage. Erst jetzt konnte er sich beruhigt aufs Warten verlegen. — Und doch mußte es Mittel und Wege geben, um dem Kaiser wenigstens nach außen hin näher verbunden zu werden.

Da war Pompeia Plotina, die Kaiserin. Sie, nicht später als 70 n. Chr. geboren, war eine ungewöhnliche Frau. Noch heute verraten erhaltene Bildnisse fast klassische Schönheit: Ein schmales Gesicht über einem schlanken Hals, Stirn und Nasenlinie klar gewinkelt, der Nasenrücken lang und gerade. Dazu eine Haartracht, wie sie damals die Mode allen Damen von Welt vorschrieb: ein hoher, über die Stirn kräftig gerundeter Haarbausch wurde rückwärts von einem Diadem zusammengehalten.

Darüber hinaus verfügte die Kaiserin auch über wenigstens für damalige Zeit außerordentliche charakterliche Qualitäten. Sie wurde allseits wegen ihrer Schlichtheit, Tugend und Treue gerühmt. Und sie lebte sehr zurückgezogen in stiller Freundschaft mit der Schwester des Kaisers, die Marciana hieß. Als sie ihren Einzug in den Kaiserpalast hielt, soll sie sich noch einmal an das Volk gewandt und gewünscht haben: »Möge ich dieses Haus einst frei von Schuld verlassen, wie ich es jetzt betrete.« Roms unsterbliche Götter haben den frommen Wunsch der Kaiserin erfüllt. Aber Plotina war auch eine Frau von Entschlußkraft. Was sie sich einmal in den Kopf gesetzt hatte, führte sie durch. Darin besonders glich sie sehr ihrem Mann. Und diesem starken Willen vor allem verdankte Hadrian seine Krone.

Leider blieb Plotinas Ehe mit Trajan kinderlos. Vielleicht hängte sie sich deshalb so sehr an den Neffen ihres Mannes. Vielleicht auch haben Hadrians geistige Fähigkeiten die gebildete Frau beeindruckt. Wir wissen es nicht.

Fest steht, daß beide in philosophischer Freundschaft bis zu Plotinas Tod verbunden blieben. Fest steht auch, daß Hadrian die Ernennung zum Kaiser in erster Linie dieser zielstrebigen Frau verdankte, die schon jetzt alles daransetzte, ihn dem kaiserlichen Gatten näherzubringen.

Hadrian ehrte sie dafür bis zu ihrem Tod durch Münzprägungen. Im Jahre 122 allerdings hören diese Ehrungen auf, und man vermutet, daß in dieses Jahr der Tod der Kaiserin fällt. Eigenartig ist, daß es keine Konsekrationsmünzen von Plotina gibt. Die Konsekration, das war jene Erhebung eines Menschen zu den Göttern, die ihn für allezeit unsterblich machen sollte. Seit Julius Cäsar war sie mancher bedeutenden Persönlichkeit Roms zuteil geworden, allen voran vielen Kaisern, später auch ihren Verwandten. Es darf angenommen werden, daß Hadrian gerade der langjährigen Freundin die Apotheose nicht verweigerte und daß nur der Zufall Belege darüber nicht bewahrte.

Als Hadrian 24 Jahre alt geworden war, war es höchste Zeit, eine geeignete Frau für ihn zu suchen. Plotinas weiblicher Instinkt wählte — diesmal wenig treffsicher — eine Großnichte ihres Mannes. Sie hieß Vibia Sabina und war die Tochter des L. Vibius und der Matidia, einer Nichte des Kaisers. Plotina muß das Mädchen gekannt haben, sogar sehr gut gekannt haben. Denn Sabina war auch die Enkelin ihrer

Freundin Marciana und ist mit Sicherheit bei der Großmutter ein- und ausgegangen.

Nicht nur Kaiser Trajan war von dieser Verbindung wenig entzückt. Vielleicht durchschaute er Plotinas Hintergedanken, welcher Art sie auch immer gewesen sein mögen. Auch der Bräutigam konnte sich für das überaus junge Geschöpf nicht begeistern. Er mag Sabina gekannt haben, denn sie gehörte zur kaiserlichen Familie, bei der auch er sich ständig aufhielt. Er liebte diese Sabina nicht, und so verspürte er auch wenig Neigung zu dieser Ehe. Aber Ehen aufgrund gegenseitiger Zuneigung waren damals seltene Ausnahmen. In der Regel heiratete man aus politischen Gründen, oder man wurde wegen solcher verheiratet. Und Hadrian wußte, wie unklug es gewesen wäre, sich den Plänen der kaiserlichen Freundin zu widersetzen. So willigte er endlich ein. Es war die vielleicht unklügste Entscheidung, die er je für sein privates Leben getroffen hatte.

Denn nicht nur er wurde dieser Verbindung niemals froh. Auch Sabina war von Anfang an so unglücklich, vielleicht nicht ohne Schuld des Mannes, daß sie ihn allmählich zu hassen begann. Hadrians Glück wiederum war ihre Schwäche. Sie war zu unbedeutend, als daß ihr Haß ihm hätte wirklich gefährlich werden können.

Vibia Sabina war keineswegs ohne Reize. In der zweiten Hälfte der achtziger Jahre geboren, war sie knapp fünfzehnjährig, als man sie mit Hadrian vermählte. Ihre Züge auf den erhaltenen Bildnissen sind jugendlich, aber ernst, fast traurig. Griechische Inschriften nennen sie schön, vergleichen sie sogar mit der Demeter-Tochter Kore. Hierin mag freilich ein wenig Diplomatie stecken. Sie soll große Ähnlichkeit mit ihrer Mutter Matidia gehabt haben, die wiederum ihrer Mutter und Trajan ähnlich sah. Übrigens wird auch der ehrgeizigen Matidia ein Gutteil am Zustandekommen der Ehe zwischen ihrer Tochter und Hadrian zugeschrieben. Das Stiften von Ehen scheint wirklich zu allen Zeiten die Lieblingsbeschäftigung »arbeitsloser« Damen gewesen zu sein.

Sabina hatte schmale Lippen, schlitzförmige Augen, eine schlanke Nase und hohle, leicht eingefallene Wangen. Alle Bildnisse, die man von ihr gefunden hat, zeigen einen elenden und kummervollen Ausdruck. Den wahrscheinlich eindrucksvollsten Kopf der Sabina hat uns ein griechischer Künstler hinterlassen. Wie bei keinem anderen Bildnis wird hier der Schleier von dem gewiß unglücklichen Schicksal dieser Frau gelüftet.

Was tut eine Frau, die nicht liebt? Sie altert. Und sie altert freudlos. Sabina muß sehr bald erkannt haben, daß es zwecklos gewesen wäre, gegen den willensstarken Hadrian offen zu opponieren. Und so begnügte sie sich, damit zu brüsten, daß sie diesem »Ungeheuer« niemals Kinder gebären werde. Im übrigen wahrte sie wenigstens nach außen hin den Schein, begleitete ihren Mann auf mancher Reise und zog sich, so oft es ihre Stellung als erste Dame des Reiches zuließ, zu privaten Interessen zurück. Die galten vornehmlich den Modedingen, vor allem den künstlerischen Haartrachten jener Zeit. So hatte Hadrian eigentlich keinen Grund, sie nicht zu dulden. Später, wenn er Kaiser ist, wird er sich gelegentlich über die Launen der Gattin beklagen und wiederholt äußern, daß er sich von ihr scheiden ließe, wenn er nicht Kaiser wäre und ein Vorbild geben müßte.

Warum die ansonsten so kluge Plotina für ihren Schützling gerade diese Frau aussuchte, wird wohl immer ein Rätsel bleiben. Ob es im großen trajanischen Clan kein anderes

Mädchen gab, das dem Kaiser mindestens ebenso nahegestanden hätte? Hierbei darf man nicht vergessen, daß Hadrian selbst Kaiserneffe zweiten Grades war. Oder ob Plotina doch in den männlichen schönen Hadrian verliebt war und die Auserwählte keine wirkliche Konkurrentin darstellte? Ob sich Plotina den bleibenden Ruhm erhalten wollte, die einzig wirklich bedeutende Frau im Leben Hadrians gewesen zu sein? — Wer kann es wissen? Es gibt tatsächlich Leute, die behaupten, eine freundschaftliche Beziehung rein philosophischer Natur sei zwischen Mann und Frau unmöglich. Andere böse Zungen meinen, Frauen entwickelten da ein erstaunliches Empfinden, wo es um ihren Vorteil gehe. An all dem mag ein Quentchen Wahrheit sein.

Wie dem auch sei. Das Bild der Kaisergattin erscheint neben dem seiner großen Gönnerin für alle Zeiten auffallend blaß. Sollte das Plotina mit dem Stiften dieser Ehe tatsächlich beabsichtigt haben, ist es ihr vorzüglich gelungen.

Wie aber sah Hadrian aus? Wie hat er auf die Frauen und, was damals zwar nach dem Gesetz verboten, dem Brauch nach aber keineswegs unschicklich oder ungewöhnlich war, auf die Männer seiner Zeit gewirkt? In welche äußere Hülle hatte die Natur diese Vielfalt an Fähigkeiten, Geist und Bildung, aber auch an Gefühl und Herz verpackt?

Sein wirkliches Aussehen ist zumindest anhand der schriftlichen Überlieferungen nur zu ahnen. »Statura fuit procerus«, erzählt Spartianus, »forma comptus, flexo ad pectinem capillo, promissa barba, ut vulnera, quae in facie naturalia erant, tegeret, habitudine robusta...« (Hadrian war hochgewachsen und von schöner Gestalt, das Haar trug er künstlich gekräuselt; er ließ sich einen Vollbart stehen, um die natürlichen Narben, die er im Gesicht hatte, zu verdecken; er hatte eine kräftige Konstitution...) (übers. aus: E. Hohl, Historia Augusta, Artemis-Verlag Zürich und München).

Wissenschaftler, die sich viel mit Hadrian beschäftigen, bestätigen ihm überdurchschnittliche Größe. Er soll für einen Römer hellhäutig gewesen sein und blau-graue Augen gehabt haben. Sein dichtes Haar habe er stets sorgfältig gelockt getragen. Dion Cassius meint, Hadrian war nett anzusehen, und eine gewisse Eleganz umgab ihn...

Die Bildnisstatuen Hadrians, die nach jahrhundertelangem Schlaf von den Spaten der Archäologen ans Tageslicht gefördert wurden, sind zahlreich. Viele von ihnen haben im sicheren Schoß der Erde die Stürme der Jahrhunderte erstaunlich gut überdauert. Sie alle geben den schriftlichen Berichten recht: Der Kaiser legte auf gepflegtes Aussehen und wohlfrisiertes Haar großen Wert. Er war hochgewachsen und von stattlicher Erscheinung.

Revolutionär war sein Vollbart. Vor ihm waren alle römischen Kaiser bartlos, seitdem gegen Ende der republikanischen Zeit der Bart aus der Mode gekommen war. Spartianus behauptet in seiner Lebensbeschreibung nüchtern, Hadrians Bart habe Narben und Male im Gesicht verdecken sollen. Diese natürlichen Mängel mögen mit ein Grund gewesen sein, sich nicht rasieren zu lassen. Ausschlaggebend waren sie sicher nicht. Warum auch hätte ausgerechnet Hadrian wegen einer solchen Geringfügigkeit Komplexe haben sollen? Er war ein glänzend begabter junger Offizier, der dem Kaiserhaus gleich zweimal verwandtschaftlich verbunden war, zudem der anerkannte Günstling der Kaiserin. Wer hätte ihn nicht beneiden sollen? Schrammen und Narben jedweder Art waren damals auch nicht ungewöhnlich. Viele Römer hatte sie sich auf den Schlachtfeldern der Ehre eingehandelt, und die meisten von ihnen werden stolz darauf gewesen sein. Zudem war Hadrians Bart nicht dazu angetan, die Narben vollständig zu verdecken. Auf einigen uns erhaltenen Bildnissen erkennt man einen Schmiß, der vom linken Mundwinkel diagonal zum Kinn verläuft.

Auch die Behauptung mancher neuzeitlicher Hadrianforscher, er habe die Tortur des täglichen Rasierens gescheut, scheint aus der Luft gegriffen. Ein Mensch, der seinen Körper von Jugend an stählte, der sich barhaupt sommerlicher Hitze wie winterlichem Frost aussetzte, der wie der gemeinste Soldat mit seinen Legionen marschierte, hätte gewiß auch das tägliche Rasieren auf sich genommen, wenn er es nur für sinnvoll gehalten und auch gewollt hätte.

Der wirkliche Grund für diesen Bruch mit der Tradition muß tiefer gelegen haben.

Die von Hadrian so sehr geliebten Griechen und Philosophen trugen Bärte. Und Hadrian, der ihnen in vielem ähnlich sein wollte und auch war, sah keinen vernünftigen Grund, sich darin von den verehrten Vorbildern zu unterscheiden. Freilich mag er dadurch den Unmut zumindest der älteren Römer auf sich gezogen haben. Aber das störte ihn wahrscheinlich wenig. Er handelte zeitlebens ungewöhnlich und eigenwillig und scherte sich kaum um das Urteil seiner Zeitgenossen. Im übrigen pflegen sich Lästerer auch wieder zu beruhigen, wie das ja auch vor einigen Jahren in unseren Breiten der Fall war, als sich junge Leute wieder auf dieses Attribut der Männlichkeit besannen. Heute findet fast niemand mehr etwas dabei. Der Mensch gewöhnt sich an alles. Und nicht selten beginnt er, seine Gewohnheiten liebzugewinnen. Hadrian verteidigte seinen Bart. Ja, er beschloß, nur noch solche Männer zu Offizieren zu machen, die Bärte trugen oder denen doch im Zweifelsfall welche wachsen würden. So verhinderte er wenigstens, daß Unreife in verantwortliche Stellungen drängten. Bald wurde die Barttracht die große Mode der Zeit. Und den Kunsthistorikern unserer Tage helfen alle bärtigen Statuen bei der Datierung. Sie sollten Hadrian eigentlich dankbar sein.

Das überzeugendste Bildnis des Kaisers ist der Kopf im Thermenmuseum in Rom. Er wurde 1941 beim Neubau des Stazione Termini gefunden und zeigt den Kaiser als eine gesunde, gerade und freundliche Natur. Aber lassen wir den Fachmann sprechen, um ein klares Bild von Hadrians Aussehen zu gewinnen:

»Der eiförmige Gesichtsschnitt ist von großem Ebenmaß. Das Haar, das Stirn und Schläfen umschließt, sowie der kurze Vollbart über der Oberlippe, am Wangenrand und am Kinn fügen sich gefällig der Grundform ein, indem sie diese unterstützen, kräftig krönen und abschließen. Inmitten des gelockten und gekräuselten Haupt- und Barthaares wirkt die Haut geschmeidig, schimmernd und lebensvoll. Die Nase ist lang, kräftig und weder zu knochig noch zu fleischig. Die Wangen sind weder voll noch hager, vielmehr leicht und prall gewölbt. Die Stirn zeigt eine gleichmäßige reine Wölbung ohne merkliche Furchen. ... Die Augen blicken ruhig und entspannt aus weit geöffneten Lidern...«

Man sieht, Hadrian war durchaus der Typ Mann, der auch heute noch manches Frauenherz höher schlagen ließe. Wer je nach Rom kommt, sollte nicht versäumen, sich jenen Kopf im Thermenmuseum in unmittelbarer Nähe des Hauptbahnhofes anzusehen. Dieses altehrwürdige Gebäude, die ehemaligen Diokletiansthermen, beherbergt überhaupt die umfassendste Antikensammlung der Stadt.

Neben den zahlreichen Büsten und Köpfen wird Hadrians Aussehen durch die Münzprägung verläßlich bestimmt. Daneben gibt es eine eindrucksvolle Rundplastik. Es ist die heroische Statue aus der Bibliothek des Asklepieion von Pergamon. Auf ihrem Sockel steht in großen lateinischen Lettern: Gott Hadrian.

Auch Hadrians Charaktereigenschaften waren vielfältig. Dion preist ihn als »varius, multiplex et multiformis« (mannigfach begabt, vielseitig, vielgestaltig). Die Vita überschüttet ihn geradezu mit Eigenschaften, die allerdings auch wieder auf seine zwiespältige Persönlichkeit ein ganz bezeichnendes Licht werfen. So soll er »severus, laetus, comis gravis, lascivus cunctator, tenax liberalis, simulator simplex, saevus clemens et semper in omnibus varius« (zugleich steng und heiter, leutselig und würdevoll, leichtfertig und bedächtig, knauserig und freigebig, in Heuchelei und Verstellung ein Meister, grausam und gütig, kurz: immer und in jeder Hinsicht wandelbar) gewesen sein. Gerade die vielfache Begabung auf allen Gebieten wird uns noch eingehender zu beschäftigen haben.

Tatsächlich war Hadrians Charakter wohl schwer zu lesen. Er wurde deshalb gepriesen und gefürchtet, ge- und verachtet. Die Menschen hatten kein Vertrauen zu ihm, wie nahe sie ihm auch gestanden haben mögen, wie reich er sie auch beschenkt haben mag. Einige Jahre nach Hadrians Tod wird General Fronto, ein Zeitgenosse des Kaisers, einmal an den jungen Marc Aurel schreiben: »Ich verehrte Hadrian wie einen Gott, aber ich wagte nicht, ihn zu lieben. Antoninus liebe ich ...« Er vergleicht in diesem Brief den Kaiser darüber hinaus mit dem unheilträchtigen Mars oder auch einem Gott der Unterwelt, »wozu ihn vielleicht die äußere Erscheinung des bärtigen Mannes, mehr noch sein Wesen verleitete. Es muß etwas an ihm gewesen sein, das wirkliches Zutrauen erschwerte. Dies mag bei Späteren Anlaß gewesen sein für das Gerede, Hadrian sei an sich grausam gewesen und sei dieser Veranlagung bewußt entgegengetreten, um nicht am Ende das gleiche Schicksal zu erleiden wie Domitian. Seine Lebensführung bestätigt eine solche Annahme nicht...«

Auch der dem Kaiser wenig gewogene Dio betont, Hadrian habe von Natur aus zur Milde geneigt.

Das Glück des Geliebtwerdens wurde Hadrian selten zuteil, so sehr er sich seinerseits auch bemühen mochte. Und man kann den Schmerz des Kaisers nachfühlen, als er die einzigen beiden Menschen, die ihm nahestanden, verlor: Plotina etwa 122 n. Chr. und nur acht Jahre später den geliebten Antinoos. Unwiderrufliche Einsamkeit scheint das Schicksal aller Genies.

Neunzehn Jahre lang sollte der junge Mann nun am Hofe des Onkels bleiben, mit ihm in die zahlreichen Kriege ziehen und teilhaben am höchsten militärischen Ruhm, den Rom im Laufe seiner nun bald tausendjährigen Geschichte überhaupt errungen hatte.

Aber Trajans Taten waren nicht die seinen. Niemals würde er den Onkel erreichen, niemals ihm auch nur ähnlich werden können. Das hatte er sehr rasch erkannt. So bewahrte er bewußt seine Individualität und übte sich in den Geschäften des Friedens, wenn er sich auch nach außen hin den Gepflogenheiten des Hofes anpassen mußte. Dies tat er insbesondere dadurch, daß er sich gewissenhaft den ihm übertragenen beruflichen Aufgaben widmete.

Bald wurde er dem Kaiser besonders wegen seiner hohen Bildung unentbehrlich. Aber auch Unentbehrlichkeit kann wenig beliebt machen, vor allem bei dem, dem man unentbehrlich geworden ist. Hadrian sollte es oft zu spüren bekommen.

7.

DER UNSICHTBARE AUFSTIEG

Die Jahre bis zu Trajans Tod sind gekennzeichnet von den größten Eroberungen, von denen Rom je gehört hat. Wie eigenwillig war dieser Trajan, wie ehrgeizig, wenn es darum ging, Roms Macht zu erweitern, den Ruhm des ohnehin schon gewaltigen Imperiums noch zu mehren! Kaum ist man zu Hause im Senat in der Lage, die vielen neuen Länder aufzuzählen, die Trajan siegreich für Rom erobert. Wie weit entfernt sind doch diese Länder! Hat man je von derartigen Völkern gehört? — Aber das alles ist nicht allein Trajans Verdienst.

Da ist Licinius Sura, ein gemäßigter Mann, der Oberbefehlshaber Trajans in den Dakerkriegen. Da ist Lusius Quietus, der finstere Maure, die rechte Hand des Kaisers in den Ostfeldzügen. Und sie alle haben es sich zur Lebensaufgabe gemacht, Roms Machteinfluß noch zu vergrößern. Welch glückliche Kombination hervorragendster Offiziere haben die unsterblichen Götter dem mächtigen Imperium da beschert! Allein im Osten wurden dem Reich damals vier Provinzen angegliedert: Armenien, Mesopotamien, Assyrien und Parthien. Aber es sollten auch die letzten Eroberungszüge in der römischen Geschichte sein, wie auch dieser Kaiser der letzte große Offizier auf dem römischen Thron war. Im

Freudentaumel der trajanischen Ära konnte das freilich niemand voraussehen.

Was machte inzwischen der friedliebende Graeculus? Mußte ihm soviel Blutvergießen nicht sinnlos erscheinen? Mußte den Schöngeist solche Ballung roher Gewalt nicht abstoßen? Nirgendwo ist ausführlich darüber berichtet. Der Biograph bemerkt nur, er sei in all den Jahren ein treuer Diener des Kaisers gewesen und habe ihn auf den Feldzügen stets begleitet.

Das ist wohl nicht allzu verwunderlich, wenn man bedenkt, wie sehr Hadrian nach der Krone lechzte. Was blieb ihm anderes übrig, als sich den kaiserlichen Wünschen anzupassen, wollte er Trajan bei Laune halten? Überzeugen konnte er den Kaiser ohnehin nicht. Nur bis zum ersten Konsulat im Jahre 108 scheint die Zuneigung Trajans zu Hadrian größer gewesen zu sein. Der junge Landsmann hatte sich im Felde offenbar gut bewährt. Im ersten dakischen Krieg hatte er sogar zwei Auszeichnungen erhalten. Danach wuchs auch die Gunst der Plotina. Denn der geistreiche Hadrian zeigte schon damals seine mannigfachen Fähigkeiten in den Geschäften des Friedens, mit denen er ganz den Geschmack der kaiserlichen Gönnerin traf. Um sich in ihnen zu üben, kehrte er von Zeit zu Zeit nach Rom zurück.

Im Jahre 101 wurde er Quästor. Das war die unterste Stufe der Ämterlaufbahn. Mit der Quästur erwarben sich die Söhne der Senatorenfamilien ihren Sitz im Senat. Die Aufgaben dieser Beamten waren unterschiedlicher Art. Sie hatten entweder zu Hause für den pünktlichen Eingang der Abgaben zu sorgen oder als Heeresquästoren die Gehilfen und Vertreter der Statthalter zu sein. Daneben oblagen ihnen richterliche und militärische Aufgaben.

Es ist anzunehmen, daß Hadrian zumindest auch Heeresquästor war. Denn 101 begleitete er den Kaiser in den ersten Dakerfeldzug.

Die Daker saßen am Unterlauf der Donau im heutigen Ostungarn und in Siebenbürgen. Nur weniges ist uns von diesem rätselhaften Volk überliefert. Es war sehr freiheitsliebend, wodurch es sich kaum von den übrigen Grenzvölkern des Imperiums unterschied. Niemals hätte es sich aus freien Stücken zu einem römischen Vasallenstaat degradieren lassen. Es war auch stolz, und sein König, Dekebalus, galt als gerissener Bursche und war wohl überdurchschnittlich intelligent. Er wird auf Trajans Friedensbedingungen eingehen. Aber natürlich nur zum Schein. Denn seine Schwester gerät in römische Gefangenschaft. Und er kann nicht zulassen, daß ihr königliches Blut auf den römischen Sklavenmärkten feilgeboten wird. Familienbande, Familientraditionen bedeuten ihm sehr viel. Mehr als Stolz. Er wird sich demütigen oder jedenfalls so tun, als würde er es. Wenn erst die Römer abgezogen sind, wird man weitersehen...

Trajan, der glückhafte Eroberer, vor dem sich die Tore fremder Königsstädte wie von selbst öffnen, läßt sich blenden. Das zeigt, über wie wenig Menschenkenntnis der Kaiser, erfolgreicher Feldherr, der er war, doch verfügte. Er zieht nach Italien. Und mit ihm zieht Hadrian, der zum Curator für Senatorenbeschlüsse ernannt wird.

Hadrian hatte von nun an dem Senat die kaiserlichen Botschaften zu übermitteln und auch vorzulesen. In diesem Zusammenhang erfahren wir aus der Vita wieder etwas über sehr menschliche Züge des jungen Mannes. Als er einmal den Senatoren eine kaiserliche Botschaft vorlas, fiel ihm ihr heimliches Kichern auf. Sie belächelten nämlich seinen provinziellen Akzent, der für einen gebildeten Römer ein offensichtlicher Mangel war. Schon zu allen Zeiten hatte man in Rom Wert auf eine korrekte Aussprache gelegt, und die einwandfreie Beherrschung des Lateinischen galt als untrügliches Zeichen für Bildung und vornehme Herkunft.

Hadrian zog daraus seine Lehre. Er hielt täglich Artikulationsübungen ab. Daß er sich dabei schließlich zu einem Meister der lateinischen Redekunst entwickelt haben wird, kann, wenn man seinen persönlichen Ehrgeiz in weit unbedeutenderen Dingen kennt, kaum bezweifelt werden.

Das Volkstribunat war ein besonderes Amt. Ursprünglich durften nur Plebejer Volkstribunen werden. Im Senat stand ihnen ein Vetorecht zu, das das gemeine Volk vor mißbräuchlichen Übergriffen der Staatsgewalt schützen sollte. Aber selbst dieser Einspruch konnte nur vor den Türen des Amtsgebäudes ausgeübt werden. Denn der Zutritt zu den heiligen Hallen war den Volksvertretern verwehrt.

Im Wandel der Zeit bekamen sie dann aber doch Sitz und Stimme im Senat. Und schließlich wurde das Ansehen dieses Amtes so groß, daß seit Cäsar viele römische Führer ihre Stellung wesentlich auf die ihnen verliehene tribunizische Gewalt stützten. Auch die Kaiser waren in der Regel Volkstribunen und rechneten danach sogar die Jahre ihrer Regierung. Das Volkstribunat blieb dennoch eine eigenartige Einrichtung. Patrizier waren beispielsweise davon befreit, weil es sich ursprünglich um ein plebejisches Amt gehandelt hatte.

Hadrian, der über keinerlei genealogischen Glanz verfügte, konnte diese Befreiung nicht für sich in Anspruch nehmen. Als er 105 Volkstribun wurde, war er 29 Jahre alt. Während seiner Amtszeit ereignete sich ein Zwischenfall,

der für das abergläubische römische Volk und wahrscheinlich auch für Hadrian selbst zu einem günstigen Omen
wurde:

Der junge Volksvertreter hatte eine öffentliche Ansprache
zu halten. Das Wetter war schlecht. Es regnete in Strömen,
und Hadrian hatte seine »paenula« verloren, jenen glocken-
förmigen Mantel aus dickem Wollstoff, der den ganzen Körper bedeckte. Er stand vor dem Volk, nur mit der Toga
bekleidet. In den zahllosen kunstvoll gelegten Falten sammelte sich das Wasser, mehr noch, es lief ihm in Strömen
über Kopf und Gesicht, und er mußte sich ständig mit der
Hand über die Augen fahren, um es wegzuwischen. Nun gab
es aber in Rom ein sonderbares Gesetz: Nach ihm war der
Kaiser verpflichtet, bei jedem Wetter in der Toga zu erscheinen. Der Regenschutz, den der gemeinste Soldat für sich beanspruchen konnte, war ihm verwehrt. Ist es verwunderlich,
wenn das einfache Volk von Rom von da an an Hadrians
Glück glaubte?

Im gleichen Jahr von Hadrians Ernennung zum Tribunen
trafen schlechte Nachrichten ein: Die Daker hatten sich wieder gegen Rom erhoben und ringsum Verbündete gesammelt. Und wieder übernahm Trajan die persönliche Führung
der römischen Armee. Die herannahende römische Macht
muß auf die dakischen Truppen erschreckend gewirkt haben. Viele fielen ab. Fast schien es, als sei Dekebalus nun
endgültig erledigt. Der aber mobilisierte noch einmal die
letzten Reserven. Er bedrohte die umliegenden Völker, mit
ihm gegen Rom zu ziehen. Er erkannte wohl, daß er alleine
gegen die feindliche Übermacht nichts auszurichten vermochte. Aber gleichzeitig sah er auch seine letzten Felle da-
vonschwimmen. Meuchelmörder, die er ins kaiserliche Lager

schickte, wurden gefaßt. In seiner Verzweiflung griff er zu einer List. Er lud den römischen Feldherrn Longinius, unter dem er schon viel zu leiden gehabt hatte, in sein Lager ein. Arglos folgte Longinius der Einladung, vielleicht in der Hoffnung, nun endlich Frieden schließen zu können. Er wurde getäuscht. Kaum angekommen, erklärte Dekebalus ihn zu seinem Gefangenen. Auf diese Weise glaubte der gerissene Barbar, den römischen Kaiser erpressen zu können. Aber auch diese Rechnung sollte nicht aufgehen.

Als der dakische König die Herausgabe des glänzenden Feldherrn Zug um Zug gegen die Rückgabe des besetzten Gebietes anbot, entschied Longinius selbst das dakische Schicksal. Um seinem Kaiser die Demütigung zu ersparen, wählte er den Freitod.

Die Rache der Römer war grausam. Eine steinerne Brücke ließ Trajan über die Donau schlagen, um schneller über den breiten Fluß setzen zu können. Der Grieche Apollodorus von Damaskus, einer der berühmtesten Architekten seiner Zeit, war der Baumeister. Noch Jahrzehnte später würde der römische Geschichtsschreiber Dion Cassius dieses Bauwerk in überschwenglichen Worten preisen.

Alle Bauwerke Trajans, so schreibt er, seien großartig. Aber diese Brücke übertreffe alles. Sie habe 20 quadratische Steinpfeiler, die je 45 Meter hoch und 18 Meter breit seien...

Man kann sich leicht vorstellen, welchen Eindruck allein ein solches Bauwerk auf die Volksstämme gemacht haben muß, die meist als Nomaden umherzogen und kaum eine befestigte Behausung kannten.

Immer weiter rücken die tapferen Römer vor. Immer mehr Land nehmen sie den Dakern weg. Gefangene werden in Scharen in Roms Arenen geführt und auf seine Sklavenmärkte verschickt. Dekebalus bekommt Angst. Er läßt seine Schätze im Flußbett der Istria vergraben. Aber das Versteck wird später an die Römer verraten werden.

106 wird die Hauptstadt Sarmizegetusa besetzt. Schon läuft der König Gefahr, selbst in Gefangenschaft zu geraten. Da greift er zum Gift. Mit ihm sterben die meisten dakischen Fürsten. Die Szene auf der Trajanssäule, jenem erstaunlichen Bilderbuch der Geschichte, das Trajans Taten an Donau, Drau und Sau bis heute so anschaulich darstellt, ist vielleicht die interessanteste von allen. Sie zeigt den fremden König inmitten seiner Getreuen. Alle greifen nach dem Giftbecher, den Dekebalus in der Hand hält. Durch Selbstmord wollen sie verhindern, daß man sie im Triumphzug des Trajan durch Roms Gassen schleift. Der römische Pöbel soll sich an dem gebrochenen Stolz eines Königs nicht ergötzen!

So hat sich der Barbarenherrscher nach einem wenig rühmlichen Leben doch noch einen recht rühmlichen Abgang verschafft und insgeheim mit barbarischer Gerissenheit über die kalt-berechnende Grausamkeit der Römer gesiegt. Wie enttäuscht müssen sie gewesen sein, als sie alle dakischen Vornehmen gefangenzunehmen hofften, aber statt dessen nur einen Haufen Leichen fanden! Galt es doch als höchster Ruhm des siegreichen Feldherrn, gefangene Fürsten im Triumphzug mitzuführen und sie anschließend im Tullianum hinrichten zu lassen. Königin Kleopatra hatte vor nicht allzu langer Zeit Oktavian einen ähnlichen Streich gespielt.

130 Tage lang dauerte das Siegesfest, das Trajan anläßlich der glücklichen Beendigung des Dakerkrieges in Rom anordnete. Dekebalus' Kopf wurde im Triumphzug mitgeführt. In den Arenen zerfleischten sich Tausende von wilden Tie-

ren. Anstelle des dakischen Adels starben Tausende dakischer Kriegsgefangenen den blutigen Gladiatorentod. Und der römische Mob erkannte zum ersten Mal, wie tapfer die Krieger waren, die sein Kaiser so ruhmreich besiegt hatte.

Dakien aber hatte aufgehört zu bestehen. Wer von seinen Einwohnern nicht das Glück gehabt hatte, auf dem Schlachtfeld zu sterben, war nach Rom verschleppt worden. Mehr als 50 000 Menschen sollen es gewesen sein. Ein riesiges Siegerdenkmal, das »Tropaeum Traiani«, wurde errichtet. Fast 1800 Jahre später sollte ein anderer großer Feldherr, General Moltke, seine Ruinen der Vergessenheit entreißen.

Römische Siedler strömten in das Land und prägten ihm für Jahrhunderte den Stempel ihrer Kultur auf. Wie jede neu eroberte Provinz wurde auch das ehemalige Dakien für die römische Staatskasse ausgebeutet. Vor allem die Goldminen trugen zur Mehrung des hauptstädtischen Reichtums bei. Noch heute heißt das Land Romania, Rumänien. Und seine Bewohner sprechen eine halb römische, halb slawische Sprache. Sollte sich Hadrian jemals wirklich mit dem Gedanken getragen haben, auch Dakien seinen Friedensplänen zu opfern, so hat ihn schließlich doch die Sorge um eben diese römischen Siedler davon abgehalten.

Den ersten dakischen Krieg hatte Hadrian mehr oder weniger als Zuschauer miterlebt. Zwar war es eine weitere Gelegenheit, seinen ohnehin schon trainierten Körper noch mehr abzuhärten. Er hatte nämlich wie andere Römer gelernt, die Donau sogar im Winter zu durchschwimmen. Viel mehr aber scheint er damals nicht geleistet zu haben, und man fragt sich, wofür er eine Auszeichnung erhielt.

Im zweiten dakischen Krieg übertrug ihm Trajan den Oberbefehl über die I. Legion »Minerva«. Spartianus bescheinigt ihm »große und bedeutende Taten«, ohne sich allerdings darüber auszulassen, worin diese bestanden. Welcher Art sie aber auch immer gewesen sein mögen, Trajan sah sich offenbar zu Dank gegenüber seinem Mündel verpflichtet. Er machte ihm ein Geschenk, das viele Forscher seitdem als sehr bezeichnend angesehen haben: Es war der Diamantring, den er selbst einmal von seinem Adoptivvater Nerva erhalten hatte.

Wie sollte Hadrian diese Gabe deuten? Konnte er nun darauf hoffen, als der offizielle Thronanwärter angesehen zu werden?

Es gab einen Präzedenzfall in der jüngeren römischen Geschichte. Augustus, den sich Hadrian einmal zum Vorbild wählen würde, hatte einst durch die Übergabe eines Siegelringes angedeutet, wen er zum Nachfolger erkoren hatte. Es war im Jahre 23 v. Chr., als er schwer erkrankt war. Niemand hatte damals mit seiner Genesung gerechnet. Und so ließ er in Ermangelung eines blutsverwandten Nachkommen Agrippa kommen, den Schwiegersohn und vertrautesten Minister, und übergab ihm offiziell seinen Ring...

Ganz sicher war Trajans Verhalten jetzt nicht anders auszulegen. Die Übergabe eines Ringes, der nacheinander schon zwei Kaisern gehört hatte, konnte nur eines bedeuten: Hadrian sollte Caesar, Thronerbe, sein.

Und doch! Warum raffte sich der Kaiser nicht endlich auf, sein Mündel vor aller Welt zu adoptieren? Wollte er Hadrian im Grunde seines Herzens doch nicht als Nachfolger wissen? War ihm dieser friedliebende Gelehrte nicht doch immer fremd geblieben, obwohl sie jetzt schon jahrelang miteinander im Heerlager lebten? Oder gerade deshalb? Wollte er durch sein Zögern nur verdiente Generäle und andere Verwandte nicht vor den Kopf stoßen, indem er den jungen Verwandten, der noch nichts Bedeutendes geleistet hatte, so eindeutig bevorzugte? Oder beabsichtigte er gar, seinem Vorbild Alexander auch insofern nachzueifern, von dem wir wissen, daß auch er sich keinen Nachfolger erwählte? — Niemand vermag diese Fragen zu beantworten. Wir kennen Trajan zu wenig. Wir wissen um seine Verdienste. Seine Taten sind uns sogar in Einzelheiten überliefert. Aber der Mensch Trajan ist der Wissenschaft bisher recht fremd geblieben. Und von den kriegerischen Handlungen eines Mannes auf seine Persönlichkeit zu schließen, auf geheimste Empfindungen und Gedanken, ist immer ein gewagtes und gefährliches Unterfangen. Warum Trajan den Neffen nicht jetzt, vielleicht sogar niemals adoptierte, wird wohl eines der vielen Geheimnisse bleiben, hinter das kein Wissenschaftler je dringen wird. Fest steht, daß diese Frage auch Hadrian selbst oft beschäftigte. Und auch wir werden noch einmal, im Zusammenhang mit Trajans Tod, darauf zurückkommen müssen.

Noch bevor Hadrians Dienst im dakischen Krieg endete, kehrte er 106 nach Rom zurück. Er wurde Prätor, wie es Jahre zuvor schon sein Vater gewesen war. Anläßlich der Verleihung dieser Würde richtete er öffentliche Spiele aus. Die Vita berichtet dazu, sie hätten 40 Millionen Sesterzen gekostet und Trajan hätte diese Summe für sein Mündel aufgetrieben. Das haben einige Geschichtsforscher als weiteren Hinweis gesehen, daß Trajan doch den Neffen zum Nachfolger ausersehen hatte. Warum sonst, argumentieren sie, hätte er ihn derart unterstützt? Man darf allerdings auch hier nicht übersehen, daß Kaiser und Mündel zweifach verwandtschaftlich miteinander verbunden waren. Zudem war das

Amt des Prätors mit einem gewissen Ansehen verbunden. Es galt als Sprungbrett zu späterer Statthalterschaft und nicht selten zum Konsulat. Und Spiele für das verwöhnte römische Volk waren sehr in Mode. Es hätte sicher wenig Verständnis dafür gehabt, wenn sich ausgerechnet der Kaiserneffe davor gedrückt haben würde. Letzten Endes hätte man das wohl auch dem kaiserlichen Onkel verübelt.

Dem Prätoramt folgte Hadrians erste Statthalterschaft. Er hatte die Sarmaten unter Kontrolle zu halten. Damals machte er eine erstaunliche Entdeckung. Es waren nicht nur die barbarischen Stämme, die sich inkorrekt gegen die römische Staatskasse verhielten. Die eigenen Steuereintreiber waren da nicht viel besser. Viele von ihnen arbeiteten vorrangig für eigene Interessen. Ihre oft übertriebenen Maßnahmen galt es zu beaufsichtigen, und die militärische Disziplin der in der Provinz stationierten Truppen mußte gefestigt werden. Damit aber nahm Hadrian schon einen Teil seines eigenen Regierungsprogramms vorweg. Sein strenges Regiment, wenn es um die Abstellung von Mißständen ging, zeigte sich schon damals. Es war eine Aufgabe, die er ohne Schwierigkeiten meisterte. Und so konnte er schon bald wieder nach Rom zurückkehren. Am 22.6.108 erhielt er dort sein erstes Konsulat. Sein Kollege wurde M. Trebatius Priscus.

Hadrian war jetzt 32 Jahre alt und hatte alles erreicht, worauf ein Sterblicher jener Tage überhaupt hoffen konnte.

Inzwischen war sein spanischer Landsmann General Licinius Sura verstorben. In ihm hatte Hadrian nicht nur einen väterlichen Freund verloren, sondern auch einen großen Fürsprecher für die Adoption. Es wäre durchaus denkbar, daß es Sura als Trajans treuestem General und Vertrauten im Laufe der Jahre doch noch gelungen wäre, den Kaiser zu überreden, Hadrian formell an Sohnes Statt anzunehmen. Für Hadrian war der Verlust darüber hinaus schmerzlich, weil zwischen ihm und dem alten Mann eine Art geistiger Verwandtschaft bestand. Der alte Soldat, über Jahrzehnte im Kriegführen reichlich erfahren, hatte wohl erkannt, daß der Krieg stets zu fressen pflegte, was er gebracht hatte. Die inzwischen erfolgte Eroberung Arabiens war gegen seinen Rat erfolgt. Möglicherweise hätte sein Einfluß dem römischen Staat auch die unnützen Lasten des Partherkrieges ersparen können. Fest steht, daß Hadrian von dem erfahrenen Freund manches für seine künftige Regierung lernte und daß er die staatspolitischen Ansichten des sterbenden Sura als geistiges Vermächtnis übernahm.

In gleichem Maße, wie sich Sura die Sympathien des Kaisermündels errang, schwanden die für den finsteren Mauren Quietus. Er, ein Feldherr mit Leib und Seele, drängte zum Krieg in Asien. Generäle lieben keinen ewigen Frieden, der der Karriere so hindernd im Weg steht. Daß Trajan noch sehr lange lebte, war kaum zu erwarten. Er ging stark auf die sechzig zu. Und was würde dann kommen? Wer konnte es wissen! Diesen Hadrian hatten die römischen Haudegen alter Schule längst durchschaut. Wer konnte von einem Friedensfanatiker irgendwelche Vorteile erhoffen? So ist es kaum verwunderlich, daß sie den jungen Mann allmählich zu hassen begannen, wie auch er ihnen zunehmend mißtraute. Daß Quietus dann gleich zu Beginn der hadrianischen Regierungszeit durch Attianus ein so plötzliches Ende erfuhr, kann Hadrian kaum unangenehm gewesen sein, so sehr er sich auch nach außen hin dagegen entrüsten mußte.

Zwei Freunde sind ihm am Hofe des Kaisers dennoch geblieben. Der eine war Attianus, der Mitvormund, der sich selbst jetzt noch, als sich das Mündel schon im fortgeschrittenen Mannesalter befand, verantwortlich fühlte. Der andere war kein geringerer als Kaiserin Plotina, deren unbestrittener Günstling Hadrian seit Jahren war und auch in Zukunft bleiben sollte. Beide, Attianus und Plotina, werden weitblickend ihren Schützling vor jedem Kontakt zu bewahren suchen, der ihm, wäre er einst Roms Kaiser, auch nur im geringsten schaden könnte. Und beide werden auch an Hadrians Thronbesteigung keinen geringen Anteil haben.

Die Jahre zwischen 108 und 112 waren für Trajan wie für Hadrian ereignislos. Hatte Hadrian bis zu Suras Tod nur einige der kaiserlichen Reden aufgesetzt, so fiel ihm nun auch der Teil zu, der bisher Sura als kaiserlichem Ratgeber oblegen hatte. Trajan war mehr denn je auf Hadrian angewiesen, eine Tatsache, deren er sich sicher auch bewußt war.

In diesen Jahren wurden Hadrian auch einige priesterliche Aufgaben übertragen. Er wurde unter anderem »sodalis Augustalis«, einer jener Priester, die seit Tiberius mit dem Kult des vergöttlichten Augustus betraut waren. Dieses Amt wird Hadrian bei seiner Verehrung für den ersten Kaiser Roms mit Freude erfüllt haben.

112 verbrachte er einige Monate in seinem geliebten Griechenland. Seine Neigung für das Hellenentum fand er dort tausendfach erwidert. Es trug jetzt erstmals lohnende Früchte. Athen wählte ihn, seinen Gönner, zum Archon, zum obersten Beamten. Das ist um so erstaunlicher, als die Athener noch nie zuvor einen Bürgerlichen mit diesem Amt bekleidet hatten und nur einmal einen »Ausländer«, nämlich Kaiser Domitian. Ein Teil der Geschichtsforschung vermutet, die Provinz Griechenland habe aus sehr naheliegenden Gründen durch diese Wahl Trajan die Adoption Ha-

drians zum Nachfolger vorschlagen wollen. Kühnere Forscher sehen darin gar einen geschickten Schachzug der Griechen: Hadrian habe eben nicht nur in der nächsten Umgebung des Kaisers als der präsumptive Nachfolger gegolten, sondern sei vom ganzen Imperium als der kaiserliche Erbe angesehen worden. Die Griechen hätten das sehr bald erkannt und diesen Vorteil geschickt zu nutzen verstanden.

Daß Hadrian anderen als Günstling des kinderlosen Trajan erschienen sein mag, kann zutreffen. Der Kaiser selbst machte mindestens zu diesem Zeitpunkt keinerlei Anstalten, den Neffen der Öffentlichkeit als Thronfolger vorzustellen. Der fast sechzigjährige Monarch hatte ganz andere Sorgen. In seinem alten Kopf spukten erneut Kriegsgedanken.

8.

DER ERBFEIND

Sechzig Jahre war Trajan nun alt. Und seine Verdienste waren so zahlreich, daß er sich hätte beruhigt in einen stillen Lebensabend zurückziehen können. Wie kein anderer blieb Trajan den Grundprinzipien des römischen Staatsrechts treu. Wenn man Hadrian als letzten großen Griechen feiert, muß man seinem Vorgänger gerechterweise zugestehen, der letzte große Römer gewesen zu sein. Sein Andenken ist deshalb bis in späteste Zeit am höchsten gehalten worden. Er war und blieb die verkörperte Erinnerung an Roms ruhmreichste Tage.

Einen einmaligen Titel hatte der Senat dem Kaiser verliehen: Optimus, der Beste. Unter allen kaiserlichen Titeln schätzte Trajan diesen am meisten. »Wenn später ein Kaiser die Regierung antrat, so wünschte man ihm im Senat Glück mit den Worten: Sei glücklicher als Augustus, besser als Trajan.«

Trajan war von unruhiger Natur. Es zog ihn weg von Rom, drängte ihn zu immer neuen, immer größeren Taten. Ähnlich wie sein Neffe Hadrian war auch er von einem bitteren Fernweh befallen, wenn es ihn auch aus anderen Motiven in die weite Welt trieb. Viel Zeit würde ihm gewiß nicht mehr bleiben. Und er hatte noch nicht einmal begonnen, seinem großen Vorbild Alexander in dessen ruhmreichen Feldzügen gegen die östliche Welt nachzueifern.

Er rüstete deshalb erneut zum Krieg, unterstützt von seinen eifrigen Generälen Palma, Celsus und Quietus. Dieser Ostfeldzug ist für die Lebensbeschreibung Hadrians insofern interessant, weil auch er den Kaiser wieder begleitete. Mehr noch: Trajan machte ihn zum Statthalter von Syrien, das damals als Schlüsselprovinz Asiens galt. Und gerade diese Statthalterschaft war vielleicht der glücklichste und wichtigste Meilenstein zu Hadrians Kaisertum.

Grund zum Krieg gegen Parthien war seit Jahrhunderten die Rivalität der beiden alten Kulturen: Westlich des Euphrat herrschte seit langer Zeit hellenisch-römische Zivilisation. Selbst Ägypten, das so viel älter war als das Hellenentum, war längst in diesen Kulturkreis einbezogen. Hier herrschten die Römer nun schon mehr als hundert Jahre. Parthien, das heutige Persien, aber hatte schon immer seine Eigenständigkeit zu wahren verstanden, wenn auch hier verstreut griechische Kolonien gegründet worden waren. Keinem Römer war es bisher gelungen, dort für längere Zeit Fuß zu fassen, obwohl das in der jahrhundertealten römischen Geschichte immer wieder in mehr oder weniger regelmäßigen Abständen versucht worden war.

Gegensätze ziehen sich an. Das war auch im Altertum nicht anders. »Als Crassus 53 v. Chr. bei Karrhai in Mesopotamien den Kampf gegen ein ungeheures Reiterheer der Parther zu bestehen hatte, wurde er geschlagen.« Die heimtückischen Feinde hatte ihn zu Friedensverhandlungen in den Hinterhalt gelockt. Dort wurde er mitsamt seinem Gefolge ermordet. Das danach führerlose Heer konnte gegen die feindliche Übermacht nichts mehr ausrichten. Es wurde aufgerieben. »In dem großen Ringen zwischen Orient und Okzident war die Entscheidung gegen Rom gefallen.«

Niemals hatte man dort diesen schwarzen Tag des Jahres 53 vergessen. Parthien war für alle Römer der Erbfeind Numero eins.

Auch der glücklose Marcus Antonius erntete in einem erneuten Partherfeldzug keine 22 Jahre später nur Mißerfolge. Feldzeichen und Kriegsgefangene befanden sich seit diesen beiden für Rom so beschämenden Niederlagen in feindlicher Hand. Das war für jeden erfolgsgewohnten Römer eine Schmach. Augustus wollte keinen neuen Partherkrieg. Denn die furchtbaren Bürgerkriege, die seit Sullas Tagen nie aufgehört hatten, hatten bitteres Elend über Reich und Menschen gebracht. Mindestens sie hatten endlich ein Recht auf Ruhe und Frieden und den frohen Genuß des Lebens. Augustus hatte rasch begriffen, daß es zur Sicherung seiner Herrschaft von Vorteil wäre, sich diesem Friedenssehnen der gequälten Menschheit zu beugen. So verzichtete er ganz bewußt auf die Unterwerfung der Parther, die ihrerseits unter seiner Regierung keinen Einfall in römisches Gebiet wagten. Sie fanden sich schließlich sogar bereit, Feldzeichen und Kriegsgefangene an Rom auszuliefern.

Aber die Schande blieb. Es blieb die bittere Erinnerung an den Tod des allseits beliebten Crassus, für den sich die parthische Rache eine besondere Art der Todesqual ausgedacht hatte: Man hatte dem reichsten Mann des Imperiums flüssiges Gold in die Kehle gegossen. Danach war vom parthischen König ein großes Siegesfest veranstaltet worden, ein Triumph ohnegleichen, währenddessen das Haupt des edlen Römers wie ein Spielball von Hand zu Hand geflogen war. War Ähnliches einem römischen Feldherrn je geschehen?

Hatte je ein anderer Feind gewagt, mit dem Stolz der Römer derart umzuspringen?

Es ist verständlich, daß eine solche Schandtat geradezu nach Vergeltung schrie und ein Offizier wie Trajan sie nicht ungesühnt lassen durfte. Und Hadrian? Er hatte, wenn es ums Kriegführen ging, keinerlei Einfluß auf den kaiserlichen Onkel. Ihm wären sicherlich Verhandlungen und Verträge nach dem Beispiel eines Augustus lieber gewesen. Aber die ehrgeizigen Generäle drängten zum Angriff, und der gemäßigte Sura, der als einziger das Schlachten hätte verhindern können, weilte längst im Reich der unterirdischen Schatten.

Der zweite Grund, Parthien dem Imperium einverleiben zu wollen, war wirtschaftlicher Art. Der Warenaustausch mit Indien und den dahinterliegenden Ländern war auf dem Landweg stets vom guten Willen der Parther abhängig. Sie gestatteten aus naheliegenden Gründen in der Regel nur den arabischen und jüdischen Kaufleuten den zollfreien Durchzug durch ihr Gebiet. Das mächtige Rom war also den Launen und Forderungen dieser Leute ständig ausgeliefert. Ein erfolgreicher Heereszug hätte Rom an jene entfernten und gesegneten Länder am Rande der damals bekannten Welt unmittelbar angrenzen lassen und es damit vor allen künftigen Behinderungen gesichert.

Aber noch eine weitere Tatsache beeinflußte Trajans Haß gegen die Parther. Man hatte ihm hinterbracht, Parthien habe sich mit den Resten der unterworfenen Daker gegen Rom verbündet. Schon im Jahre 111 hatte er deshalb die Provinz Bithynien, das Verbindungsglied zwischen Parthien und Dakien, unter seine eigene Verwaltung genommen. Sein engster Freund und Vertrauter, Plinius der Jüngere, wurde dort Statthalter. Der amtliche Briefwechsel zwischen dem Kaiser und seinem Beamten ist uns glücklicherweise erhalten geblieben. Er dient nicht nur als wichtige Informationsquelle über die römische Provinzialverwaltung, sondern spiegelt auch Trajans Haltung gegenüber den Christen wider. Denn auf eine Anfrage des Plinius, was mit ihnen, über die allerhand Gerüchte umgingen, zu geschehen habe, antwortete der Kaiser: »Man soll sie nicht verfolgen. Es ist unseres Jahrhunderts nicht würdig, irgendwelchen anonymen Anzeigen Glauben zu schenken.«

Dieser Brief ist später sehr zu Unrecht als Beweis für Trajans Toleranz gegenüber der neuen jüdischen Sekte, wie die Christengemeinde damals genannt wurde, gewertet worden. Tolerant aber war der Kaiser keineswegs. War nämlich ein Christ aufgrund nichtanonymer Anzeige angeklagt und weigerte er sich, seinen Glauben durch Opferung an die alten Götter und Verehrung des Kaisers zu leugnen, war er wie bisher zu bestrafen. Allerdings sollte nicht extra nach den Christen gefahndet werden.

Noch im gleichen Jahrhundert wird der große Kirchenvater Tertullian die kaiserliche Politik scharf verurteilen. Hadrian, der sich ansonsten so sehr von seinem Onkel unterschied, sollte Trajans Christenpolitik im Prinzip beibehalten und sich damit seltsamerweise das Lob der frühen Kirchenväter einhandeln. Darüber wird noch ausführlich zu berichten sein.

In den dakischen Kriegen hatte Trajan erfahren, wie gefährlich sich Kompromisse für ihn und Rom auswirken konnten. Diesmal würde ihm kein Fehler unterlaufen. Er war fest entschlossen, die parthische Frage für alle Zeiten zugunsten Roms zu entscheiden. Der letzte Krieg Trajans war ein großartiger Feldzug, der den Kaiser und seine Legionäre bis an die Wasser des persischen Golfes brachte. Zuerst nahm er Armenien wie im Fluge. Dann rückte er nach Ctesiphon vor, der Hauptstadt des parthischen Königreiches. Ihre Eroberung wurde im heimischen Senat begeistert aufgenommen. Die kaiserliche Nachricht erinnert in ihrer Knappheit einer Siegesnachricht Cäsars aus fast der gleichen Weltecke. Auch Trajan kam, sah und siegte. »Parthia capta!« (Parthien eingenommen) Es bedarf keiner sonderlichen Phantasie, sich auszumalen, was diese kaiserliche Botschaft im Rom jener Tage bedeutete.

Der Kaiser setzte einen Verweser auf den parthischen Thron und zog weiter den Tigris abwärts.

Er dringt bis Medien vor. Sein Ruhm ist ihm schon vorausgeeilt. In einem Hauptquartier treffen Gesandte aus Indien ein. Auch dort ist der römische Kaiser inzwischen kein Unbekannter mehr. Fremde Könige legen ihm Geschenke zu Füßen. »Ein abgerichtetes Pferd macht einen Kniefall. Ohne einen Schwertstreich wandern seine Truppen auf endlosen Straßen durch Mesopotamien, Assyrien...« Der Siegeszug der römischen Truppen scheint wirklich nicht mehr als ein Spaziergang zu sein.

Dann kam der Kaiser nach Babylon, das schon zu römischer Zeit nur noch ein Schutthaufen war, wie es uns Dion Cassius so glaubhaft berichtet. Aber es war hochberühmt, fast schon Legende. Denn hier hatte einst Alexander in der Blüte seiner Jugend und auf dem Höhepunkt menschlichen Ruhmes seine große Seele ausgehaucht. Wir hören von einem Opfer, das Trajan dem glücklichen Makedonen in dessen Sterbezimmer dargebracht haben soll. Auch er selbst war jetzt auf der Höhe seines Ruhmes. Was konnte ihm das Leben noch bieten?

Wo große Höhen sind, da gibt es auch große Tiefen. Wie bald sollte das der große Feldherr zu spüren bekommen! Was noch vor kurzem so glückhaft begonnen hatte, schlug bald ins Gegenteil um. Hinter dem unermüdlichen Eroberer bäumte sich der Aufstand, fielen die unterworfenen Länder scharenweise wieder ab. Denn Trajan hatte in alter Schwäche die leicht errungenen Siege nicht zu nutzen verstanden. Wie im Rausch war er vorwärts gestürmt, die großen Entfernungen und die geographischen und klimatischen Besonderheiten jener Gebiete unterschätzend. Auch die Menschen hier unterschieden sich vielfach von den Römern. Aber selbst das ist ihm verborgen geblieben.

Trotzdem gab Trajan nicht auf. Er nahm von Babylon Abschied. Im Süden Mesopotamiens hinterließ er ein behelfsmäßiges Satellitenkönigreich. Armenien und das nördliche Mesopotamien konnte er erstaunlicherweise halten. Dann kehrte er um, zog westwärts und griff die Atrener an. Später ist auch dieses Volk wieder abgefallen. Es war arm, seine Hauptstadt Atra oder Hatra war weder groß noch reich. Und dennoch scheint ihm die Armut in Unabhängigkeit lieber gewesen zu sein als ein zweifelhafter Wohlstand unter römischer Herrschaft.

Trajan beginnt mit der Belagerung Hatras. Aber die Stadt liegt inmitten der Wüste. Das Gebiet ringsum ist öde und leer. Es gibt kein Wasser, auch kein Holz und keine Weiden für das Vieh. Und Trajan erkennt, wie gefährlich eine anhaltende Belagerung dieser Stadt ist, die unter dem Schutz des Sonnengottes steht. Er will trotz allem nicht aufgeben. Unverständlicherweise verbeißt er sich in die Idee, Hatra zu nehmen, während um ihn herum überall der Aufstand zu brodeln beginnt.

Da wird seine Reiterei vernichtend geschlagen. Ein Sandsturm jagt über das römische Lager hinweg. Die unbarmherzige Sonne und eine Mückenplage zwingen den Kaiser schließlich doch, die Belagerung abzubrechen. Und er erkennt zum ersten Mal seine Grenzen und erfährt, wie verwegen es ist, wenn sich der Mensch mit den unsterblichen Göttern zu messen beginnt. Enttäuscht, mürbe und krank wendet sich der ehrwürdige Greis nach Westen.

Wo aber lag Hatra? Wo war jene eigenartige, aus Steinen und gemeißelten Quadern errichtete Festung? Welcher Wüstensand hat sie begraben? Man vermutet die Stadt westlich von Mosul. Man weiß, daß sich noch einmal ein römischer Kaiser an ihrer Belagerung die Zähne ausgebissen hat, Septimius Severus. Aber alles weitere hat der Wüstenwind verweht.

Antiochia war seit jeher eine Art Hauptquartier für alle römischen Ostfeldzüge. Hier saß Hadrian als Statthalter von Syrien. Hierher kehrte auch Trajan nach dem Partherfeldzug im Spätjahr 116 zurück. Im Jahr zuvor war die Stadt von einem jener schweren Erdbeben erschüttert worden, die diese Gegend unglücklicherweise immer wieder heimsuchen. Die Zeugen dieses schrecklichen Unglücks waren noch überall zu sehen. Tausende von Menschen hatten in den Trümmern ihr Leben gelassen. Fast wäre der Kaiser selbst, der gerade für kurze Zeit in Antiochia weilte, ums Leben gekommen, hätte ihn nicht ein kühner Sprung aus dem Fenster vor den herabstürzenden Trümmern gerettet. An diesem Ort unliebsamer Erinnerungen war Trajan gezwungen, den Winter 116/117 zu verbringen.

In dieser Zeit häuften sich auch die Unglücksbotschaften. In Cyrene, in Ägypten und Cypern, ja sogar in Mesopotamien selbst hatten sich die Juden zusammengerottet. Mord und Plünderungen gingen Hand in Hand. Überall wurden die römischen Garnisonen bedrängt. Zu Tausenden zwang man vornehme Römer und Griechen, sich in den Arenen gegenseitig hinzumetzeln.

Gleichzeitig wurden auch die Mauren aufrührerisch. Die Sarmaten griffen an. Selbst die entfernten Briten gerieten außer Kontrolle. Das ganze Imperium schien mit einem Mal aus den Fugen zu geraten.

Das war das traurige Ergebnis des großen Partherfeldzugs, ein unbändiger Tanz der Mäuse, die die Katze allzu lange außer Haus wissen.

Trajan erkannte, daß seine Anwesenheit in Rom mehr denn je benötigt wurde. Aber noch war unter den Partherkrieg kein Schlußstrich gezogen. Wem sollte er diese heikle Aufgabe, die siegreiche Beendigung seines Lebenswerkes, anvertrauen? Seine verdienten Generäle waren bereits anderweitig beschäftigt. Lusius Quietus etwa in Judäa, wo er den Judenaufstand erfolgreich bekämpfte.

In unmittelbarer Umgebung des Kaisers befanden sich nur Attianus und Hadrian. Attianus kam als Oberbefehlhaber über die Truppen nicht in Frage. Er war Präfekt der Prätorianergarde und hatte sich in dieser Eigenschaft ständig in unmittelbarer Nähe des Kaisers aufzuhalten, für dessen persönliche Sicherheit er verantwortlich war. So blieb dem Kaiser, der Not gehorchend, nichts anderes übrig, als Hadrian zum »legatus expeditionis Parthicae« zu ernennen und ihm die Fortführung des Krieges zu überlassen. Wie schwer die Entscheidung dem Kaiser gefallen sein mag, wird man verstehen können, wenn man bedenkt, daß der Neffe bisher durch keinerlei militärische Verdienste aufgefallen war. Tatsächlich erzählt die Vita, Hadrian habe diese Stellung nicht dem Einfluß seiner Freunde, sondern allein seiner nahen Verwandtschaft zu Trajan und dem »favor Plotinae« (Gunst der Plotina) zu danken gehabt. Diese Gunst der Kaiserin, die bei allen antiken Schriftstellern im Zusammenhang mit Hadrian übereinstimmend erwähnt wird, wird uns noch zu beschäftigen haben.

Hadrian war nun nicht nur Statthalter von Syrien. Er befehligte darüber hinaus einen Großteil der römischen Armee.

Wie sehr würde ihm das bald von Nutzen sein!

DER ZWECK HEILIGT DIE MITTEL

»Zu meiner sonstigen Arbeit trat nun noch die schwierige Aufgabe, die Inseln und die angrenzenden Provinzen in Schach zu halten, doch waren die Mühen des Tages nichts im Vergleich zu den schlaflosen Nächten. Alle Sorgen des Reiches stürmten auf mich ein, aber die Sorge um mich selbst wog schwerer. Ich wollte an die Macht. Ich wollte sie, um meine Pläne durchzusetzen, meine Mittel auszuproben und Frieden zu schließen. Ich wollte sie vor allem, um, ehe ich sterbe, der sein zu können, der ich bin.

Ich war bald vierzig Jahre alt. Starb ich damals, blieb nichts von mir als ein Name in der Reihe von hohen Beamten und eine griechische Inschrift zu Ehren des Archonten von Athen...«

Könnte man Hadrians Gefühle während seiner Statthalterschaft im fernen Antiochien eindrucksvoller schildern als mit den Worten, die Marguerite Yourcenar dem alternden Kaiser in seinen Lebenserinnerungen in den Mund legt?

Tatsächlich wurde Hadrian zunehmend unruhiger. Er befragte wiederum Orakel. Er ließ Zauberer und Magier kommen, die ihm die Zukunft deuten sollten. Einem Gefangenen wurde die Kehle durchgeschnitten, weil man aus dem Blut das Schicksal herauslesen wollte.

117

Aber seine Zeichen hüllten sich in Schweigen.

Als Trajan mit seinem Gefolge, mit Plotina, Matidia und dem Polizeipräfekten Attianus, von Antiochia nach dem syrischen Hafen Seleucia, wo er sich nach Rom einzuschiffen gedachte, aufbrach, war er schon vom Tode gezeichnet. Im Partherfeldzug hatte er die letzten Reste seiner Gesundheit eingebüßt. Schon aus Antiochien war er als schwerkranker Mann zurückgekehrt. Er litt an Wassersucht. Ein Schlaganfall lähmte ihn. Er glaubte an Vergiftung, weil die Anfälle plötzlich auftraten und wieder verschwanden. Nur an den herannahenden Tod glaubte er nicht. Er dachte nicht daran, für einen Nachfolger zu sorgen. Er verstieg sich stattdessen in phantastische Träumereien. Von dem großen Triumph faselte er, der ihn zu Hause in Rom erwartete. Er ignorierte die Niederlage, wie er den Tod ignorierte. Selbst in Seleucia spann er weiter an großartigen Plänen: Er würde zurückkehren, würde noch einmal einen Krieg gegen die verhaßten Parther wagen...

Dachte er zu diesem Zeitpunkt tatsächlich, noch viele Jahre ungetrübter Schaffensfreude vor sich zu haben? War er von seinem Gesundheitszustand so überzeugt, daß er sich den beschwerlichen Seeweg von Seleucia nach Rom noch zumuten durfte? Auch das sind Fragen, auf die es wahrscheinlich nie mehr eine Antwort geben wird.

Als sich sein Zustand vorübergehend verbesserte, stach er auf Anraten seines Arztes Krito in See. Aber er kam nicht weit. Er vertrug wohl den Wellengang nicht mehr. Schon vor Selinunt gegenüber von Cypern brach er zusammen. Man schaffte ihn an Land. Er starb dort am 8. August des Jahres 117. So weit reicht unser gesichertes geschichtliches Wissen. Was sich aber in den letzten Tagen, Stunden und Minuten im

Sterbezimmer des Kaisers in Wahrheit zugetragen hat, wird wohl immer ein großes Geheimnis bleiben. Es gehört zu den vielen Rätseln, die Hadrians Gestalt umschatten, und die ihn nicht nur für seine Zeitgenossen fremd und undurchsichtig machten.

Der Streit, ob Hadrian von seinem Vormund jemals wirklich adoptiert worden ist, ist so alt wie die Geschichte des Hadrianus Augustus selbst. Schon die Alten vertraten hierzu sehr gegensätzliche Auffassungen. So sind die Quellen für uns nahezu wertlos. Auffallend ist nur: Alle Quellen lassen Attianus und Plotina übereinstimmend mit der Adoption entscheidend auftreten. Wichtig ist ferner: Von Selinus nach dem etwa 400 Kilometer entfernten Seleucia brauchte ein Schiff damals zwei Tage. Die von Selinus abgesandten »litterae adoptionis« trafen bei Hadrian in Antiochien am 9. August ein. Zwei Tage später meldete ihm ein Sonderkurier der Kaiserin Trajans Tod.

Den 11. August wird Hadrian zeitlebens als den »dies imperii« feiern, als den Tag des Antritts seiner Herrschaft. Zwischen dem 7. August und dem »dies imperii« wird er Caesar, Thronerbe, genannt werden.

Kaum war in Rom die Thronbesteigung Hadrians bekannt geworden, da begann der Neid in den Gassen zu flüstern. Man gönnte dem »homo novus«, dem Emporkömmling, der für das Ansehen des Reiches noch so wenig getan hatte, diesen Aufstieg nicht. Verschiedene Gerüchte setzten um die »angeblich erfolgte« Adoption ein. Hadrians Biographen haben sie sich später zu eigen gemacht. »Die eine Version erzählt die Geschichte vom falschen Trajan, der › fessa voce ‹ (mit matter Stimme) gesprochen habe. Plotina spielt dabei eine Rolle.«

Einige Schriftsteller haben danach die Vorgänge in Trajans Sterbezimmer sehr spannend geschildert:

»Kaiser Trajan ist tot.

In seinem Sterbezimmer wird geflüstert. Sehr klug ist seine Gattin, die Plotina, mit ihren Gedanken der Zeit immer ein wenig voraus. Auch mit ihrer Politik. Sie hat sich immer glänzend mit Hadrian verstanden. Es ist eine geistige Freundschaft, die nun schon 20 Jahre währt. Hadrian ist jetzt 41. Ihn will sie zum neuen Kaiser machen. Aber es fehlt die Adoption. Trajan hat diesen Hadrian nicht adoptiert, obgleich er ihm die höchsten Staatsämter anvertraute.

Im Sterbezimmer wird geflüstert. Attianus ist da und Plotina. Beide sind besorgt. Was soll man tun? Noch ist die Nachricht vom Tod des Imperators nicht aus dem Sterbezimmer gedrungen. Aber vor den schweren Vorhängen, vor dem Zimmer stehen die Wachen, sprechen ganz leise die Senatoren, warten die Tribune auf die Befehle für die Legionen, für die Generäle in Germanien, in Britannien, in Ägypten, in Parthien.

Plotina kommt auf eine List. Der Kaiser ist tot, aber die hier draußen wissen es noch nicht. Man kann den Kaiser flüstern lassen. Vielleicht war es Attianus, der die Stimme des Kaisers treffend nachahmte. Und nun adoptiert vor dem Lager des toten Imperators eine schwache Stimme Hadrian.

Dann erst werden die Vorhänge auseinandergerissen. Dann erst darf Trajan tot sein. Stafetten reiten durch das weite Weltreich, erreichen die Hauptstadt Syriens und bringen die unglaubliche Nachricht zu Hadrian ...«

Auch Dion Cassius schreibt alle Machenschaften im Zusammenhang mit Hadrians Thronbesteigung Plotina und Attianus zu. Ja, er geht noch weiter. Trajans Tod, behauptet er, sei verheimlicht worden, damit die Nachricht von der Adoption vorher in Antiochien eintreffe. Er glaubt überhaupt nicht an eine Adoption. Auch Eutrop (VIII 6,1) will wissen: »... nam eum ... noluerat adoptare ...« (Denn er hatte ihn nicht adoptieren wollen.)

Von ihnen allen unterscheidet sich der dem Kaiser freundlich gesonnene Biograph Spartianus. Er versucht, die Adoption mit Hadrians Verdiensten als Konsul zu rechtfertigen. Diese Begründung ist aber fadenscheinig. Hadrians erstes Konsulat lag damals schon neun Jahre zurück. Zudem waren die Konsuln zu damaliger Zeit nur noch vom Kaiser vorgeschlagene Beamte. Wann Hadrian zum zweiten Mal gewählt wurde, ist nicht bekannt. Hatte Trajan ihn dem Senat vorgeschlagen, bevor er ihn zum »Legatus Syriae« ernannte und mit dem Oberbefehl im Partherkrieg ausstattete? Selbst wenn dem so wäre, ergäbe das keinen zwingenden Beweis dafür, daß sich die Sympathien des Kaisers so plötzlich dem Neffen zugewandt hätten, zumal wir nirgendwo von irgendwelchen hervorragenden Leistungen Hadrians im Partherkrieg hören. Auch die Übertragung des Oberbefehls, der mit keinerlei ungewöhnlichen Vollmachten versehen war, kam keiner Bevorzugung gleich. Sie erscheint vielmehr als eine Notentscheidung, weil die erfahrenen Generäle anderweitig eingesetzt waren.

Warum hätte Trajan auch ausgerechnet Hadrian adoptieren sollen? Hadrian, von dem er wußte, daß er niemals der Vollstrecker und Vollender seines Willens werden konnte? Die Tatsache, daß Plotina die Adoptionsurkunde unterzeichnete, »da er (Trajan) nicht mehr schreiben konnte«, kann den Verdacht einer manipulierten Annahme an Sohnes Statt eher steigern als beseitigen.

121

»Immerhin besteht die letzte Möglichkeit, daß Trajan, der beim Verlassen Antiochias nicht an sein nahes Ende dachte, unter dem Eindruck der Krankheit und Plotinas dringenden Vorstellungen deshalb leichter zugänglich, in letzter Minute seinen Sinn änderte und im Gegensatz zu seinem früheren Willen einen Nachfolger, Hadrian, ernannte.«

Viele glaubten auch, der Kaiser habe bewußt keinen Erben bestimmt. Einmal habe er auch hierin Alexanders Beispiel folgen wollen. Zum anderen habe er daran gedacht, die Wahl eines geeigneten Nachfolgers dem Senat zu überlassen, denn das Wahlkaisertum sei ihm damals als das einzig Sinnvolle erschienen. Er sei dabei sogar so weit gegangen, dem Senat geeignete Männer für dieses höchste Staatsamt vorzuschlagen.

Andere wieder wollen wissen, Neratius Priscus sei der Auserwählte gewesen. Denn tatsächlich hatte Trajan einmal zu ihm gesagt: »Schau nach den Provinzen, wenn mir etwas zustößt!« Aber Priscus war ein alter Mann, ein Jurist im Alter von fast 70 Jahren, als Trajan starb. Daß er noch lange leben würde, war nicht zu erwarten. Und so scheint es wider alle Vernunft, in der kaiserlichen Bemerkung eine Designation zum Reichserben zu sehen.

Wie sehr das Geheimnisvolle um die Vorgänge jener Tage die Gemüter beschäftigte und noch immer beschäftigt, zeigt die Tatsache, daß ein Geschichtsforscher einmal sogar zu der Auffassung gelangte, die Kaiserin habe ihren Mann ermordet, um den Günstling auf den Thron zu bringen. Bei allem, was über die untadelige Frau bekannt ist, kann man eine solche Ansicht nicht teilen. Zugegeben werden muß dennoch, daß auch die Vorgänge der nächsten Tage am Hof des verstorbenen Kaisers befremden.

Am 12. August starb dort Marcus Ulpius Phaidimus, Trajans »lictor proximus«, der Kammerdiener. Er war erst 28 Jahre alt. Die Todesursache ist nie bekanntgeworden. Wußte er vielleicht etwas, was für einen Kammerdiener nicht bestimmt war? Hatte man ihn, vielleicht sogar auf Befehl der Kaiserin, aus dem Weg räumen müssen? Keiner weiß es. Man weiß nur, daß ein gewisser Marcus Ulpius Valens, Phaidimus' Freund, die sterblichen Überreste des Unglücklichen elf Jahre später heim nach Rom holen durfte ...

So läßt sich aus der Kenntnis aller Ereignisse, die die Thronbesteigung Hadrians begleiten, weder die Richtigkeit der Adoption beweisen noch das Gegenteil. Die größere Wahrscheinlichkeit spricht für die nicht vollzogene Adoption. Sicher ist in jedem Fall, daß Hadrian an den Vorgängen nicht unmittelbar beteiligt war und wahrscheinlich selbst nie Genaueres darüber erfahren hat. Allerdings kann auch er von der Rechtmäßigkeit seiner Ansprüche keineswegs überzeugt gewesen sein. Sein erster Brief an den Senat wird eher einer Art Entschuldigungsschreiben gleichen als dem selbstsicheren Auftritt eines rechtmäßigen Thronerben. Und in allen Teilen des Reiches werden sich die Großen gegen seine Nachfolge sträuben, was sicherlich wenig Erfolgsaussicht gehabt hätte, wenn seine Ansprüche unanfechtbar gewesen wären.

Mindestens ebenso sicher ist aber auch, daß Hadrian, ohne zu zögern oder auch nur die Bestätigung des Senats abzuwarten, die Herrschaft antrat, sobald er das Heer hinter sich wußte. Er war fest entschlossen, die Krone zu verteidigen. Er fühlte sich zum Herrscher berufen, nicht aufgrund von Geburt und Stellung, sondern wegen seiner Ideen. Es war die Vorstellung einer Art Herrschertum von Gottes Gnaden.

Auch insofern war er seiner Zeit um Jahrhunderte voraus.

Ein deutscher Hadrian-Forscher hat einmal die ganze Problematik um die Adoption sehr treffend zusammengefaßt: »Man könnte eher«, bemerkt er, »auf einen gewissen Widerstand des Trajan schließen, erklärbar aus einer persönlichen Abneigung, wenn die Quellen es für nötig halten, seine hohe Stellung am Hofe, die durch die nahe Verwandtschaft zum Kaiser natürlich erscheint, nachdrücklich auf den mächtigen Einfluß Plotinas und Attians zurückzuführen. Wir sehen weiter, daß nach dem Tode Trajans nur durch eine umsichtige und energische Initiative, die der mannigfach sich regenden Opposition zuvorkam, die neue Herrschaft vor schweren Erschütterungen verschont blieb. Und der Nachdruck, mit dem Hadrian und seine Freunde in der ersten Zeit die Adoption als die rechtliche Grundlage seiner Würde immer wieder betonten, bezeugt uns die Größe des Widerstandes und die Unsicherheit seiner Ansprüche, die der Stütze dringend bedurften. So erscheint als die einzige Möglichkeit, das staatsrechtliche Fundament der neuen Regierung zu retten, daß Trajan, dessen Widerstandskraft durch die unheilvolle Krankheit gebrochen war, dem unablässigen Drängen Plotinas und Attians nachgab und Hadrian adoptierte. Von einem freiwilligen Entschluß kann keine Rede sein. Und wenn heute die überraschende Sinnesänderung befremdet, in wieviel höherem Grade müssen bei den Zeitgenossen Zweifel laut geworden sein? Und die auffälligen Umstände und das Dunkel, das über den plötzlich hereingebrochenen Vorgängen lag, forderten geradezu den Verdacht heraus. Sollte nicht Plotina die ungewöhnlich günstige Gelegenheit benutzt haben, ihr Werk zu krönen, die Adoption ihres Günstlings zu fingieren, wo niemand sie kontrollieren konnte? Wer unbefangen den Dingen gegenübersteht, wird auch heute diesen Verdacht durchaus gerechtfertigt finden. Zur letzten Gewißheit vermögen wir so wenig wie die Alten zu kommen, da bei dem entscheidenden Augenblick nur drei Personen anwesend waren: Trajan, Plotina und Attian; Trajan starb, und die andern wußten zu schweigen.«

Ob Hadrian sein Kaisertum nun der Gunst einer Frau verdankte oder nicht, was spielte es letzten Endes für eine Rolle? — Der Zweck heiligt die Mittel. Das war auch früher nicht anders. Wenn den Mitteln zu Hadrians Aufstieg auch mancher Makel anhaften mag, durch seine weise, umsichtige Herrschaft hat er jeden getilgt. Er sollte der fähigste Kaiser Roms werden, einer, der das »Sehnen der Menschen« fühlte und es in philosophischen Formeln, in Idealen, aber auch in Taten erfüllte. Er sollte Höhepunkt und Glanz der bereits untergehenden antiken Sonne werden, letzte Verkörperung panhellenischen Geistes und dabei doch Vertreter der römischen Welt. Mehr als Cäsar. Mehr als Augustus. »Allen Formen des Lebens hat der Mann sein eigenes Gesicht gegeben, der Spanier, Römer, Grieche, zugleich einer der kompliziertesten und einer der größten Menschen der römischen Welt gewesen ist.«

Zwiespältig in der Persönlichkeit, wie man es ansonsten nur Zwillingsgeborenen nachsagt, ehrgeizig und bescheiden zugleich, gerecht und doch jähzornig, überaus vielseitig begabt und dabei gleichzeitig neidisch auf alles, was ihm an Intellekt überlegen ist, milde und doch von grausamer Rachgier getrieben, wenn es um die Verletzung seiner Ideale geht, Grieche und Künstler, Römer und rationaler Politiker: so verblüfft Hadrian in seiner Vielseitigkeit. Die krassen

Widersprüche in seinem Wesen zeigen ihn uns als Menschen mit allen Tugenden und Schwächen, die dieser Art gemeinhin anhaften, nur daß die Natur hier fast alle in geheimnisvoller Weise vereinte.

Vielleicht ist er gerade deshalb so faszinierend, er, den die Wissenschaft den ersten Individualisten auf dem römischen Thron nennt, »in seiner Unruhe, Bewußtheit und Einsamkeit eine Vorahnung des modernen Menschen«.

10.

DER NEUE WIND
— Tendenzen in Roms Außenpolitik —

Der Hadrian-Forscher Kornemann hat vor Jahren behauptet, Hadrians Aufstieg sei »im Grunde nichts anderes als die
römische Normalkarriere jener Zeit. Hadrian«, bemerkt er
weiter, »wird sogar erst 107, ein Jahr nach dem gesetzlichen
Datum (31jährig), Prätor, dafür allerdings schon 108 Konsul, aber nicht › consul ordinarius ‹, sondern nur › consul
suffectus ‹ (nachgewählter Konsul), was viel weniger galt.
Auf alle Fälle ist man bei ihm nicht von den gesetzlichen Fri-
sten abgewichen, wie das bei präsumptiven Nachfolgern
oder bei Prinzen aus dem kaiserlichen Haus die Regel war.«
Neben der Gunst der Kaiserin verdankte Hadrian einigen
weiteren glücklichen Umständen die Krone. »Unter den vielen eindrucksvollen Gestalten aus der Umgebung Trajans ist
er der einzige universale Staatsmann, allen überlegen durch
Begabung und Bildung, durch Zurückhaltung und sicheren
Instinkt für den Augenblick zum Handeln ... von dem Tag
an, als er Trajan die Nachricht vom Tode Nervas und von
seiner Thronbesteigung nach einer meist zu Fuß und gegen
den Befehl des eifersüchtigen Vorgesetzten und Schwagers
zurückgelegten Reise überbracht hatte, bis zu der Stunde, als
fast 20 Jahre später der todkranke Kaiser dem Neffen die

Führung der Armee übertrug, um nach Rom zurückzukehren, hatte er immer wieder es verstanden, Trajan im entscheidenden Moment zu begegnen ...«

Zudem weilte Hadrian zum Zeitpunkt von Trajans Tod in Antiochien und war dem Kaiser damit näher als andere mögliche Rivalen. Und er konnte sich auf die gesamte Armee des Ostens stützen. Das waren immerhin fünf Legionen von den insgesamt dreißig, die es gab. Sie stellten die größte konzentrierte militärische Macht des Imperiums dar, denn die anderen Truppen waren zur Sicherung der Grenzen im ganzen Reich verteilt. Die unumschränkte Befehlsgewalt über dieses Heer war für Hadrian wiederum von mehrfachem Nutzen. Seine Soldaten standen nicht nur zu seinem persönlichen Schutz bereit. Es galt auch, die immer stärker um sich greifenden Aufstände in der Provinz Asia niederzuschlagen. Außerdem mag die geballte Militärmacht ein wirksames Druckmittel auf den Senat dargestellt haben. Was blieb diesem schwächlichen Gremium schließlich anderes übrig, als den neuen Kaiser unverzüglich in seinem Amt zu bestätigen? Hatte nicht schon einmal ein Cäsar um seiner persönlichen Macht willen den Rubikon überschritten? Wer konnte garantieren, daß sich ähnliches nicht wiederholte?

Hadrians Brief an den Senat war demütig und schlau. Die Soldaten hatten ihn bereits zum Kaiser ausgerufen. Als Kaiser fühlte er sich auch, handelte er schon. Die Bestätigung durch den Senat hätte er nicht abwarten können und auch nicht wollen. Der überall brodelnde Aufstand forderte rasche Entscheidungen. Höflich, wie es seine Art war, erklärte er dem Senat seine Handlungsweise, bat, sie nachträglich zu billigen. Gleichzeitig versicherte er, niemals etwas zu tun, was öffentlichen Interessen zuwiderlaufe, noch je einen

Senatoren hinrichten zu lassen, es sei denn, auf ausdrücklichen Wunsch der anderen Senatsmitglieder. Er verbat sich darüber hinaus jegliche Ehrenbezeigungen, die man bislang einem Kaiser üblicherweise entgegenbrachte. Die römische Kurie ging bereitwillig auf alle Forderungen ein und übertraf sogar noch Hadrians Verlangen. Einen Triumphzug schlug man dem neuen Kaiser vor, der hehre Titel »pater patriae« (Vater des Vaterlandes) wurde ihm angeboten. Aber Hadrian lehnte bescheiden ab. Auch sein Vorbild, meinte er, der große Augustus, habe diesen Titel erst ein Vierteljahrhundert nach seinem Regierungsantritt angenommen. Und ein Triumphzug mag ihm, dem erklärten Kriegsgegner, paradox erschienen sein. Niemals hatte er nach militärischen Lorbeeren gegriffen. Im großen Partherkrieg hatte er sich nur dadurch ausgezeichnet, daß er ihn beendete. Hadrians Siege lagen auf einer anderen Ebene. Sie wollten erst errungen sein.

Was er für sich selbst so bescheiden ausschlug, beanspruchte er um so mehr für den toten Vormund. Er hat Trajan nie geliebt, aber er weiß, was er ihm schuldig ist. Göttliche Ehren erbittet er für den Onkel. Einen Triumphzug begehrt er für ihn, wie ihn Rom noch nie gesehen hat. Das Bildnis des Vorgängers soll darin mitgeführt, Gedenkmünzen mit Trajans Zügen sollen geprägt werden. Hadrians Unterwürfigkeit mag durchaus echt gewesen sein, wie auch sein fast übersteigertes Pathos in der Ehrung des Verstorbenen durchaus einer besonderen Gewissenhaftigkeit und strengen Auffassung von seinen Pflichten entsprungen sein kann. All das entspricht, wie wir noch sehen werden, seinem Wesen. Zeitlebens wird er lieber Ehren verteilen als empfangen. Denn er ist von fast sprichwörtlicher Bescheidenheit.

Und doch waren diese Zeilen an den Senat diplomatisch und klug, geeignet, allen möglichen Widersachern den Wind aus den Segeln zu nehmen. So mußte er nicht nur als der bestwollende Herrscher dastehen, sondern auch als der dankbare Sohn eines großen Vaters.

Durch die betonte Zurückstellung der eigenen Person wollte Hadrian erst recht auffallen. Und das ist ihm wohl auch gelungen.

Sobald er die Nachricht von Trajans Tod in den Händen hielt, brach er nach Selinunt auf, um dem toten Kaiser die letzte Ehre zu erweisen. In schlichter Gedenkfeier wurde der kaiserliche Leichnam im engsten Familien- und Freundeskreis verbrannt. Die eigentlichen Beisetzungsfeierlichkeiten blieben Rom vorbehalten. An ihnen wollte der neue Kaiser selbst teilnehmen.

Dann stach Plotina mit ihrem Gefolge und der kaiserlichen Asche in See nach Rom. Hadrian kehrte nach Antiochien zurück, wo ihn der Jubel seiner Legionen erwartete. Vorerst war für ihn an einen Aufbruch nach Rom nicht zu denken. Noch war seine Anwesenheit in diesem unruhigen Winkel des Weltreichs dringend erforderlich.

Die Trauer über Trajans Tod war groß. War doch dieser Kaiser so recht nach römischem Geschmack gewesen, ein glänzender Feldherr, ein fähiger Offizier, der Roms Stellung zu schwindelerregender Höhe geführt hatte. Der großartige Triumphzug war für den Bezwinger des Erbfeinds nicht genug. Die Vergöttlichung konnte der Fülle seiner Taten kaum gerecht werden. Deshalb mußte man sich eine besondere Ehrung für ihn ausdenken. Und sie war schnell gefunden. Die goldene Urne mit Trajans Asche wurde, wohl auch auf Betreiben des Nachfolgers, auf einem Steintisch im Sockel der

Ehrensäule beigesetzt, die Senat und Volk von Rom dem Kaiser bereits 113 errichtet hatten. Das war um so erstaunlicher, als es den Römern — wie vor ihnen den Etruskern und Griechen — nach uralten Gesetzen untersagt war, ihre Toten innerhalb des Pomeriums, der geheiligten Stadtgrenze, zu bestatten. Für die Ausnahmegenehmigung war ein besonderer Beschluß des Senats nötig. Eine derartige Auszeichnung hatte bisher noch niemand erfahren.

Fünf Jahre später setzte man auch die sterblichen Überreste der kaiserlichen Gemahlin im Sockel der Säule bei. Wir haben keinerlei Nachrichten darüber, was aus den beiden Urnen in späteren Zeiten geworden ist.

Um die Erinnerung an den großen Partherfeldzug im Volk noch lange wachzuhalten, wurden mit dem parthischen Triumph auch Festspiele verbunden, und man gedachte noch Jahrhunderte später dieses wohl römischsten aller römischen Kaiser. Traianus optimus! Wie sehr sollte sich sein Nachfolger von ihm unterscheiden!

Was hatte man von jenem zu erwarten? Als »Graeculus« war er in aller Munde. Ein Spitzname nur, und doch! War die Leidenschaft des neuen Kaisers, das Griechische, nur ein Flirt wie bei Nero, oder entsprang sie einem echten innerlichen Gefühl? Wenn ja, was hatte Rom, was hatte das Imperium von einem solchen Mann zu erhoffen?

Was war von seinen Versprechungen zu halten, die zwar schöne Worte wählten, aber trotzdem nicht mehr als ein politischer Schachzug sein konnten? Wollte sich Hadrian damit vielleicht nur Senat und Volk gefügig machen?

Man kannte diesen Menschen kaum, wußte nichts von seinen Idealen und Zielen. Jahrelang hatte er im Schatten des großen Vorgängers gestanden, nie von sich reden gemacht, keine Verdienste, kaum Auszeichnungen im Krieg erworben, obwohl er doch an allen trajanischen Feldzügen als Begleiter des Kaisers teilgenommen hatte. Mußte man jetzt, da dieser unscheinbare Mann mit einem Mal an die Sonne trat, nicht auf das Schlimmste gefaßt sein?

Tatsächlich ereigneten sich gleich zu Beginn der hadrianischen Herrschaft Dinge, die ihn bald in ein ungünstiges Licht setzen sollten, obwohl niemals eindeutig geklärt werden konnte, ob und inwieweit Hadrian selbst an jenen Vorgängen beteiligt war oder die Verantwortung dafür trug.

Seltsamerweise wird das Gerücht von seiner Grausamkeit nach 20jähriger Herrschaft der Milde eine glorreiche Auferstehung erfahren. Alle guten Taten des Kaisers werden dann mit einem Mal aus dem Gedächtnis des Volkes wie weggewischt sein. Im Alter nämlich wird sich der Geist des Mannes durch eine schlimme Krankheit zunehmend verdüstern, und er wird sich dann tatsächlich zu Grausamkeiten hinreißen lassen, deren man ihn anfangs nicht für fähig gehalten hätte. Diese Ausrutscher, Akte des Jähzorns, werden dann sogar seine Konsekration in Frage stellen ...

Zunächst aber sollte Hadrian Gelegenheit bekommen, seine gütlichen Absichten zu beweisen. Wie schon erwähnt, begannen sich gleich in den ersten Tagen der hadrianischen Regierung überall im Reich die Großen gegen den neuen Kaiser zu erheben. Eilbriefe von Attianus trafen in Antiochien ein. Er beschwor das einstige Mündel, für das er sich offensichtlich noch immer verantwortlich fühlte, sich unverzüglich von drei Männern zu befreien, die gegen das Leben des Kaisers ein gefährliches Komplott geschmiedet hätten. Der eine war Babius Macer, Stadtpräfekt von Rom. Er hatte bislang wenig von sich reden gemacht und mag als loyaler

Staatsdiener gegolten haben. Die beiden anderen aber waren als machthungrig hinreichend bekannt: Laberius Maximus, einer von Trajans Generälen in den Dakerkriegen, später zweimal Konsul, hatte schon gegen Trajan intrigiert und war dafür auf eine Insel verbannt worden. Der dritte im Bunde hieß Calpurnius Crassus. Er entstammte einer angesehenen römischen Aristokratenfamilie. Auch er war kein unbeschriebenes Blatt und womöglich der Initiator dieser ersten Verschwörung. Er hatte schon gegen Nerva konspiriert, der ihn zur Strafe nach Tarent verbannen ließ. Aber es war nur eine Verbannung auf Zeit. Der größeren Sicherheit wegen verschärfte Trajan die frühere Strafe, indem er eine Insel als Verbannungsort bestimmte, denn Crassus hatte Tarent vorzeitig verlassen und ein neues Attentat, diesmal auf Trajan, versucht. Die Konsequenz in Haß und Ehrgeiz dieses Mannes ist einmal »bewundernswert« genannt worden. Als Hadrian Kaiser wurde, hielt Crassus seine Stunde endlich für gekommen. Bei einem Fluchtversuch von der Insel wurde er vom Procurator mit dem Tode bestraft.

Sicherlich ist das ohne Hadrians Einverständnis geschehen, denn er hatte nicht die Absicht, die drei Männer hinrichten zu lassen, obwohl ihm das von seinem Vormund den Vorwurf der Schwäche einbrachte und sogar der Senat die übergroße Milde des Kaisers rügte. Hadrian hat bei dieser Entscheidung wahrscheinlich nicht nur die »clementia« eines Seneca vor Augen gehabt, das Maßhalten bei der Möglichkeit, Rache zu üben, das den Einsichten des weisen Stoikers entsprach. Er mußte vor allen Dingen beweisen, daß seine Versprechungen ehrlich gemeint und verläßlich waren. Die beiden anderen, wohl auch weniger gefährlichen Verschwörer lebten ungehindert weiter. Als Hadrian etwa ein

Jahr später einem von ihnen in Rom begegnete, begrüßte er den Gegner mit den Worten: »Du bist entkommen.« Dennoch wird der Kaiser aus diesem Vorfall erkannt haben, wie wenig beliebt er war, und daß es nicht so einfach sein würde, seine Herrschaft zu festigen.

Der neue Kaiser war kein Schmeichler, noch weniger ein Heuchler. Aufrichtigkeit gehörte zu seinen glänzenden Charaktereigenschaften. Wen er nicht mochte, der sollte das auch deutlich zu spüren bekommen. Leider bewies er in der Behandlung ihm unsympathischer Menschen bisweilen wenig Fingerspitzengefühl. In einem Fall sollte ihm das fast zum Verhängnis werden.

Lusius Quietus gehörte zu Trajans verdienstvollen Generälen. Sowohl gegen die Daker als auch im Partherkrieg hatte er sich hohes Ansehen erworben. Trajan, dessen persönlicher Ratgeber und Vertrauter er war, hatte ihn gegen die rebellierenden Juden nach Mesopotamien gesandt, dann auch gegen die Aufständischen in den Donauländern. Jedesmal war der General erfolgreich zurückgekehrt. So hatte ihn der Kaiser schließlich mit der Statthalterschaft in Judäa belohnt. Später wurde Quietus sogar Konsul. Auch jetzt hoffte er vermutlich wieder auf militärische Ehren.

Aber Hadrian mochte den finsteren Mauren nicht, der in neuester Zeit einmal ein Othello des kaiserlichen Rom genannt worden ist. Von Kind an war dem Aelier alles Unrömische und Ungriechische fremd geblieben, war er allem Fremden mit einem gewissen Mißtrauen begegnet. Das sollte sich, wie mit der erbarmungslosen Niederwerfung des Judenaufstandes noch gezeigt werden wird, auch bis an sein Lebensende nicht ändern.

Der Kaiser überging also den erfahrenen Krieger und übertrug das Oberkommando über die Truppen einem anderen von Trajans verdienten Generälen: Marcius Turbo. Mehr noch, er zog Quietus auch die maurischen Truppen ab, um sie unter Turbos Oberbefehl zu stellen. Er begründete diesen Schritt damit, Quietus sei »suspectus imperii«, verdächtig, nach der Macht zu streben, gewesen. Kein Wunder, daß der eifersüchtige Maure fortan zu Hadrians schlimmsten und aufgrund seiner bisherigen Stellung wohl auch mächtigsten Feinden gehörte! Wie bald würde er sich am Kaiser für die erlittene Schmach rächen!

Doch zuvor begnügte sich seine gekränkte Eitelkeit damit, in seinem Heimatland einen blutigen Aufstand gegen die römische Herrschaft anzuzetteln. So erhielt Turbo erneut Gelegenheit, sein militärisches Können unter Beweis zu stellen.

Das alles muß sich unmittelbar nach Hadrians Regierungsantritt abgespielt haben. Manche Geschichtsforscher datieren diese Ereignisse noch in die letzten Augusttage des Jahres 117.

Hadrian kannte Turbo schon lange, wußte um seine militärischen Fähigkeiten und um seine Loyalität. Denn Turbo hatte schon Trajan auf die Ostfeldzüge begleitet und war dabei auch mit Hadrian in Berührung gekommen. Der neue Kaiser mußte wohl erkannt haben, daß er in diesem General nicht nur einen guten Offizier hatte, sondern auch einen treuen Diener und Freund gewinnen konnte. Er sollte sich nicht täuschen. Der fähige Mann brachte den maurischen Aufstand rasch unter Kontrolle und stand dem Kaiser für neue, womöglich schwierigere Aufgaben zur Verfügung. Die ließen angesichts der Unruhen, die überall an den Grenzen des Imperiums ausbrachen, nicht lange auf sich warten.

Hatte man im Senat nach Trajans Tod noch die Rückeroberung ganz Mesopotamiens geplant, so ließ Hadrian bald erkennen, daß er einen neuen politischen Weg einschlagen wollte. Seine »Außenpolitik war von Anfang bis Ende getragen und inspiriert von einem einzigen Motiv: dem Wunsch nach Frieden«. Es war ein ehrlicher Wunsch, der dem Kaiser aus dem Herzen kam. So kann man Eutropius nicht folgen, wenn er meint, Hadrian sei auf Trajans Ruhm eifersüchtig gewesen und habe lediglich aus diesem Grund einen von den Vorstellungen des Vorgängers so grundsätzlich verschiedenen Weg eingeschlagen. Auch andere Ansichten, etwa die, daß die Abneigung des Kaisers gegen Kriege einem Mangel an persönlichem Mut entspringe, scheinen nichts als böswillige Verleumdungen gewesen zu sein. Hadrians tollkühne Jagdausflüge, bei denen er nicht selten in äußerste Lebensgefahr geriet, bestätigen jedenfalls eine solche Annahme nicht. Der Krieg sollte ihm, wenn überhaupt, nur dazu dienen, den Frieden zu sichern. Das war keineswegs nach römischem Geschmack.

Aber der neue Kaiser war nicht nur von seinen Ideen restlos überzeugt. Er wußte ebenso um seine unsichere Stellung und kannte seinen Mangel an großen militärischen Fähigkeiten, wie sie sein Vorgänger besaß. Als er die Friedensverhandlungen mit den Parthern begann, ließ er deshalb im ganzen Reich aussprengen, Trajan selbst habe ihn noch kurz vor seinem Tode insgeheim damit beauftragt. Dieser politische Trick war nicht neu. Schon Augustus hatte sich bei unpopulären Maßnahmen gern auf geheime Anweisungen des großen Cäsar berufen. Niemand konnte beiden Herrschern je das Gegenteil beweisen.

Auf diese Weise konnte sich Hadrian gegen Ende seiner Regierungszeit mit einer gewissen Berechtigung rühmen, er habe durch Untätigkeit für Rom mehr gewonnen als andere durch Krieg. Übrigens wollte auch sein Nachfolger Antoninus Pius »lieber das Leben eines einzigen Bürgers bewahren, als 1000 Feinde töten«. — Ein Grundsatz, der im Zeichen der aktuellen Friedensbewegung wieder an Bedeutung gewonnen hat und in der eindrucksvollen Bemerkung eines Politikers gipfelt, die sinngemäß lautet: Wir ziehen es vor, tausendmal miteinander zu reden, damit nicht einmal geschossen wird ...

Noch weitblickender war Hadrian. Er hatte rasch erkannt, daß die jüngsten Eroberungen mit den verfügbaren Kräften auf Dauer nicht zu halten waren. Jahrelang hatte Trajan Krieg geführt. Hätte Hadrian versucht, die vom Vorgänger eroberten Gebiete zu halten, hätte dort das stehende Heer so verstärkt werden müssen, daß die finanziellen Lasten für das Imperium unerträglich geworden wären. Die letzten Reserven waren, wenn nicht verbraucht, so doch angegriffen. Ein Rückeroberungsversuch aller Länder jenseits von Euphrat und Tigris wäre daher äußerst gefährlich gewesen und hätte womöglich zur Folge gehabt, daß nicht Rom die Parther, sondern Parthien Rom auffraß. Zudem lagen diese Gebiete strategisch ungünstig. Riesige Sandwüsten und die für einen Römer ungewöhnliche Hitze hätten eine ordnungsgemäße Versorgung der Truppen sehr in Frage gestellt.

Und noch eine Überlegung spielte für Hadrian eine Rolle, deren weltgeschichtliche Tragweite erst die Zukunft lehren sollte: Seit jeher hatten Euphrat und Tigris eine der natürlichen Kulturgrenzen der Welt dargestellt. Mochte man auch im vorderen Asien die unterworfenen Völker noch romanisieren können, was sich jenseits dieser Flüsse abspielte, würde immer von eigenständiger kultureller Kraft bleiben. Dort lag eine andere Welt, fremd und barbarisch. Ihr mußte man mißtrauen.

Nicht nur in dieser Hinsicht hat Hadrian mit prophetischem Weitblick den Grundstein für unsere heutige Welt gelegt. Der römische Nationalist freilich mußte empört sein, daß die »Parther, die einst bei Carrhae den Römern eine der bittersten und unvergessenen Niederlagen ihrer Geschichte beibrachten, nicht in Roms Gewalt bleiben sollten. Die Generäle sahen ihr Werk vernichtet und sich selbst um den größten Teil ihrer Wirkung gebracht. Und gewiß nicht ohne militärische und politische Gefahr räumt eine Armee ein eben erst besetztes Gebiet, für dessen Eroberung seit zwei Jahrhunderten nicht die schlechtesten Legionen eingesetzt worden waren.«

Den Parthern mögen die römischen Friedensangebote nicht ungelegen gekommen sein. Ein Waffenstillstand hätte nämlich die Handelswege zwischen Indien und Rom wieder geöffnet und dem parthischen Reich zu etwas Wohlstand verholfen.

So gab Hadrian alle von Trajan eroberten Gebiete östlich des Euphrat auf und gestattete den Parthern die Einsetzung eines eigenen Königs. Den von Trajan eingesetzten provisorischen Herrscher Parthamaspathes, den die Parther nicht anerkennen wollten, entschädigte er mit dem Fürstentum der Osroener im benachbarten Kurdistan. Die Parther waren mit der hadrianischen Politik so zufrieden, daß sie während seiner Regierungszeit und sogar der seines Nachfolgers keinen Krieg mehr gegen Rom führten.

Auch das entlegene Armenien wurde ebenso wie Mesopotamien und Assyrien aufgegeben. Es durfte einen eigenen König haben, wahrscheinlich den bei Dion genannten Vologaesus, blieb aber weiterhin römischer Vasallenstaat. Hadrian hatte eine Vorliebe für die Großen des 2. Jahrhunderts v. Chr., vor allem für Cato, der ja einst auch Makedonien freigelassen hatte, »quia tueri non poterant« (weil sie es nicht verteidigen konnten). Aber sowenig wie früher Makedonien wurden jetzt diese Provinzen als aus dem Reichsverband entlassen betrachtet. Zwar wurden die Heere aus ihren exponierten Stellungen zurückgezogen, die Bewohner der Länder blieben aber weiterhin tributpflichtig. Als »Klientelstaaten« wurden sie mit der Grenzsicherung beauftragt, eine undankbare Aufgabe, wenn man bedenkt, daß sie fortan als Pufferzonen zwischen dem römischen Imperium und den unzivilisierten Stämmen der Barbaren zu wirken hatten.

Zu jener Zeit erhoben sich auch die Sarmaten und Roxolanen gegen Rom. Das war nicht neu. Schon unter Trajan hatten diese Stämme versucht, das römische Joch abzuschütteln. »Die Roxolani waren der Klientelstaat, welchen die Römer der Donaumündung vorgelegt hatten, damit er die Last der Grenzverteidigung zuerst trage. Dafür haben sie Jahrgelder erhalten ...« Die Roxolanen waren ein Reiternomadenvolk, Stamm der iranischen Sarmaten, und hatten im 2. Jahrhundert v. Chr. zwischen Don und Dnjepr gesiedelt, um hundert Jahre später nach Südwesten ins untere Gebiet der Donau vorzudringen. So jedenfalls weiß es uns Tacitus zu berichten. Ihr derzeitiger König war ein unzufriedener Mann, der mit Trajans Tod die Gelegenheit gekommen sah, sich von den Römern zu befreien. Er erhob sich in offener Rebellion gegen Rom mit dem Vorwand, die ihm zugewiesenen Jahrgelder seien zu gering.

Auch die Sarmaten waren Reiternomaden. Als Reiter und Bogenschützen wurden sie weithin gefürchtet. Auch sie drangen von Wolga und Don immer weiter nach Westen vor, um sich schließlich mit ihrem Stamm der Jazygen im 1. Jahrhundert v. Chr. in der Theißebene niederzulassen. Hier stießen sie dann zwei Jahrhunderte lang mit römischen Interessen zusammen. Auch sie zettelten jetzt einen Aufstand an.

Hadrian hatte die ersten Monate seiner Regierungszeit in seinem Quartier in Antiochien verbracht, um die Angelegenheiten des östlichen Imperiums zu regeln. Catilius Severus war Statthalter von Syrien geworden, ein Mann, der Hadrians größte Sympathien und Wertschätzung genoß. Nicht nur, daß er wie der Kaiser selbst philosophische Neigungen hegte, er war auch ein Freund Plinius des Jüngeren. Der Kaiser hatte ihn mit weiser Umsicht für das schwierige Amt ausgewählt. Die römische Welt sollte von Anfang an erkennen, welcher Art Hadrian selbst war und wie er sich die Leute vorstellte, mit denen er sich zu umgeben gedachte. Gerade mit Severus tat er dabei einen guten Griff. Er sollte später noch zweimal Konsul und Präfekt in Rom werden und einen der weisesten Kaiser zu seinen Nachfahren zählen: Marc Aurel, dessen Urgroßvater er war.

Dann rüstete Hadrian zur Reise nach Rom. Noch konnte er nicht ahnen, daß er es nur auf Umwegen und doch in aller Eile erreichen sollte. Denn wieder einmal überstürzten sich die Ereignisse.

Unterwegs trafen Nachrichten über die Unruhen an der Donaugrenze ein. Der Aufstand, hieß es, wäre so gefährlich, daß die Anwesenheit des Kaisers am Kriegsherd dringend erforderlich schien. Hadrian eilte nach Niedermoesien, die Truppen hatte er bereits an den Oberlauf der Donau geschickt und gleichzeitig Krieg befohlen. Die Entscheidung mag ihm schwergefallen sein, doch blieb ihm angesichts der drohenden Gefahr keine andere Wahl. Ein glücklicher Umstand aber, so rechnete er sich aus, würde ihm in diesem Krieg zu Hilfe kommen: Er kannte Land und Leute aus jungen Offiziersjahren und mochte auch geahnt haben, welchen Einfluß seine Persönlichkeit auf diese Menschen auszuüben imstande war.

Er hatte sich nicht getäuscht. Mit den Roxolanen war schnell Frieden geschlossen. Allein sein Auftreten hatte hier beeindruckt. Gegen die aufrührerischen Sarmaten schickte er Turbo, seinen treuen General. Der war mit seiner mauretanischen Aufgabe bald fertig geworden und seinem Kaiser zu Hilfe geeilt. Hadrian erhob ihn in senatorischen Rang, stattete ihn mit Sondervollmachten aus und ließ ihn als »praefectus praetorio« an der Donau zurück.

Tatsächlich errang der erfahrene Mann auch einen Sieg über die Sarmaten und vielleicht auch einen, wenn auch kleinen Sieg über Hadrian selbst. Denn der Kaiser trug sich zu jener Zeit mit dem Gedanken, auch Dakien zugunsten seiner Friedenspolitik aufzugeben und im wahrsten Sinne des Wortes alle Brücken dorthin abzuschlagen. So soll er bereits den Auftrag gegeben haben, die berühmte Brücke des Apollodorus niederzureißen.

Nun lagen die Verhältnisse hier an der Donau aber doch anders als in den erst kürzlich eroberten asiatischen Gebieten. Seit mehr als einem Jahrzehnt war die Romanisierung systematisch vorangetrieben worden. Der treffliche Statthalter Iulius Bassus war über der schwierigen Aufgabe, ein immer unruhiges Gebiet stets aufs neue zu befrieden, zugrunde gegangen. Hadrian rühmte sein Opfer mit der Beisetzung in Rom, wie sie ansonsten nur Mitgliedern der kaiserlichen Familie zuteil ward. Seit Schaffung der Provinz Dacia im Jahre 106 waren römische Kolonisten und Veteranen in das Land geströmt. Blut und Schweiß vieler Römer hatte die fremde Erde getränkt. Durfte man diese Siedler so einfach im Stich lassen? Außerdem war dieses Dakien gesegnet mit Bodenschätzen. Gold, Silber, Eisen und Salz lieferten reichlich Nahrung für den immer verwöhnteren hauptstädtischen Geschmack. Hätte man wirklich auf dieses Land so ohne weiteres verzichten können? Hätte man mit einem derartigen Verzicht nicht gleichzeitig Einbußen an Wohlstand in Kauf nehmen müssen? Jeder Politiker weiß um seine wachsende Unbeliebtheit, wenn der Gürtel enger geschnallt werden muß. Und Hadrian war noch nicht einmal beliebt ...

Das alles mag Turbo dem Kaiser zu bedenken gegeben haben, als er ihm von der Aufgabe Dakiens abriet. Und Turbo war ein vernünftiger und besonnener Mann. Im vertraute Hadrian wie kaum einem anderen.

Vielleicht waren für Hadrians Entscheidung aber auch persönliche Gründe ausschlaggebend. Er wußte um seine noch immer unsichere Stellung. Durfte er mit der Expansionspolitik seines allseits verehrten Vorgängers so offensichtlich brechen, wenn keine Notwendigkeit dazu bestand? Das wäre doch zumindest nicht diplomatisch gewesen.

Was auch immer Hadrians Entscheidung beeinflußt haben mag: Dakien blieb römisch. Turbo erhielt ein außerordentliches Kommando, etwa vergleichbar dem Präfekten von Ägypten. Er war nur dem Kaiser verantwortlich, wie er auch nur dem Kaiser unterstand.

Die Entwicklung Dakiens gestaltete sich in den nächsten 150 Jahren zu einem Modellfall römischer Provinzialpolitik. Die Grenzen wurden durch Garnisonen und Wälle gesichert.

Schon 119 konnte man die Provinz in ein Dacia Superior und ein Dacia Inferior teilen. 123/124 erfolgte eine weitere Teilung und 45 Jahre später schließlich eine völlige Neuorganisation der Donauprovinzen Dakien und Pannonien. Daß schon unter Hadrian der Procurator, der Turbos Nachfolger wurde, keine Befehlsgewalt über Legionen mehr besaß, zeigt, wie friedlich dieses Land geworden war und daß die abschreckende Wirkung des Krieges nicht immer die schlechteste Garantie für einen dauerhaften Frieden zu damaliger Zeit war. Es kam nur darauf an, in welchen Händen sie sich befand. Wenn die Römer in dieser Weltecke im Jahre 271 schließlich doch einer stärkeren Macht weichen mußten, unter Aurelian nämlich dem Druck der Goten, steht das auf einem anderen Blatt der Geschichte.

Die Opposition zu Hause in Rom war inzwischen nicht untätig geblieben. Die erste Verschwörung war fehlgeschlagen. Die Milde des Kaisers, die ihm neben Attian auch mancher andere als Schwäche ausgelegt haben wird, hatte nicht nur viele verwundert, sondern auch einige ermutigt. Alte Rachegedanken keimten wieder auf, sofern sie sich überhaupt je beruhigt hatten. Übereinstimmend berichten uns die beiden wichtigsten antiken Quellen von einer zweiten gegen das Leben des Kaisers geplanten Verschwörung. Vier Männer aus den einflußreichsten und mächtigsten Kreisen Roms sollen das Haupt dieses Komplotts gewesen sein.

Der erste war Lusius Quietus, der Maure, der uns schon von Antiochien her bekannt ist. Er soll Dio zufolge der Hauptverschwörer gewesen sein, wohingegen ihn die Vita nur »conscius« (Mitwisser) nennt. Die Tatsache der unterschiedlichen Überlieferung läßt schon deutlich erkennen, wie undurchsichtig selbst für Zeitgenossen oder ihre unmittelbaren Nachfolger die Vorgänge jener Tage waren.

Auch Cornelius Palma war ein bedeutender Mann. Rom hatte ihm beispielsweise die Annexion Arabiens zu verdanken. Palma war auch Consul gewesen, ebenso wie der dritte Verschwörer, Publius Celsus. Dieser hatte sogar zu Trajans engsten Vertrauten gehört. Vom vierten im Bunde, einem gewissen Nigrinus, wissen wir wenig. Nicht einmal seine Identität ist hinreichend gesichert. Einige vermuten in ihm den ehemaligen Statthalter Dakiens, andere halten ihn für Avidius Nigrinus, einen Mann von konsularem Rang, der wahrscheinlich unter Domitian Statthalter der Provinz Achaia war.

Auch in der Überlieferung der Ausführung des geplanten Attentats unterscheiden sich die beiden Quellen wesentlich. So erzählt die Vita, es sei beabsichtigt gewesen, Hadrian während einer Opferhandlung zu erschlagen. (Ähnlich war schon fünf Jahrzehnte zuvor Kaiser Galba am Lacus Curtius auf dem Forum Romanum ermordet worden.) Dio hingegen wußte von einem Plan, Hadrian während eines Jagdausflugs umzubringen. Diese Version scheint glaubhafter, weil das Verbrechen dann leicht als Jagdunfall hätte getarnt werden können.

Wieder war es Attianus, dessen wachhundhafter Eifer dem Kaiser wahrscheinlich das Leben rettete. Der weilte noch in Moesia Inferior, als ihn ein Eilbrief des Gardepräfekten erreichte. Attianus mag darin die Gefahr übertrieben dargestellt oder sie tatsächlich übertrieben gesehen haben. Wir wissen es nicht. Auf jeden Fall erhielt er den kaiserlichen Befehl, rasch zu handeln. Was die Order im einzelnen beinhaltete und inwieweit der Alte in der Folgezeit seine Kompetenzen überschritt, ist ebenfalls nicht bekannt. Der

Senat jedenfalls hatte über die vier angesehenen Männer das Todesurteil zu fällen. Sicherlich war man dort nicht damit einverstanden. Sich aber einer kaiserlichen Anordnung offen zu widersetzen, wagte man längst nicht mehr.

So wurden die vier Senatoren hingerichtet: Celsus in Baiae, Palma in Tarracina. Diese Orte waren Badestädte und der alten Welt wegen ihres heilsamen Klimas bekannt. Beide Männer wurden von ihren Mördern überrascht, ebenso Nigrinus, der auf seinem Landsitz Faventia in der Toskana weilte. Nur Quietus befand sich »in itinere«, auf der Reise, als ihn der Tod ereilte. Wohin er gerade unterwegs war, ist nicht überliefert. Aber man nimmt an, daß er in seine mauretanische Heimat wollte. Befand er sich vielleicht auf der Flucht? Es ist niemals geklärt worden. Auffallend bleibt, daß alle vier Männer außerhalb Roms weilten, untereinander zum Teil Hunderte von Kilometern entfernt. Das ist zumindest ungewöhnlich für eine Verschwörergruppe in einer Zeit, die zur Übermittlung geheimer Nachrichten auf die Schnelligkeit ihrer Pferde und die Geschicklichkeit ihrer Reiter angewiesen war.

»Palma und Celsus waren einflußreich und ruhmgekrönt. Man befürchtete mehr, als sie vielleicht im Sinn hatten.« Was war wirklich an dieser Verschwörung? Man wird es nie erfahren. Wie so oft breitet sich auch hier der Schleier des Geheimnisses über alle Ereignisse. Das Rätselhafte ist es ja gerade, das Hadrians Gestalt für seine Zeitgenossen so unnahbar und für uns so faszinierend macht.

Wie dem auch sei, in seiner Biographie bezeichnete sich Hadrian als schuldlos. Mehr noch, er tat entsetzt. Mochte ihm auch der Tod von vier Widersachern äußerst willkommen gewesen sein, so galt es doch, diesem Vorgang den Anschein der Willkür zu nehmen. Er kehrte dem (außer Judäa mehr als 16 Jahr später) einzigen Kriegsschauplatz, an dem er je als Kaiser persönlich anwesend war, den Rücken. »Auf der großen Straße über Emona und Aquileia eilte der neue Kaiser der Hauptstadt zu.«

Die Hinrichtungen hatten Unruhen in der Bürgerschaft ausgelöst. Man erinnerte sich der Proskriptionen eines Oktavian, die dem Ansehen des Augustus für immer geschadet hatten. Man gedachte der ersten Greueltaten eines Nero, denen unzählige gefolgt waren. Das Andenken an Domitians Schreckensherrschaft lebte wieder auf.

Das gebrannte Rom hatte kein Vertrauen zu einem Mann, der das Blut seiner Legionäre schonte, der den alten Erbfeind durch die Macht des bloßen Wortes bezwang, dessen Persönlichkeit rauhe Barbaren beeindruckte und der eine große Sehnsucht mit einem so wohlklingenden Namen in sich trug:

Pax Romana

Wie schwer würde er es haben, bis man ihm endlich glaubte!

11.

HERRSCHERJAHRE IN ROM

Die Hauptstadt bereitete Hadrian einen kühlen Empfang. Zwar wurden anläßlich seiner Ankunft zwei Münzen geprägt, aber das war kein außergewöhnlicher Sympathiebeweis, sondern die nach dem Staatsprotokoll übliche Begrüßung für den neuen Herrscher. Hat man früher das Datum des Eintreffens in Rom auf den 7. oder 8. August angenommen, so ist mittlerweile gesichert, daß Hadrian dort am 9. Juli 118 eintraf. Der »dies imperii« lag schon elf Monate zurück. Es war die damals wie heute heißeste Jahreszeit in der Stadt. Meist lag in den Sommermonaten eine stickige Schwüle über den dichtbesiedelten Vierteln. Hitzig wie die Sommerluft waren auch die Gemüter der Römer. Man war auf das Schlimmste gefaßt. Und Hadrian hatte allen Grund, um seine Krone zu bangen.

Der Senat empfing den Kaiser mit den heftigsten Vorwürfen. Der Tod seiner vier Mitglieder hatte dort eine »opinio tristissima« (sehr bedrückte Stimmung) ausgelöst. Hadrian versuchte, alle Schuld auf den Senat abzuwälzen. Schließlich, so meinte er, habe doch dieses Gremium selbst zu Gericht gesessen über jene, die das Leben des Kaisers angeblich bedrohten. Wieder und wieder beteuerte er, von den Vorgängen nichts gewußt zu haben. Er bedauerte die Vorfälle. Er erneuerte sein Versprechen, niemals ohne Zustimmung der Senatoren gegen ein Mitglied aus ihren Reihen etwas zu unternehmen. Es war mehr als ein Versprechen. Es war fast ein heiliger Eid, den Hadrian vor dem Senat ablegte: »se numquam senatorem nisi ex senatus sententia puniturum« (er werde einen Senator nur mit Zustimmung des Senats bestrafen). Man glaubte ihm nur zögernd. Vergessen hat man jene Hinrichtungen nie, obwohl der Kaiser nichts unterließ, seine guten Absichten zu beweisen. Es sollte ihm während seiner gesamten Regierungszeit nicht gelingen, ein begründetes Vertrauensverhältnis zu dieser traditionsreichen römischen Körperschaft herzustellen. Zwischen ihm und dem Rom jener Tage lagen Welten, die einfach nicht zu überbrücken waren.

Die monarchische Verfassung des Prinzipats im ersten Jahrhundert hatte den Kaiser mit der Verteidigung und Oberaufsicht des Staates betraut. Damit war die Macht des Senats zwangsläufig eingeschränkt worden. Der kaiserliche Einfluß vermehrte sich noch mit dem Ansteigen seiner Einkünfte, bis er schließlich das Schwergewicht über den Senat bekam. Trotzdem bemühten sich immer wieder zumindest Roms besonnene Herrscher um ein gutes Einverständnis mit dieser noch immer angesehenen Einrichtung aus republikanischen Tagen. Sie überwiesen ihr wichtige Angelegenheiten zur Entscheidung und nahmen häufig an ihren Rats- und Gerichtssitzungen teil. Sie wählten aus den senatorischen Reihen fähige Männer für die verantwortlichen Stellen in Heer und Verwaltung.

Auch und gerade Hadrian machte darin keine Ausnahme. Sooft er in Rom oder im nahegelegenen Tibur weilte, nahm er regelmäßig an Senatssitzungen teil. Alle Senatsmitglieder behandelte er mit ausgesuchter Höflichkeit. Er besuchte sie, wenn sie krank waren, oft bis zu dreimal am Tage. Gerne begrüßte er sie an seiner Tafel, zu der sie jederzeit Zugang hatten. Immer stand ihnen sein Wagen zur Verfügung. Wenn er sie besuchte, ließ er sich bei schlechtem Wetter in seiner Sänfte bis ins Innere des Hauses tragen, um den Hausherrn der lästigen Pflicht zu entheben, ihn draußen empfangen zu müssen. Senatoren pflegte er stehend zu begrüßen, um ihnen oder doch der Würde ihres Amtes seine Achtung zu zeigen. Als einmal einer seiner Leute zu einem Senator frech geworden war, ließ er ihm Backenstreiche geben.

In Not geratene Senatsmitglieder konnten fest mit der Hilfe des Kaisers rechnen. Immer und überall war Hadrian zuvorkommend und höflich. Und es war keine erzwungene Höflichkeit irgendwelcher persönlicher Vorteile willen. Sie war für Hadrian selbstverständlich und wurde, ähnlich wie seine Barttracht, bald die große Mode seiner Zeit.

Und noch etwas stellte man in Rom mit einiger Verwunderung fest: Der neue Kaiser hatte die gegen ihn angezettelte Verschwörung mit Gelassenheit hingenommen. Es war sein Berufsrisiko, das sich kaum von dem des Gladiators unterschied, der da Tag für Tag sein Leben zur Belustigung der Menge aufs Spiel setzte.

Auch das Volk von Rom wollte Hadrian gerne für sich gewinnen, hatte aber auch damit höchstens einen Erfolg auf Zeit. Schon von Antiochien aus hatte er eine Schenkung an das römische Volk angeordnet, wie er auch seine Soldaten unmittelbar nach Antritt der Herrschaft in reichem Maße bedacht hatte. Das Volk erhielt zu den früheren Geschenken ein doppeltes »congiarium« (Geschenk), wohl in Form einer Lebensmittelspende, die Hadrian selbst leitete. Großzügige

Schenkungen an Volk und Soldaten waren immer üblich, wenn ein neuer Kaiser an die Macht kam.

An Hadrians Geburtstag im Jahre 119 — dem ersten, den er als Kaiser in Rom verbrachte — wurden großartige Spiele veranstaltet, bei denen Hunderte von wilden Tieren getötet wurden. Das mag zwar nicht ganz nach seinem Geschmack gewesen sein, aber er wußte wohl, wie wichtig solche Veranstaltungen für die Zufriedenheit des römischen Pöbels waren. So wohnte er auch stets den Zirkusspielen persönlich bei. Mehr noch. Er zwang sich, das makabre Schauspiel aufmerksam zu verfolgen. Nie nahm er, wie beispielsweise später Marc Aurel, zu seiner Ablenkung Bücher mit. Denn er ahnte, wie sehr es einem die Menge verübeln konnte, wenn man ihr Vergnügen mißachtete. Allerdings bestand Hadrian darauf, daß niemand gegen seinen Willen zum blutigen Gladiatorendienst gezwungen wurde. So konnte er wenigstens auf diese Weise die unschönen Schlächtereien etwas menschlicher gestalten.

Sechs Tage dauerte das rauschende Fest, durch das das Volk vergessen sollte, was geschehen war. Aber auch das Vergessen wurde nur ein zeitlicher Erfolg. Verziehen hat man Hadrian aus unerfindlichen Gründen nie.

Obwohl Hadrians Verhältnis zu Frauen recht undurchsichtig ist und die antiken Quellen so gut wie nichts darüber berichten, ist doch überliefert, daß er für sie eintrat, wenn es um ihre menschliche Würde ging.

Für einige wichtige Änderungen im gesellschaftlichen Leben Roms konnte die Frauenwelt ihrem Kaiser dankbar sein. Eine davon betraf die Verteilung der Lose im Zirkus. Unter Nero war es üblich geworden, Lotterielose in Form von kleinen Holzkügelchen unter die Zuschauer zu werfen. Neros

Nachfolger hatten diese Sitte beibehalten. Die ausgesetzten Preise waren oft erstaunlich wertvoll. Tiere, Hausrat, ja sogar Sklaven konnten gewonnen werden. Kein Wunder, daß in dem Gerangel um die Holzkugeln in der Regel Andrang entstand, bei dem die Frauen naturgemäß immer den kürzeren zogen. Diesen Mißstand schaffte Hadrian ab, indem er die Lose für Männer und Frauen getrennt austeilen ließ.

Eine andere Neuregelung betraf das Baden. Bisher war nur das gemischte Bad möglich gewesen. Wer das südländische Temperament kennt, kann sich leicht vorstellen, daß dabei nicht nur Frauen belästigt wurden, sondern auch oft die wildesten Raufereien entstanden. Wollte eine Frau diesen Ärgernissen aus dem Weg gehen, blieb ihr eigentlich nichts anderes übrig, als das Bad überhaupt zu meiden. Das erschien Hadrian ungerecht. So reservierte er die Bäder vormittags ausschließlich für die Damenwelt. Damit schlug er gleich zwei Fliegen mit einer Klappe: Von nun an konnten die Frauen nicht nur ungestört ihrem Vergnügen nachgehen, auch der männlichen Arbeitsunlust, die im damaligen Rom weitverbreitet war, wurde ein Schnippchen geschlagen. Wenn sich die Männer nun vormittags nicht mehr amüsieren durften, was blieb ihnen anderes übrig, als sich anderweitig zu beschäftigen? Diese strenge Trennung der Geschlechter hielt Hadrian übrigens auch später in seinen privaten Thermen in Tivoli peinlich bei.

Weniger revolutionäre Maßnahmen des Kaisers zugunsten der römischen Frauenwelt bestanden darin, daß er ihr Recht, Vermögen zu verwalten, letztwillig zu verfügen und zu erben, erheblich erweiterte. Auch durfte künftig kein Mädchen mehr ohne seine Zustimmung verheiratet werden. Inwieweit sich die römischen Familienväter allerdings diesem frommen

Wunsch der kaiserlichen Majestät beugten, ist nicht überliefert. Denn die Ehe galt — und gilt ja gelegentlich auch heute noch — als das größte Geschäft, das man im Leben abschließt.

An eine rechtliche Gleichstellung der Frau dachte freilich auch Hadrian nicht im Traum. Aber mußte sie eigentlich ausdrücklich erwähnt werden? Man erinnere sich des bereits zitierten Ausspruchs des älteren Cato: »... den Römer aber beherrscht die Frau ...«! Er mag zu Hadrians Zeiten noch durchaus Gültigkeit gehabt haben.

Mit Sabina führte der Kaiser eine mehr schlechte als rechte Ehe. Die Kaiserin muß sehr launisch gewesen sein, worüber sich Hadrian auch gelegentlich beklagte. Die Züge auf ihren Statuen verraten eine mürrische, unzufriedene Frau, die wahrscheinlich über ihren Status als erste Dame des Reiches unglücklich war. Sicherlich hätte sich Hadrian von ihr getrennt, wenn er nur ein einfacher Privatmann gewesen wäre, wie er es ja selbst oft genug äußerte.

So ertrug er Sabina als notwendiges Übel, wenn die Eheleute überhaupt zusammen waren. Glücklicherweise war das selten der Fall, denn die Kaiserin zog sich gerne vom strengen Hofleben aufs Land zurück, wo sie sich mit gleichgesinnten Freunden durch den Tag langweilte. Trotzdem verlangte Hadrian, daß man seiner Frau die gebührende Achtung entgegenbrachte. Gleichzeitig ahndete er alles, was den Anschein einer Unkorrektheit erwecken konnte.

Um so mehr verehrte er seine Schwiegermutter Matidia. Sie hatte aus dem Osten, wohin sie Trajan und die kaiserliche Tante Plotina begleitet hatte, die Anzeichen einer tödlichen Krankheit mitgebracht und siechte seitdem dahin. Der Schwiegersohn versuchte, der alten Frau die letzten Tage zu verschönen, indem er sie oft besuchte und ihr zu Ehren kleine Feste gab. Als sie im Dezember 119 starb, ehrte er ihr Andenken durch Gladiatorenwettkämpfe und ließ eine Münze prägen. Sie zeigt die zu den Göttern erhobene Schwiegermutter, die zwischen Siegesstatuen in einem Tempel sitzt. Hadrian hielt selbst die »laudatio Matidiae« (Laudatio auf Matidia). Das war selbst für die Schwiegermutter eines Kaisers eine ungewöhnliche Ehre.

An seinem Verhältnis zu Plotina hatte sich indessen nichts geändert. Noch immer sonnte sich der Kaiser in der Gunst der großen Gemahlin seines Vorgängers. Häufig besuchte er sie in ihrem kleinen Haus, wo man sich gemeinsam dem Philosophieren hingab oder auch dem Schweigen. Denn Hadrian liebte das Schweigen besonders. »Unter ihm zuerst ist der Posten des Silentiarius belegt, eines Freigelassenen, der dafür zu sorgen hatte, daß in Gegenwart des Kaisers strengste Ruhe herrschte.«

Daneben hatte Hadrian für das gewaltige römische Sklavenheer ein Herz. Für ihn waren auch Sklaven Menschen, auf die der Begriff der »humanitas« (Menschlichkeit) ausgedehnt werden mußte, die ebenfalls Anspruch auf den »Genuß der Menschlichkeit« hatten, wie Hadrian es nannte. Er löste die gefürchteten Strafhäuser mit Zwangsarbeit auf. Er schaffte die unmenschliche Verhörmethode der Folter ab oder milderte sie doch zumindest dahingehend, daß nur solche Sklaven auf diese Weise vernommen werden durften, die bei einem Verbrechen auch zugegen gewesen waren. Denn bisher pflegte man, wenn etwa ein römischer Bürger in seinem Haus ermordet worden war, alle Sklaven des Hauses peinlich zu vernehmen, wie überhaupt nur ein unter der Folter abgelegtes Geständnis rechtliche Gültigkeit erlangte. Gewalt und Wahrheit aber schließen einander zwangsläufig aus. Hadrian selbst äußerte sich, wie unzuverlässig und gefährlich diese Methode sei und daß sie nicht der Wahrheitsfindung diente, sondern sie im Gegenteil verfälschte. »Res fragilis et periculosa et quae veritatem fallat ...« (eine zerbrechliche und gefährliche Methode, die die Wahrheit verfälscht), pflegte er zu sagen.

Sklaven durften nicht mehr zu entehrenden Diensten herangezogen werden. Ihr Verkauf an Freudenhäuser oder Gladiatorenschulen wurde untersagt. Auf den Ländereien, wo viele von ihnen bei schwerster Arbeit überanstrengt wurden, siedelte Hadrian möglichst viele freie Bauern an. Eine kaiserliche Maßnahme zugunsten eines Sklaven versetzte Rom gar in helle Aufregung: Eine reiche Dame des Patriziats hatte ihren alten Sklaven mißhandelt. Dafür wurde sie vom Kaiser aus der Stadt verbannt. Das war ungeheuerlich! Hatte doch bisher jeder mit seinem Eigentum beliebig verfahren dürfen. Und der Sklave, diese menschliche Ware, galt im alten Rom im allgemeinen nicht mehr als ein Möbelstück und oft weniger als ein Stück Vieh.

Vernünftige und doch recht eigenartige und für einen Römer des ausgehenden neunten Jahrhunderts römischer Zeitrechnung vielleicht ungewohnte Erlasse waren unter Hadrians Neuregelungen. Beispielsweise schränkte er den Wagenverkehr im Stadtinnern ein, wo jeder Fußgänger schneller vorankam als die Masse der Wagen, die sich in den engen Gassen stauten. Zudem mag damals wie heute dichter Fahrzeugverkehr eine besondere Gefahrenquelle für Kinder und ältere Menschen dargestellt haben. Wer heute die schmale Via Sacra entlangläuft, kann den Kaiser für so viel Vernunft nur nachträglich preisen. Und auch damit war Hadrian seiner Zeit Jahrhunderte voraus. Auch heute entdecken weise Stadtväter zunehmend die Nützlichkeit und den Reiz von Fußgängerzonen, wie deren wachsende Zahl beweist.

Hadrian liebte die Ordnung. Für ihn war sie Teil der Freiheit, wenn nicht die Freiheit selbst. »Il avait la main de tout réglémenter ...« (Er hatte die Fertigkeit, alles zu ordnen), schreibt einer seiner Bewunderer. Oder, wie sich ein deutscher Hadrianforscher ausdrückte, ersetzte bei ihm die Ordnung die Freiheit.

Er selbst war von sprichwörtlicher Bescheidenheit und überaus sparsam. Er liebte weder Pomp noch Luxus. Doch hielt er streng auf Formen. Wie er seine Ehe unter Wahrung der äußeren Form fortführt, so läßt er »trotz seiner Urbanität und Güte gegen den Geringeren« nie zu, »daß der andere vergißt, wer sein Gegenüber ist.

Doch entspringt diese Beobachtung der Distanz natürlicher Würde, nicht einem Dünkel, eher einem starken Gefühl für Form. Nicht nur im persönlichen Umgang mit Freunden wie mit Fremden ist dieses ausgeprägt; auch in Fragen des höfischen Zeremoniells beobachten wir gewissenhafte Sorgfalt. So pflegte er nach der Vita, obwohl das Kriegsgewand immer mehr für den Kaiser auch in der Heimat üblich wird, in strenger Observanz der vom Begründer des Prinzipats gepflegten Sitte nicht erst beim Einzug in Rom, sondern schon beim Betreten italienischen Bodens die militärische Tracht mit der Toga zu vertauschen. Denkmäler und Münzen bestätigen dieses ...«

Daneben achtete Hadrian auf die Pflicht. »Eigentum verpflichtet« ist heute ein geläufiges Sprichwort. Sein Sinn war schon im Altertum bekannt. Wer sein Eigentum vergeudet hatte, obwohl er zur Erhaltung verpflichtet gewesen wäre, wurde öffentlich dafür bestraft. Man verprügelte ihn im Amphitheater und schickte ihn dann nach Hause. Diese Methode, der öffentlichen Schande ausgeliefert zu sein, ist dann im mittelalterlichen Prangerstehen für andere Vergehen wiedererstanden. So mag damals manch einer vor unüberlegter Verschwendung abgeschreckt worden sein.

Auch die Senatoren kamen nicht ungeschoren davon. Hadrian verlangte von ihnen, daß sie der Würde ihres Amtes entsprechend in der Stadt stets die purpurgesäumte Toga trugen, wie auch er selbst immer korrekt gekleidet ging. Das Anlegen dieses Gewandes mit seinem komplizierten Faltenwurf kam einer Zeremonie gleich. Zudem wird es, aus naturfarbigem Wollstoff gefertigt, nicht bequem und im Sommer auch recht heiß gewesen sein. Und man kann sich leicht vorstellen, daß so mancher römische Senator den Kaiser für so viel Strenge heimlich verflucht haben wird. Aber Hadrian kannte auch in äußerlich anmutenden Dingen kein Erbarmen. »Würde bringt Bürde« mag zu seinen bevorzugten Redewendungen gehört haben.

All diese Verbesserungen und Neuregelungen waren gesellschaftlicher Art und können höchstens als Vorwegnahme dessen angesehen werden, was dem Kaiser in allen Lebensbereichen vorschwebte: Er wollte ein neues, von Grund auf anderes Rom schaffen. Vielleicht hat mancher damals schon geahnt, daß Rom nach diesem Mann nicht mehr Rom sein würde, nicht mehr jene selbstbewußte Stadt, die in bisher einmaligem Sendungsbewußtsein der Welt ihren Stempel aufgeprägt hatte. Um seine wirklich großen Pläne durchsetzen zu können, würde er das gesamte Rechts-, Staats- und Heereswesen erneuern müssen. Aber eine derartige Last hätte auch die Schultern des stärksten Mannes überlastet. Man würde andere Mittel und Wege finden müssen, diese fernen Ziele zu erreichen. Doch zuerst mußte bereinigt werden, was es zu bereinigen gab.

Acilius Attianus wurde von Hadrian geliebt. Der alte Graukopf hatte seine ganze Jugend begleitet und hörte selbst jetzt nicht auf, sich für das einstige Mündel aufzuopfern. Zweifellos wurde Hadrians Zuneigung von dem Alten erwidert. Aber Attianus war als Gardepräfekt der Stadt Rom nicht länger zu halten. Das war dem Kaiser längst klargeworden. Er hatte den Tod von vier Senatsmitgliedern veranlaßt. Ihn weiter in seiner verantwortlichen Stellung zu belassen, hätte bedeutet, jene Hinrichtungen gutzuheißen. Ganz sicher aber hätte das Hadrian den Vorwurf der Unglaubwürdigkeit eingebracht, behauptete er doch immer noch, von den Vorgängen nichts gewußt zu haben. Attianus mußte gehen, das stand außer Frage.

Nun war aber das Amt des Gardepräfekten in der Regel auf Lebenszeit übertragen und seine Entlassung nur dann möglich, wenn der Amtsinhaber sie persönlich verlangte. Glücklicherweise war Attianus weitsichtig genug, seinen Abschied einzureichen. Er wollte dem Kaiser, dessen Lebensweg er bisher wie einen Augapfel gehütet hatte, nicht schaden. Sicherlich war Hadrian dafür dankbar.

Er erhob den getreuen Alten in senatorischen Rang. Das war die höchste Auszeichnung, die ein Kaiser zu vergeben hatte, und seit Neros Zeiten die übliche Belohnung für die in den Ruhestand getretenen Präfekten, die dem Ritterstand angehörten. Zwar erhielten sie dadurch weder Sitz noch Stimme im Senat, doch bedeutete die Verleihung einen ungeheuren Gewinn an Ansehen, denn Würde und Rang eines Senators waren trotz seiner geringen politischen Bedeutung noch immer sehr begehrt. So stand auch diesen Männern künftig das Recht zu, die purpurgesäumte Toga zu tragen.

Attianus zog sich in seine Villa in den Albaner Bergen zurück. Und Hadrian, der sich allmählich auch in seiner tiburtinischen Villa einrichtete, gehörte oft zu seinen Gästen. Das strafte all diejenigen Lügen, die behauptet hatten, Attianus' wachsende Macht sei dem Kaiser unbequem geworden, und er hätte den Alten am liebsten umgebracht. Hadrian wußte, was er diesem Mann schuldig war, der mehr als dreißig Jahre lang sein Leben so schicksalhaft in die Hand genommen hatte. Wie viele negative Eigenschaften der Kaiser auch gehabt haben mag, Undankbarkeit gehörte gewiß nicht dazu. So wird er vor allen anderen aufgeatmet haben, daß sich die peinliche Angelegenheit doch noch zum Guten gewendet hatte.

Am Rande dieses Geschehens ereignete sich eine rührende Begebenheit. Der andere Präfekt hieß Sulpicius Similis. Auch er war schon ein alter Mann, als Attianus seinen Abschied nahm. Das ganze Volk verehrte ihn als einen der Seinen, denn er hatte sich aus niedrigem Stand emporgedient. Eigentlich hatte er nie Präfekt werden wollen, seine Aufgabe aber, da sie ihm einmal übertragen war, gewissenhaft ausgeführt. Jetzt sah er eine günstige Gelegenheit gekommen, sich des unliebsamen Postens zu entledigen. Auch er bat also um seine Entlassung.

Nach außen hin tat Hadrian zwar so, als wolle er ihn halten. Aber im Grunde ist es ihm wahrscheinlich doch recht gewesen, diese beiden verantwortungsvollen Ämter in der Hauptstadt mit neuem Blut zu besetzen. Sein »Einspruch« hat auch wenig genützt. Der Alte hatte einen harten Kopf. So ließ Hadrian endlich auch Similis gehen. Der zog sich auf seine Landgüter zurück und verbrachte dort, einen Jugendtraum erfüllend, noch sieben glückliche Jahre. Sein Grabstein trägt folgende denkwürdige Inschrift: »Hier ruht Similis, der so und so viele Jahre existiert und sieben Jahre gelebt hat.«

Diese wenigen Worte sind, meine ich, ein eindrucksvoller Beweis dafür, daß die Versetzung in den Ruhestand nicht notwendigerweise Untätigkeit und Lebensüberdruß nach sich ziehen muß.

Die beiden freien Stellen waren unverzüglich neu zu besetzen, denn von ihnen hing die persönliche Sicherheit des Kaisers ab. Hadrian ernannte Turbo, den verdienten General, der die Grenzsicherung an der Donau inzwischen erfolgreich beendet hatte, zum ersten Präfekten. Damit tat er keinen schlechten Griff. Denn der loyale Offizier war stets auf seinem Posten. Noch um Mitternacht pflegte er im kaiserlichen Palast seine Runden zu drehen. Als ihn Hadrian bat, sich doch etwas mehr Ruhe zu gönnen, antwortete Turbo scherzhaft: »Ein Präfekt sollte stehend sterben.«

Als Kollegen hatte ihm der Kaiser Gaius Septicius Clarus ausgesucht. Er war vordem, wie wir schon gehört haben, Statthalter von Syrien gewesen. Clarus, der Freund des jüngeren Plinius, war wie dieser Literat. Hadrian umgab sich gern mit Künstlern, besonders mit Dichtern, die seine literarischen Interessen förderten und seine dilettierenden Gedanken anregten. Er hatte es sich in diesem Fall besonders nett vorgestellt, dem rauhen Krieger in dem Künstler eine Art Gegenpol zu setzen. Leider hat Clarus das Vertrauen des Kaisers mißbraucht. Man sagte ihm nämlich nach, allzu vertrauten Umgang mit der Kaiserin zu pflegen, und so sah sich Hadrian gezwungen, ihn wieder zu entlassen. Gleichzeitig mußte auch Clarus' Freund Suetonis Tranquillus, kaiserlicher Geheimsekretär und Verfasser von zwölf Kaiserbiographien, gehen. Auch er soll Beziehungen zu Kaiserin Sabina unterhalten haben, die gegen die strenge Hofetikette verstießen.

Trotzdem haben wir allen Grund, dem leider unzuverlässigen Clarus dankbar zu sein. Er war es nämlich, der Plinius veranlaßte, seine Briefe zu veröffentlichen. Wahrscheinlich wurden sie dadurch der Nachwelt erhalten.

Eigenartig hatte sich inzwischen das Verhältnis des Kaisers zu seinem dreißig Jahre älteren Schwager entwickelt. Zwar behandelte Hadrian den Mann seiner Schwester mit ausgesuchter Höflichkeit. Er beeilte sich stets, ihn zuerst zu begrüßen. Aber das war wohl nicht mehr als ein Akt der Ehrerbietung einem so viel älteren Familienmitglied gegenüber.

In Wirklichkeit war Hadrian nachtragend, so viele glänzende Charaktereigenschaften er auch gehabt haben mag.

Als er 119 wieder einmal — wohl zum dritten Male — für vier Monate Konsul wurde, weigerte er sich, dieses Amt zusammen mit Servianus zu bekleiden. Gemeinsam mit dem unsympathischen Schwager zu arbeiten und ihm als dem Älteren ständig nachzugeben, das wäre doch mehr gewesen, als Hadrian ertragen konnte.

12.

DIE REICHSREFORM

Die ersten Regelungen des neuen Kaisers waren höchstens dazu geeignet, die Hauptrichtungen seiner Politik deutlich zu machen. Mit der umfassenden Reichsreform, die ihm vorschwebte, besonders im Verwaltungs- und Rechtswesen, hatten sie noch wenig zu tun. Und doch würde jene der Grundstein sein, auf den sich die kaiserliche Hauptsorge, das künftige Schicksal der Provinzen, bauen sollte. Wie sicher und funktionsfähig diese Grundlage sein mußte, konnte nur Hadrian selbst wissen.

Die Staatsfinanzen befanden sich durch Trajans dauernde Kriegsführung in einem hoffnungslosen Zustand. Dies ist nach jahrzehntelangen Eroberungszügen eigentlich selbstverständlich, wird daneben aber von Spartianus ausdrücklich erwähnt. Der neue Kaiser nützte die leidenschaftliche Schwäche seines Vorgängers auf zweifache Weise: Sie war ihm Hauptgrund und Rechtfertigung für seine Friedenspolitik.

Wie ernst es dem Kaiser mit dem Sparen war, läßt schon die Tatsache erkennen, daß er entgegen den Gepflogenheiten der meisten seiner Vorgänger das Vermögen der vier hingerichteten Konsuln nicht der kaiserlichen Privatkasse, sondern dem Staatsschatz einverleibte. Nichts lag ihm ferner, als sich an den ohnehin erschöpften Staatsfinanzen persönlich zu bereichern.

Im Rom des beginnenden zweiten Jahrhunderts war es freilich noch immer so, daß zu viele unverschämt reich und zu viele schändlich arm waren. Aber der sprichwörtliche Reichtum eines Trimalchio oder eines Nero gehörten glücklicherweise der Vergangenheit an. Einen Ausgleich unter den sozialen Schichten, soweit das überhaupt möglich war, faßte nun Hadrian ins Auge. Und dabei kam es ihm darauf an, weder die alten Steuern zu erhöhen noch neue einzuführen.

Seit den Anfangstagen des Prinzipats gab es eine eigenartige Sitte: Wenn ein neuer Kaiser an die Macht kam, hatten die Städte des Imperiums Spenden zu entrichten. Diese Zuwendungen, als Krönungsgeld bekannt, waren zunächst freiwilliger Art. Bald aber wurden sie zu einer feststehenden Einrichtung. Es handelte sich um eine Art Geschenksteuer, die dem Erwerb von Goldkränzen diente, wie man sie im Triumphzug mitführte. Augustus hatte einst darauf verzichtet, wohl in der Erkenntnis, wie sehr diese Abgaben die öffentlichen Kassen belasteten. Leider waren seine Nachfolger weniger rücksichtsvoll. Und erst Hadrian erließ wieder das »aurum coronarium« (Krongeld) für Italien und verringerte es für die Provinzen. Wahrscheinlich hätte er auch gerne die Bewohner der Provinzen von der Zahlungsverpflichtung befreit. Aber dazu war die Zeit noch nicht reif.

Beim allgemeinen Schuldenerlaß war er weniger zimperlich. Im Jahre 118 waren die Verbindlichkeiten von Privatpersonen an die Staatskasse auf 900 Millionen Sesterzen angewachsen. Der vom Kaiser angeordnete Erlaß dieser Schulden umfaßte das ganze Imperium. Alle Schuldscheine wurden auf dem Trajansforum öffentlich verbrannt. Die

Maßnahme mag Hadrian gewagt erschienen sein angesichts der leeren öffentlichen Kassen, doch hielt er nach so vielen Jahren Kriegsherrschaft einen Neubeginn von Grund auf für unumgänglich. Es kam ihm vor allem darauf an, unter die bisherige Politik einen deutlichen Strich zu ziehen. Alle 15 Jahre sollte sich nach seinem Willen ein derartiger Schuldenerlaß wiederholen. Allerdings blieb seine Anordnung nur bis zu seinem Tod in Kraft. Erst unter Marc Aurel erlebte sie eine kurze Wiederbelebung. Auch er ließ nach achtjähriger Abwesenheit von Rom alle Schuldscheine auf dem Forum verbrennen.

Diese Art der Schuldentilgung hatte übrigens ein großes geschichtliches Vorbild: den Griechen Solon, der auch einst einen solchen Neubeginn gewagt hatte, damit erfolgreich war und noch in Römerzeiten als besonders weise verehrt wurde.

Der Kaiser half, wo es zu helfen galt. Und er sparte, wo Einschränkung zur Gesundung der Finanzen erforderlich war.

So erweiterte er beispielsweise die von Nerva ins Leben gerufene Erziehungsstiftung armer italischer Kinder. Buben konnten ihre Beihilfen jetzt bis zum 18., Mädchen bis zum 14. Lebensjahr in Anspruch nehmen. Man entnahm diese Hilfsgelder den Zinsen der Anleihen, die der Staat den Bauern zur Verfügung gestellt hatte. Sogenannte »praefecti alimentorum« hatten das Funktionieren der Stiftung zu überwachen. Sie wurden von den Konsuln in ihr verantwortungsvolles Amt berufen.

Wie ernst es Hadrian mit dieser Erziehungsstiftung war, zeigt die Tatsache, daß er das schwere Amt oft selbst auf sich nahm.

Im kaiserlichen Haushalt verringerte er die Anzahl der Sklaven. Er ließ zugunsten der Staatskasse das kostbare Tafelgeschirr einschmelzen, das sich der gefräßige Vitellius einst hatte anfertigen lassen. Keinesfalls wollte Hadrian in den häßlichen Ruf eines Erbschleichers gelangen. Er machte es sich deshalb zur Regel, weder für sich noch für die Staatskasse Vermächtnisse anzunehmen, sofern Angehörige Anspruch darauf erheben konnten. Denn es war aus Opportunitätsdenken seit langem üblich, den Kaiser in seinem Testament zu bedenken. Manche Kaiser waren bald so weit gegangen, sich alles zu nehmen, wenn ihnen nicht wenigstens etwas zugedacht wurde. (Ähnlich verschreiben ja auch heute noch Leute ihr Vermögen der Kirche in der Hoffnung, sich dadurch den Himmel zu verdienen.)

Nicht nur die Sanierung, auch eine Zentralisierung des römischen Finanzwesens lag dem Kaiser sehr am Herzen. Vor allem dachte er daran, die Mißstände in der Steuereintreibung abzuschaffen. Beispielsweise wurde im Erbschaftsfalle von jedem römischen Bürger eine Abgabe geschuldet, die fünf Prozent des Erbes betrug. Bisher hatten sie die Steuerpächter eigenverantwortlich eingezogen. Denn der Staat pflegte das Recht der Steuereintreibung an den Meistbietenden zu verpachten. Das hatte zwangsläufig dazu geführt, daß ein Großteil der eingenommenen Gelder in die eigene Tasche dieser Leute geflossen war. Hadrian ernannte nun Steuereinzieher, die im ganzen Imperium unmittelbar für die Staatskasse kassieren mußten.

Mit weiser Umsicht gelang es dem Kaiser bald, die leeren Kassen wieder zu füllen. Ein gewisser Wohlstand konnte sich nach langen Jahren der Entbehrung entwickeln. Für Rom begann ein neues goldenes Zeitalter. Aber es sollte das letzte in der antiken Geschichte sein. Ihre Sonne war bereits im Untergehen. Am fernen Barbarenhorizont zog eine lange Nacht herauf, die langsam begann, ihre dunklen Schleier über Stadt und Reich auszubreiten. Aber niemand sah hin ...

Während der innenpolitischen Reformen glich Hadrian einem Mann, der sein Haus bestellt. Alles, was er ordnete und unternahm, war auf eine lange Abwesenheit ausgerichtet. Die Staatsmaschinerie sollte auch dann ungestört laufen, wenn er einmal nicht mehr in Rom wäre. Nur er selbst konnte wissen, daß das häufig und auch für längere Zeit der Fall sein würde. Sich einen zuverlässigen Beamtenapparat zu schaffen gehörte deshalb zu seinen Hauptanliegen.

Unter Hadrians Vorgängern waren alle Staatsgeschäfte von einem Heer von Freigelassenen erledigt worden. Es war die römische Gesellschaftsschicht, die Hadrians geringste Sympathien genoß. Als der Kaiser einst einen Freigelassenen zwischen zwei Senatoren spazierengehen sah, ließ er ihn rufen und befahl ihm: »Begleite nicht diejenigen, deren Eigentum du noch sein könntest!«

Die ehemaligen Sklaven hatten ihr schlechtes Ansehen größtenteils selbst verschuldet. Das Sprichwort vom Bettler, der, einmal aufs Pferd gekommen, dieses auch reitet, mag schon damals seine Gültigkeit gehabt haben. Sie waren für ihre Bestechlichkeit und die vielleicht verständliche Förderung eigener Interessen bekannt. Besonders Claudius und Nero hatten sich gern mit solchen Leuten umgeben, die oft zu den Speichelleckern übelster Sorte gehörten. Daß der römische Zivildienst ausgerechnet in ihren Händen lag, war Hadrian schon lange ein Dorn im Auge.

Jetzt hatte er die Macht, das verhaßte System umzukrempeln. Und er beschloß, die bisherigen Hofämter in offizielle

Staatsämter umzuwandeln. Von ihnen aber schloß er von vornherein alle Freigelassenen aus. Erst unter Kaiser Heliogabal 100 Jahre später erhielten sie wieder Zugang zu den begehrten Staatsstellen.

Hadrian schuf ein »Verwaltungssekretariat«. Das war ein Zivildienst, der den Kaiser in allen die Stadt betreffenden Angelegenheiten zu vertreten hatte, wenn er selbst nicht in Rom weilte. Ansonsten oblag ihm die regelmäßige Unterstützung des Kaisers in den vielfältigen Geschäften der römischen Regierung und Verwaltung. Die Männer zu diesem kaiserlichen Beamtenstab ernannte Hadrian selbst. Er entnahm sie vornehmlich der oberen römischen Mittelschicht, dem Ritterstand.

Der Pflichtenkreis der Beamten umfaßte Finanzen, Versorgung und Teile der heute so genannten freiwilligen Gerichtsbarkeit. Jedem Fähigen stand der Zugang zum Verwaltungsdienst offen. Voraussetzung war nur ein juristisches Studium. Auch das war neu, fast revolutionär. Denn bisher hatten allein Herkunft und berufliche Stellung der Vorfahren eine politische Karriere gewährleistet. Nun wurden diese althergebrachten Garanten kurzerhand durch berufliche Qualifikation ersetzt. Das ist ein Beweis mehr, wie erstaunlich modern Hadrian war.

Noch befremdender mußte es einem Stadtrömer damaliger Zeit erscheinen, daß auch jeder fähige Mann aus der Provinz zum Dienst am Staate berufen war und bei entsprechender Eignung zum Beamten ernannt werden konnte. Gleichzeitig erhöhte Hadrian die Zahl der Staatsdiener. Er erweiterte ihren Wirkungskreis und besoldete sie erstmals in der römischen Geschichte. Denn bisher waren Staatsämter stets Ehrenämter gewesen. Leistungsgerechte Besoldung aber beugt Korruption und Bestechung vor ... Die große Schar der höheren Beamten wurde durch ein Heer untergeordneter Staatsdiener und Schreiber ergänzt.

Unangetastet ließ Hadrian die Befugnisse der Statthalter und Präfekten. Ersteren oblagen Gerichtsbarkeit und Polizeidienst in den Provinzen, Aufgaben, die in der Hauptstadt und im Umkreis von 100 Meilen von den beiden Stadtpräfekten ausgeübt wurden, im übrigen Italien von den Prätorianerpräfekten.

Die Einführung eines Berufsbeamtentums, mutmaßen heutige Geschichtsforscher und ziehen damit deutliche Parallelen zur Gegenwart, sei für den allmählichen Verfall des Imperiums mindestens mitverantwortlich gewesen. Denn sie habe die erste »Aussteiger-Gesellschaft« in der Geschichte des Abendlandes begründet. Zuerst habe nämlich die römische Oberschicht erkannt, daß beim Staat nicht mehr viel zu holen war. »Die Römer-Aristokratie, die bis dahin in der Übernahme von Staatsämtern ihren Daseinszweck gesehen hatte«, habe sich zunehmend ins Privatleben auf ihre Landgüter zurückgezogen. Dort haben sich die noblen Aussteiger teils schöngeistigen Interessen gewidmet, teils dem Ackerbau, der als neue alte Einnahmequelle wiederentdeckt worden sei. »Schon unter Augustus hatte die Verweigerung der früher staatstragenden Elite begonnen, immer mehr Ordnungsfunktionen wurden seither vom Berufsbeamtentum übernommen. Das jedoch ließ die Staatsverdrossenheit noch weiter um sich greifen. Denn gemeinsam mit dem Militär, der einzigen Machtstütze spätrömischer Kaiser, war die Bürokratenkaste bald zu einem Leviathan herangewachsen, der das Volk drangsalierte und in den Widerstand trieb ...« Diese Unlust am Staate machte selbst vor der obersten Schicht nicht halt. Von Hadrians Nachfolger Antoninus Pius beispielsweise wissen wir, daß er die Beschäftigung mit und den Aufenthalt auf seinen Landgütern dem aufreibenden Dienst am Staate vorzog.

Wie dem auch sei und welcher Teil der Schuld Hadrian an dieser Entwicklung auch treffen mag: Er schuf mit der Einrichtung des zivilen Verwaltungsdienstes den Typ des vorbildlichen Beamten, der bis heute nichts von seinem Ansehen eingebüßt hat. Und noch etwas mag der Kaiser beabsichtigt haben. Er konnte durch die von ihm ernannte Beamtenschaft, die wiederum nur ihm verantwortlich war, seine Macht ungeheuer stärken. Und er konnte es, ohne nach außen hin sichtbar die heiligen Privilegien des Senats anzutasten. Ivar Lissner lobt den Kaiser mit den Worten: »Er besaß vor allem eine außerordentliche, wohltuende und praktische Geistesgabe: Er erkannte messerscharf, ob eine Einrichtung, ein Amt, eine Heereslieferung, ein Baumaterial nützlich und zweckmäßig waren oder ob da nur Dinge eingerichtet und beschafft wurden, damit sich irgendeine Organisation Ämter, Arbeit oder vielleicht auch Geld besorgte. Alles, was nicht unbedingt nötig war, schaffte er rücksichtslos ab. Er war ein Mann, der den Geld und Zeit verschlingenden Papierkrieg, die kostspielige Bürokratie, diese Natter des Weltreichs, eisern in Schranken hielt ...« Und andere meinen gar, unter dem Spanier Hadrian habe das Berufsbeamtentum jene Form erhalten, die man als Vorläufer des spanisch-burgundischen Zeremoniells betrachten kann.

Eine besondere Erwähnung verdient noch das Postwesen, das jetzt in staatliche Verwaltung überging. Der Postdienst mag Hadrian besonders am Herzen gelegen haben, denn er stellte die lebendige Verbindung zwischen Stadt, Mutterland und Provinzen dar. Es war ein Fahrzeugdienst, etwa vergleichbar dem Postkutschendienst der Neuzeit. Durch straff organisierten Pferdewechsel konnten am Tag bis zu 70 Kilometer zurückgelegt werden. Anspruch auf Beförderung hatten aber nur Staatsbedienstete und andere bevorrechtigte Fahrgäste. Die römische Post stand nicht jedem beliebigen Privatmann zur Verfügung. Sie brachte vor allem offizielle Botschaften in entlegene Gebiete, wie der lateinische Name »cursus publicus« verrät. Hadrian, der die Bedeutung des Kurierdienstes für das gesamte Reich erkannte, legte konsequenterweise die Kosten dafür der Staatskasse auf.

Neben dem neuerrichteten Beamtenstab des Kaisers stand als Überbleibsel aus republikanischen Tagen jene Beamtenschaft, der die militärischen und die die Provinz betreffenden Angelegenheiten übertragen waren. Ihr anzugehören war noch immer ein Vorrecht der senatorischen Klasse. Kein Wunder also, daß sie auf die neue Konkurrenz, in ihren Augen nichts weiter als ein Haufen von Emporkömmlingen, eifersüchtig war. Aber der Ritterstand sollte auch in Zukunft dem senatorischen untergeordnet bleiben.

Ganz neu in staatlichen Stellungen waren aber auch die Ritter nicht. Spartianus berichtet zwar, Hadrian habe sich als erster mit Rittern umgeben. Aber hier dürfte er irren. Denn Tacitus weiß, daß sich schon Vitellius mit dem Gedanken trug, der Gesellschaftsschicht der Ritter verantwortungsvollere Posten im römischen Verwaltungswesen einzuräumen. Und Sueton überliefert zuverlässig, Kaiser Domitian habe diese Idee stark gefördert. Richtig dürfte allerdings sein, daß die Ritter erst jetzt jene einflußreiche Stellung erhielten, die ihre politische Bedeutung dann bis zum Beginn der Neuzeit gesichert hat.

Der Ritterstand hatte sich schon in republikanischen Tagen aus der militärischen Klasse der achtzehn Reitercenturien entwickelt. Er setzte sich aus den reichsten freigeborenen Bürgern zusammen. Nach und nach war seine militärische Bedeutung geschwunden, um einem bleibenden politischen Einfluß Platz zu machen.

Die Ritter waren Geldaristokraten. Althergebrachte ungeschriebene Gesetze hatten es den Senatoren untersagt, geschäftliche Tätigkeiten auszuüben. So erwarben sich die Ritter durch Pachtung die Staatseinkünfte, als Steuerpächter oder durch Bankgeschäfte ansehnliche Reichtümer. Wie reich man sein mußte, um in diese Kaste aufgenommen zu werden, zeigt die Tatsache, daß jedem der Zutritt verwehrt war, der nicht über mindestens 400 000 Sesterzen verfügte.

Noch einen weiteren Vorteil boten die Ritter gegenüber Roms vornehmster Klasse: Während die Senatoren nur in der Hauptstadt Heimatrecht besaßen, waren die Ritter im ganzen Imperium zu Hause. Sie stellten somit einen Interessenverband dar, der allein durch die Zahl seiner Mitglieder den Senatorenstand weit übertraf. Der goldene Fingerring, der Purpurstreifen an der Tunika und ein besonderer Platz bei öffentlichen Spielen hob sie von der Masse der einfachen Bürger ab.

Freilich wurde in späterer Zeit auch dieser Stand nach und nach zersetzt, als nämlich die Kaiser zunehmend Freigelassene in den Ritterstand aufnahmen oder sich Bürger gewöhnlicher Herkunft den Rang einfach anmaßten. Auch die römische Gesellschaft war ja einem ständigen Wandel unterworfen.

Trotz der politischen Aufwertung, die der Ritterstand durch Hadrian erfuhr, kam es dem Kaiser doch sehr darauf an, die althergebrachten Exekutiv- und Gesetzgebungsrechte des Senats nicht anzutasten. Um den Standesunterschied nach außen hin sichtbar zu machen, verlieh Hadrian den Senatoren den Titel »vir clarissimus« (ein besonders hervorragender Mann). Ein Ritter hingegen durfte sich nur »vir eminentissimus« (ein ganz ausgezeichneter Mann) nennen. Auch sollte nie ein Ritter über ein Mitglied des Senats zu Gericht sitzen, nicht einmal, wenn er dem Staatsrat angehörte, den der Kaiser gründete und von dem wir noch hören werden. Ein Senator mußte von seinesgleichen behandelt werden. Das sollte sich auch in Zukunft nicht ändern.

Neben dem zivilen Verwaltungsdienst erhielten die Ritter eine weitere Schlüsselstellung: die des Prätorianerpräfekten. Er hatte sich in ständiger Nähe der kaiserlichen Majestät aufzuhalten. Denn in erster Linie war er für die Sicherheit des Kaisers verantwortlich.

Nun hatte Hadrian nicht nur die Ritterschaft unter absoluter Kontrolle. Es gelang ihm auch, die Provinzen wenigstens mittelbar in den politischen Machtbereich einzubeziehen. Mochten die Ritter heute noch größtenteils der Provinz entstammen! Ihre Söhne hatten doch immerhin die Möglichkeit, senatorischen Rang zu erlangen und sich in Rom niederzulassen.

Vieles spricht dafür, daß Hadrian von Anfang an auch daran dachte, den Senat eines Tages zu kontrollieren. Schon jetzt warf er auf die senatorische Gesetzgebung ein kritisches Auge. Die römische Gesetzgebung glich damals offensichtlich einem Chaos. Auch hierin mußte sich einiges ändern.

13.

CONSILIUM UND RECHTSREFORM

Dem heutigen Jurastudenten stellt sich das römische Recht als große majestätische Einheit dar. Das war nicht immer so. Erst Hadrian erkannte die unerhörte Komplexität des römischen Rechtswesens und nahm es auf sich, zu reformieren und zu kodifizieren. Die wertvollsten Beiträge zur römischen Rechtsentwicklung wurden auf seine Initiative hin während seiner Regierungszeit geleistet.

Das Recht, jenes eiserne Gerüst, das menschliches Zusammenleben überhaupt erst ermöglicht, mochte ihm, dem Ordnungsliebenden, viel bedeutet haben. Aber erst einmal, gleich zu Beginn seiner Laufbahn, war er damit in Berührung gekommen. Und selbst damals hatte sich sein Richteramt nur als Sprungbrett für eine hoffnungsvollere Karriere erwiesen. Glücklicherweise war Hadrian weitsichtig und bescheiden genug, sich nicht selbst in laienhafter Manier zu versuchen, wo andere berufen waren.

Das römische Recht hatte zu Hadrians Zeiten bereits eine jahrhundertealte Entwicklung hinter sich. Aus überkommenem Brauchtum der Ahnen gewachsen, hatte man stets versucht, es den Erfordernissen der Zeit, einer wachsenden Zivilisation, anzupassen. Um 450 v. Chr. erfolgte eine erste Kodifizierung auf den berühmten »Zwölf Tafeln«. Hier wurden die Rechtsnormen festgelegt und ausgestellt, die Ausgangspunkt für die gesamte Rechtsentwicklung Roms waren. Sie wurden durch Beschlüsse der Comitien, der Volksversammlungen, und schließlich durch die Gesetze, die im Senat erlassen wurden, ergänzt.

In den Edikten der Prätoren kam eine weitere Rechtsquelle hinzu. »Es war Sitte, daß jeder Prätor bei Amtsantritt Bekanntmachungen herausgab, wie er im Zweifelsfall zu verfahren gedachte.« Dieser Brauch glich aber eher einer Unsitte. Denn neben dem »praetor urbanus« (Stadtprätor) gaben der »praetor inter peregrinos« (Prätor der Nichtbürger), die beiden Ädilen in Rom und jeder Statthalter einer Provinz zu Grundsätzen und Maßnahmen ihrer Amtsausübung Erklärungen ab. Sie nannten diese Erklärungen zwar »edictum perpetuum« (fortdauernde Verordnung) oder »edictum tralatium« (übernommene Verordnung). Tatsächlich wurde auch das meiste alljährlich übernommen. Aber man darf nicht vergessen, daß auch römische Juristen in ihrer Rechtsauslegung an Weisungen nicht gebunden waren. Jedem stand es frei, Einzelheiten anders auszulegen als sein Vorgänger. Bei der Menge der richterlichen Beamten und der großen Zahl der ständig wechselnden Statthalter kann man sich die wachsende Rechtsverwirrung leicht vorstellen. Man halte sich nur vor Augen, in heutigen Rechtssystemen erlange ein jeder Richterspruch Gesetzeskraft! Die dadurch gestiftete Rechtsunsicherheit wäre kaum auszudenken. Die Abschaffung des gewaltigen und unübersichtlich gewordenen Gesetzesapparates gehörte deshalb ebenfalls zu Hadrians innenpolitischen Zielen.

Seit Beginn der Kaiserzeit war eine weitere Unsitte hinzugekommen: Auch kaiserliche Verordnungen erlangten Gesetzeskraft, wobei oft schon eine bloß geäußerte Meinung als Verordnung angesehen wurde. Und die Kaiser kontrollierten darüber hinaus die Beschlüsse des Senats. Jene »senatus consulta« hatten im Laufe der Zeit die Erlasse der Volksversammlungen abgelöst, die in kaiserlichen Tagen schon lange nicht mehr zusammentraten. Was auch immer im Senat beschlossen wurde, war dem Kaiser zur Kenntnisnahme und Billigung vorzulegen.

Da der Kaiser somit die senatorische Gesetzgebung beeinflußte und auch selbst Rechtsquelle war, bedurfte es zur Neugestaltung des Rechtswesens nur noch eines: der Kodifizierung der Prätorialedikte. Sie sollten für alle verbindlich und für die Zukunft unabänderlich gemacht werden.

Auch hierbei half Hadrian wieder das sprichwörtliche Glück, das bekanntlich nur dem Tüchtigen gehört. Denn er verfügte über die richtigen Leute am richtigen Ort. Und bei ihrer Auswahl kam ihm seine sichere Menschenkenntnis zustatten.

Da war Neratius Priscus, als alter Jurist ein erfahrener Fuchs. Er hatte schon zu Trajans Ratgebern gehört, und seit dieser Zeit war seine fachliche Qualifikation auch Hadrian bestens bekannt. Offensichtlich hatte der Kaiser schon in jungen Richterjahren Priscus' fachkundigen Rat eingeholt. Jetzt leistete der alte Mann wertvolle Beiträge zur römischen Rechtsentwicklung.

Das Hauptverdienst an der hadrianischen Rechtsreform aber gebührt einem anderen Mann. Er stammte vermutlich aus dem heutigen Tunis und trug den klangvollen Namen Lusius Octavius Cornelius Salvius Iulianus Aemilianus. Später wurde er nur noch Salvius Iulianus oder kurz Iulian genannt.

Der Afrikaner galt als bedeutendster Rechtsgelehrter seiner Zeit. In jungen Jahren hatte er in Rom unter dem berühmten flavischen Juristen Lusius Iavolenus Priscus die Rechte studiert. Priscus war Leiter der sabinischen Schule. Als er als Statthalter nach Obergermanien versetzt wurde, übertrug man seinem begabtesten Schüler Iulian bedeutende juristische Aufgaben.

Ihn wählte Hadrian für die Kodifizierung der Prätorialedikte aus. Welche Bedeutung der Kaiser dieser Aufgabe zumaß, zeigt die Tatsache, daß er Iulian das Doppelte des üblichen Lohnes bot, eine Investition, die er nicht bereuen sollte.

In nur einem Jahrzehnt gelang es dem unerhörten Fleiß des umsichtigen Juristen, alle überlieferten Rechtsedikte zu sammeln, zu ordnen und in einem kleinen Buch festzuhalten. Der neue Kodex wurde nicht nur Teil des schriftlich festgelegten Rechts und damit eine solide Grundlage für die römische Rechtsprechung. Iulian sicherte sich mit seinem »Edictum Perpetuum« auch den nachhaltigsten Einfluß, den je ein römischer Gelehrter auf das Recht ausübte. Es behielt bis zu Kaiser Justinian Gültigkeit und wird als wesentliche Vorarbeit für das »Corpus Iuris Civilis« des oströmischen Kaisers angesehen.

Es ist interessant zu erfahren, wie Hadrian Staatstreue und Loyalität belohnte und wie seine Nachfolger ihm darin ähnelten. Iulian genoß fortan nicht nur die Freundschaft des Kaisers. Er wurde auch Mitglied des kaiserlichen Staatsrats, von dem wir noch hören werden.

Mit Hadrians Tod war Iulians Karriere aber keineswegs beendet. Antoninus Pius belohnte seine Verdienste um das Vaterland mit der Statthalterschaft Untergermaniens. Marc

Aurel übertrug ihm die über Teile von Spanien und Afrika. Zweimal wurde Iulian Konsul, in den Jahren 148 und 162. Als man den hochbetagten Mann aber im Jahre 169 in der Familiengruft an der Via Labicana bestattete, war das Mark seines Stammes erloschen. Zwar konnte noch einmal ein Iulianus in die Geschichte eingehen. Es war Salvius' Enkel Didius Iulianus. Aber sein Andenken ist unrühmlich. 193 ersteigerte er sich den Thron. Nach nur zweimonatiger Herrschaft wurde er das Opfer der machthungrigen Soldateska des Septimius Severus. Der schwächliche Nachfahre des genialen Juristen war dem dekadenten Rom nicht mehr gewachsen. Auch bei ihm bewahrheiten sich einmal mehr die Worte des Historikers Spartianus: »Wenn ich mir die Sache recht überlege«, bemerkte er, »wird mir klar, daß kein Genie der Nachwelt einen wirklich bedeutenden Sohn hinterlassen hat. Die meisten Großen der Geschichte hatten entweder gar keine Söhne oder doch nur solche Kinder, die man der Menschheit gerne erspart hätte.« Er nennt als Beispiele Homer und Vergil, Cäsar und Augustus. Mit Hadrian und Marc Aurel ließe sich die Reihe fortsetzen bis hinein in unsere Tage. Es scheint, als versage die Natur dem höheren Geist ihren Dienst.

Hadrian hatte nun alle Rechtsquellen sozusagen in sich vereinigt. Entgegen den Gepflogenheiten seiner Vorgänger scheute er sich nicht, eigene Erlasse zu verkünden, sofern sie ihm vernünftig erschienen. Beachtliche Fragmente dieser hadrianischen Tätigkeit sind uns als Hinterlassenschaft bewahrt. Viele von ihnen befinden sich in der Gesetzessammlung Justinians, die als der größte Aufbewahrungsort des über 1000jährigen römischen Rechts gilt.

Hadrians eigene Gesetzgebung ist insofern interessant, als sie wiederum ganz bestimmte Rückschlüsse auf seinen Charakter zuläßt. Auch hierin zeigt sich nämlich jener Zwiespalt in der Persönlichkeit, der dem Kaiser zeitlebens so sehr zu schaffen machte. Großzügig war er und kleinlich zugleich, von nüchterner Klugheit für das Staatsinteresse geleitet und dabei mit fast sentimentaler Schwäche für den einzelnen Bürger behaftet, Kaiser eines Weltreichs und gütiger Vater selbst des geringsten seiner Untertanen.

Von einigen seiner Erlasse haben wir schon gehört. Sie alle spiegeln in jedem Bereich die große Idee der Menschlichkeit wider. Unter diesem Gesichtspunkt scheinen auch die von Spartianus überlieferten kaiserlichen Worte glaubhaft: »Mir ist es lieber, den Staat an Menschen zu mehren als an Geld.«

War bisher im Fall des Hochverrats das gesamte Vermögen des Verräters der Staatskasse anheimgefallen, so sollte von nun an den Kindern ein Zwölftel davon verbleiben oder auch mehr, wenn es nach Größe und Bedürftigkeit der Familie erforderlich schien.

Bei Verbrechen sollte künftig die Absicht zählen, nicht der Erfolg. Grenzverschiebungen wurden mit Verbannung bestraft, wobei das Alter des Täters die Verbannungsdauer bestimmte. Je jünger ein Täter war, desto länger mußte man ihn von Rom fernhalten. Die Verbannung bestimmte der Kaiser auch als Strafe für die Benutzung falscher Maße und Gewichte.

In Dingen, die nach römischer Vorstellung von geringerer Bedeutung waren, bewies er Milde. Fein differenzierte er die Lage beim Schatzfund. Fand jemand einen Schatz auf eigenem Boden, so gehörte er ihm. Bei Entdeckung auf fremdem Eigentum oder auf Staatsgebiet erhielten Finder und Eigner je die Hälfte.

Keine Gnade kannte Hadrian für die Plünderer von Schiffbrüchigen. Daß eine solche Verordnung überhaupt notwendig wurde, zeigt, wie befahren die Meere besonders in Küstenregionen gewesen sein müssen. Der Küstenstreifenbesitzer hatte keinerlei Anspruch auf das Strandgut. Habgier sollte sich nicht an dem Unglück anderer bereichern.

Handelsschiffe, die Rom mit Getreide versorgten, waren von allen Abgaben frei.

Während der Schwangerschaft war eine Frau vor Strafe sicher. Kinder, die aus gemischten Ehen hervorgegangen waren, aus Verbindungen zwischen Bürgern und Sklaven, erhielten den rechtlichen Status der Mutter. Überall waren es die Entrechteten und Schwachen, die Hadrian unter seine besondere Fürsorge nahm. Kinder gehörten zu ihnen und Sklaven, die vielfach entrechteten römischen Frauen aus einfachen Kreisen ebenso wie aktive Soldaten und Veteranen. Er war der erste wirkliche Volkskaiser auf dem römischen Thron, und wie Jahrhunderte später Friedrich der Große von sich sagte, er sei der erste Diener seines Staates, so pflegte auch Hadrian zu sagen: »Alles fürs Volk, nichts für mich.«

Aber er erwartete andererseits, daß sich jeder Römer, auch der geringste, so benahm, wie man es von einem Römer erwartete. Jeder hatte da seine Pflicht zu erfüllen, wo ihm Geburt, Schicksal, Natur, oder wie immer man es nennen mochte, seinen Platz gewiesen hatten. Und er selbst war gerade darin allen Untertanen ein Vorbild.

Seit Augustus' Tagen konnte ein aktiver Soldat Eigentum erwerben. Er durfte, solange er in der Armee diente, sogar frei darüber verfügen. Hadrian erweiterte diese Bestimmung auch auf die römischen Veteranen.

Eine andere Verfügung des Kaisers erstaunt mehr, läßt sie doch wieder die Tiefe seines Charakters ahnen. Ein Soldat durfte künftig sein Vermögen vererben. Wem er es vererbte, unterlag ausschließlich seinem Willen. Nur im Falle des Selbstmords konnte das Testament ungültig werden. Dann nämlich, wenn er verübt worden war, um einer militärischen Bedrohung zu entgehen. Brachte sich ein Soldat hingegen nur aus Lebensüberdruß um, durften seine Erben sich freuen. So verstand es Hadrian, selbst der Feigheit ein Schnippchen zu schlagen.

Um das Funktionieren der neuen Erlasse besser in den Griff zu bekommen, wurde Rom in vierzehn Distrikte eingeteilt, »regiones« genannt. Jede »regio« hatte eine stattliche Anzahl von Gemeinden, denen je vier Aufseher, die »magistri«, vorstanden. Die »regio« selbst leitete der »curator«, dem ein »denuntiator« beistand. Das klar gegliederte System kontrollierte Roms Polizeichef, der »praefectus vigilium«. So war die ganze Stadt mit einem feinen Spinnennetz überzogen, dessen Fäden letztlich in der Hand des Kaisers zusammenliefen.

Die große Rechtsreform sollte nicht nur für Rom gelten, sie sollte sich wenigstens auf Italien erstrecken. Das ganze Land wurde deshalb in vier Distrikte eingeteilt, in denen jeweils ein Richter den Vorsitz in der Gerichtsbarkeit führte. Auch diese Dezentralisation war neu. Leider ist uns über die Machtbefugnisse der Richter nichts überliefert. Und doch wird manches Urteil allein infolge der besseren Ortskenntnis der Richter gerechter ausgefallen sein.

Das System war allerdings nur kurzlebig. Erst Marc Aurel führte es wieder ein. In abgeänderter Form konnte es sich dann bis in die Tage von Valerian und Gallienus halten.

Und doch waren auch Hadrian natürliche Grenzen gesetzt, wie er es selbst wohl am besten erkannt hat. Roms in Jahrhunderten gewachsenes und schließlich auch bewährtes Gesellschaftssystem völlig umzukrempeln wäre einer Revolution gleichgekommen. Und Revolutionen stoßen, besonders wenn sie von oben kommen, weder bei Zeitgenossen noch im Urteil der Geschichte auf Verständnis. Schließlich beklagte sich niemand. Die Sklaven verrichteten schweigend und schicksalergeben ihre mühselige Arbeit. Ein Aufstand des Spartacus war fast schon Legende geworden. Und das Volk hatte seine Spiele. Wehe dem Kaiser, der es gewagt hätte, diesem Volksgenuß sein Ohr zu verschließen! Mochten auch die blutigen Schlächtereien in Roms Arenen dem Kaiser mißfallen, er war doch staatsklug genug zu erkennen, wie sehr diese Art der Zerstreuung der Stabilisierung des inneren Friedens diente.

In der Historia Augusta ist uns überliefert, Hadrian habe das Recht, über Leben und Tod eines Sklaven entscheiden zu können, aufgehoben und auch für Unfreie öffentliche Gerichte eingerichtet. Dies scheint allerdings nur ein Wunschdenken des Hadrian bewundernden Historikers zu sein. Sicherlich dachte auch dieser Kaiser nicht im Traum daran, im bewährten Sklavenrecht derart einschneidende Veränderungen vorzunehmen. Einerseits war ja auch er in den großen römischen Traditionen aufgewachsen, deren Richtigkeit er ernsthaft nie in Zweifel zog. Zum anderen kann auch ihm die Notwendigkeit unbezahlter Arbeitskräfte für die römische Wirtschaft nicht entgangen sein. Ein Bruch mit diesen althergebrachten Gepflogenheiten hätte mit Sicherheit den wirtschaftlichen Ruin des Imperiums bedeutet. Und das kann selbst der fortschrittlichste Kaiser nicht gewollt haben.

Hadrian erwartete vielmehr, daß einem Sklaven die Sicherheit seines Herrn noch immer vor der eigenen kam. Und die Sicherheit des einzelnen römischen Bürgers war es ja schließlich, auf die sich die des ganzen Reiches stützte. Trotzdem trachtete er nach menschenwürdiger Behandlung der Sklaven.

Die Sklavenfolter war in altem Brauchtum verwurzelt. Sie war keine römische Erfindung, sondern Bestandteil des griechischen Rechts, von dort übernommen wie fast alles, was römisches Leben, was jene verfeinerte, raffinierte Zivilisation ausmachte. Wir vergessen oder übersehen allzu leicht gewisse Kennzeichen antiken sozialen Lebens. Wir werden nicht gerne daran erinnert, daß es Amphitheater gab und Sklaverei, daß Todesstrafe und politisch motivierter Mord an der Tagesordnung standen und in völligem Einklang mit dem Zeitgeist, der keinerlei Anstoß daran nahm.

Auch Hadrian schaffte das Folterwesen, das aus heutiger Sicht freilich ein Unwesen war, nicht ab. Er konnte es nicht abschaffen, weil die Zeit dafür noch lange nicht reif war. Und doch ist es kein geringes Verdienst um die Menschlichkeit, daß es ihm wenigstens gelang, die Folter nur als letzte Möglichkeit und unter strenger Wahrung der Form zu gebrauchen. Die folgenden Jahrhunderte waren da weniger menschlich. Sie nannten sich zwar christlich, haben aber dennoch Hadrians Warnungen ignoriert: »Res fragilis et periculosa et quae veritatem fallat.« (Eine zerbrechliche und gefährliche Methode, die die Wahrheit verfälscht.) Unter der fadenscheinigen Rechtfertigung, der sterbliche Leib müsse der läuternden Kraft des Feuers ausgesetzt werden, um die unsterbliche Seele zu retten, wurden von solchen, die vorgaben, Christen zu sein, die scheußlichsten Verbrechen der Menschheitsgeschichte begangen. Hadrian wenigstens hatte seine Bedenken. Er wußte nichts um die Unvergänglichkeit der Seele. Und doch mag er geahnt haben, daß menschliche Bestimmung nicht mit 40, 60 oder auch 80 Jahren enden kann. War er wirklich kein Christ?

Sosehr sich Hadrian auch gerne um alles persönlich gekümmert hätte, und sosehr das seiner Art entsprochen haben mag, er mußte doch bald erkennen, daß das selbst die Möglichkeiten des robustesten Herrschers überfordert hätte. Eine von Dion Cassius überlieferte Anekdote paßt, selbst wenn der Autor sie erfunden haben sollte, in ihrer Aussage sehr gut zum Bild des Kaisers. Es ist die kurze Geschichte einer Frau, die den Herrn des Imperiums auf offener Straße mit einer Bitte stellt. Er herrscht sie an: »Ich habe jetzt keine Zeit!« Und sie erwidert: »Dann sei auch nicht Kaiser!« Da dreht er sich um und hört sie geduldig an.

Hadrian wußte um seine mangelnde Zeit und um seine auf vielen Staatsgebieten noch geringe Erfahrung. Wenn er auch der Überlieferung zufolge oft bis in die späte Nacht über Regierungsgeschäften saß und sich niemals etwas Ruhe gönnte, war es doch unmöglich, die vielfachen Aufgaben des Weltreichs allein zu bewältigen. Er mußte gewisse Aufgaben delegieren. Die Staatsmaschinerie sollte einem Räderwerk gleichen, das, einmal richtig geölt, auch dann läuft, wenn niemand nach ihm sieht.

Er rief einen privaten Beraterstab ins Leben: das »Consilium«. Das war eine Art Staatsrat, der dem Kaiser vor allem bei der Rechtsprechung behilflich sein sollte. Damit war keine neue Einrichtung geschaffen, die politische Entscheidungen zu treffen gehabt hätte. Das Consilium verkörperte auch nicht die rechtsprechende Gewalt, sondern stand ihr nur unterstützend zur Seite. Das zeigt sich schon darin, daß die Einrichtung bei Abwesenheit des Kaisers keinerlei praktische Bedeutung hatte, höchstens gewisse Beobachtungsaufgaben. Und doch legte Hadrian auf diese Mitarbeiter so großen Wert, daß er einen Teil der »Consilarii« mit auf Reisen nahm. Mit den zu Hause verbliebenen wurde die Verbindung durch schnellste Kuriere, bei Gefahr im Verzug sogar durch Signalstationen aufrechterhalten. So war der Kaiser immer unterrichtet, was sich in der Hauptstadt ereignete, selbst wenn er von ihr Tausende von Meilen entfernt war.

Senatoren und Ritter gehörten dem Beraterstab an. Und Hadrian hielt streng darauf, für alle Ernennungen in sein Gremium die Billigung des Senats zu erlangen. Auch pflegte er sich nie von einem Ritter beraten zu lassen, wenn eine Angelegenheit ausschließlich einen Senatoren betraf. So feinfühlig wußte der Kaiser Standesunterschiede zu wahren.

Besondere Aufmerksamkeit widmete Hadrian seinen Soldaten. Spartianus nennt den Kaiser »armorum peritissimus et rei militaris scientissimus« (äußerst waffenkundig und sehr erfahren im Militärwesen). Richtig ist, daß sich Hadrian für die Disziplin der Truppen begeistern konnte. Das römische Heer sollte allerdings stark in der Verteidigung sein und nicht mehr wie zu Trajans Zeiten von einem Krieg in den anderen ziehen. Es sollte die Grenzen des Imperiums vor feindlichen Übergriffen der Barbaren schützen und nur den römischen Besitz wahren, nicht mehren. Diese kaiserliche Absicht aber war vor allem nicht nach dem Geschmack der Offiziere. Sie liebten keinen ewigen Frieden, der der Karriere so hindernd im Weg steht. Andererseits aber mußten Roms Militärs beschäftigt werden. Jahrelange Untätigkeit hätte sicher manchen von ihnen auf abwegige Gedanken gebracht. Ein solches Risiko für die Staatssicherheit mußte mit allen Mitteln verhindert werden.

Wieder hielten, wie schon so oft, große Vorbilder her. Hadrian berief sich auf Scipio und Metellus, auf Augustus und Trajan. Die »disciplina Augusti« (Disziplin des Kaisers) wurde das Schlagwort der Reformen, wenn von solchen überhaupt die Rede sein kann. Er ließ es auf die Münzen schlagen, denen im Altertum die Aufgabe neuzeitlicher Massenmedien zukam.

Immer wieder haben ältere und neuere Kenner der Zeit bestritten, daß Reformen durchgeführt wurden, ja daß sie überhaupt notwendig waren. Die Armee sei, so argumentieren sie, durch die ständigen Einsätze unter Trajan immer intakt gewesen. Und so habe Hadrian lediglich Anweisungen gegeben und Verbesserungen vorgeschlagen, das gewohnte Training der Soldaten abgewandelt und die Heeresorganisation gestrafft. Die römische Armee sei auch unter ihm geblieben, was sie immer gewesen war: ein vorzügliches Kriegsinstrument, loyal und stolz auf ihre große Tradition.

Wahrscheinlich aber war es um die Moral der Truppen schlecht bestellt. Am Rhein standen sie schier machtlos den immer stärker anstürmenden Germanen gegenüber. Im fernen Britannien war es sogar einem mächtigen Barbarenstamm gelungen, die 9. Legion Hispania völlig aufzureiben. Obwohl Hadrians Armee immer eine Friedensarmee sein sollte, mußte man sie doch auf den Ernst- und Kriegsfall trainieren. Denn nur so würde man Feinde des Imperiums auf Dauer davon abhalten können, die Grenzen zu stürmen.

Dazu gehörte in erster Linie, daß nur wirkliche Männer in diesem Heer dienten. Es war bislang für die Römer ein einträgliches Geschäft gewesen, ganz junge Leute für den Wehrdienst anzuwerben. Hadrian erkannte nicht nur die Gefährlichkeit dieser Methode, sondern witterte auch die Gefahr, die in der Jugend der Soldaten lag. Sie waren unerfahren, weil unreif. Künftig sollten deshalb nach seinem Willen nur noch solche Männer zum Heeresdienst zugelassen werden, die Bärte trugen oder denen doch im Zweifelsfall welche wachsen würden. Vor allem an die Prätorianergarde stellte er dabei hohe Anforderungen. Sie sollte nämlich der gesamten Armee zum Vorbild dienen. Als einmal ein junger Mann den Kaiser bat, in die Garde eintreten zu dürfen, musterte ihn Hadrian kritisch und fragte: »Wie groß bist du?« »Fünfeinhalb Fuß«, antwortete der Bittsteller. Darauf entschied der Kaiser: »Diene zunächst in einer städtischen Kohorte! Wenn du ein guter Soldat geworden bist, kannst du im dritten Jahr zur Garde übertreten.« Diese Episode macht deutlich, aus welchen Männern Hadrian sein Heer zusammenzusetzen gedachte.

Ebenso unverantwortlich erschien es dem Kaiser aber auch, alte Soldaten noch aktiv dienen zu lassen. Wer für den Kriegsdienst aus Altersgründen nicht mehr tauglich war, hatte nicht nur das Recht, sondern sogar die Pflicht, seinen Posten zur Verfügung zu stellen. Um die Entlassung zu erleichtern, gestattete er den Veteranen, Töchter der Barbaren zu heiraten. Mehr noch. Die Kinder, die solchermaßen legitimierten Verbindungen entstammten, wurden nach römischem Recht ehelich. So hatten die römischen Veteranen nicht nur eine reizvolle Aufgabe für den Lebensabend vor sich. Auch die Angriffslust der Barbaren mußte dadurch gebremst werden. Gegen Verwandte oder Verschwägerte ist man schließlich weniger feindlich gesinnt. Alexander der

Große hatte dafür einst ein glänzendes Vorbild gegeben, als er die persische Königstochter Roxane heiratete und zehntausend seiner Offiziere diesem Beispiel folgten.

In diesem Zusammenhang ist eine weitere Neuerung interessant. Sie betrifft weniger die Armee. Sie gibt eher ein Beispiel mehr von Hadrians vielgerühmter Menschlichkeit. Auch unter seiner Regierung durften aktive Soldaten nicht heiraten. Alle Kinder, die sie zeugten, galten deshalb vor dem Gesetz als nicht vorhanden. Hadrian bestimmte nun, daß diese Kinder ihre Väter wenigstens beerben durften. Auch damit war er seiner Zeit wieder Jahrhunderte voraus. Man bedenke nur, wie hartnäckig sich in der Bundesrepublik die Benachteiligung unehelich geborener Kinder bis in die neueste Zeit gehalten hat. Erst 1970 wurde ihr natürliches Recht, den leiblichen Vater zu beerben, verbessert.

Seit Domitians Tagen waren Soldaten gutbezahlte Staatsdiener. Er hatte ihren Lohn um ein Drittel erhöht. Unter Hadrian wurde der Sold noch einmal verdoppelt. Allerdings bestand der Kaiser darauf, daß er auch verdient wurde. Bisher war es üblich gewesen, Offiziere aufgrund ihrer Beliebtheit bei den Mannschaften zu befördern. Oft ist aber der beliebte Offizier der weniger tüchtige. Das wußte auch der Kaiser. So bestimmte er, daß an die Stelle von Beliebtheit Fähigkeit und Tüchtigkeit treten sollten. Auch behielt er sich das Recht vor, seine Soldaten persönlich zu befördern, bis hinunter zum einfachen Centurio. Auf diese Weise konnte er sich der Loyalität seiner Leute wenigstens sicher sein. Denn noch eine Gefahr durfte keineswegs unterschätzt werden. Es war die Bedrohung, die ein allzu beliebter Armeeführer für den Thron darstellte, seitdem der Einfluß des Militärs bei dessen Besetzung eine so entscheidende Rolle spielte. Der

Kaiser tat also auch aus eigenem Interesse gut daran, sich bei seinen Soldaten ins rechte Licht zu setzen. Noch immer galt die ergebene Armee als beste Rückenstärkung des Herrschenden. Die Bemerkung eines Kaiserfreundes, man solle ihm gestatten, stets dem recht zu geben, der über dreißig Legionen verfügt, ist kaum nur Redensart. Dank seines phänomenalen Gedächtnisses sollte Hadrian aber auch bald die uneingeschränkte Bewunderung seiner Soldaten ernten.

Doch zunächst soll noch von einigen Verordnungen die Rede sein, die für die Straffung des Soldatenlebens zeugen. Jeglicher Luxus in den Lagern wurde verboten. Der Kaiser wußte, wie sehr ein ausschweifendes Leben zur Verweichlichung beiträgt. Den Offizieren wurde der Urlaub beschnitten. Man untersagte ihnen, von Soldaten Geschenke anzunehmen. Daß eine solche Verordnung überhaupt notwendig wurde, widerlegt die Behauptung all derer, die von einer intakten Truppenmoral ausgehen.

Aber auch die Lager selbst wurden einer strengen Neuordnung unterzogen. Sie sollten in Zukunft wieder ausschließlich militärischen Zwecken dienen. So wurden Bankettsäle und Lusthäuser abgeschafft, die man in unmittelbarer Nähe der Truppenunterkünfte eingerichtet hatte. Hadrian ließ sie zu Spitälern und Veteranenheimen umfunktionieren. Die inoffiziell entstandenen Lagerdörfer wurden aufgehoben.

Gegen eine Verweichlichung der Soldaten wurden drei Feldtage pro Monat eingeführt. Die Infanterie mußte dabei einen Marsch von 20 Meilen in voller Rüstung zurücklegen, zum Teil sogar schneller als üblich, im sogenannten »cursu alacriore« (beschleunigten Marsch). Die Kavallerie wurde ebenfalls vollbewaffnet ausgeschickt, um im hügeligen wie flachen Gelände den Kriegsfall zu proben. Flüsse mußten durchschwommen werden, wie es Hadrian einst selbst im fernen Donauland getan hatte, um seinen noch jugendlichen Körper zu stählen.

Hadrian achtete auch sorgfältig auf die Zahl der Truppen. Aber die Soldaten wurden nur noch in der Nähe der »castra stativa« (feststehenden Lager) ausgehoben. Das ersparte der Staatskasse einen aufwendigen Truppentransport. Die Aushebung von Hilfstruppen war schon 69/70 aufgehoben worden. Hadrian wollte das eigentlich nicht neu beleben, mußte es aber schließlich doch, der Not der Zeit gehorchend. Schon unter Platorius Nepos wurden im Jahre 124 21 Kohorten Hilfstruppen in Britannien erwähnt. Durch einen glücklichen Umstand fand man 1760 eine Liste, die uns darüber Näheres bekanntgibt: Es waren Gallier, Spanier, Germanen und Dalmatier. Die Notwendigkeit von solchen Truppen gerade dort zeigt doch, wie schwer es gewesen sein muß, das freiheitsliebende Volk der Briten unter Kontrolle zu halten. Aber auch anderswo ist Rom ohne das Heer der »auxilia« (Hilfstruppen) nicht ausgekommen.

Strenge stößt gewöhnlich auf keinen nennenswerten Widerstand, wenn sie nur vernünftig gehandhabt wird. Hadrians Maßnahmen bewirkten sogar, daß er in der Achtung und Beliebtheit seiner Soldaten wuchs. Wo immer er sie aufsuchte, im rauhen Germanien wie an den afrikanischen Grenzen zur Wüste, konnte er ihrer Ergebenheit sicher sein. Und das hat sich auch bis an sein Lebensende nicht geändert.

Denn er verstand es beispiellos, sich bei aller Strenge ein gewisses Maß an Großzügigkeit zu bewahren. Nie sparte er mit Lob und Auszeichnungen, und bei ihrer Verleihung bewies er die gleiche Klugheit, die man auch in anderen Lebensbereichen an ihm gewohnt war. Er teilte das gewöhnliche Essen seiner Soldaten, wenn er bei ihnen im Lager weilte. Er redete mit ihnen und besuchte ihre Kranken und Verwundeten. Er trug die gewöhnliche Kleidung und Ausrüstung der Soldaten. Denn nicht nur für sie, in erster Linie für sich lehnte er jeden Luxus ab. Sein Schwertgurt war weder gold- noch edelsteingeschmückt wie der seiner kaiserlichen Vorgänger. Und selbst das Schwert mit dem Elfenbeingriff mußte ihm angeblich aufgezwungen werden. Darf man den antiken Geschichtsschreibern glauben, so war es das einzige, das ihn vom gewöhnlichen Krieger unterschied.

Dion Cassius bewundert auch die körperliche Widerstandsfähigkeit des Kaisers: »Selbst im Schnee Germaniens und in der Sonnenglut Ägyptens«, schreibt er, »ging Hadrian ohne Hut umher.« Auch benutzte er nie ein Fahrzeug, sondern marschierte mit seinen Legionen. Dabei bewies er eine solche Ausdauer, daß niemand in ihm den Kaiser und Philosophen vermutet hätte.

Hadrian verfügte auch über ein erstaunliches Gedächtnis. Nicht nur, daß er ganze Bücher auswendig kannte, er betrieb auch das Behalten von Namen als eine Art Sport. Selbst gewöhnliche Soldaten erkannte er nach Jahren wieder. Wie müssen sie gestaunt haben, als der Herr der Welt sie nicht nur mit ihren Namen ansprach, sondern auch ihre Nummer wußte! Übrigens teilen viele große Staatsmänner diese Eigenschaft mit dem römischen Kaiser. Napoleon und Bismarck gehören zu ihnen.

»Niemals war die Armee in einer besseren Verfassung als unter diesem Kaiser des Friedens, der entschlossen war zu verhindern, daß durch seine Friedensliebe die Schlagkraft der Legionen geschwächt und die Feinde zum Angriff verleitet würden.« Wie sinnvoll Hadrian seine Reformen ausgedacht hatte, bestätigt eine weitere Tatsache: Sie waren noch mehr als 150 Jahre später in Kraft.

Und doch litt auch diese Armee an einem alten Übel, das selbst Hadrian nicht abzustellen vermochte. Trotz ausgezeichneter Verfassung verlor sie beständig an Stärke. Das hatte mehrere Gründe. Die Hauptursache aber war der galoppierende Menschenschwund, an dem Rom, an dem eigentlich die ganze antike Welt wie jede andere hochentwickelte Kultur zu leiden begann. Zumindest die Hauptstadt war überaltert. Kinderreichtum war gänzlich aus der Mode gekommen, obwohl sich schon Augustus zu Maßnahmen der Geburtensteigerung veranlaßt gesehen hatte. So ergänzte man beispielsweise die Truppen längst aus den Einwohnern der Provinzen. Wie so oft wurde für Hadrian auch diese Not zur Tugend. Denn er wollte die Provinzen nicht nur verwaltungsmäßig gleichsetzen, sondern auch in allen Dingen, die das Militär betrafen.

Natürlicherweise haben die Bewohner eines Landes vorrangig Interesse daran, die eigenen Grenzen zu schützen. Das bewährte sich auch vorzüglich, zumal Hadrian den Soldaten die Beibehaltung gewisser lokaler Eigenarten gestattete. So durften sie sich beispielsweise für Kriegsrufe ihrer Muttersprache bedienen. Sie verwendeten ihre heimische Kommandosprache und nicht, wie bisher üblich, das Lateinische. So gut das alles auch gemeint war, eines übersah Hadrian dabei doch: Durch die Ermutigung zur Wahrung der provinziellen Eigenart löste sich allmählich das Band zum Mutterland Italien und zu anderen Teilen des Imperiums. Es gab keinen Reichsgedanken mehr. Daß dann solche ganz und gar unrömische Truppen weniger eifrig sein mußten, wenn sie an andere, ihnen fremde Grenzen abkommandiert wurden, liegt fast auf der Hand. Leider wurden Truppenverschiebungen immer wieder nötig. Unter Hadrian selbst schon im jüdischen Krieg, für den man Soldaten aus allen Teilen des Reiches zusammenziehen mußte. Dabei war man gezwungen, an vielen Stellen die Grenzen gefährlich zu entblößen. Denn noch etwas wollte oder kannte man im kaiserlichen Rom nicht: eine militärische Reserve. Nicht nur, daß ihr Kommandeur ein gefährlicher Rivale für den Thron gewesen wäre, man hatte einfach nicht genug Menschen, um Reservetruppen aufstellen zu können. So wurden bald lokale Hilfstruppen die wichtigste Stütze des Weltreichs. Daß sie für ein solches Imperium auf die Dauer zu schwach sein würden, ist auch Hadrian bald klargeworden. Man würde andere Mittel finden müssen, um Rom künftig vor der feindlichen Welt der Barbaren wirksam schützen zu können.

Um so erstaunlicher mutet eine weitere Maßnahme des Kaisers an. Er löste kurzentschlossen zwei der dreißig Legionen auf, um klarzumachen, daß das Heer für den Staat und nicht der Staat für die Soldaten da war. »Die Heere hielt er zu strengen Kriegsübungen an«, bemerkt Dion Cassius hierzu, »ließ sie aber im Bewußtsein ihrer Macht nicht unbotmäßig oder übermütig werden.«

Seine Nachfolger hätten gut daran getan, diesem Grundsatz hadrianischer Politik zu folgen. In den kommenden Zeitaltern aber wurde der militärische Einfluß auf die Politik immer stärker.

Aber auch Hadrian mußte mit seinen Reformen letzten Endes scheitern und konnte den Verfall des Imperiums nicht mehr aufhalten. Der Römer war seines Reiches überdrüssig geworden. Er war staatsmüde. Und Hadrians gutgemeinte

Absichten haben diese Abkehr eher gefördert als gehemmt. Die Geschichte folgt unbarmherzig ihrem Weg. Wer darf es wagen, ihr entgegenzutreten oder in ihren Lauf einzugreifen?

14.

EIN NEUES KAISERTUM

Roms neuer Kaiser gab sich nicht nur volkstümlich, er war
es. Mochte ihm auch der Senat zeitlebens mit einer gewissen
Reserviertheit gegenüberstehen, mochten die arbeitslos gewordenen trajanischen Generäle auch murren, an einen
Sturz Hadrians war nicht mehr zu denken. Nicht nur die
Prätorianergarde befand sich in der Hand von kaisertreuen
Leuten. Gerechte Strenge und Großzügigkeit hatten Hadrian
schnell die Sympathien seiner Soldaten gesichert. Durch seine Leutseligkeit und Ordnungsliebe hatte er schließlich auch
das Volk für sich gewonnen.

Klugerweise hatte Hadrian an das Vorbild des großen
Augustus angeknüpft, jenes Begründers des Imperiums, der
im Bewußtsein der Bevölkerung längst zum legendären Helden aufgestiegen war. Hadrianus Augustus pflegte sich der
Kaiser auch am liebsten zu nennen. »Adriano Augusto«
nennen ihn die Italiener noch heute. Und genau wie das vergöttlichte Vorbild wollte er Diener des Staates sein und nicht
Cäsar, wollte er als der menschenfreundliche Vater aller Untertanen angesehen werden.

Es gibt eine Sammlung von Anekdoten über Hadrian.
Das bescheidene Werk mit dem Titel: »Divi Hadriani sen-
tentiae et epistolae« wurde von einem gewissen Dosisteus

verfaßt. Er war römischer Grundschul- und Griechischlehrer zu Beginn des dritten Jahrhunderts. Die kleinen Geschichten über den Menschen Hadrian sind in keiner anderen Quelle enthalten. Ihre Echtheit wurde und wird daher oft angezweifelt. Wahr oder unwahr, als Volkslegende überliefert oder der Phantasie eines heimlichen Bewunderers entsprungen, leisten sie doch einen nützlichen Beitrag zu unserer Information. Wie kaum etwas anderes lassen diese kurzen Episoden aus Hadrians Leben seine Menschlichkeit erkennen und die Tiefe seines Charakters ahnen. Sie bestätigen sogar seine vor dem Senat wiederholt bekräftigte Doktrin, daß der Herrscher der Welt des Volkes Diener sei. »Wenn man festgestellt hat, daß er sich in besonderem Maße Augustus zum Vorbild nahm, mag auch diese Maxime, die an die Herrschaftsauffassung in den Anfängen des Prinzipats erinnert, durchaus ernst gemeint sein, findet sich doch auch hierfür in der Propaganda des Münzbilds mancher Beleg.«

Beispielsweise soll sich der Kaiser in öffentlichen Bädern gerne unter das Volk gemischt haben. Eines Tages fiel ihm dabei ein alter Mann auf, der sich den Rücken an der Wand rieb. »Warum läßt du dich vom Marmor massieren?«, soll Hadrian ihn gefragt haben. Der Alte antwortete, daß er keinen Sklaven besitze. Noch am gleichen Tag schenkte ihm Hadrian ein paar Sklaven und ihren nötigen Unterhalt für Jahre. Die wohl bislang einmalige Begebenheit hatte sich rasch herumgesprochen. Als der Kaiser wieder ins Bad kam, fand er dort gleich mehrere alte Männer, die ihren Rücken am Marmor rieben. Er ordnete an, daß sie sich künftig gegenseitig zu massieren hätten ...

Ein Bittsteller näherte sich dem Kaiser und bat ihn, seinen Vater aus der Verbannung zurückzuholen. Hadrian erkundigte sich, wer ihn ins Exil geschickt habe. »Der Präfekt«, erwiderte der junge Mann. Da bat ihn Hadrian: »Laß mir Zeit zur Einsicht in die Akten und komme morgen wieder vorbei!«

Als einmal ein alter Graukopf ein Anliegen vortrug, mußte der Kaiser ablehnen. Der Mann gab sich nicht zufrieden. Er färbte sich das Haar und versuchte es bald darauf wieder. Hadrian hatte ihn sofort erkannt und sagte: »Ich habe diese Sache bereits deinem Vater abgeschlagen.«

Immer wieder verteilte Hadrian an seine Soldaten Geschenke. Einmal kam eine alte Frau hinzu und flehte: »Mein Kaiser, befiehl doch meinem Sohn, mir von seinem Anteil etwas abzugeben. Er vernachlässigt mich.« Der danebenstehende Sohn versuchte, sich zu rechtfertigen. »Ich erkenne diese Frau nicht als meine Mutter an.« »Dann«, entgegnete der Kaiser, »erkenne ich dich nicht als römischen Bürger an.«

Eines Tages erschien ein Vater vor Hadrian und sagte: »Herr, man hat meine Söhne eingezogen.« Der Kaiser beglückwünschte ihn dazu. Doch der Mann pochte auf die Unerfahrenheit seiner Kinder und äußerte die Sorge, es könnte ihnen etwas zustoßen. »Mache dir keine Gedanken«, versuchte ihn Hadrian zu beruhigen, »sie leisten ja nur Friedensdienst.« Aber der Vater ließ nicht locker. »So laß mich wenigstens als ihren Diener mitgehen, damit ich auf sie aufpassen kann!« »Da seien die Götter vor«, entschied der Kaiser, »daß ich dich zum Sklaven deiner Kinder mache! Du sollst Centurio werden und ihr Vorgesetzter sein.«

Das sind nur einige Beispiele, die von Hadrians Umgang mit dem einfachen Volk erzählen. Wie herzlich er sich ein Eltern-Kind-Verhältnis vorstellte, macht einer seiner Briefe an Plotina deutlich. Er ist ebenfalls in dem kleinen Werk überliefert. Hadrian schreibt darin: »Ich grüße meine liebste und verehrteste Mutter. Wenn Du für mich zu den Göttern betest, werde auch ich für Dich beten. Deine Frömmigkeit und Deine Würde erreichen alles. Ich bin froh, daß Dir gefällt, was ich tue, und daß es Deine Anerkennung gewinnt ... Du weißt, Mutter, heute ist mein Geburtstag. Bitte, mache Dich fertig und komme mit meinen Schwestern so früh Du kannst! Sabina ist auf dem Land, aber sie hat mir ein Geburtstagsgeschenk geschickt. Komme bitte bald, damit wir den glücklichen Tag gemeinsam feiern können ...«

Dieser Brief vor allem läßt strenge Geschichtsforscher auch an der Echtheit der Anekdoten zweifeln. Denn es ist erwiesen, daß Hadrian nur eine Schwester, die bereits erwähnte Paulina, hatte. Wie dem auch sei. Die trivialen Begebenheiten aus dem Leben eines Weltherrschers haben rührend menschliche Züge. Sie passen sehr gut zum Bild des Friedenskaisers. Wie muß das römische Volk aufgeatmet haben, als es zum ersten Mal von ihnen hörte! Wie muß es seinen Kaiser für so viel Freundlichkeit gepriesen haben!

Wo Macht und Größe derart von Humanität durchzogen sind, entsteht Nähe, auch über Jahrhunderte hinweg. Und ich gestehe, ich hätte ihn gern gekannt, jenen Menschenfreund und Friedensbringer.

Klug und umsichtig hatte es Hadrian verstanden, den einst wackligen Thron zu festigen. Über das ganze Imperium und auch über die ewige Stadt selbst hatte sich eine sichere Ruhe gebreitet. Und der Kaiser schaute von der Höhe seiner palatinischen Residenz stolz auf das Werk seines Geistes, das begonnen, aber noch lange nicht vollendet war. Es einst vollenden zu können war Hadrians Traum, ein durchaus realisierbarer Traum, wie er wußte.

Er ließ Münzen prägen, auf denen die Grundzüge seiner Politik zu lesen waren: Humanitas, Felicitas, Libertas (Menschlichkeit, Glückseligkeit, Freiheit). Es waren dies nicht die Wunschvorstellungen einer Scheinwelt. Sie entsprachen schon jetzt den Gegebenheiten. Menschlichkeit, Freiheit und Glück, das waren anspruchsvolle Begriffe, die durch die Verewigung auf dem Metall zu höchster Bedeutung gelangten. Denn was ein Kaiser auf seine Münzen schlagen ließ, war geeignet, in den fernsten Winkel des Imperiums zu dringen. Münzen verbreiteten als einzige Massenmedien des Altertums die Grundzüge kaiserlicher Politik.

So sehr Hadrian den Menschen liebte, so wenig bedeutete ihm die alte Patrizialherrlichkeit. Das hängt nicht nur mit seiner Herkunft zusammen. Er stammte zwar aus römischer Familie, war aber nicht in Rom geboren. Einen eigentlichen Adel gab es hier längst nicht mehr. Die meisten der ehemals vornehmen Familien waren ausgestorben. Schon damals war Kinderlosigkeit vor allem in der oberen Schicht Mode. Was an Roms Vornehmen die Kaiserlaunen des ersten Jahrhunderts überlebt hatte, war nicht einmal mehr in der Lage, den Senat zu füllen, in dem sich mehr und mehr Provinziale ausbreiteten, war dekadent oder schon verfallen. Manches davon wird Hadrian nicht unangenehm gewesen sein. Denn was er von Roms Nobilität zu sehen bekommen hatte, mußte ihn, den Ordnungsliebenden, zweifellos mit Ekel und Abscheu erfüllen. Andererseits hatte er selbst die entlegensten Teile des Imperiums besucht, kannte jeden Winkel seines Weltreichs aus eigener Anschauung. Eine genauere Kenntnis der Grenzen und Provinzen der römischen Welt hatte nie ein

ein Kaiser vor ihm, sollte keiner nach ihm jemals bekommen. Und er setzte auf die Menschen aus der Provinz, erkannte vielleicht ihre jugendliche, noch unverbrauchte Kraft und die Vitalität einer noch nicht überzivilisierten Gesellschaft. Sie der überraffinierten römischen Zivilisation zu opfern, war nicht nach seinem Sinn. So erkannte er den Provinzen das Recht zu, ihr Eigenleben zu führen. »War bisher im Bewußtsein der Römer, ihrer herrschenden Schichten, ihrer Kaiser die Stadt eigentlich das Reich gewesen, so ging Hadrian daran, die Provinzen aufzuwerten, ihnen Selbstbewußtsein zurückzugeben. Sie sollten sich Rom nicht fügen, weil sie es fürchteten, sondern weil sie es achteten und liebten. Den militärischen Kordon, der das Reich nach außen absicherte und damit zusammenhielt, wollte er durch ein geistiges Band ergänzen ...«

Diese politische Konzeption war neu. Friedensliebe und Sorge für das Wohlergehen der Untertanen sollten das Band sein, mit dem der Kaiser Rom und die Provinzen als gleichberechtigte Partnernationen zusammenzuhalten gedachte. Oder, um es mit modernen Begriffen auszudrücken, er wollte aus dem Einheitsstaat Rom einen Bundesstaat machen. Hierin unterscheidet sich seine Politik auch wesentlich von der des Augustus.

Nicht neu war dabei die Rolle von der Vaterschaft des Kaisers. Der Titel »pater patriae« (Vater des Vaterlandes) war schon in den Tagen der Republik ehrenhalber verliehen worden. Mit ihm hatte man beispielsweise Cicero ausgezeichnet, nachdem dieser mit der Aufdeckung der catilinischen Verschwörung dem Vaterland einen unschätzbaren Dienst erwiesen hatte. Augustus hatte ihn nach 25jähriger Friedensherrschaft angenommen. Viele seiner Nachfolger waren diesem Beispiel gefolgt. Sie ließen sich allerdings oft schon ein Jahr nach der Thronbesteigung »Vater des Vaterlandes« nennen, ein Beweis, wie wenig ernst es ihnen damit war. Es wirft aber auch wieder ein kennzeichnendes Licht auf die Verfassung des Senats, dessen unbestrittenes Vorrecht es noch immer war, dem Herrscher den Titel anzubieten. Daß man ihn jedem Kaiser unmittelbar nach der Thronbesteigung antrug, war längst Gewohnheit geworden. Man kann sich leicht vorstellen, wie sehr die Senatoren jeden Regierungswechsel fürchteten, wenn sie den neuen Herrscher von vornherein auf diese Weise zu besänftigen suchten. Daß es vielen von ihnen dabei weniger um den Bestand ihrer Einrichtung ging, als vielmehr um die eigene Haut, wird im Rückblick auf die Ereignisse des ersten Jahrhunderts verständlich. Damals war ja der Senat manchem Kaiser nicht mehr als ein lästiges Überbleibsel aus republikanischen Tagen.

Gewohnheiten waren für Hadrian aber niemals maßgebend, soweit man sie durch Verdienst unbeschadet ersetzen konnte. Das galt für alle anderen und erst recht für ihn selbst. Deshalb wies er den Titel zurück, als er ihm unmittelbar nach dem Regierungsantritt angetragen wurde. Was hatte er bisher dafür getan? Er wollte doch Vater des ganzen Reiches sein und nicht nur der wenigen römischen Untertanen. Und diese Lorbeeren galt es erst noch zu verdienen.

Wie sehr sich der Kaiser wenigstens für seine Zeit um das gesamte Imperium verdient gemacht hat, zeigt eine Inschrift am Pantheon in Athen. Sie ist gegen Ende seiner Regierungszeit dort aufgeschrieben worden und preist Hadrians gute Taten, etwa vergleichbar den »res gestae« (Tatenbericht) des vergöttlichten Augustus. Friedensliebe und Sorge um das

Wohl der Untertanen werden darin als Hauptziele der hadrianischen Politik und Kultur herausgehoben.

Etwa fünf Jahre nach Hadrians Tod kam der Grieche Aelius Aristides nach Rom. Er hielt dort eine Festrede zum Lobe der Stadt. In ihr faßte der berühmte Redner in einer herrlich bildreichen Sprache zusammen, was Hadrian der Welt gegeben hat. Er spricht nicht nur von der Fülle der Bauten aller Art. Er erwähnt lobend vor allem die römische Kunst im Regieren. In dem gewaltigen Imperium, größer als jemals eines zuvor, »sind weder Meere noch die dazwischenliegenden Länder Hindernisse für gleiches Bürgerrecht. Nichts trennt Asien von Europa. In eurem Reiche steht die Straße des Erfolges jedermann offen. Niemand, der ein Amt oder eine Verantwortung verdient, bleibt ein Fremder. Vielmehr ist eine gemeinsame Volksherrschaft über die Erde hin entstanden, wobei der Beste der einzige Herrscher und Hüter der Ordnung ist. Alle kommen zusammen wie auf einer gemeinsamen Agora, damit jeder erhält, was ihm zusteht.«

Schon diese Worte sprechen für sich. Aber Aristides steigert noch sein Lob. »Von Fest zu Fest, von Agon zu Agon zu eilen, wird für den Menschen zum Lebensinhalt. Das heilige Feuer der Opferfeste wird nicht mehr verlöscht. All das«, so sagt er, »verdankt man Rom ... Das ist das Werk römischen Geistes und römischer Tapferkeit. Darum herrscht überall Sicherheit und Ruhe ...«

Dieses farbenprächtige Bild, das Aristides in seinem Panegyricus von Rom zeichnet, zeigt uns noch heute: Das Leben der hadrianischen Epoche war Glanz und Höhe, kein Untergang. Aber es war wohl nicht mehr das Rom im althergebrachten Sinn. Hadrian hatte als erster das Zentrum der Macht von der Stadt auf sich selbst, auf die Person des Herrschers, verlagert. Damit war Rom dem räumlichen Zwang enthoben, aus seiner jahrhundertealten Starre zu graziler Beweglichkeit erwacht. Und tatsächlich gewann dann unter ihm die alte provinziale Kultur mit römischen Mitteln neue Kraft aus sich selbst, denn entgegen der Politik der Kaiser des ersten Jahrhunderts hat Hadrian folgerichtig den Plan aufgegeben, den Provinzen römische Wesensart aufzuzwingen. Doch gerade hierin zeigt sich wiederum die Ironie der Geschichte. Was so wohlwollend gemeint war, hat doch dem Niedergang den Boden bereitet, einen sehr fruchtbaren Boden, wie die folgenden Jahrhunderte gelehrt haben. »Die Provinzialisierung des Reiches, diese gewaltige Umwälzung, die im Innern in aller Stille sich vorbereitete und nach Hadrian zersetzend auf den Bestand des Imperium Romanum gewirkt hat, ist nicht zum wenigsten die Folge von Hadrians Arbeiten, den Teilen des Reiches eine ihnen eigentümliche, ihrem Charakter entsprechende Weiterentwicklung zu ermöglichen ...«

So redlich die hadrianische Politik auch gemeint war, sie hat doch jene Auflösung der alten Kultur eingeleitet, die die severische Dynastie dann bald über das Reich gebracht hat.

Das alles hat Hadrian nicht vorausgesehen, noch weniger gewollt. Und gerade hierin liegt auch ein Großteil seiner persönlichen Tragik. Denn am Ende seines Lebens mußte er erkennen, daß auch er gescheitert war, daß vieles von dem, das ein Leben ausmacht, scheinhaft und zerbrechlich ist. Erst der zweite seiner designierten Nachfolger, Marc Aurel, hat sich auch in seinem Wollen zur Bescheidenheit ermahnt: »Hoffe nicht auf Platos Staat«, schreibt er in seinen Selbstbetrachtungen, bereits resignierend, »sondern sei zufrieden, wenn das Kleinste vorwärtsgehen wird.«

Solcher Mut zur Selbstbeschränkung auch im Wünschen war Hadrian noch fremd. Niemand kann seinem Handeln den ernsten und guten Willen absprechen. Aber ebenso steht außer Frage, daß er mit diesem Willen, mit den Unternehmungen und Leistungen seine Natur überforderte. Und neben seiner Natur wahrscheinlich auch die Reife der Zeit.

Der Beginn des Verfalls verdeutlichte sich zu seiner Regierungszeit vor allem im Senatorenstand. Neue Geschlechter waren emporgekommen, hatten die einstige Abgeschlossenheit der römischen Nobiles immer mehr gelockert. Wie im Imperium die Grenzen zwischen Römern und Nichtrömern immer mehr verwischten, durchsetzten auch hier zunehmend fremde Kräfte das althergebrachte Adelsgefüge. Söhne von Freigelassenen drängten in den Senat. Bürger gewordene Provinzler mischten sich dazu. Viele von ihnen bekleideten schließlich sogar Ämter und die Statthalterschaft. Mancher der alten Väter der Republik hätte sich im Grabe umgedreht, hätte er nur einen kurzen Blick in die Kurie werfen können, wo sich der Senat noch immer zu seinen Sitzungen traf. Dem philosophisch aufgeklärten Kaiser aber war die Durchsetzung des ältesten römischen Standes mit unverbrauchtem Provinzblut äußerst willkommen. Denn sein Plan, die Errichtung eines Reiches mit einer gleichgeordneten, auf Recht und Gerechtigkeit begründeten Gesellschaft unter der Leitung eines vaterähnlichen Herrschers, war durchaus nicht illusorisch. Er stützte sich einerseits auf den natürlichen Hang des Menschen, sich unterzuordnen. Zu allen Zeiten wurde diese menschliche Eigenschaft (oder soll man sagen Schwäche?) schamlos ausgenützt. Religionen haben sie für ihre Zwecke mißbraucht. Weltliche Herrscher haben sie sich zur Stärkung ihrer Macht zunutze gemacht bis hin zum Absolutismus, als der Souverän alles, der einzelne hingegen nichts galt. Noch heute in einer als fortschrittlich gepriesenen Zeit unterwirft sich die aufgeklärte westliche Welt der Herrschaft der Kirche, die bedingungslosen Gehorsam verlangt. Wir ordnen uns ohne nennenswerten Widerstand politischen Systemen unter und haben doch selten das Glück, daß diese ausschließlich unserem Wohle dienen. Der Mensch des Altertums war da eher noch schlimmer dran. Eine eigentliche Opposition gegen die hadrianische Politik gab es nicht. Roms Intellektuelle hatten sich mehr und mehr auf ihre Landgüter zurückgezogen, wo sie, ähnlich wie der Präfekt Similis, alternative Lebensformen erprobten. Der labile Zeitgeist war Hadrians Neuerungen also günstig.

Zum anderen konnte Hadrian auch aus dem Alexandermythos Nutzen ziehen. Mehr noch als der vergöttlichte Augustus war jener Makedone zum sagenhaften Helden aufstiegen, hatte sich im Bewußtsein der Menschen als gottähnlicher Neuerer festgesetzt. Sein Erbe erfüllte auch die Römer mit Ehrfurcht. Überall im Reich wurde die Erinnerung an ihn wachgehalten. Die größten Städte des Reiches gingen auf ihn zurück oder waren doch die Hinterlassenschaft seiner unmittelbaren Nachfolger. Antiochia und Alexandria standen Rom an Bedeutung kaum nach. Stärker als in der Hauptstadt selbst war dort die griechische Kultur lebendig geblieben. Hatte nicht Alexander vor allen anderen seine Vorstellung von einer gleichgeordneten Gesellschaft, dem Idealbild vom Zusammenleben der Menschen, wenigstens teilweise verwirklicht? Ihm schon schwebte die Idee von einer Art Gottesgnadentum des Herrschers vor, unter dem alle Untertanen in Ost und West in Gleichheit und Brüderlichkeit zusammenleben sollten. Dieses Wunschdenken, das den Menschen natürlich ist, hat sich dann bis in die Neuzeit erhalten, allerdings ohne daß es je verwirklicht werden konnte.

Was hätte Hadrian, der in allen Dingen ein vorurteilsloser Bewunderer des Griechentums war, davon abhalten sollen, Alexander im weltanschaulichen Bereich nachzueifern? War er doch der römische Kaiser, der Wiedererwecker des hellenistischen Gedankens, der sich berufen fühlte, die Menschen zu »einer harmonischen, einheitlichen Staats- und Gesellschaftsordnung« zu führen.

15.

DIE ERSTE GROSSE REISE

Hadrian war nicht nur ein mustergültiger ideologischer Führer. Er verstand es auch, seine neuen Ideen in die Praxis umzusetzen. Das hatte sich vor allem in der Neuorganisation der administrativen Berufe, der Rechtsreform und der Straffung des Heereswesens gezeigt. Dabei versuchte er auch immer, selbst in alle geistigen Fächer einzudringen. Und sein Hang zur persönlichen Perfektion war allen Zeitgenossen vorbildlich.

Dem Kaiser war schnell klar geworden, daß er sich nicht nur im Malen und Musizieren, im Dichten und bildhauerischen Gestalten versuchen durfte. Als römischer Kaiser, der er ja in erster Linie war, hatte er vor allen Dingen die Redlichkeit seiner politischen Absichten zu beweisen. Denn »er wollte«, wie Fronto bemerkte, »die Welt nicht nur beherrschen, sondern auch durchwandern.« Ziel dieser fast lebenslänglichen Wanderung sollte sein, auch den Menschen aus der Provinz vor Augen zu führen, wie ehrlich er es mit ihnen meinte. Die Grundprinzipien seines Herrscheramtes sollten durch die Reisen in alle Teile des Reiches praktisch verwirklicht werden.

Hadrian wußte, daß er klug vorzugehen hatte. Er durfte keineswegs als der überlegene Intellektuelle auftreten, auch nicht als dilettierender Künstler überall Bewunderung erheischen wollen, wie es der lächerliche Nero getan hatte. Denn beides, das wußte er, hätte ihm die Gunst der Untertanen verscherzt und damit seinen Plan von der Neuordnung des Reiches gefährdet. Nur der um Frieden bemühte Staatsmann Hadrian, der kluge Stratege, der Reichsbewahrer, »perfektes Produkt römischer Rationalität«, konnte für die Richtigkeit seiner Politik überzeugend eintreten. So jedenfalls mußte Hadrian äußerlich wirken.

Aber äußeres Erscheinen und inneres Streben sind oft verschieden. Hadrian wird mit den Reisen nicht nur uneigennützige Motive verfolgt haben. Das widerspräche zu sehr seinem Charakter und der Vielfalt seiner Anlagen. Wiederholt wird von seinen antiken Kritikern bestätigt, Hadrian sei von Natur aus neugierig und zeitlebens von einer inneren Ruhelosigkeit getrieben gewesen. Zuverlässig berichtet die Vita (17,8), er wollte alles, wovon er gehört oder gelesen hatte, auch persönlich kennenlernen. Mochten deshalb erst die Grenzen inspiziert und gesichert sein, mochte erst seine Persönlichkeit die Soldaten aufgemuntert und seine Hilfsbereitschaft den letzten Einwohner der Provinz überzeugt haben, was sollte ihn dann noch davon abhalten, auch die alten Stätten des Reiches aufzusuchen, die er so sehr verehrte?

Die Richtigkeit dieser Vermutung ist übrigens leicht nachzuweisen: Nur knapp zwei Jahre seiner vierzehnjährigen Reisezeit, und zwar gleich die ersten beiden, widmete Hadrian den westlichen Provinzen. Fast scheint es, als habe der Kaiser damit nur eine mehr oder weniger lästige Pflichtübung absolviert, um sich danach unbelastet dem Osten des Imperiums widmen zu können. Gerade ihn, der im Hellenismus seine geistige Heimat gefunden hatte, ihn, den dilettierenden Philosophen, hat der Orient magisch angezogen. Nicht nur, daß viel Licht von dorther kam. Dort allein war Mystik, war jene geheimnisvolle Vielfalt von Religionen, die noch heute die Menschen in ihren Bann zieht. Dort lebten jahrtausendealte Kulturströmungen und waren zu Hadrians Zeiten noch lebendig und allgegenwärtig. Lange bevor das Abendland im heutigen Sinne kultiviert worden war, waren im Osten große Kulturen erblüht, vergangen und teilweise schon wieder ins Reich der Legende entschwunden...

So brach Hadrian offiziell als Imperator und Augustus in die Provinzen auf. Auch unterließ er nicht, in seiner Autobiographie die Reisen neben der Hebung der materiellen Sorge der Provinzen unter den Gesichtspunkt der militärischen Sicherung zu stellen. In seinem Herzen aber trieb ihn die Sehnsucht des ewig Suchenden, des immer Wiß- und Lernbegierigen.

Man schrieb wahrscheinlich das Jahr 121 christlicher Zeitrechnung. Das genaue Datum der Abreise ist bis heute nicht gesichert. Aber man nimmt an, Hadrian habe noch den Geburtstag der Stadt mitgefeiert, der alljährlich am 21. April begangen wurde. Wahrscheinlich wurde an diesem Tag der Grundstein zum Doppeltempel der Venus und Roma gelegt, den der Kaiser selbst entworfen hatte. Wohl unmittelbar danach wandte sich der Hofstaat nach Norden.

Rom sollte seinen Kaiser künftig kaum noch sehen. Mit kurzen Unterbrechungen wird sich Hadrian bis zum Jahre 133 ständig auf Reisen durch das Reich befinden. Dabei wird er einmal sogar volle fünf Jahre der Hauptstadt fernbleiben. Daß er es konnte, ohne dort vergessen zu werden, ohne daß sich andere des verlassenen Thrones bemächtigten, ist keineswegs der geringste Beweis für die Güte seines Reformwerks. Aber es ist noch in anderer Hinsicht bemerkenswert: Es wirft ein bezeichnendes Licht auf die Gefühle, die er Rom entgegenbrachte. Darf man sich wundern, wenn man dort ebenfalls mit Ablehnung reagierte? Hadrians Nachfolger Antoninus besaß nichts von der überschwenglichen Reiselust seines Adoptivvaters. Er hat Rom überhaupt nur einmal für eine längere Reise verlassen. An Besichtigungs- und Bildungsfahrten hatte er kein Interesse. Die Sympathie aller Römer war ihm nicht zuletzt deshalb gewiß.

»Wer über Hadrian schreibt«, bemerkt einer seiner neuzeitlichen Bewunderer, »wird immer besondere Schwierigkeiten bei der Festlegung der Route und Daten seiner Reisen haben. Dazu ist folgendes zu sagen: Erstens stimmen nicht zwei moderne Wissenschaftler hierin überein; einige Gelehrte bestreiten sogar, daß Hadrian gewisse Städte je besucht hat, was andere hingegen mit Bestimmtheit behaupten. Zweitens ist es bei so großer zeitlicher Ferne nicht von ausschlaggebender Bedeutung, ob wir genau wissen, in welchem Jahr Hadrian diese oder jene Stadt besuchte, wenn wir nur den allgemeinen Verlauf seiner Reisen und die Grundzüge seiner Politik genau kennen. Und die kennen wir.«

Treffender ließe sich die Komplexität dieses Abschnitts in Hadrians Leben kaum ausdrücken. Gehört sie doch zu den undurchsichtigsten dieses ohnehin rätselhaften Daseins! Das liegt nicht nur daran, daß kein Teil der Autobiographie über die Reisen erhalten ist. Auch die anderen verfügbaren antiken Quellen schweigen sich darüber aus oder beschränken sich doch auf allgemeine Bemerkungen. »Orbem Romanam circumiit«, berichtet Eutrop: »Er hat den römischen Erdkreis umwandert.« Oder, wie es Spartianus ausdrückt: »nec quisquam fere principum tantum terrarum tam celeriter peragravit: und fast niemand unter den Fürsten hat so viele Länder so schnell durchreist« (13,5). Aber selbst das vermittelt uns eher einen Eindruck über die Art und die Geschwindigkeit des Reisens. In einem Punkte wenigstens sind sich alle Hadrianforscher einig: Er war der größte Wanderer unter den Monarchen der alten Weltgeschichte.

Eine Betrachtung der hadrianischen Wanderjahre muß deshalb von allen Zeugnissen ausgehen, die für uns überhaupt erreichbar sind. Das sind zunächst die herrlichen Tempel, Straßen, Brücken und Aquädukte, die in den nächsten eineinhalb Jahrzehnten wie Pilze aus dem Boden schossen. Viele von ihnen gereichen der Welt noch heute zum Schmuck. Das sind aber auch und vor allem die Veränderungen, »welche das geistige und soziale Leben der Zeit von der vorhergehenden Periode trennen. Eine Persönlichkeit wie dieser Kaiser mußte einen tiefen Eindruck auf die Mitmenschen machen, die Politik, welche seine Regierung verfolgte, mußte ihre Wirkungen im inneren und äußeren Leben des Reiches zeigen...«

Die Geschichtsforschung geht dabei von mehreren Anhaltspunkten aus. Der Kaiser muß alle jene Orte besucht haben, die zu seinen Ehren Agones, Kampfspiele, feierten. Auch jene Städte, die sich »Hadrianopolis« oder ähnlich benannten, werden solche Namensänderung wohl erst nach oder zu Ehren der Anwesenheit Hadrians vorgenommen haben. Der zuverlässigste Nachweis für einen kaiserlichen Besuch dürfte aber die Münzprägung sein. Das Recht eigener Münzprägung war mit der Münzsouveränität verbunden. Sie wurde im Kaiserreich von der Regierung verliehen. Da unter Hadrian sehr viele Städte ihr eigenes Geld zu prägen begannen, muß der Kaiser selbst die Genehmigung hierfür erteilt haben. Ein Beweis für die Ankunft des Kaisers sind dabei die vielen »Adventusmünzen«, die Hadrians Reisen begleiten. Sie sind bis dahin ohne Vorbild. Dazu kommen die zahlreichen Restitutionsmünzen, die Hadrian und die jeweilige Provinz, als deren Wiederhersteller er gefeiert wurde, darstellen. Es gibt auch einen auffallenden Unterschied zwischen den zu hadrianischer Zeit und allen früher in der Provinz geschlagenen Münzen: Hadrian hat als erster auf »eine bis ins einzelne durchgeführte Personifizierung des Landes und seiner Charakteristika« Wert gelegt. Besonders Tierdarstellungen sind dabei als typische Merkmale für die entsprechenden Reichsteile verwendet. Und gerade hierin offenbart sich wieder die Tendenz der kaiserlichen Politik: Ein Provinzialer versucht, gleichberechtigt neben der Hauptstadt auch die übrigen Kulturzentren des Reiches ihrer historischen Stellung entsprechend aufzuwerten.

Bevor über den mutmaßlichen Verlauf der einzelnen Reisen und von den Erlebnissen des Kaisers berichtet werden soll, ist zusammenfassend zu sagen:

Wohin Hadrian auch kam, er hat überall segensreich gewirkt. Allen Ländern hat er geholfen. Er war der erste wirklich soziale Politiker des Imperiums, der versucht hat, den unermeßlichen Reichtum Roms gleichmäßig auf das Reich zu verteilen. Vielleicht hat er erkannt, daß Roms sagenhafte Größe nur möglich geworden war, weil man jene älteren Kulturen in ein Schattendasein gedrängt hatte. Vielleicht wollte er sie wenigstens in geringem Maße an dem Glanz teilnehmen lassen, der die ewige Stadt noch immer umstrahlte und den sie letzten Endes doch ihnen verdankte.

Wie sehr ihm das gelungen ist, beweisen die zahlreichen Schlagworte, die im Mund der Untertanen umliefen: Pax

Romana (Römischer Friede) und Felix Roma (Glückliches Rom), saeculum aureum (goldenes Zeitalter) und temporum felicitas (Glückseligkeit der Zeiten), um nur die wichtigsten von ihnen zu nennen. Die griechisch sprechenden Völker — und davon gab es viele — feierten Hadrian gar als einen neuen Gott.

Der Kaiser pflegte stets mit einem gewaltigen Hofstaat zu reisen, und es war gewiß ein überwältigendes Schauspiel, wenn sich der große schweigende Troß mit Wagen, Pferden und Fußvolk über die Landstraßen Europas, Asiens und Afrikas bewegte. Übrigens wird nirgends von Sicherheitsvorkehrungen für die Person des Kaisers berichtet. In seinem Geburtsland Spanien sollte das Hadrian einmal fast zum Verhängnis werden. Davon werden wir noch hören. Vielleicht nahm er sich nicht so wichtig und einen eventuellen Anschlag auf sein Leben in Kauf. Gelassen hatte er ja schon auf die stadtrömischen Erhebungen unmittelbar nach seiner Thronbesteigung reagiert. Die Würde seines Amtes brachte Bürde. Der erste Diener seines Reiches wußte ein Lied davon zu singen.

Auf manchen Reisen begleitete ihn Sabina. Bestimmt weiß man das für die Ägyptenreise, man vermutet es für Griechenland, Asia Minor, für Afrika und Syrien. Und doch wird man immer annehmen dürfen, daß die kaiserliche Gemahlin nicht an die Grenzen mitgezogen ist. Die Grenzgebiete waren auf so hohen Besuch sicher nicht eingerichtet.

Wie stellte sich der Senat zu den kaiserlichen Absichten? Auch diese Frage ist, wie wenig sie den Kaiser bekümmert haben mag, im Zusammenhang mit den Reisen interessant.

Als Hadrian vor seiner ersten Abreise ein Programm festgelegt hatte, antworteten Roms Senatoren mit zwei Münzen:

Restitutor orbis terrarum (Erneuerer des Erdkreises) und Locupletator orbis terrarum (Bereicherer des Erdkreises). Damit hatten sie ihre Zustimmung erteilt, wahrscheinlich in dem Bewußtsein, daß Hadrian auch ohne sie gehandelt hätte, wie er gehandelt hat. Schließlich hatten seine höflichen Anfragen beim Senat seine Entscheidungen noch nie wesentlich beeinflußt. Zudem hatte der Kaiser Rom bereits eine kleine Kostprobe seiner Pläne gegeben.

119 oder 120, so genau weiß man das nicht mehr, hatte er die erstaunte Welt mit kleineren Reisen nach Campanien überrascht. Eine Reihe stolzer Bauten war das Ergebnis dieses Besuchs. Straßen wurden restauriert. In Caiatia wurde sogar »ex auctoritate« (auf Anregung) des Kaisers und »ex sua pecunia« (mit seinen Mitteln) eine neue angelegt. Die Vita (9,6) lobt Hadrian dafür: »Omnia oppida beneficiis et largitionibus sublevavit.« (Er hat alle Städte durch Wohltaten und durch Spenden unterstützt.) Erstaunlich ist, daß er hierfür sogar eigene Mittel verwendete. Das entsprach wohl seiner Auffassung vom Kaisertum. (Sein Nachfolger sollte darin sogar noch weitergehen: Er übertrug sein Privatvermögen weitgehend dem Fiskus, um dadurch die Schulden wenigstens der italischen Bevölkerung zu senken. Er befand, daß »der ohnehin über den Staatsschatz verfügende Kaiser eigentlich kein Privatvermögen benötige«.)

Durch diesen kaiserlichen Ausflug vor die Haustüre Roms an die Abwesenheit des Staatsoberhauptes gewöhnt, blieb dem Senat eigentlich nichts anderes übrig, als Hadrian der Fürsorge der Götter zu empfehlen. Auch dies geschah durch eine Münze. Auf ihr stand in großen Lettern zu lesen:

»Providentia deorum« (Fürsorge der Götter)

16

DIE WESTLICHEN PROVINZEN

»... per ea tempora ... in plurimis locis, in quibus
barbari non fluminibus sed limitibus dividuntur,
stipitibus magnis in modum muralis saepis fundi-
tus iactis atque conexis barbaros separavit.«

(Zu jener Zeit ... trennte er in vielen Gegenden, in
denen die Grenze gegen die Barbaren nicht durch
Flüsse, sondern durch künstliche Sperren gebildet
wird, die Barbaren vom Reichsgebiet durch ein System von großen Pfählen, die nach Art eines
mauerähnlichen Geheges tief eingerammt und miteinander verbunden werden.)

(Vita, 12,6)

Die Germanen waren der Römerschreck schlechthin. »Nicht
die Samniten, nicht die Karthager, nicht die Gallier, nicht
die Spanier, ja nicht einmal die Parther haben uns so oft
herausgefordert wie die Germanen; ja gefährlicher noch als
die Macht der Arsakiden ist dieses Volk mit seinem Frei-
heitswillen.«

Das schreibt Tacitus, der letzte römische Geschichtsschreiber von Format. Er war ein Fastzeitgenosse Hadrians und ist

wahrscheinlich kurz vor Trajans Tod gestorben. Leider weiß man von seinem Leben nur wenig. Aber seine Werke sind zahlreich. Und glücklicherweise ist uns die »Germania« erhalten: »De origine, situ, moribus et populis Germanorum« (Über Ursprung, Lage, Sitten und Völker der Germanen). In diesem kleinen Werk hat uns Tacitus eine kunstvolle ethnographische Schrift hinterlassen, die zum Ausgangspunkt der gesamten germanischen Altertumsforschung wurde. Man preist sie noch heute als ein Kleinod, das kein anderes Volk der Erde aufweisen könne ...

Mit den Kimbern und Teutonen hatte es angefangen. Im Jahre 113 v. Chr. hatten sie aus Not in gewaltigen Zügen ihre nördliche Heimat Jütland verlassen, um in südlichen Regionen das gelobte Land Italien zu suchen. Dort wollten sie sich niederlassen. Nur vorübergehend war es Marius gelungen, den »furor Teutonicus« (teutonischen Schrecken), der Roms Gassen lähmte, in Schach zu halten. Andere germanische Stämme drängten nach und versuchten, das römische Joch abzuschütteln und immer tiefer in das Mutterland des Imperiums einzudringen. Zu Hadrians Zeiten wurde nun schon mehr als 200 Jahre lang mit diesem freiheitsliebenden Volk Krieg geführt, ohne daß Rom je ein entscheidender Sieg gelungen wäre.

»Im Verlauf dieser langen Zeit«, so wieder Tacitus, »hat es auf beiden Seiten große Verluste gegeben ... Worauf kann sich schon der Orient überhaupt etwas einbilden als höchstens darauf, Crassus erschlagen zu haben? ... Die Germanen aber haben Carbo, Cassius, Aurelius Scaurus, Servilius Caepio und Mallius Maximus geschlagen oder gefangengenommen und dem römischen Volk fünf konsularische Heere entrissen. Selbst unter Kaiser Augustus haben sie Varus mit seinen Legionen vernichtet ...« Tatsächlich klang die Beschwörung jenes ersten römischen Kaisers noch schauerlich aktuell: »Quinctilius Varus, gib mir meine Legionen wieder!«

Gerne rühmen sich außergermanische Völker noch heute, Rom einst die größten Schwierigkeiten bereitet zu haben. Sie irren. Kein anderes Volk hat das Imperium an seiner verwundbarsten Stelle, im Mutterland Italien, so häufig und so unmittelbar und auf der Höhe seiner Macht bedroht wie die Germanen, denen das Reich auch später erlag. Für Tacitus waren sie die eigentlichen Feinde Roms. Und nicht nur für ihn. Mit gemischten Gefühlen, teils ängstlich, teils sehnsüchtig neidisch, schielte der Römer seiner Zeit auf jene unverbrauchte, urwüchsige Kraft. »Laßt zu diesen krafterfüllten Leibern«, hatte einst Seneca gewarnt, »nur noch etwas mehr Klugheit treten und eine bessere Disziplin ... Ihr Römer werdet euch gegen sie nur behaupten können, wenn ihr zu den Tugenden eurer Ahnen zurückfindet.« Worte, die in den Wind gesprochen waren.

Die Grenze zu diesem Volk, das Rom schon so sehr zu schaffen gemacht hatte, war Hadrians erstes Ziel. Dort gab es nämlich eine eigenartige Einrichtung, die sein größtes Interesse erregte. Die Römer hatten sie »limes« genannt, was eigentlich nur »Grenze« oder »Grenzwall« bedeutet.

»Der Limes, Roms chinesische Mauer, gehörte zu den gigantischen Befestigungsanlagen, wie sie sich Völker zu Zeiten errichten, um ihr Reich gegen einen ständig aggressiven Gegner zu sichern. Er verlief zwischen Rhein (bei Rheinbrohl) und Donau (bei Eining), war 548 Kilometer lang und bestand aus mehr als 100 Kastellen und über 1000 Wachtürmen, die durch ein kunstvoll angelegtes System von Gräben,

Wällen und Zäunen miteinander verbunden waren. Seine Erbauung dauerte über 70 Jahre, und die dazu nötige Schanzarbeit gehörte zur unbeliebtesten Freizeitbeschäftigung der Legionäre.«

Die Geschichte dieser gigantischen Befestigungsanlage war zu Hadrians Zeit noch relativ jung und noch lange nicht abgeschlossen. Mit der Eroberung Galliens hatte Caesar in der Mitte des ersten Jahrhunderts v. Chr. den Rhein zur römischen Grenze gemacht. Zu Beginn des ersten Jahrhunderts unserer Zeitrechnung wurde unter Tiberius und Drusus, den beiden Stiefsöhnen des Kaisers Augustus, der römische Machtbereich über das Alpenvorland bis an die Donau ausgedehnt. Gleichzeitig faßte man den Plan, den Rhein zum römischen Fluß zu machen und die Grenze des Imperiums an die Elbe vorzuverlegen. Die Eroberung germanischen Gebietes war aber erst unter Domitian erfolgreich. Bis zur Elbe kam man allerdings nicht.

In Ermangelung einer natürlichen Grenze, wie sie etwa Flüsse oder Bergzüge bilden, zogen die Römer nun eine befestigte, eben den Limes. Vor seinen eindrucksvollen Resten stehen noch heute die Schulklassen mit Staunen und sprachloser Bewunderung. Steine, Mauern, gelegentlich auch die Fundamente von Wachtürmen und kleineren oder größeren Steinkastellen sind als Spuren geblieben. Und man braucht schon ein wenig Phantasie, sich fast zweitausend Jahre zurückzuversetzen und sich das pulsierende Leben vorzustellen, das hier einst geschlagen hat. Denn der Limes war als Grenze eine Art überwachtes Annäherungshindernis für solche, die dem Reich feindlich gesonnen waren, offen und durchlässig aber für den gesamten Personenverkehr und den Warenaustausch, der unter seinem Schutz bald aufblühte.

Im Gegensatz zu den unmittelbar an Italien angrenzenden Ländern ist das römische Germanien nie romanisiert worden. Nationale Eigenheiten wurden hier immer gewahrt. Als Rom daranging, Germanien zu unterwerfen, war seine Zivilisation schon zu verfeinert, als daß sie sich dem unbändigen Naturvolk hätte zwingend mitteilen müssen. Viele Geschichtsforscher begrüßen daher die Tatsache, daß die Römer bei unseren Ahnen nicht mehr als ein kurzes Zwischenspiel gaben. Aber so unbedeutend, wie es mancher Nationalist gern sähe, war dieses Intermezzo gar nicht. Auf Schritt und Tritt begegnet man den Spuren jenes zeitlich so fernen Kolonisierungsversuchs. Kaum eine Erdbewegung entlang der einstigen Grenze, die nicht stumme Zeugen jener sagenumwobenen Zeit ans Tageslicht brächte!

Wir sprechen keine romanische Sprache wie die Franzosen oder die Spanier. Und doch gibt es auch bei uns Wendungen, die die Jahrhunderte bewahrt haben. Die heitere mediterrane Kultur hat in den sumpfigen, dunklen germanischen Wäldern niemals tiefe Wurzeln gefaßt. Und doch gibt es noch heute, nach fast 2000 Jahren, manchen kleinen Sextaner, der schon in der ersten Lateinstunde davon träumt, wenigstens einmal im Leben Römer zu sein. Und hatte nicht schließlich ein Arminius in Rom gelernt, um die Römer dann mit ihren eigenen Waffen zu schlagen, wie Jahrhunderte später der schlaue Franke diejenigen am Hofe von Byzanz?

Auch den Germanen hat Rom seinen unmißverständlichen Stempel aufgeprägt. Und die germanischen Könige und Kaiser waren es letztlich, die sich jahrhundertelang als die legitimen Nachfolger der Cäsaren betrachteten. Das Heilige Römische Reich Deutscher Nation hat bis in neueste Zeit bestanden. Erst vor wenigen Jahrzehnten hat man begonnen, die Zusammenhänge der Welt nach anderen als diesen Maßstäben zu messen.

Geblieben ist die fast schon legendäre Sehnsucht des Deutschen nach Italien. Sie, die vor mehr als 2000 Jahren mit dem »furor Teutonicus« begann, ist so alt wie die deutsche Geschichte.

Wahrscheinlich reiste der Kaiser über Gallien auf der Straße von Lugdunum nach Trier. Denn diese Straße wurde damals erneuert. Von Trier zog Hadrian dann weiter nach Mainz. Leider gibt es keine Münzen, die seine Ankunft in Germanien feiern. Aber die Vita gibt uns ein anschauliches Bild der kaiserlichen Tätigkeit. Auch die Limesforschung hat längst herausgefunden, daß und warum Hadrian zunächst gerade nach Germanien kam: Die theoretische Ausarbeitung der Heeresreform war im Jahr 120 abgeschlossen. Hier in Germanien, wo die Römer am meisten zugesetzt bekamen, sollte sie zum ersten Mal praktisch erprobt werden. Nicht umsonst setzt sich die Vita gerade im Zusammenhang mit der Germanienreise auch mit der Heeresreform auseinander. Dion hat sie überhaupt an den Anfang der kaiserlichen Reisen gestellt.

Der Kaiser hat wohl alle Sicherungsanlagen entlang der Grenze selbst inspiziert. Er brachte hier fast ein ganzes Jahr zu. Dabei ließ er Befestigungen instand setzen, andere neu anlegen. Wachtürme dienten der Verstärkung der Grenze. Und der Limes selbst, bislang nur ein Postenweg mit hölzernen Wachtürmen, wurde durch eine fortlaufende Holzpalisade verstärkt. Bald nach Hadrians Zeit, etwa um die Mitte des zweiten Jahrhunderts, sollten unter seinem Nachfolger diese Holzbauten dann durch steinerne ersetzt werden. Aber erst im letzten Ausbauzustand entstanden dann jene Einrichtungen, die den Limes noch heute so eindrucksvoll machen: in der Provinz Germanien Wall und Graben, »vallum fossaque«, wie es so oft in der Überlieferung heißt. Sie treten im römischen Schanzbau immer gemeinsam' auf, so als handle es sich um ein unzertrennliches Geschwisterpaar, das eine ohne das andere nicht lebensfähig. In der Provinz Raetien war es eine steinerne Mauer, die letztlich die Grenze des Römerreiches markierte oder besser symbolisierte. Denn mehr als ein Symbol war sie tatsächlich nicht. Den Stürmen der unter Marc Aurel beginnenden Völkerwanderung zeigte sie sich immer weniger gewachsen ...

Die unter Hadrian angelegte Palisadenreihe wurde von den Germanen »Pfahlgraben« genannt. Auf weiten Strecken sind noch heute seine Reste zu finden. Es gibt im Zusammenhang mit der Geschichte des Limes für den Pfahlgraben eine Merkwürdigkeit: Während Limes, Kastelle und sogar das ganze Römertum für Jahrhunderte aus dem Gedächtnis der Menschen verschwunden oder nur in alten Flurnamen erhalten waren, blieb die Erinnerung an die Holzpflöcke wach und lebendig. Noch lange bildeten sie Gemarkungs- oder sogar Landesgrenzen.

Hadrian kannte das unwirtliche Land. Der trübe Himmel, der sich so sehr vom südlich freundlichen Roms und noch mehr von dem seiner andalusischen Heimat unterschied, war ihm aus Zeiten vertraut, als er noch die Hoffnung auf den Thron in sich trug. Er mag von den Wachtürmen des Limes in Germaniens dunkle Wälder geschaut und vielleicht geahnt haben, daß diese Welt den Römern für immer verschlossen bleiben würde, seit die Legionäre des Varus dort so kläglich gescheitert waren. Vielleicht wurden auch persönliche Erinnerungen heraufbeschworen: Als junger Militärtribun war er hier gewandelt. Von hier aus hatte er dem Vetter Trajan die Nachricht seines Machtantritts überbracht. Davon wurde ausführlich berichtet.

Alle Menschen außerhalb des römischen Reichsverbands muß Hadrians Tätigkeit beeindruckt haben. Hatte man je von einem Kaiser gehört, der in ähnlich selbstaufopfernder Weise überall persönlich nach dem Rechten sah? Wußte irgendwer von einem zweiten Herrscher zu berichten, der in anderer als kriegerischer Absicht an die Grenzen seines Reiches kam?

So zwang Hadrian potentielle Feinde Roms einmal mehr zur Anerkennung seiner Überlegenheit, ohne daß hierfür nur ein Tropfen römischen Blutes vergossen werden mußte.

Den Winter 121/22 verbrachte der Kaiser in Raetien und Noricum. Noch heute kündet eine Reihe von Stadtgründungen von dem hohen Besuch. So gehen Aelia Ovilava (Wels), Cetium (St. Pölten) und Abudiacum (Epfbach) nachweislich auf Hadrian zurück.

Dann zog der Kaiser rheinabwärts ins Land der Bataver. Hier findet sich die letzte Spur seiner Anwesenheit auf germanischem Boden. Im heutigen Leyden gründete er eine Niederlassung. Er nannte sie »Forum Hadriani« (Markt Hadrians). Die Gründung dieser Stadt war wohl als eine Art Anerkennung und besondere Ehrung gedacht. Denn mit Batavern hatte er einst in jungen Offiziersjahren die Donau durchschwommen. Und Hadrian liebte es, Erinnerungen in Bauwerken festzuhalten. Als er sich von Leyden aus nach Britannien einschiffte, kehrte er Germanien für immer den Rücken. Aber der Eindruck, den seine Persönlichkeit hinterlassen hatte, wirkte noch lange nach. Erst unter Kaiser Marc Aurel wagten germanische Stämme einen erneuten Einfall auf römisches Gebiet. Es waren vor allem die kraftvollen Markomannen, aus denen sich später die Bayern entwickelten.

Nicht viel weniger schwierig als die aufsässigen Germanen war das Volk der Briten. Ihre Insel lag am Rande der damals bekannten Welt, vom europäischen Kontinent durch ein rauhes Meer getrennt, das zudem ihre eigenständige Kultur gegen kontinentale Übergriffe jahrhundertelang abgeschirmt hatte. So hatten die Briten immer eigensinnig versucht, an ihren althergebrachten Bräuchen festzuhalten. Sich den Gepflogenheiten einer fremden Zivilisation anzupassen, war nicht nach ihrem Geschmack. Kein Wunder, daß ihre Unterwerfung für Rom mühselig und zeitraubend und auf die Dauer wohl auch nicht lohnend war. Für den Augenblick aber kamen vor allem die reichen Bodenschätze der Insel dem immer verwöhnter werdenden römischen Geschmack sehr entgegen. Denn die dem Imperium bereits angeschlossenen Länder — Spanien, Gallien, Teile Germaniens sowie später die Donauprovinzen — waren nahezu ausgebeutet. Das Ende der traditionellen römischen Expansionspolitik zeichnete sich ab, mindestens für den Westen, wo ihr durch den Atlantischen Ozean natürliche Grenzen gesetzt waren.

Als erster war Cäsar auf die Insel gekommen, deren barbarische Bevölkerung mit Rom bisher allenfalls Handel getrieben hatte. Gleich zweimal hatte der Feldherr nach Britannien übergesetzt, in den Jahren 55 und 54 v. Chr. Ihm war aber nur die Unterwerfung weniger südlicher Stämme geglückt. Andere, für Rom sowie für seine eigene Karriere wohl wichtigere Aufgaben hatten ihn an der Fortführung des Unternehmens gehindert. Mit den Grundsätzen der augusteischen Friedenspolitik vertrug sich eine weitere Expansion des Imperiums nicht. An die Stelle der kriegerischen Auseinandersetzung trat der friedliche Handel. Vor allem Eisen und Edelmetalle wurden nach Rom ausgeführt. Als Caligula im Jahre 40 n. Chr. zu einer Britannienexpedition rüstete, scheiterte er schon unterwegs. Erst seinem Onkel, dem oft belächelten Claudius, gelang dann die endgültige Eroberung.

Es war kein leichtes Unterfangen. Noch heute erzählen die Briten stolz, Claudius habe zur Eroberung der Insel vier Legionen aufbieten müssen. Ähnlich wie die Varusschlacht im Bewußtsein des deutschen Volkes als Symbol für Auflehnung gegen Fremdherrschaft und Unterdrückung weiterlebt, gereicht auch die für Rom verlustreiche Unterwerfung der Briten diesen noch immer zu einer Art Nationalstolz.

Claudius' Freude war nicht ungetrübt. In allen Teilen der Insel entflammten Aufstände, und nicht nur unter seiner Herrschaft. Viele seiner Nachfolger sollten den britischen Eigensinn zu spüren bekommen. Einmal war es sogar eine Frau, die den Römern schwer zu schaffen machte. Sie hieß Boudicca und war die Witwe des Häuptlings eines ostbritischen Stammes. Rasch war es ihr gelungen, eine stattliche Anzahl Bundesgenossen für ihre romfeindlichen Pläne zu gewinnen. Wenn sie schließlich auch der römischen Übermacht weichen mußte, hatte sie den Römern doch beträchtlich zugesetzt. Die hatten ihr eine Zeitlang sogar London überlassen müssen. Daß sie ausgerechnet von einer Frau so gedemütigt wurden, mag doppelt beschämend gewesen sein. Seit den Tagen Cleopatras war so etwas nicht mehr passiert.

Aber auch nach Boudiccas Niederlage gab es keine Ruhe. Wenige Jahre später schon erhoben sich die Briganten erneut. Agricola wurde auf die Insel abkommandiert. Er war der Schwiegervater des Tacitus, ein umsichtiger Mann, ein fähiger Diplomat, der heute mit Sicherheit zu den Anwärtern auf einen Friedenspreis gehörte. Tacitus faßt seine Eigenschaften in einer Biographie bewundernd zusammen: »Er war so taktvoll«, schreibt er, »daß er tat, als habe er bereits loyale Menschen angetroffen und sie nicht erst dazu gemacht.« Aber selbst was Agricola schuf, war nur die Ruhe vor dem — erneuten — Sturm. Es lag vielleicht daran, daß man ihn bald zurückrief. Kaiser Domitian war auf die Erfolge seines Feldherrn eifersüchtig geworden ...

Kurz vor Hadrians Eintreffen auf der Insel war dort wieder ein Aufstand ausgebrochen. Und man weiß bis heute nicht, ob er bereits unter Kontrolle war, als der Kaiser zum ersten Mal in seinem Leben seinen Fuß auf britische Erde setzte. Während dieser Unruhen war die IX. Legion Hispania völlig aufgerieben worden. Die Caledonier, ein wilder Volksstamm, der im Norden von Schottland beheimatet war, hatten sie auf dem Gewissen. Daß gerade die nach Hadrians Heimat benannte Legion so unglücklich untergegangen war, mag für ihn ein schlimmes Omen dargestellt haben.

Die Hispania wurde bald durch die VI. Legion ersetzt. Sie trug den symbolträchtigen Namen »Victrix« (die Siegerin). Man wird sie bewußt für die schwierige Aufgabe der Befriedung Britanniens eingesetzt haben. Aber Hadrian war sich natürlich darüber im klaren, daß ein schöner Name, wie bezeichnend er auch immer sein mochte, keinesfalls ausreichen würde, künftigem Unheil vorzubeugen. Er kannte andere Mittel, den aufsässigen Stämmen zu zeigen, wer letztlich der Herr im Imperium war.

Im Frühjahr 122 war er auf die Insel gekommen. Der Zeitpunkt ist durch Adventusmünzen einigermaßen belegt.

Ebenso verkündete eine Münze die Richtlinien seiner Politik: »Exercitus Britannicus«. Nach den zahlreichen Aufständen war hier die Neuordnung des Heereswesens auch besonders nötig.

Die letzten trajanischen Feldzüge im Osten des Imperiums lagen nur knapp ein halbes Jahrzehnt zurück. Wie wir bereits gehört haben, gab es im alten Rom keine militärische Reserve. So hatte Trajan für seine kühnen Expansionsgelüste gegen die Parther auch Truppen von Britannien abziehen müssen. Deshalb fand Hadrian auf der Insel nur wenig Schutz vor, eine Tatsache, die zu der neuerlichen Erhebung gleich zu Beginn seiner Regierungszeit entscheidend beigetragen haben muß. Der »äußerst Waffenkundige«, wie ihn Spartianus lobt, wußte einen Ausweg. Er verstärkte die römischen Truppen durch die Rekrutierung eines einheimischen Hilfskorps. Zugleich gab er die noch unter Domitian eroberten Teile Südschottlands auf. Und entlang einer leicht zu verteidigenden Linie zog er quer durch die Insel von Küste zu Küste seinen berühmten »Limes Imperii«.

Wie kaum ein anderes provinziales Bauwerk ist der Hadrianswall in der Erinnerung der Menschen lebendig geblieben. Und nicht nur in der Erinnerung. Ansehnliche Reste der langen Steinmauer, Überbleibsel von Cohortenlagern, Kastellen und Wachtürmen sind bis heute erhalten. Der Piktenwall, wie man ihn auch nennt, weil er zum Schutz gegen die Pikten errichtet wurde, war nach den gleichen Prinzipien angelegt wie der germanische Limes. Und er funktionierte ebenso. Zwischen Solway Firth und Tynemündung zog sich die etwa 120 Kilometer lange Mauer hin. Ihr war ein zweieinhalb Meter tiefer und bis zu zehn Meter breiter Graben vorgelagert, der offensichtlich gegen das Feindesland zu mit einer Palisadenreihe zusätzlich gesichert war. Von ihr weiß die Lokaltradition noch heute zu berichten. In Abständen von sechs bis sieben Kilometern lagen hinter der Mauer Cohortenlager. Sie wurden durch dazwischenliegende kleinere Kastelle und Wachtürme ergänzt.

Wie der germanische Limes war auch der Hadrianswall keine starre, unüberwindliche Barriere. Er war eine militärische Einrichtung, die aber eine einzige Aufgabe zu erfüllen hatte: dem Frieden zu dienen. Zahlreiche Durchgänge, überwachte Tore, ermöglichten eine reibungslose Kontrolle der Volksbewegungen, die unter seinem Schutz von Norden nach Süden bald einsetzten. Seine Höhenlage bot einen weiten Ausblick. Und aufgrund einer ausgeklügelten Leucht- und Zeichensprache konnten geheime Nachrichten von Kastell zu Kastell und in nur sieben Minuten von einer Küste zur andern weitergegeben werden.

Entlang des Walls lief eine Straße. Auf ihr konnten nicht nur die Truppen rasch befördert werden. Auch eine schnelle Versorgung der einzelnen Lager war dadurch gesichert. So war aber zugleich die Beweglichkeit der Besatzungsmacht gewährleistet.

Der Hadrianswall ist kein Kunstwerk, war als solches auch niemals gedacht. Gerade deshalb aber gibt er uns einen vorzüglichen Einblick in das Alltagsleben eines Legionärs. Wie sehr wird er geflucht haben, wenn er die zum Mauerbau benötigten Steine auf seinem Rücken anschleppen mußte und die riesige Steinmauer in Handarbeit Stein für Stein aufzusetzen hatte! Mehrere Anzeichen sprechen dafür, daß der Wall in Abschnitten errichtet wurde. Am Ende jeden Abschnitts wurde entweder die Nummer der Legion, gelegentlich auch ihr Emblem, meistens jedoch der Name des verantwortlichen Centurio angegeben. Man kann noch heute einige dieser Hinweise an Ort und Stelle erkennen. Es sind winzige Zeichen an einzelnen Steinen, an denen nicht nur der Zahn der Zeit genagt hat. Für wenige Sekunden lichtet sich der Vorhang der Vergangenheit und läßt uns einen kurzen Blick werfen in das, was einst provinziales Alltagsleben ausgemacht hat ...

Auch hier im hohen Norden hat sich übrigens bewiesen, welch großartige Baumeister die Römer in Wirklichkeit waren. Selbst das ungewohnt naßkalte Klima stellte für ihre Künste kein unlösbares Problem dar. Zur Entwässerung der Mauer wurden in Abständen von fünf Metern Abflußlöcher angelegt. Und was tut man mit Wasser, das man nicht selbst haben will? Man leitet es auf das Grundstück eines unliebsamen Nachbarn. Schon vor 2000 Jahren hat sich kein Römer geniert, so zu verfahren. Schnee- und Regenwasser — damals wie heute hat es dort reichlich davon gegeben — wurden kurzerhand auf die Nordseite des »Limes Imperii« abgelassen.

Hadrians Rechnung ging genau auf. Wieder einmal konnte er sich in seiner Friedenspolitik bestätigt sehen. Der Wohlstand wuchs. Neue Dörfer entstanden. In der Nähe der Kastelle bildeten sich Lagerdörfer, die Kneipenwirten und Marketenderinnen ihr Auskommen sicherten. So lebten Fremde und Einheimische bald in friedlicher Koexistenz nebeneinander. Der Entwicklung einer fruchtbaren römisch-britischen Zivilisation stand nichts mehr im Wege.

Und noch etwas hatte der Kaiser mit der Errichtung seines Bollwerks beabsichtigt: Es sollte Sinnbild sein für den Verzicht Roms auf weitere Eroberungen. Nach wie vor hatte Hadrian an solchen kein Interesse. Bis hierher, scheint der

Wall Römern wie Barbaren zu sagen, aber nicht weiter. Gedanken, die folgende Jahrhunderte und andere Teile der Welt leider immer weniger verstanden ...

Auch anderweitig hat der Kaiser in Britannien segensreich gewirkt, und seine Tätigkeit trägt noch heute Früchte. So ließ er beispielsweise eine Brücke über den Eden schlagen und zahlreiche Städte, die durch die Aufstände zerstört worden waren, neu errichten. Sogar London erhielt wegen der Ankunft des Kaisers neuen Glanz. Es war durch ein Feuer fast völlig verwüstet worden. Die Stadt wurde beträchtlich erweitert und konnte sich bald rühmen, zu den größten Städten nördlich der Alpen zu gehören.

Nicht nur der kaiserliche Biograph Spartianus hat Hadrian mit seinem »in qua multa correxit« (wo er vieles in Ordnung brachte) für die besondere Umsicht in Britannien gelobt. Auch neuzeitliche Historiker sind sich über seine Leistungen in unserer Weltecke durchaus einig. Beispielhaft sei hier ein Ausspruch des Engländers Haverfield erwähnt: »The Roman walls in Scotland and northern England«, schreibt er, »have passed utterly out of our modern lives. They did not, in the end, save Roman civilization in our corner of the Empire. But before they perished, they helped to do a work for which today all Europe may be grateful.« (Die römischen Mauern in Schottland und Nordengland sind fast völlig aus unserem modernen Leben verschwunden. Sie bewahrten letzten Endes nicht die römische Zivilisation in unserer Ecke des Weltreichs. Aber bevor sie untergingen, halfen sie, eine Arbeit zu verrichten, für die heute ganz Europa dankbar sein darf.) Worte, die uns zum Nachdenken veranlassen sollten, wenn wir versucht sind, in der Überheblichkeit des Menschen des ausgehenden 20. Jahrhunderts Vergangenes allzu mitleidig zu belächeln.

Der Aufenthalt in Britannien war nur von kurzer Dauer. Viele Geschichtsforscher sind sich darüber einig, daß Hadrian dort nicht einmal den Winter 122/23 verbrachte. Er mag aber noch auf der Insel geweilt haben, als ihn schlimme Nachrichten ereilten. Vielleicht waren sie sogar der Anlaß für seinen fast überstürzt erscheinenden Aufbruch. Sie kamen aus Ägypten.

Alexandria, nächst Rom die größte Stadt des Imperiums, war nicht nur als Hochburg der Gelehrsamkeit bekannt. Die unter Cäsar abgebrannte Bibliothek hatte Weltberühmtheit. Ihr Verlust ist bis heute nicht zu ersetzen. Die Stadt war von Anfang an mindestens ebenso als Unruheherd berüchtigt. Das war nicht verwunderlich. Hier hatte sich zu Oktavians Tagen die Auseinandersetzung zwischen Abendland und Morgenland für Jahrhunderte zugunsten Roms entschieden. Hier war aber auch ein Schmelztiegel verschiedener Nationen, kultureller Mittelpunkt des Hellenismus ebenso wie Sitz ägyptisch einheimischer Bevölkerungsschichten und jüdische Gemeinde. Gleichzeitig war es romanisiert. Wo so verschiedenartige Mentalitäten auf so engem Raum nebeneinanderleben, muß das zwangsläufig zu Auseinandersetzungen führen. Aufstände des ägyptischen Pöbels waren dabei besonders gefürchtet.

Für Verwirrung sorgte diesmal Apis, der von altersher verehrte Stier. Er, wohl ein Relikt vorgeschichtlicher Religionen, war dem Gotte Ptah von Memphis zugeordnet, bei dessen Tempel er gehalten wurde. Apis soll durch einen Lichtstrahl vom Himmel gezeugt worden sein. Er hatte die Aufgabe, Orakel zu erteilen. Bei seinem Tode suchten die Priester im ganzen Land nach einem neugeborenen Stierkalb mit bestimmter Fellmusterung, um dieses als neuen Apis einzuführen.

Ein solches Stierkalb war gerade geboren worden. Seine Fellzeichnung, so erzählte man, habe Sonne und Mond dargestellt. Die Erscheinung einer derartigen Laune der Natur gab besonders den einheimischen Ägyptern Anlaß zum Jubel. So erhitzten sich die Gemüter, vor allem darüber, wie und wo man das Tier halten solle.

Hadrian wollte vorerst nicht nach Ägypten. Noch war in den westlichen Provinzen zu viel zu ordnen, als daß er sich unbeschwerten Herzens seiner Hauptsehnsucht hätte hingeben können. Und doch schien das Ausmaß der religiösen Unruhen seine Anwesenheit dringend zu erfordern. Er begab sich nach Südgallien, um sich gleich nach der Eröffnung der Schiffahrt, etwa im März des Jahres 123, in Marseille einschiffen zu können. Zuvor aber schrieb er den Ägyptern einen Brief.

Seine schroffe Sprache entsprach der Ansicht über die Ägypter, die Jahrhunderte später auch Napoleon teilte. Ihnen sei, meinte dieser, »Gehorchen gleich Fürchten«. Und was Hadrian möglicherweise selbst nicht zu hoffen gewagt hatte, trat ein. Der ägyptische Aufstand verebbte im Wüstensand. Hadrian aber konnte noch etwas in der Gallia Narbonensis bleiben, jener damals wie heute malerischen Gegend Südfrankreichs, die später einmal die Provence werden sollte.

17

DER ABSCHIED VOM WESTEN

Die Provinz Gallia Narbonensis gehörte seit langer Zeit den Römern. Man hatte sie einst zur Sicherung der Landesverbindung zwischen Norditalien und Spanien eingerichtet. Längs der Küste verlief von der Tibermündung eine durchgehende Straße dorthin. Eine weitere Auswertung jenes Gebiets zugunsten Roms wurde dann durch den Einfall der Cimbern und Teutonen jäh unterbrochen. Aber sogar in diesen schwierigen Zeiten erwies sich die Gallia Narbonensis als sicheres Bollwerk gegen die anstürmenden germanischen Stämme.

Vor den Römern hatten Griechen hier gesiedelt. Ihr Einfluß muß zu Hadrians Zeiten noch überall zu erkennen gewesen sein. Und man kann sich leicht vorstellen, wie sehr der Philhellene den Aufenthalt auf solch geschichtsträchtigem Boden genossen haben wird. Aber auch diesmal sollte seine Freude nicht ungetrübt bleiben.

In Avignon hatte Hadrian eine Kolonie gegründet. Von ihr reiste er weiter nach Nimes, dem antiken Nemausus. Dort erreichte ihn eine Schreckensbotschaft, die ihn wie ein Schicksalsschlag traf: Plotina war gestorben. Die einzige Frau, der er jemals wirklich nahegestanden hatte, war von ihm gegangen, während er so fern von Rom weilte.

Seine Betroffenheit war tief. Er pries ihr Andenken und lobte ihre Bescheidenheit. Plotina habe ihn um vieles gebeten, pflegte er zu sagen. Aber niemals habe er ihr auch nur eine einzige Bitte abschlagen müssen. So bescheiden seien ihre Anträge immer gewesen. Und niemals habe die Kaiserin etwas für sich selbst begehrt.

Hadrian kleidete sich zum Zeichen seiner äußeren Trauer neun Tage lang in Schwarz. Er verfaßte Gedenkhymnen für die Frau, der er »das Imperium verdankte«. Auch »sie liebte ihn innig«, fügt der Biograph hinzu.

Sogleich ließ der Kaiser in Nimes einen Tempel für die Verstorbene errichten. Oder war es eine Basilika? Es ist nicht mehr bekannt. Man weiß nicht einmal mehr, wo die Gedenkstätte für eine der größten römischen Frau stand. Nur eines ist sicher: Die berühmte »Maison Carrée« kann es nicht sein. Sie soll damals schon hundert Jahre alt gewesen sein. Spartianus spricht von einem »wunderbaren Werk«. Aber das dürfte man auch ohne seine ausdrückliche Feststellung annehmen. Denn selbst in Dingen von geringerer Bedeutung hat Hadrian nichts hinterlassen, was eines Kaisers unwürdig wäre. Sogar Matidia und Marciana, Mutter und Großmutter seiner Frau, hatten in Rom großartige Basiliken erhalten.

Wie kaum etwas anderes verdeutlichen drei Briefe das innige Verhältnis zwischen Mutter und Adoptivsohn. Sie wurden ein Jahr vor dem Tod Plotinas geschrieben, zwei in lateinischer, der dritte in griechischer Sprache.

Die Philosophenschule der Epikureer in Athen lag der Kaiserin sehr am Herzen. Es war dort Gesetz, daß zum Leiter dieser Schule stets nur ein römischer Bürger gewählt werden durfte. So war die Auswahl natürlich begrenzt. Plotina bat nun den Kaiser, diese Bestimmung aufzuheben und dem jeweiligen Rektor zu gestatten, selbst Vorkehrungen für die Nachfolge zu treffen und dabei unter den fähigsten Kandidaten, Römern oder Nichtrömern, frei wählen zu dürfen. Hadrian kam der Bitte bereitwillig nach. Und so konnte Plotina sogleich ihren Freunden erfreut mitteilen, daß ihr lange gehegter Wunsch in Erfüllung gegangen sei. Sie vergaß nicht, den Kaiser in diesem Brief zu loben und ihm zu danken. Und sie appellierte an die Verantwortlichen, das in sie gesetzte Vertrauen zu rechtfertigen und sich bei der Wahl nur durch das Gemeinwohl und nicht durch private Interessen leiten zu lassen.

Man fand die drei Briefe in Athen. Ihre jahrhundertelange Erhaltung gehört zu den wenigen glücklichen Zufällen, die für Augenblicke das Legendenhafte der Geschichte zu lebendiger Wirklichkeit erstehen lassen. Die kaiserlichen Vergünstigungen scheinen übrigens auch auf andere Philosophenschulen Athens erweitert worden zu sein, vor allem auf die der Stoiker und die der Schüler Platons.

Ein anderes Ereignis jener Tage wirft ein bezeichnendes Licht auf den Kaiser und verdeutlicht einmal mehr die krassen Widersprüche seines Wesens. Hadrians Tierliebe muß sprichwörtlich gewesen sein. Er habe, so seine Biographen, sogar Gräber für Hunde und Pferde anlegen lassen. 1623 lieferte der Spaten eines Archäologen hierfür den Beweis: In Colonia Iulia Apta, etwa 40 Kilometer östlich von Arles, fand man das Grab von Hadrians Lieblingspferd. Es hieß Borysthenes. In schlichten Versen hat der Eigentümer das Andenken des treuen Tieres verewigt:

Borysthenes Alanus — Caesareus veredus
per aequores et paludes et tumulos Etruscos

232

volare qui solebat Pannonicos in apros
nec ullus insequentem dente aper albicante
ausus fuit nocere, vel extimam saliva
sparsit ab ore caudam, ut solet evenire:
sed integer iuventa, inviolatus artus,
die sua peremtus hoc situs est in agro.

(Der Alane Borysthenes, Jagdpferd des Kaisers, flog
geschwind über Ebenen und Sümpfe und die Hügel
Etruriens. Er jagte die Eber Pannoniens. Und nicht
einer von denen, die er verfolgte, wagte, ihn mit
schimmerndem Zahn zu verletzen, noch befleckte
Speichel das Ende seines Schweifes, wie es gewöhnlich geschieht: Sondern unversehrt in der Jugend, un-
verletzt an den Gliedern, lebte er seinen Tag und ist
hier begraben.)

Auch hierfür gab es in der Geschichte ein Vorbild: Alexander der Große hatte einst für sein totes Pferd Bucephalus eine gleichnamige Stadt in Indien gegründet ...

Aber Hadrian behandelte nicht alle Tiere gleich. Sehr im
Gegensatz zu diesem freundlichen Verhalten gegen Haustie-
re, das selbst den heutigen Tierliebhaber etwas befremdet,
stand seine Jagdleidenschaft. Die vita nennt sie tadelnswert
(2,2).

Wir erinnern uns: Ein Grund dafür, daß Trajan den erst
17jährigen Neffen unter seine Fittiche nahm, war das unge-
zügelte Jagdfieber, das den jungen Mann bei einigen Verwandten in Mißkredit gebracht hatte. Diese Leidenschaft
war zweifellos ein hemmendes Moment in Hadrians Entwicklung zum reifen Menschen. Aber der spätere Kaiser

frönte ihr nicht weniger. Für einen Psychologen wäre es interessant, die Wechselwirkung zwischen Hadrians verkündeter Friedensliebe einerseits und seiner Tötungssucht andererseits zu untersuchen, die sich nicht nur in dem übertriebenen Jagdeifer äußerte, an dem schon Zeitgenossen Anstoß nahmen. Hadrian, der das Los so vieler Menschen zu bessern bestrebt war, konnte sogar Gefallen finden an den wüsten Schlächtereien in den Amphitheatern und Geschmack »am sicheren Schwertstoß der Gladiatoren«. Auch das versetzt allzu großer Bewunderung einen Wermutstropfen.

Seine Treue zur Jagd und allem, was mit ihr zusammenhing, vergleichen die antiken Biographen mit derjenigen, die er für die Dichtkunst hegte. Wann immer sich Gelegenheit geboten habe, sei er diesem Zeitvertreib nachgegangen. Und, allerdings wieder bewundernd, fügen sie hinzu, daß der Kaiser sogar Löwen eigenhändig erlegt habe.

Von zwei schweren Jagdunfällen wird uns berichtet. Einmal handelte sich Hadrian einen Schlüsselbeinbruch ein. Ein andermal war es ein Rippenbruch, der ihn eine Zeitlang außer Gefecht setzte. Aber selbst das vermochte ihn nicht abzuschrecken. Ja, seine Bewunderung ging sogar so weit, daß er niemals einen Jäger aus Rom verbannte.

Die Kühnheit beim Jagen, die ihn nicht selten in äußerste Lebensgefahr brachte, bekundete auch dem Lästerer, daß seine Abneigung gegen Kriege keineswegs einem Mangel an persönlichem Mut entsprang.

Häufig lud Hadrian Jagdgäste ein. Und er verherrlichte auch diese Leidenschaft mit seinem literarischen Talent. Nur einmal hat sich Hadrian vergriffen. Es war in Athen, wo er eine Jagd auf 1000 wilde Tiere veranstalten ließ. Wahrscheinlich hat er selbst erkannt, daß er damit wohl eher spanischen als griechischen Geschmack getroffen hatte. Das Volk des Geistes vermochte an solchen sinnlosen Schlächtereien keinen Gefallen zu finden. Es ist eigentlich erstaunlich, daß dieser Mißerfolg seine Sympathie für Athen nicht beeinträchtigt hat. Denn es gehörte zu Hadrians negativen Charaktereigenschaften, nachtragend zu sein. Andererseits konnten es sich wohl die Athener nicht leisten, dem Kaiser irgend etwas zu verübeln.

Noch etwas scheint erwähnenswert: Wie später seinem geliebten Antinoos hat Hadrian auch für diese Liebe eine Stadt gegründet. Sie hieß »Hadrianotherae«, Jagd Hadrians. Wo aber lag diese Stadt? Am Hauptweg von Pergamon nach Milet in der »Provincia Asia«? Wie hat sie ausgesehen? Wann ist sie verfallen? — Niemand kann Auskunft darüber erteilen.

Von Nemausus zog der Kaiser weiter nach Spanien. Auch diese Reise sollte kein Erholungsurlaub werden, nicht einmal ein Wiedersehen mit der andalusischen Heimat. Hadrian ist nie wieder nach Italica gekommen. Einige Geschichtsforscher begründen das mit einer Abneigung gegen die Spießigkeit seiner Landsleute. Wie dem auch sei, Hadrian hat die alte Heimatstadt trotzdem geehrt. Von Rom aus, berichtet Dion, habe sie das »ius coloniae« (Recht der »Colonia«) erhalten, was ihre rechtliche Stellung erheblich aufwertete.

Den zweiten Winter seiner ersten Reise verbrachte Hadrian in Tarraco, dem heutigen Tarragona. Hierher hatte er die Vertreter der spanischen Distrikte zu einer außerordentlichen Zusammenkunft eingeladen. Aber es ging nicht um Spanien. Es ging um Nordafrika und letztlich wieder um die Sicherung der Reichsgrenzen. Denn auch in Afrika strebte

Hadrian, wie überall im Imperium, Neuerungen an. Und mit den Vertretern Spaniens, dessen vorgelagerte Grenze zumindest die Provincia Mauretania war, sollte die Aushebung neuer Truppen besprochen werden. Denn das Kontingent an Soldaten erschien dem Kaiser für seine Friedenspläne zu gering.

Aber Hadrian stieß auf Widerstand, obwohl er, worauf die Vita ausdrücklich hinweist, äußerst vorsichtig und klug die spanischen Abgeordneten für die Rekrutierung weiterer Truppen zu gewinnen suchte. Man lehnte sein Ansinnen ab und berief sich auf einen aus trajanischer Zeit stammenden Erlaß. Kaiser Trajan hatte die Aushebung neuer Truppen in Spanien ausdrücklich untersagt. Das Land war ohnehin zugunsten Roms in nahezu unverantwortlicher Weise ausgebeutet worden. Eine weitere Ausnutzung hätte den Ruin Spaniens bedeuten können. Und man schlachtet schließlich nicht die Kuh, die man noch lange zu melken gedenkt. So waren auch kaiserlicher Willkür durch die Vernunft Grenzen gesetzt.

Es wäre an dieser Stelle vielleicht interessant zu untersuchen, welche rechtlichen Möglichkeiten Hadrian gehabt hätte, die widerspenstigen Spanier doch noch zur Durchführung seiner Pläne zu bestimmen. Tatsache ist, daß er davon absah und sich wieder den Dingen des Lebens widmete, die ohnehin seinen Vorzug genossen. Er begann mit der Verschönerung des Landes.

Spanien, eine der ältesten Provinzen des Imperiums, war im wahrsten Sinne des Wortes die Schatzkammer für römische Habgier. Schon die Phöniker hatten einst den Mineralreichtum der Halbinsel angezapft. Aber erst die Karthager öffneten in der Zeit zwischen den beiden Punischen Kriegen den Römern die Augen für die fast unbegrenzten wirtschaftlichen Möglichkeiten des Landes. Erbittert kämpften die stolzen Spanier mehr als zwei Jahrhunderte lang um ihre Freiheit. »Frauen töteten ihre Kinder, damit sie den Römern nicht in die Hände fielen, und Gefangene sangen ihre Kriegslieder, während sie an den Kreuzen den Tod fanden.« Zu Beginn der Kaiserzeit war Spanien freilich längst romanisiert und römischen Lebensverhältnissen gründlicher angepaßt als viele andere Provinzen. Gold, Silber, Kupfer, Blei, Eisen und Zinn wurden für Rom abgebaut. Und noch heute sind die Schächte zu sehen, die römische Sklaven einst mühsam in die Erde trieben.

Neben diesem wirtschaftlichen Aufschwung erlebte Spanien auch eine kulturelle Blüte. An dem traditionsreichen hellenischen Geist ließen sich Spaniens bedeutende Persönlichkeiten natürlich nicht messen. Aber immerhin hat das Land Dichter und Philosophen hervorgebracht und schließlich auch Senatoren und Kaiser nach Rom gesandt. Unter den spanischen Dichtern befindet sich Seneca, durch den die Lehre der Stoa in Rom zu höchster Vollendung gelangte. Und während griechische Geistesart ihren Höhepunkt längst überschritten hatte, stand Spanien erst am Anfang einer Entwicklung, die noch Jahrhunderte fortdauern sollte. Das ganze Mittelalter hindurch sollte Spanien das Zentrum europäischer Gelehrsamkeit sein, Córdoba gar zur größten Gelehrtenstadt Europas aufsteigen. So erfuhr das von den Römern so habgierig vergossene Blut doch noch eine späte Rehabilitation.

Dieses geschichtsträchtige Land, das zudem seine Heimat war, verschönerte Hadrian durch Tempel und erweiterte seine Erschließung durch die Erneuerung und Anlage von Straßen. Den Tempel des Augustus im Norden des Landes, so erfahren wir wieder von dem antiken Biographen, hat der Kaiser sogar aus eigenen Mitteln instand setzen lassen. Wieder kündete eine Münze mit der Aufschrift »Restitutor Hispaniae« (Erneuerer Spaniens) allen Untertanen von der kaiserlichen Güte, und jene wiederum errichteten ihrem Wohltäter in Dankbarkeit zahlreiche Statuen.

Wie wenig sich Hadrian aus dem eigenen Leben machte und wie gleichgültig ihn Anschläge auf seine Person mindestens für den Außenstehenden erscheinen ließen, zeigt ein Vorfall aus jenen Tagen. Der Kaiser erging sich im Garten seines Gastgebers in Tarragona, als plötzlich ein alter Sklave mit gezücktem Schwert auf ihn stürzte. Der Mann hatte Jahrzehnte im Bergwerk zugebracht und gedachte nun, seine Wut über das vergeudete Leben an demjenigen auszulassen, der doch offensichtlich der Urheber dieses Unglücks war. Hadrian konnte den Alten mühelos überwinden. Als man ihn fragte, was mit dem Sklaven zu geschehen habe, ordnete er an, ihn einem Arzt zu übergeben. Denn genügend, meinte er, sei der bestraft, der an solcher Krankheit leide. (»Satis enim punitur cui talis morbus.«) Ob der Kaiser die Krankheit nur als Ausrede gebrauchte, um Großmut zu beweisen, und sich in Wirklichkeit tiefergehende Gedanken machte, werden wir nie erfahren, und ebensowenig, ob die Äußerung seiner Überzeugung entsprang.

Im Spiegel der Geschichte hat das Ereignis in Tarragona etwas Gleichnishaftes. Es scheint fast wie das vergebliche Aufbäumen des geknechteten Menschen gegen seine Unterdrücker ...

Aber der Widerstand anderer Völker war für Rom gefährlicher. Wieder einmal hatten sich die Mauren erhoben. Der letzte Aufstand lag erst fünf Jahre zurück. Die Vita (12,7) berichtet uns, Hadrian habe die Erhebung erfolgreich niedergeschlagen und sich damit die Dankbarkeit des Senats erworben. Aus der kurzen Notiz ist allerdings nicht zu entnehmen, ob Hadrian selbst von Spanien über die »Säulen des Herkules« gesetzt hat, wie damals die Meerenge zwischen Europa und Afrika genannt wurde. Ältere Hadrianforscher meinen deshalb, andere hätten diese Arbeit im Auftrag des Kaisers erledigt. Die neuere Forschung neigt aber zu der Annahme, der Kaiser hätte selbst die Arbeit Turbos in Mauretanien zu Ende geführt. Dies scheint glaubhaft. Wie wir schon früher gesehen haben, hat sich Hadrian immer gern auf den Eindruck verlassen, den seine Persönlichkeit auf die Gegner des Imperiums zu machen pflegte. So hatte er auch persönlich mit Parthern und Roxolanen verhandelt. Der Erfolg des mauretanischen Feldzugs bestätigt, daß ihn Hadrian selbst unternommen haben muß. Es war nämlich ein Blitzkrieg. Und, was noch beweiskräftiger ist, die Mauren haben sich während seiner ganzen Regierungszeit nie wieder nennenswert gegen Rom erhoben. Andererseits hatten die Römer in ihrer bisherigen Geschichte immer wieder die Erfahrung gemacht, daß sich Kriege in Nordafrika lange hinzogen.

Auch andere Überlegungen mögen für den Kaiser eine Rolle gespielt haben, sich selbst nach Afrika zu begeben. Noch niemals hatte ein Kaiser seinen Fuß auf mauretanischen Boden gesetzt. Noch nie war er selbst in dieses fremdartige Land gekommen, das in Jugendjahren vor seiner Haustüre lag. Hadrian war überaus neugierig. Und diese Neugier wird General Turbo, der Maurenkenner und seit einigen Jahren Hadrians Freund, angestachelt haben. Hatte nicht jenes Land so zwielichtige Gestalten wie Quietus hervorgebracht, der als Anstifter der ersten Verschwörung gegen den Kaiser ihr selbst zum Opfer gefallen war?

Es ist anzunehmen, daß Hadrian die Gelegenheit nicht ausließ, sich Mauretanien mit eigenen Augen anzusehen. Denn nur er selbst konnte wissen, daß er nie mehr in diese Gegend kommen würde. Ein paar Jahre später sollte ihn sein Weg zwar noch einmal in die »Provincia Africa« führen. Die westlichen Provinzen aber und Mauretanien sah er niemals wieder.

Im Frühjahr 123 schiffte sich der kaiserliche Hofstaat gleich zur Eröffnung der Seefahrt nach dem Osten ein. Aber auch jetzt war an eine Vergnügungsreise noch nicht zu denken. Denn noch einmal warfen kriegerische Ereignisse ihre düsteren Schatten voraus.

18.

DIE ÖSTLICHEN PROVINZEN

> Bellum Parthorum per idem tempus in motu tantum
> fuit, idque Hadriani conloquio repressum est ... (Zur
> selben Zeit war ein Partherkrieg in Sicht, dessen Aus-
> bruch Hadrian auf dem Verhandlungsweg verhinder-
> te ...)
>
> (Vita 12,8)

Gleichzeitig mit den Wirren im Westen waren im Osten des
Imperiums Unruhen entstanden, die Hadrians Anwesenheit
dringend erforderten.

Im Jahre 117 hatte der friedliebende Kaiser den Krieg mit
den Parthern abgebrochen und die Expansionspolitik seines
Vorgängers in eine Politik zur Sicherung des Bestandes umgewandelt. Er kann nicht verkannt haben, daß sich dadurch
nicht nur die Macht des römischen Erbfeindes stärken mußte. Auch der Einfluß Roms mußte zwangsläufig zurückgehen. Und einmal würde es wohl wieder zur Konfrontation
kommen. Das mag Hadrian geahnt haben. So hatte er vor-
aussehend, wohl durch einen schriftlichen Befehl an seinen
Legaten, die Erneuerung des galatischen Straßennetzes angeordnet. 122 war es fertiggestellt. Schon kurze Zeit später
sollte es seine Nützlichkeit erweisen.

Welche Reiseroute Hadrian nach dem Osten nahm, ist nicht überliefert. Aus der kurzen Notiz der Vita läßt sich weder der Weg rekonstruieren noch der Zeitpunkt des Partheraufstandes sicher festlegen. Man nimmt aber an, der Kaiser sei entlang der afrikanischen Küste über Karthago und Alexandria gesegelt. Denn gerade zu dieser Zeit wurde von Karthago nach Theveste eine Straße angelegt, deren Bau auf eine persönliche Anweisung Hadrians zurückgehen soll. Sie gilt als einer der wichtigsten Erschließungswege des Landes und wurde noch im Jahre 123 fertiggestellt. Vielleicht hat Hadrian in Karthago eine kurze Rast eingelegt, vielleicht auch Alexandria einen Blitzbesuch abgestattet. Wir wissen es nicht. Eines aber ist gewiß: Der Kaiser wird sich nirgendwo lange aufgehalten haben. Denn die Gefahr im Osten war nicht zu unterschätzen.

Obwohl Hadrian auch diesmal nicht an einen Krieg dachte, sich vielmehr wieder auf den bewährten Einfluß seiner Persönlichkeit verlassen wollte, schien es ihm zur Abschreckung des Gegners doch ratsam, kriegerisch aufzutreten. Truppen zogen auf der großen Heerstraße nach Palmyra, wohl die Vexillationen (Sonderabteilungen) der III. Legion Gallica. Hadrian selbst war bei Antiochia an Land gegangen und näherte sich von dort aus dem Euphrat. Er kam nicht alleine. Noch Trajan hatte die Tochter des parthischen Großkönigs Chosroes in Babylon gefangengenommen und als Geisel mit nach Rom geschleppt. Dieses menschliche Unterpfand für den Frieden wollte er jetzt dem Vater zurückgeben. Außerdem hatte er jenem die Rückgabe des goldenen Thronsessels, der seinerzeit ebenfalls Trajan in die Hände gefallen war, in Aussicht gestellt. (Die Rückgabe wurde freilich weder von ihm noch von seinem Nachfolger vollzogen.)

Der Thronsessel aber hatte für die Parther mehr symbolische Bedeutung als materiellen Wert.

In Osroene, einem Grenzland zum Partherreich, hatte im Jahre 116 Parthamaspates die herrschende Dynastie gestürzt, die jetzt, 123 n. Chr., in der Person des Ma'nu VII bar Irat wieder an die Macht kam. »Das ist nun aber gerade das Jahr, in dem Hadrian einen drohenden Partherkrieg durch mündliche Verhandlung beilegte, und die Vermutung liegt nahe, daß der Kaiser sich damals zu der Konzession verstanden hat, den Parthamaspates, der als Beherrscher des Grenzlandes Osroene eine bleibende Drohung für den Partherkönig war, von dort zu entfernen.« Möglich ist aber ebenso, daß die Hoffnung auf Wiedererlangung des verlorenen Herrschersymbols für die Kompromißbereitschaft Chosroes' ursächlich war. Über die Folgen der Zusammenkunft zwischen dem römischen Kaiser und dem Partherkönig ist man sich aber einig. Hadrians diplomatisches Geschick erreichte tatsächlich wieder eine friedliche Lösung, die alle Beteiligten für viele Jahre zufriedenstellte. Wo aber wurde verhandelt? Auch das ist ein Geheimnis, über dem die Geschichte ihren Schleier wohl nie mehr lüften wird.

Dieser Aufstand der Parther war für Hadrian die letzte große Prüfung seiner Friedensliebe zu Beginn seiner Regierungszeit. Erst zehn Jahre später sollte er sich einer allerdings noch gefährlicheren Situation gegenübersehen. Doch darüber jetzt schon berichten hieße der Zeit vorgreifen.

Endlich waren die Grenzen befriedet! Endlich hatten die Menschen, Mitglieder des Imperiums und Barbaren, begriffen, wie ernst es dem römischen Kaiser mit seiner Friedensliebe war! Viele werden eingesehen haben, daß es oft vernünftiger ist, sich der überlegenen Macht zu beugen oder zumindest anzupassen, als ständig vergeblich gegen sie anzukämpfen. Und endlich durfte auch Hadrian Privatmann sein, sich frei und unbelastet Wissenschaft und schönen Künsten widmen! Nur einmal hatte vor seiner Zeit ein Kaiser Rom für eine friedliche Fahrt in östlicher Richtung verlassen. Es war Nero, der sich um den Preis der Lächerlichkeit in Griechenland als Künstler feiern ließ ...

Hadrian aber würde überall als Kaiser auftreten getreu seinem Grundsatz, mit dem er ausgezogen war: mit den Reisen eine Revision von Verwaltung und Militär zu verbinden. Überall würde er helfen, wo zu helfen war, ordnen, was geordnet werden mußte. Und überall würde er, soweit es in seiner Macht stand, die Welt verschönern und die Menschen ein wenig glücklicher zu machen versuchen.

Wie sehr ihm das auf dem Weg in die östlichen Provinzen gelungen ist, beweist die Dankbarkeit der Untertanen. Sie drückte sich nicht nur in den zahlreichen Statuen aus, die dem Kaiser an allen Orten freudig gestiftet wurden. Er hatte einen Grundsatz, dessen Verwirklichung heute noch am Pantheon in Rom zu sehen ist: Es wurde unter ihm völlig neu aufgebaut. Trotzdem ließ er in der Weihinschrift im Architrav den ursprünglichen Erbauer ehren. Niemals wollte er mit seinen Bauten oder Geschenken namentlich in Verbindung gebracht werden. Während es ihm im Westen des Reiches gelungen ist, eine gewisse Anonymität zu bewahren (bis vor kurzem war sich die Wissenschaft beispielsweise nicht einig, wer nun der wirkliche Erbauer des Pantheon in seiner jetzigen Form war), wurde er im Osten bald als der große Wohltäter gefeiert. Die leicht entflammbaren Orientalen verehrten ihn als Divus, als glückbringenden Dionysos, ja als Zeus selbst, der leibhaftig auf die Erde gekommen war, und neben dem alle anderen Götter verblaßten ... Zwei der letzten drei Reisejahre hat Hadrian in der Provinz Asien verbracht, das dritte widmete er ganz seinem geliebten Griechenland und hier vor allem der Hauptstadt Athen.

Sein Weg führte vom Euphrat nordostwärts nach Caesarea, das in Hadrianopolis umbenannt wurde. In Ancyra befand sich der Sitz des galatischen Heeres. Es ist anzunehmen, daß er auch dort nach dem Rechten sah. Dann wandte er sich nach Norden, dem Schwarzen Meer zu.

Der Aufenthalt in Bithynien sollte nicht nur dem Land zum Wohl gereichen, sondern auch für Hadrian selbst von schicksalhafter Tragweite sein. Die erste Station war wohl Bithynion-Claudiopolis. Die Stadt nahm den Ehrennamen »Adrianae« an und wurde noch bis Gallienus so genannt. Aus Bithynion stammte Antinoos, ein wunderschöner Jüngling, der das Herz des Weltherrschers in leidenschaftlicher Liebe entfachte. Ob Hadrian ihm bereits bei diesem Aufenthalt begegnete, ist ungewiß. Später sollte der junge Mann Hadrians ständiger Begleiter werden und im Leben des Kaisers keine geringe Rolle spielen. Und die auf die Verbindung des Kaisers mit einem der Ihren stolzen Bithynier werden ein Fest stiften, das nach dem Namen des Kaisers und seines Günstlings benannt werden wird.

Bithynien gehörte zu den senatorischen Provinzen. Sie wurde vom römischen Senat durch einen Proconsul verwaltet. Bithynien galt als friedlich. Trotzdem hatten sich immer wieder Kaiser veranlaßt gesehen, mit ihren eigenen Leuten die senatorische Verwaltung zu unterstützen. Denn die Bithynier waren als ausgesprochen temperamentvoll bekannt. Plinius der Jüngere, den Trajan als kaiserlichen Statthalter in dieses Land geschickt hatte, hat uns in seinen Briefen, die er von dort aus dem Kaiser sandte, sowohl ein lebendiges Bild der bithynischen Mentalität als auch eine zuverlässige Schilderung römischer Provinzialverwaltung hinterlassen. Dieser amtliche Briefwechsel gehört zu den wichtigsten Dokumenten römischer Zeitgeschichte. Bithynien war so leicht entflammbar, daß dort sogar eine Feuerwehrabteilung als möglicher Unruheherd angesehen werden mußte. Als Plinius einmal beim Kaiser anfragte, ob er die Gründung einer solchen Interessengemeinschaft erlauben könne, erstattete Trajan einen ablehnenden Bescheid. Denn er sah in jeder bithynischen Vereinigung eine potentielle Wiege für politische Verschwörung. Und Trajan kannte den Orient.

Auch Hadrian muß um die Schwierigkeiten gewußt haben, die Rom von dort aus bereitet werden konnten. Er hat das Land deshalb nicht nur in wirtschaftlicher Hinsicht unterstützt, sondern auch einen kaiserlichen Sonderbeauftragten eingesetzt.

Hadrians Reise durch das römische Asien war weit, ihr Verlauf erscheint uns verworren. Gerade hier macht sich wieder der Verlust der Autobiographie bemerkbar, die über Routen und einzelne Stationen des Aufenthalts sicherlich Aufschluß geben könnte. Hadrian hatte nämlich seinen Schreiber Phlegon auf seine Reisen mitgenommen. Und dieser war gehalten, ein Itinerar, eine Art Reisetagebuch, zu führen.

Wahrscheinlich ist Hadrian von Bithynien aus ostwärts gezogen. Er kam nach Trapezus, der damals berühmtesten Hafenstadt am Schwarzen Meer. Das heute türkische Trabzon war griechische Kolonie. Es wurde im 7./6. Jahrhundert v. Chr. von Sinope aus gegründet und gehörte seit Mithridates VI. zum Königreich Pontus. Seit Neros Zeiten war es als

»freie Stadt« ein wichtiger Stützpunkt der römischen Flotte. Damals wie heute war Trapezus auch Zentrum der Fischerei. Hadrian ließ einen neuen Fischereihafen anlegen.

Auch diese Gegend war geschichtsträchtig. Hier hatte vor knapp 200 Jahren Mithridates den Römern schwer zu schaffen gemacht, bis man auf Betreiben Ciceros Cn. Pompeius mit außerordentlichen Vollmachten gegen ihn geschickt hatte. Pompeius verfolgte Mithridates bis an die Krim, konnte ihn schlagen und damit die römische Herrschaft in Asien vom Bosporus bis nach Armenien und Palästina ausdehnen. Auch an dieses bedeutende Ereignis mag Hadrian während seines Aufenthaltes an der Schwarzmeermüste gedacht haben.

Wollte Hadrian die anderen Provinzen nicht vernachlässigen, so durfte auch dieser Besuch, wie interessant auch immer er sein mochte, nicht zu lange dauern. Andererseits war diese Gegend zu wichtig, als daß man einfach hätte darüber hinweggehen können. Glücklicherweise hatte der Kaiser gelehrte Freunde. Er umgab sich gern mit Wissenschaftlern, Dichtern und Philosophen, von denen viele überdies den Vorteil hatten, auch in der komplizierten römischen Verwaltung Fachleute zu sein. Zu diesen Männern gehörte Flavius Arrianus, ein griechischer Historiker aus Nikomedia. Arrian hatte sich als Schüler des berühmten Stoikers Epiktet einen Namen gemacht. Unter anderem hatten die »Abtreibungen« seinen Ruhm begründet, jene Nachschriften der Lehren seines gebildeten Philosophenvorbildes. Sie wurden bald zu den besten Büchern der Welt gezählt. Aber Arrian konnte mehr als nachreden. Er war in erster Linie Geschichtsschreiber, und in dieser Eigenschaft hat ihn Hadrian für sechs Jahre als Statthalter nach Kappadokien versetzt, damit er dort eine erschöpfende Darstellung der Schwarzmeerküste erstelle. Arrian mußte seine Exkursionen durch das Schwarzmeergebiet von Trapezus aus beginnen. So wußte er gleich zu Anfang seiner sechsjährigen Statthalterschaft dem Kaiser zu berichten, daß der hohe Besuch in der Stadt ungeheure Freude ausgelöst habe. Er bemängelte aber die groben Altäre, die man zu Ehren des Kaisers dort aufgestellt habe, und ihre schlecht lesbaren Inschriften. »Ich habe«, fuhr er fort, »die Altäre durch neue aus weißem Marmor ersetzen lassen mit sehr schön geschnittenen Inschriften.« Des weiteren erbat er eine neue Statue des Kaisers, da die, über die er verfügte, weder hadrianähnlich noch geschmackvoll war. Der eitle Kaiser ist diesem Wunsch sicherlich gern nachgekommen. Offizielle Kaiserbüsten und -statuen wurden damals zur Ausschmückung der Städte in Mengen verschickt. So ist es auch zu erklären, daß uns von Hadrian zahlreiche Köpfe solcher Bildnisse erhalten geblieben sind.

Im Jahre 124 besuchte Hadrian das Gebiet der heutigen Türkei. Dort hatte einige Jahre zuvor ein schweres Erdbeben drei wichtige Städte zerstört: Cyzicus, Nicea und Nikomedia. Nirgendwo hier im Osten war die Hilfe des Kaisers nötiger. So hat Hadrian großzügige Mittel für die Behebung der Schäden zur Verfügung gestellt. Das hat nicht nur die unmittelbar Betroffenen zu Dankbarkeit veranlaßt. Selbst der Senat zu Hause in Rom konnte nicht umhin, die kaiserliche Gnade durch eigens geprägte Münzen anzuerkennen. Nikomedia nahm den Ehrennamen »Hadrianae« an. In Nicea erinnerte eine Inschrift an dem Tor, durch das Hadrian in die Stadt eingezogen war, kommende Generationen an den Segensspender. Die leichtgläubigen Asiaten, denen ein einziger personifizierter Gott immer noch lieber war als die verwirrende Vielfalt unsichtbarer Gottheiten, erhoben Hadrian zum neuen Dionysos. Sie bezeichneten ihn als Abkömmling der beiden Zeussöhne Dionysos und Herakles und sahen in ihm einen Nachkommen der Götter, die auf ihren Fahrten die Erde von allen Unholden befreiten und überall Segen spendeten. Hadrian genoß diesen weltweiten Ruhm, der zuvor noch keinem Kaiser zuteil geworden war. Und als man in Cyzicus beschlossen hatte, ihm aus Dankbarkeit einen Tempel zu errichten, war er nicht nur einverstanden, daß man ihm den Tempel weihte. Er beteiligte sich sogar aus eigener Tasche an den Unkosten. Aber wie der Ruhm selbst stand auch sein steinerner Vertreter auf wackligen Beinen. Schon unter Marc Aurel fiel er einem erneuten Erdbeben zum Opfer. Nur sein Schmuck, die dort aufgestellte Kaiserstatue, soll das Unglück bis ins sechste Jahrhundert überlebt haben.

Die drei erdbebengeschädigten Städte lagen nicht weit von der Stelle entfernt, wo Homer Troja angesiedelt hatte und Vergil, ihm folgend, die Urheimat der Römer vermutete. Es wäre eigentlich verwunderlich gewesen, hätte der traditionsbewußte römische Kaiser diesen Ort nicht aufgesucht. Die Lebenswege der Großen selbst eines längeren Zeitabschnitts gleichen sich oft verblüffend. Hier hatte Cäsar einst Pompeius nachgesetzt und, sofern wir der Schilderung des Dichters glauben dürfen, die Aschengeister in Trojas Ruinen beschworen und die Hausgeister seines legendären Ahnen Aeneas. Für Hadrian wird das ausgebrannte Ilion nicht die gleiche Bedeutung gehabt haben wie einst für jenen. Denn auf den Glanz einer solchen Genealogie konnte sich der jetzige Kaiser nicht stützen, der ja nur durch Adoption auf den Thron gelangt war und seine weltbeherrschende Stellung einer Reihe von glücklichen Zufällen verdankte. Dennoch mag ihm, der allem Mythischen verhaftet war, ein Besuch Trojas mehr bedeutet haben als jedem Durchschnittsrömer. Man zeigte ihm das Grab des Ajax, den Homer hier neben Achilles als tapfersten und stärksten Griechen hatte kämpfen lassen. Die Gedenkstätte war verfallen. Hadrian mag der Worte Juvenals gedacht haben, der in bitterer Ironie einmal festgestellt hatte, daß selbst den Gräbern ihr Verderben drohe: »Data sunt ipsis quoque fata sepulchris.« (Selbst den Gräbern ist ihr Schicksal gegeben.) Er ordnete die Wiederherstellung des Grabmals an. Auch später ließ er noch manche Gräber ruhmreicher Helden herrichten. Er war das seiner Pietät schuldig.

Im geschichtsträchtigen Phrygien lag Melissa, ein denkwürdiger Ort, der das Grabmal des Alkibiades beherbergte. Der Neffe des berühmten Perikles war ein Lieblingsschüler von Sokrates. Er wurde zeitlebens zwischen Erfolg und Mißerfolg hin- und hergerissen und hatte das Pech, sich meistens auf die falsche Seite zu schlagen. Als er sich 404 v. Chr. beim athenischen Zusammenbruch nach Persien zurückziehen wollte, war sein Schicksal besiegelt. Auf Betreiben des spartanischen Feldherrn Lysander wurde er bald ermordet und fand in Melissa seine letzte Ruhestätte. Auch das Grab dieses tragischen Menschen hat Hadrian ehrfurchtsvoll aufgesucht. Er ließ für Alkibiades eine marmorne Statue aufstellen und ordnete ein jährliches Opferfest an.

Unter den großen Städten Asiens entstand bald eine Rivalität, die in fast kindlich ausartenden Versuchen gipfelte, sich die Gunst des Kaisers zu sichern. Eine Stadt wollte die andere in Ehrenbezeugungen für Hadrian übertreffen. Man wetteiferte in der Zahl der Inschriften, die überall zu seinen

Ehren angebracht wurden. Man setzte ihn den heimischen Göttern gleich, ja scheute sich nicht, ihn über die althergebrachten Gottheiten hinaus zu verehren. In Pergamon identifizierte man ihn beispielsweise mit Asklepios, dem Gott der Heilkunst, der dort von alters her als höchste Gottheit anerkannt wurde.

Über Hadrians Tätigkeit in und für Pergamon ist wenig bekannt. Möglicherweise ließ er dort am Trajaneum bauen, das dem Kaiserkult diente. Man fand nämlich den Kopf einer Kolossalstatue Hadrians und den einer Trajansstatue, die wohl beide von Kultbildern aus der Cella stammen. Daß über den Aufenthalt in Pergamon so wenig bekannt ist, ist um so erstaunlicher, als die Stadt lange Zeit als Sitz der Münzanstalt des römischen Asien keine geringe Rolle spielte. Augustus hatte diese zwar nach Ephesus verlegt, aber schon Nerva hatte das Recht der Münzprägung wieder auf Pergamon übertragen. Hadrian selbst wollte nun in Asien mehr Geld in Umlauf bringen und räumte deshalb etwa zehn weiteren Städten das Recht der eigenen Münze ein. Bezeichnend für seine politischen Absichten war dabei, daß jede von ihnen ihre Lokalgötter auf die Münzen prägen durfte. Das sollte die Eigenständigkeit der altehrwürdigen Städte innerhalb des Reichsverbands symbolisieren.

Die erste Reise des Kaisers durch Kleinasien endete in Ephesus. Wahrscheinlich hatte sich Hadrian diesen Leckerbissen eigens bis zum Schluß aufbewahrt, um die Vorfreude länger genießen zu können. Denn Ephesus gehörte zu seinen Lieblingsstädten. Es galt nicht nur als Hauptstadt Asiens schlechthin. Es war ebenso geistiger Mittelpunkt, ein zentraler Stützpunkt des Hellenismus im Osten. Mit Hilfe der Schätze seines Artemisheiligtums hatte sich die ursprüngliche Ansiedlung zur Finanzmetropole und zum bedeutendsten Handelsplatz des westlichen Asien aufgeschwungen.

Das Zentrum der Stadt durchschnitt von Osten nach Westen eine 530 Meter lange marmorne Prachtstraße. Sie war von Säulenhallen flankiert. An der Nordseite lagen große Thermen und Gymnasien, im Westen befand sich ein gewaltiges griechisch-römisches Theater, dessen Erneuerung Claudius begonnen und Trajan erst vor wenigen Jahren abgeschlossen hatte. Auf seinen 66 Sitzreihen aus Marmor fanden 24 000 Zuschauer Platz. Im Süden der Straße zogen sich riesige Märkte hin. Diese Agora war ebenfalls mit Säulenreihen umgeben und reich mit Ehrenstatuen ausgeschmückt. Man betrat sie durch zwei Prunktore. All dieser Pracht fügte Hadrian noch einen eigenen Tempel hinzu.

Er kannte Ephesus aus den Tagen, als er Trajan auf den Ostfeldzügen begleitet hatte. Hier atmete jeder Stein den Geist des Hellenentums. In der ganzen griechischen Welt wurde der Artemiskult anerkannt. In Kleinasien hatte man ihn schon in früher Zeit mit dem Kult der vielbrüstig dargestellten »Großen Göttermutter« verbunden. So war Ephesus auch religiöser Mittelpunkt der antiken Welt. Der Artemistempel, der schon auf vorgriechische Zeit zurückging, gehörte zu den sieben Weltwundern der Antike.

In Ephesus endete die erste Reise des Kaisers durch den Orient. Zwei Winter hatte er bereits in Asien verbracht. In wenigen Jahren sollte er noch einmal zurückkommen. Spartians »Vita« läßt Hadrian nun über die Inseln nach Griechenland segeln. Aber er muß unmittelbar nach seinem Asienaufenthalt noch einmal nach Thrakien und Moesien gekommen sein. Daß er nach dem Jahr 117 dort war, wird durch Münzen, die seine Ankunft feiern, belegt. Der deutsche Hadrianforscher W. Weber legt diesen Besuch wohl verfrüht in das Jahr 124.

Perinth war Ausgangspunkt des thrakischen Straßennetzes und Sitz des Statthalters. Hadrian wird wohl von hier aus seine Inspektionsreise gestartet haben.

Über den Verlauf der Reise ist wenig bekannt. Man kann auch nicht mit Sicherheit sagen, ob und wie weit Hadrian nach Moesien vorgestoßen ist. In Durostorum aber, nahe der Donaumündung, stand die Legion XI Claudia. Sie wird der Kaiser wohl inspiziert haben.

An der Nordküste des Schwarzen Meeres lag das alte Bosporanische Reich. Im 5. Jahrhundert v. Chr. war es von einem griechischen Adelsgeschlecht gegründet worden, seit 17 v. Chr. römischer Klientelstaat. Gerade zur Zeit der Asienreise des römischen Kaisers war dort 123 oder 124 Cotys König geworden, nicht nur ein persönlicher Freund des Kaisers, sondern auch dem römischen Volk zugetan. Die Zuneigung hatte er mit der Abwehr der Skythen bewiesen, die vom Norden her gegen sein Königreich und gegen die römischen Interessen in dieser Weltecke drängten. Hadrian belohnte seinen Einsatz mit einer hohen Auszeichnung. Außerdem unterstellte er ihm einige Städte der Nachbarschaft. Das zeigt uns nicht nur, wie weit die Interessensphäre Roms in jenen Tagen reichte. Es beweist auch wieder Hadrians diplomatisches Geschick. Indem er Belohnungen verteilte und vorsichtig die Macht der bosporanischen Herrscher erweiterte, hielt er sie doch gleichzeitig in römischer Abhängigkeit. Das war mindestens für Rom nicht die schlechteste Art der Grenzsicherung gegen die andrängenden Völker nördlich der Donaumündung.

Daß sich Hadrian zur Auszeichnung seines Freundes eigens nach der Hauptstadt Panticapaeum begeben hat, ist nicht nachweisbar. Sicherer dagegen scheint, daß er sich bald westwärts bewegte. In Moesia Superior nämlich wurde Viminacium zum municipium erhoben, und eine Reihe von Stadtgründungen donauaufwärts trägt von da an Hadrians Namen. Zu ihnen gehören Carnuntum und Aquincum. Sollte der Kaiser diesmal tatsächlich so weit nach Westen gekommen sein, wird er sich wohl über Aelia Mursa auf der großen Straße nach Siscia wieder südlich gewandt haben. Denn sein Ziel war Griechenland.

Er erreichte es über Makedonien, was wiederum durch Adventusmünzen nachgewiesen ist. Es war Herbst. Das Jahr 125 neigte sich allmählich seinem Ende entgegen.

19.

ATHEN

Rom war Griechenland schon immer mit achtungsvoller Ehrfurcht begegnet. So hatte es das Land »nicht zerstört, es hat seine Kunst, seine Schönheit, seine feine Sitte in verzückter Andacht gehegt und als heiliges Erbe weitergegeben an die kommenden Jahrhunderte.« Großzügiger als andere wurde die achaische Provinz behandelt, blieb von Garnisonen ebenso verschont wie von überhöhten Steuerlasten. Viele Stadtstaaten durften sich nach ihren altüberlieferten Verfassungen selbst regieren. Athen und Delphi gehörten dazu, waren gewissermaßen »freie Städte«, deren Unabhängigkeit freilich da endete, wo sie römischen Interessen zuwiderlief. Zu Sullas Tagen beispielsweise hatten sich die Griechen eingedenk der alten Freiheiten an einem Aufstand gegen Rom beteiligt und den pontischen König Mithridates unterstützt. Die Vergeltungsmaßnahmen der Römer waren schrecklich. Vor allem Athen hatte seinen Fehltritt mit einer vernichtenden Belagerung zu büßen. Andere Orte wie Elis oder Epidaurus wurden damals ihrer Schätze beraubt.

Jahre später war Griechenland wieder der Blickpunkt des Weltgeschehens. Cäsar und Pompeius, Antonius und Brutus trugen hier ihre privaten Auseinandersetzungen aus und beraubten Griechenland nicht nur seiner Menschen, indem sie

255

ihre Heere mit jungen Griechen auffüllten. Sie beschlagnahmten auch den gesamten Goldschatz. Das Mutterland des klassischen Geistes verfiel in bittere Armut und in einen mehr als hundertjährigen Dornröschenschlaf. Unter Augustus erholte sich zwar das hellenische Asien wieder. Hellas selbst aber verharrte im Elend, das durch die griechenfreundlichen Kaiser Caligula und Nero eher noch verschlimmert wurde. Denn das Interesse beider an dem Land erschöpfte sich darin, daß sie es systematisch nach Skulpturen durchkämmten, die sie dann zur Ausschmückung ihrer Hauptstadt und auch privater Gebäude verwendeten. So soll allein Nerro mehr als die Hälfte aller Bildwerke von Delphi mit nach Hause genommen haben.

Aber nicht nur die römischen Kaiser bereicherten sich an der fremden Not. Seit Sulla Athen zur Plünderung freigegeben hatte und Säulen zur Wiederherstellung des heimischen Kapitols nach Rom schaffen ließ, waren griechische Antiquitäten bei den Reichen Italiens in Mode gekommen. Auch Cicero ließ sich einige Statuen aus pentelischem und megarischem Marmor schicken.

Ist es ein Wunder, daß nach all den schlechten Erfahrungen, die Griechenland mit den Römern gemacht hatte, der friedliebende Graeculus wie ein Lichtstrahl am fernen Horizont erschien? Athen durfte wieder aufatmen, und mit ihm durften es alle Griechen, die Hadrians Neigung und Schwäche gegenüber allen ihren Wünschen rasch erkannten und entsprechend auszunützen verstanden. Andererseits dankten sie ihrem Wohltäter mit einer leider nur kurzen Renaissance des hellenischen Geistes.

Wie keine andere Stadt der Welt hat Athen westliches Kulturgut beeinflußt und geprägt. Und wie kaum einer vor ihm und niemand nach ihm hat Hadrian dieser Stadt ihr unverwechselbares Gepräge gegeben. Sie war für ihn Zentrum seiner Philosophie, geistiger und Bildungsmittelpunkt jener Zeit, die eigentliche Heimat und einzige Zufluchtsstätte seines unsteten Geistes, wo er nicht nur ungezwungen Hellene sein, sondern auch das von Jugend an ersehnte Leben eines Philosophen führen durfte.

Die »veilchenbekränzte« Stadt, wie einst Pindar sie rühmte, hatte sich seit der Blütezeit unter Perikles kaum verändert. Noch immer wurde die Akropolis, Wohnung von Göttern und Urkönigen, mit den Anfängen der Stadt in Verbindung gebracht und als Wahrzeichen der politischen Macht und des Geisteslebens angesehen. Noch immer thronte der Parthenon als stummer Wächter über der hellenistischen Welt. Und seine makellose Vollkommenheit mag den bewundernden Kaiser ebenso mit ehrfurchtsvollem Staunen erfüllt haben wie moderne Touristen, die ihn heute wie einen Wallfahrtsort in Scharen erpilgern. Das erhabene Erechtheion schaute auf seine Bewunderer hinab, und zu Füßen des Berges lagerten die uralte Agora und das weltberühmte Dionysostheater, das einstmals Mittelpunkt der dichterischen Welt gewesen war. Südöstlich der Akropolis schlummerte die Bauruine des Olympieions, jenes Riesentempels des olympischen Zeus, der schon zu Tyrannenzeiten begonnen worden war, den Menschenhand aber seltsamerweise niemals vollenden zu können schien.

Bei näherem Hinsehen freilich bot sich dem kritischen Auge ein anderes Bild. Schon längst war die Stadt nicht mehr mit Leben erfüllt. An den Schutzmauern des Akropolishügels klebten armselige Hütten, die von der Not ihrer Bewohner zeugten. Der Handel blühte schon lange nicht mehr, denn Athen lag in ständigem Wettbewerb mit anderen Städten, darunter Megara und Korinth, das dank römischer Protektion den Kampf letzten Endes gewonnen hatte. Es kontrollierte den Schiffsverkehr über den Isthmos und war dadurch schon ein halbes Jahrhundet nach seiner Neugründung durch Cäsar zur reichsten Stadt Griechenlands aufgestiegen. Ihre Bewohner — ein buntes Gemisch vieler Nationalitäten — waren wegen ihrer Geschäftstüchtigkeit berühmt.

Aber der Bewahrer und Neuerer Hadrian wußte, daß auch Athen noch geholfen werden konnte. Noch war der Ruf dieser Stadt als Zentrum von Literatur, Bildung und Kunst und natürlich vor allem Philosophie unübertroffen, so sehr sich andere Städte auch bemühten, ihr den Rang streitig zu machen. Noch immer zog Athen Scharen reicher, bildungsbeflissener Jünglinge und mittelloser Gelehrter in seinen Bann. Die Stadt wiederzuerwecken, dazu war es noch nicht zu spät. Aber es mußte rasch und klug gehandelt werden.

Zunächst war die gesamte Stadtanlage neu zu planen. Und auch darin erwies sich Hadrian von geradezu neuzeitlichem Weitblick. Wie moderne Städteplaner wollte nämlich auch er das Alte erhalten, Neues hinzufügen und beides harmonisch miteinander verbinden. Wie gut ihm das gelungen ist, kann der Tourist des 20. Jahrhunderts noch heute erfahren, wenn er durch das Hadrianstor (das leider nicht zu den geglücktesten Hinterlassenschaften des Kaisers gehört) die Stadt des Theseus verläßt, um in Hadrians Athen einzutreten. Auf der der Akropolis zugewandten Seite des Trennbogens kann man lesen: »Das ist Theseus' Stadt«, während auf der dem Olympieion zugekehrten steht: »Das ist Hadrians, nicht Theseus' Stadt«. Wie zu diesem Zeitpunkt schon viele Orte den Namen Hadrians trugen, nannte er auch sein neues Athen stolz »Hadrianopolis«.

Die Stelle für die Anlage seiner Stadt hat sich Hadrian sehr geschickt ausgesucht. Ein wenig abseits des archaischen Stadtkerns lag das Olympieion, an dessen Fertigstellung damals wohl niemand mehr so recht glaubte. Würde ihm das trotz aller Zweifel gelingen, so mußte das die Athener nicht nur sehr beeindrucken. Der Zeustempel würde darüber hinaus zum unverwechselbaren Mittelpunkt der Hadriansstadt werden. Und nicht zuletzt würde dieses Heiligtum den Kaiser selbst mit der höchsten Gottheit in Verbindung bringen, ja ihr möglicherweise gleichsetzen, wie man ihn ja schon an anderen Orten mit den lokalen Göttern identifiziert hatte. Das etwa mögen die Berechnungen des Kaisers gewesen sein, als er die Neuanlage seiner Stadt und die Fertigstellung ihres wichtigsten Heiligtums in Auftrag gab.

Nicht nur zum Bauen ist viel Wasser erforderlich. Viele römische Kaiser setzten ihren ganzen Ehrgeiz darein, auch die Bevölkerung mit dem lebensnotwendigen Element zu versorgen. Die Wasserversorgung muß zu damaliger Zeit unzureichend gewesen sein. Denn eine von Hadrians ersten Maßnahmen bestand darin, die Regulierung des Ilissos anzuordnen und von Kephisson nach Athen einen Aquädukt anzulegen. Es ware eine Aufgabe, die mehrere Jahre in Anspruch nahm. Die Anlage gehörte zu den wenigen Schöpfungen des Altertums, aus denen die Menschheit bis in neueste Zeit unmittelbaren Nutzen zog. Sie war so weitsichtig geplant, daß sie Athen noch in den ersten zwanzig Jahren unseres Jahrhunderts mit Wasser versorgte.

Bald entstand der Tempel des panhellenischen Zeus, den sich Hadrian als Zentrum seines beabsichtigten panhellenischen Bundes vorgestellt hatte. Ein Pantheon wie in Rom sicherte das Andenken an Hadrians gute Taten. Eine Bibliothek in der Nähe der Agora kündete von der Bildungsbeflissenheit des Kaisers. Ihre Reste kann man noch heute bewundern.

Aber Hadrian durfte sich nicht damit begnügen, seinen Baumeistern bei der Arbeit zuzusehen und das Wachsen des Werkes zu genießen. Auch anderweitig mußte Athen geholfen werden.

Nicht nur die Finanzlage der Stadt war äußerst schlecht. Auch in der einst so berühmten athenischen Gesetzgebung war im Laufe der Jahrhunderte einiges in Unordnung geraten. Wahrscheinlich haben sich die Athener, denen dieser Mangel durchaus bewußt gewesen sein mag, mit der Bitte an den Kaiser gewandt, die Gesetze nach drakonischen, solonischen und anderen berühmten Vorbildern zu kodifizieren. Denn es ist ein Erlaß über die Abgaben des Fischhandels bekannt und ebenso ein athenisches Ölgesetz. Nach ihm mußte dem Gymnasium eine ausreichende Menge Olivenöl zur Verfügung gestellt werden, damit die Athleten versorgt werden konnten. Das hatte eine Verminderung des Exports zur Folge. Inwieweit sich Hadrian bei diesen Erlassen an frühere Gesetzgeber gehalten hat, ist nicht bekannt. So wichtig solche Maßnahmen für die damalige Zeit gewesen sein mögen, sie zeigen doch, mit welchen geradezu lächerlichen Kleinigkeiten sich die Kaiser des alten Rom herumzuschlagen hatten. Unter diesem Gesichtspunkt ist es nicht verwunderlich, daß viele von ihnen überfordert und vorzeitig verbraucht waren. Vielleicht sollte man auch daran einmal

Der »Hadrians-Bogen« in Athen trennt Theseus' Stadt von der des römischen Kaisers

Das »Olympieia«, der Tempel des olympischen Zeus, wurde zu einem der großartigsten Bauwerke in Athen

denken, wenn man geneigt ist, im Spiegel der Geschichte allzu leichtfertig über sie zu urteilen.

Während der römische Gesetzeskodex glücklicherweise erhalten ist, ist das athenische Gesetzbuch verlorengegangen. Seine Erhaltung hätte mit Sicherheit zum besseren Verständnis der Antike beigetragen. So weiß man nur, daß Athen auch weiterhin eine verhältnismäßig freie Stadt blieb und zur weitgehenden Selbstverwaltung berechtigt war.

Wahrscheinlich hat der Kaiser anläßlich des ersten Aufenthaltes in Athen dort nur überwintert, um sein Erneuerungswerk in Gang zu setzen. Oder er hat sich diese von ihm am meisten geliebte Stadt als festes Domizil für seine Ausflüge in das übrige Griechenland ausgewählt. Genaueres hierüber ist nicht bekannt. Daß er schon diesmal mehrere berühmte Orte aufgesucht hat, wird aber nicht bezweifelt. Drei Jahre später sollte er wieder — dann für längere Zeit — nach Athen zurückkehren und die ersten Früchte seiner Arbeit genießen können.

Einen wichtigen Platz im kulturellen Leben der Griechen nahm das nur wenige Kilometer nordwestlich der Hauptstadt gelegene Eleusis ein. Es war nur eine kleine Stadt, strategisch unbedeutend, wenn man davon absieht, daß es Athen im vierten Jahrhundert einmal als Bollwerk gegen Megara gedient hatte. Aber immerhin hatte dieser kleine Flecken einen Aischylos hervorgebracht und war Mittelpunkt eines Fruchtbarkeitskultes, der mit Demeter und ihrer Tochter Kore zusammenhing. Alljährlich wurden hier kleine und in den Herbst fallende große Mysterienfeiern abgehalten. Sie, zugleich athenisches Staatsfest, boten nur Eingeweihten Zugang. Obwohl die antiken Quellen ein klares

Bild der Eleusinischen Mysterien nicht erkennen lassen, weiß man doch, daß die Einweihung der Gläubigen mit Schweigepflicht, Verhaltenstabus und der Einhaltung bestimmter Riten verbunden war. Ziel war Epiphanie der Gottheit und Verheißung der Wiedergeburt. Das Priesteramt übte das vornehmste athenische Geschlecht, die Eumolpiden, aus. Auch Hadrian und einige seiner Nachfolger haben sich später in das Geschlecht aufnehmen lassen.

Wie an so vielen anderen Stätten haben die Spaten der Archäologen auch hier längst vergessen Geglaubtes ans Tageslicht gefördert. Im heiligen Bezirk von Eleusis östlich der Akropolis lagen das Demeterheiligtum und das Telesterion, der Kultbau zur Feier der Mysterien. Er stellt eine etwa quadratische Halle mit einer Seitenlänge von über 50 Metern dar. 42 hohe Innensäulen trugen das Dach, durch dessen Öffnungen Licht in den dunklen Innenraum fiel. An den Wänden befanden sich die Stufen und Sitzreihen für die Eingeweihten. Wer heute in den Ort kommt, in dem vom achten Jahrhundert v. Chr. bis zum sechsten Jahrhundert n. Chr. die berühmtesten Mysterien der alten Welt abgehalten wurden, kann sich seine einstige Bedeutung nur schwer vorstellen. Eine häßliche Industriestadt empfängt den neugierigen Touristen. Versteckt liegen die Reste der einst hochberühmten heiligen Stätte.

Schon anläßlich seines ersten Aufenthaltes als Kaiser in Athen empfing Hadrian in Eleusis die niederen Weihen. Zwischen ihnen und den höheren mußte nämlich ein Zeitraum von mindestens einem Jahr liegen. Die Anwesenheit beim Eleusinischen Mysterienfest wird zweifellos den Höhepunkt der gesamten kaiserlichen Reise dargestellt haben.

Denn »... im Charakterbild Hadrians fällt die Hinneigung zum Mystifizismus auf. Schon seinem Gesicht gibt der schwere Zug um die Augen, das Verhüllte und Forschende seines Blickes ein eigentümlich schwermütiges Gepräge. Dem sittlichen Ernst seines Handelns kontrastiert seltsam ein passiver Zug, ein Versenken in ein weicheres, inneres Leben der Religion, der Mystik. Das aufrichtige Verlangen des hochgebildeten Sonderlings nach einer wahren Erlösung seiner Seele treibt ihn zu all den Religionen hin, deren Ziel Erlösung von der Erscheinungswelt ist. Der Wunsch, in Eleusis wie in Samothrake geweiht zu sein, ist seiner ruhelosen Seele entsprungen, die all die Größe und Herrlichkeit der Erscheinungswelt durchsucht, um eine innere Befriedigung zu finden. Diese Beschäftigung mit seiner › animula vagula blandula ‹ (Seele, zärtlicher Atem) zeugt in ihm später die Krankheit, durch welche für den Rest seines unsteten Lebens sein Geist umdüstert und verdunkelt war.« Wenn sich auch über Hadrians religiösen Hang die gelehrten Geister scheiden, so ist seine lebenslängliche Neugier doch unumstritten. Sie vor allem wird ihn auch nach Eleusis getrieben haben.

Eigenartig mutet die Bemerkung der »Vita« an, Hadrian sei nach dem Vorbild des Herkules und des makedonischen Königs und Alexander-Vaters Philipp in Eleusis eingeführt worden. Mit diesen Heroen der Vorzeit wird Hadrian verglichen, ja höhergestellt, wie es scheint. Denn während er der lebende Wohltäter und Glücksspender ist, entfalten jene keine greifbare Tätigkeit mehr zum Wohl der Menschen. Andererseits war man auch, und vielleicht in besonderem Maße, in Eleusis traditionsbewußt. Der Kaiser wurde nicht, was er möglicherweise erwartet hatte, in den Kreis der alten Kultgottheiten aufgenommen. Er mußte sich damit begnügen,

Mensch zu sein, wurde allerdings dabei in einem Atemzug mit den allerersten und vornehmsten Mysten der Kultstätte genannt. Er war höchstens »primus inter pares« (der Erste unter Gleichen).

Wie einst König Philipp, der freilich die Abstammung seines Geschlechts auf Herkules zurückgeführt hatte, war auch Hadrian in Eleusis ein Fremder. Versuchte jener nun durch seine Berufung auf den gottähnlichen Stammvater seine Weihe in Eleusis zu legitimieren, so war es auch für Hadrian nötig, ein Landeskind zu werden, wenn er Aufnahme in den Kreis der Eingeweihten begehrte. Seine bescheidenen italischen Vorfahren rechtfertigten diesen Anspruch nicht. Einer der bekanntesten Kenner der römischen Geschichte, Theodor Mommsen, bemerkt hierzu, daß ein Einheimischer den Kaiser adoptiert habe. Dies scheint glaubhaft, denn auch Herkules war seinerzeit adoptiert worden, und zwar von dem ältesten Diener der Göttin in Eleusis. Man darf deshalb annehmen, daß einer der Eumolpiden auch Hadrian an Sohnes Statt angenommen hat.

Mangels Überlieferung ist nicht mehr bekannt, wie eine solche Weihe vor sich ging. Die wenigen privilegierten Eingeweihten der antiken Welt haben das Wissen um die geheimnisvollen alten Riten mit in den Untergang genommen. Man weiß aber, daß die eleusinische Weihe Hadrians Weltanschauung besonders beeinflußt hat. Als »gottloser Heide« glaubte er an die Unsterblichkeit. Das drückt sich vor allem in seinen Gedanken auf dem Sterbebett aus und in der kleinen Ode an seine »blasse« Seele, die er der Menschheit als unverwechselbares Spiegelbild seiner zwiespältigen Persönlichkeit hinterlassen hat.

Wahrscheinlich kehrte der Kaiser nach den eleusinischen Feiern noch einmal für kurze Zeit nach Athen zurück. Wie lange er sich dort noch aufhielt, ist ebenso unbekannt wie der Tag der Weiterreise auf den Peloponnes. Denn nicht nur in Eleusis lockten geheimnisvolle Kulte. Ganz Griechenland war wie weite Teile des Orients eine Schatzkammer der Mysterien.

Die Insel Aigina hatte ihre eigenen Riten. Auf dem Gipfel des Oros war der Ursitz des Zeus-Panhellenionkultes. Eine alte Legende erzählt, der Göttervater selbst habe Aigina, die Tochter des Flußgottes Asopos, auf die damals noch menschenleere Insel gebracht und ihr Menschen aus Ameisen geschaffen. Aus Dankbarkeit sei ihm dann auf dem Oros ein Altar errichtet worden. Aber nicht nur die Aigineten, alle Griechen haben sich bald dem Zauber des Inselheros gebeugt.

Wie überall in Griechenland blickte auch hier das reine Griechentum wehmütig auf eine große Vergangenheit zurück. Todgeweiht schlummerte es einem sicheren Untergang entgegen. Hadrian hat es gewagt, in das Rad der Geschichte einzugreifen. Und es ist ihm gelungen, die Zeit vorübergehend anzuhalten. Den schicksalhaften Verfall der antiken Welt aber konnte auch er nicht mehr verhindern.

Auf Aigina brachte er den Kult des höchsten hellenischen Gottes für kurze Zeit wieder zu Ehren. Die dankbaren Griechen feierten ihn dafür als Panhellenios, die Inselbewohner als ihren Retter. Sie setzten ihn sogar mit der höchsten Gottheit gleich, was sich der Kaiser bereitwillig gefallen ließ. Wo sich aber die Menschen anmaßend mit Göttern messen, ist es um ihren Bestand schlecht bestellt. Sie dürfen der göttlichen Rache gewiß sein. Auch Hadrian, jetzt fünfzigjährig, hatte den Höhepunkt seines Lebens schon überschritten.

Sein Stern begann zu sinken. Für die restlichen zwölf Jahre, die er noch zu leben hatte, verließ ihn immer mehr das Glück, das so lange Zeit sein treuester Begleiter gewesen war. Sorgen und Krankheit umdüsterten seine schwermütige Seele und ließen ihn schließlich nur noch zum Schatten seiner selbst werden.

Er kam nach Megara, das seit uralter Zeit mit Athen in Fehde lag. Wie anderswo versuchte er auch hier, die unsinnigen Streitigkeiten zu schlichten. Kaiserin Sabina wurde hier als Demeter verehrt. Sicherlich hat Hadrian in Epidauros das ehrwürdige Theater bestaunt, das bereits im Altertum wegen seiner architektonischen Harmonie berühmt war. Erst das 20. Jahrhundert hat seinen Wert wiederentdeckt. Und man führt dort neuerdings antike Stücke auf.

Wohin Hadrian auch kam, längst war ihm sein Ruhm vorausgeeilt und übte auf die verschlafenen Griechenstädte mittelbaren Druck aus, ja riß viele von ihnen aus einer jahrhundertealten Lethargie. Überall wurde der hohe Besuch Anstoß zur Selbsthilfe, und Hadrian förderte die Eigeninitiative mancher Gemeinde damit, daß er seine Ankunft lange vorher ankündigen ließ. So waren die Stadtverwaltungen genötigt, für seine Sicherheit und Bequemlichkeit zu sorgen. Verfallene Straßen wurden ausgebessert, viele Städte für den Verkehr überhaupt neu erschlossen. Damit aber wurde nicht nur das Interesse der Reisenden an den historischen Stätten gesteigert. Auch der Handel wurde gefördert und gelangte noch einmal zu einer kurzen, aber intensiven Blüte.

Vor fünf Jahren hatte Hadrian die Hauptstadt Rom verlassen. Es war nun an der Zeit, wieder dorthin zurückzukehren. Er mußte sehen, wie seine Verwaltungs- und Rechtsreform funktionierte, und wie es um die vor einem halben Jahrzehnt und mehr begonnenen Bauten stand. Der Abschied von Griechenland wird ihm schwergefallen sein, denn nur hier fühlte er sich wirklich wohl. Hier konnte er sich griechisch kleiden, griechisch sprechen, hier war seine geistige und damit eigentliche Heimat. Andererseits wird er nicht nur wehmütig auf seinen Aufenthalt zurückgeblickt haben. Er durfte durchaus stolz sein auf alles, was er für das Land des klassischen Geistes geleistet hatte. Zwar blieb die erstrebte panhellenische Einigung weiterhin ein Traumziel. Aber anders als die meisten Herrscher vor ihm ließ er das Land nicht ausgebeutet und verödet zurück. In vorhadrianischer Zeit muß Hellas für den kritischen Betrachter ein trostloses Bild geboten haben. Jetzt erhoben sich überall neue oder restaurierte Tempel. Aquädukte waren im Entstehen, Spiele und sportliche Wettkämpfe regten die Menschen zu neuer Lebensfreude an. Die alten Kulte waren zu unverhofften Ehren gelangt. Überhaupt schien die überlieferte Staatsreligion eine glückliche Wiedergeburt erfahren zu haben. Aber wie so oft trog auch hier der Schein. Die kurze Renaissance des griechischen Geistes war in Wirklichkeit nicht mehr als ein kurzes Aufflackern vor dem Tod. Die antike Welt hatte sich überlebt. Schwer lasteten auf jener dekadenten Zeit die Erstarkung der Provinzen und der heimliche, aber unaufhaltsame Siegeszug Jesu Christi, eine Last, der sie bald unterliegen sollte.

Es ist unvorstellbar, daß der Kaiser den klassischen Boden wieder verlassen hatte, ohne vorher einer seiner traditionsreichsten Stätten einen wenigstens kurzen Besuch abzustatten: Delphi, der bedeutendsten Kultstätte der antiken Welt.

Auch Delphi zehrte nur noch von vergangenem Glanz. Seine Hauptblütezeit hatte es vom achten bis vierten Jahrhundert erlebt. Aber schon in vorklassischer Zeit stand dort das Zentralheiligtum aller hellenistischen Völker, und Apollon wurde in beinahe der gesamten Ökumene verehrt. Das Orakel hatte alle wichtigen politischen Entscheidungen zumindest mitgetragen, und sozial- und individualethische Normen verkündet.

Mag Delphi zu hadrianischer Zeit auch nicht mehr »Omphalos«, Mittelpunkt der Welt, gewesen sein, so kamen doch aus allen Teilen der zivilisierten Welt noch Menschen, die entweder einen kurzen Blick in die Zukunft riskieren wollten oder Apollons Rat für eine Entscheidung suchten. Ihn nahmen sie aus dem Mund der Pythia entgegen, jener Lorbeer kauenden Priesterin, die auf einem Dreifuß über einem Erdspalt in der Tempelanlage saß und in betäubende oder anregende Dämpfe eingehüllt war. »Priester deuteten Pythias Orakelsprüche dann so, wie sie es für richtig hielten. Sie verfügten zweifellos über ein ausgedehntes Nachrichtennetz, um sogar den politischen Fragen von mächtigen Königen gewachsen zu sein, die sich nach dem künftigen Schicksal ihres Reiches erkundigten. Die Priester hatten mit ihren (oft zweideutigen) Aussagen einen enormen Einfluß auf Krieg und Frieden in der mediterranen Welt.«

In spätantiker Zeit wurde das Orakel zwar noch befragt, hatte aber seinen ursprünglichen Einfluß längst verloren. Nur der letzte überlieferte Orakelspruch, der im vierten Jahrhundert dem byzantinischen Kaiser Julian Apostata gegeben wurde, war noch einmal von geschichtlichem Wahrheitsgehalt: Einem Versuch des Kaisers, die klassische Welt wiederzubeleben, verkündete Apollon: »Saget dem Herrscher, zerstört liegt die kunstvolle Stätte, Phoibos besitzt kein Dach mehr und keinen prophetischen Lorbeer; still ist der sprechende Quell, verstummt das murmelnde Wasser.«

Geschickter als anderswo haben sich die Priester und Einwohner von Delphi Hadrians Neigung für die Kultstätte schon zu Beginn seiner Regierungszeit gesichert. Sein erstes Archontat datiert auf das Jahr 120. Fünf Jahre später bekleidete er dieses Amt zum zweiten Mal. Der Kaiser begnügte sich nicht damit, die alten Privilegien der Stadt zu erneuern. Es ging ihm vor allem darum, auch Delphi zu neuem Leben zu erwecken. Aus den zahlreichen Bauten, die Hadrian errichten ließ, hat sich allmählich ein neuer Stadtteil entwickelt, eine kleine Hafenstadt, vergleichbar der von Athen. Zudem wurde der Stadt das Recht der eigenen Münzprägung gewährt.

Schwieriger als eine Erneuerung im weltlichen Bereich gestaltete sich zweifellos Hadrians Versuch, die alten Orakelinstitute neu zu beleben. Wie in jüngeren Jahren, als er noch um die Kaiserkrone bangte, suchte er jetzt das Apollonheiligtum auf, um mit der Priesterin inhaltlose Fragen und Antworten über die Abstammung Homers auszutauschen. Er erfuhr, daß Homer von Telemachos abstamme und in Ithaca geboren sei. Seine Mutter sei Polycaste, die Tochter des alten Nestor, gewesen. Die Sinnlosigkeit solcher Fragen ist in gleicher Weise geeignet zu zeigen, daß diesen religiösen Erneuerungsversuchen, die vom Kaiser selbst kamen, zwar augenblicklicher Erfolg beschieden sein mußte, die wirklichen religiösen Probleme der Zeit aber tiefer lagen und auf andere Weise befriedigt werden wollten.

Auf der Weiterreise nach Rom machte der Kaiser noch an der griechischen Westküste in Nikopolis halt. Er traf dort mit dem Philosophen Epiktet zusammen, der nach der Verbannung anläßlich der Philosophenverfolgung unter Domitian in Nikopolis eine Philosophenschule gegründet hatte.

Epiktet war ein ungewöhnlicher Mann. Da er als Freund des Kaisers galt, lohnt es, über ihn ein paar Worte zu verlieren.

Er wurde um 50 n. Chr. im phrygischen Hierapolis geboren. Seine Mutter war Sklavin. Er war, als Hadrian ihn besuchte, schon hochbetagt, sollte aber noch weitere zehn Jahre zu leben haben. Um die Weltanschauung Hadrians besser verstehen zu können, ist es interessant, die Gedanken seines damals schon weltberühmten Freundes näher zu untersuchen. Denn zweifellos haben sie auch das Gedankengut des Kaisers beeinflußt.

Eigentlich war Epiktet seiner Zeit weit voraus. Ihm lag nicht nur die praktische Lebensweisheit am Herzen. Er wendete sich vor allem gegen die Sklaverei und die Todesstrafe und sah in den Verbrechern nur Kranke, die man behandeln und heilen müsse. Seine moralischen Lehrsätze waren von so hoher Ethik getragen, daß Christen wie der heilige Johannes Chrysosthomos und Augustinus ihn priesen. Das »Enchiridion«, ein von Epiktets Schüler Arrian herausgegebenes Handbüchlein, wurde von den Kirchenvätern mit geringfügigen Änderungen als Leitfaden des mönchischen Lebens übernommen.

Einige seiner goldenen Regeln seien hier beispielhaft angeführt. »Was du nicht selbst erleiden willst, das lasse auch andere nicht erleiden ... Wenn dir jemand hinterbringt, daß der oder jener gehässig über dich spricht, verteidige dich nicht! Antworte: er wußte wohl die anderen Fehler nicht, die mir noch anhaften, sonst hätte er nicht nur diese angeführt ...« Er rät, Böses mit Gutem zu vergelten und sich im Ver-

270

zicht zu üben. »Dulden« und »Verzichten« gehören zu seinen großen Forderungen.

»Sage nie von einer Sache: › Ich habe sie verloren ‹, sondern: Ich habe sie zurückgegeben. Ein Kind ist dir gestorben: Du hast es zurückgegeben. Dein Weib ist dir gestorben: Es ward zurückgegeben. Dein Grundstück wurde dir genommen: Auch das ward nur zurückgegeben. Was geht es dich an, durch wen es der zurückforderte, der es einst dir gab? Solange er es dir überläßt, behandle es als fremdes Gut ...«

War dieser Mann wirklich kein Christ? Hatte er vielleicht von der christlichen Lehre in irgendeiner Form gehört und sich ihr innerlich zugewandt, ohne es zu wissen?

»Die religiöse Atmosphäre, die seine Zeit durchdringt, verhilft seiner Philosophie zu einer Wärme und selbstverleugnenden Frömmigkeit, eng verwandt der Frömmigkeit des Kaisers, der ihn bald lesen und seinen Gedanken ein Echo geben sollte.« Auch Kaiser Marc Aurel war Epiktets Schüler und zugleich der letzte große Stoiker des Altertums. In ihm bestieg die Philosophie selbst den begehrten Cäsarenthron und schenkte mit »den mitten in den Stürmen des Markomannenkrieges verfaßten › Betrachtungen an sich selbst ‹ der Menschheit eines der kostbarsten Dokumente innerer Kultur.«

Die letzte Verzögerung auf der Heimreise nach Rom gestattete sich der Kaiser in Sizilien. Das erzählt uns nicht nur die »Vita«. Auch Münzen preisen die Ankunft des Kaisers und feiern ihn als Erneuerer der Insel.

Über Sizilien hatte einst das Griechentum Eingang nach Italien gefunden. Noch immer lockten die gigantischen Tempelanlagen von Agrigent und Segesta, zog Syrakus mit Tempel und Theater die Reisenden in seinen Bann. Dieses Gotteshaus mit seinen dorischen Säulen wurde später in eine Kathedrale umgewandelt. Es gehört zu den wenigen, die mehr als 2000 Jahre nach ihrem Entstehen noch immer der Gottesverehrung dienen, wenn die Zeit die Götter inzwischen auch ausgewechselt hat.

Hadrians Hauptanliegen aber war der Ätna. Der etwa 3 000 Meter hohe Berg lockte ihn keineswegs aus naturhistorischem Interesse. Er wollte aus dieser Höhe dem Augenblick näher sein, da die Sonne aufging. Der Sonnenaufgang ist der »Vita« zufolge vom Ätna aus »vielfältig wie ein Regenbogen«.

Das Ungewöhnliche an diesem romantischen Ausflug war, daß die eher nüchternen Römer solchen Naturwundern kaum Beachtung schenkten, obwohl für die meisten von ihnen der Tag schon sehr früh anbrach. Ungewöhnlicher aber nahm sich fast noch aus, daß sich ein Mann von Hadrians Alter derartigen Strapazen unterzog. Die Konstitution eines Fünfzigjährigen damaliger Zeit ist nämlich mit den durch den medizinischen Fortschritt gesicherten fünf Lebensjahrzehnten eines heutigen Menschen kaum vergleichbar. Manch einer mag den Kaiser deshalb bewundert haben.

Irgendwann im Spätsommer des Jahres 126 traf Hadrian dann in Rom ein. Ab September wohnte er in seiner tiburtinischen Villa, die allmählich die Gestalt eines kaiserwürdigen Domizils annahm.

Schon jetzt hatte der Weltherrscher mehr Länder bereist als jeder seiner Vorgänger und mehr vom Imperium gesehen, als es je einem seiner Nachfolger vergönnt sein sollte. Eine Ruhepause war für den Weltenbummler dringend nötig. Trotzdem dauerte sie nur eineinhalb Jahre. Die Unstetigkeit lag Hadrian im Blut.

DAS INTERMEZZO AM GRÜNEN TIBER

Rom war immer noch Rom, jene erhabene Beherrscherin des Erdkreises, deren Unvergänglichkeit fast schon Legende war. Mehr als fünf Jahre war Hadrian der Hauptstadt ferngeblieben, hatte die Fortführung der Regierungsgeschäfte vertrauensvoll in die Hände seiner Untertanen gelegt. Und das Erstaunliche war, daß der in der kurzen Zeit vor der großen Reise ausgebildete Staatsapparat so vorzüglich funktionierte, daß der Kaiser eine so lange Abwesenheit in Kauf nehmen konnte.

Trotzdem ist es wohl Hadrian gewesen, der der Dezentralisation des Reiches, die sich in den folgenden Jahrhunderten immer stärker ausbreitete, den Weg geebnet hat. Er hat der antiken Welt — und damit im Grunde allen Herrschern bis hin zur Neuzeit — gezeigt, daß die Macht grundsätzlich da ist, wo sich der Herrscher befindet. Sein bisher beispielloses Vorbild mag es gewesen sein, das künftige Kaiser an der Bestimmung Roms als Mittelpunkt der Welt zunehmend zweifeln ließ, bis die Hauptstadt schließlich ihrer jahrhundertealten privilegierten Vormachtstellung völlig beraubt war. Hadrians Verlagerung der Macht von der Stadt auf sich selbst war keineswegs der geringste Grund für die später erfolgte Teilung des Imperiums und den Untergang der antiken Welt. Diese Spätfolgen waren aber zu seiner Zeit noch nicht abzusehen. Die Leistungen seines Prinzipats konnten vielmehr einen bisher einzigartigen Rang für sich beanspruchen. Nicht nur die Pforten des Janustempels, die man im Kriege offenstehen ließ, waren seit fast einem Jahrzehnt geschlossen. Nicht nur der Handel stand im ganzen Reich in hoher Blüte. Die römische Welt erlebte neben einem materiellen Aufschwung noch einmal, allerdings zum letzten Mal in ihrer Geschichte, eine geistige und kulturelle Erneuerung.

Man schrieb das Jahr 128 christlicher Zeitrechnung. Seit nunmehr zehn Jahren war Hadrian Kaiser, hatte der ungewöhnliche Mann aus der Provinz unermüdlich für das Wohl seiner Untertanen gesorgt. Stolz durfte er auf die Früchte seiner Bemühungen herabblicken. Aber auch den Mitverantwortlichen des römischen Staatswesens, allen voran den Senatoren, konnten die Erfolge der kaiserlichen Fürsoge nicht verborgen bleiben.

Man trug ihm erneut den Titel »pater patriae« an, Vater des Vaterlandes. Es mag anläßlich der Einweihung des Tempels der Venus und Roma am Geburtstag der Stadt, dem 21. April des Jahres 128, oder am Jahrestag des Beginns seiner Herrschaft gewesen sein, als Hadrian glaubte, die hohe Auszeichnung auch verdient zu haben. Er wehrte sich nicht länger gegen die ihm zugedachte Ehrung und nahm an. Etwa gleichzeitig scheint auch Sabina zur Augusta, zur Kaiserin, erhoben worden zu sein.

Gott schenkte den Menschen die Erde und erschuf sich selbst den Architekten, damit dieser sein Werk ausschmücke und kröne. Hadrian erwies sich keineswegs als das geringste dieser Geschöpfe. Es ist mehr als bemerkenswert, daß ein Mann, der ein weitsichtiger Feldherr war, der sich als überaus kluger Verwalter und umsichtiger Staatslenker erwiesen hatte, auch auf künstlerischem Gebiet über geniale Fähigkeiten verfügte. Der Bauherr Hadrian ist nicht weniger berühmt als der Kaiser und Philosoph. »Kein Mensch entfaltete je eine so rege Bautätigkeit, kein Herrscher setzte sich je so persönlich dafür ein. Oft entwarf er die Pläne für seine Bauten selbst, und immer verfolgte er den Bauverlauf mit fachmännischen Inspektionen. Er ließ zahllose Bauwerke wiederaufbauen oder restaurieren...« Man hätte von dem nichtausgebildeten Architekten höchstens die dilettantischen und besserwisserischen Versuche eines Amateurs erwarten können. Was Hadrian der Welt aber an sichtbaren, steinernen Zeugen seiner Künstlerschaft hinterlassen hat, braucht keinen Vergleich zu scheuen. Seine berühmtesten Bauwerke, die nicht nur seine Zeit in Erstaunen versetzten, haben die Stürme der Zeiten überdauert und stehen als unerschütterliche Zeugen einer längst versunkenen Welt. Seltsam ist, daß sein letzter großer Bau, das Grabmal am Tiber, nicht nur seit altersher ein Wahrzeichen der ewigen Stadt ist. Es trägt mindestens ebenso Symbolcharakter für die christliche Welt. Und fast scheint es, als habe hier eine unbestimmte Vorsehung in das Recht allen Menschenwerks auf Vergänglichkeit bewahrend eingegriffen.

Doch wollen wir das dahingestellt sein lassen. Sicher ist, daß sich in dem Menschen Hadrian die Natur zu einer seltenen Vereinigung vielfältiger Fähigkeiten herabließ. Und ein gnädiger Gott stattete dieses Bündel an Anlagen mit der nötigen Macht aus, damit sie alle für Zeitgenossen wie Nachkommen nutzbringend eingesetzt werden konnten. Dabei berührt es seltsam, daß dieser Mann in Kenntnis seiner Ungewöhnlichkeit doch bescheiden genug blieb, an keinem

seiner Bauwerke den eigenen Namen einmeißeln zu lassen ...
Nur der Tempel des zu den Göttern erhobenen Trajan trug
seine Züge. Doch auch das, wie man weiß, nur aus Pietäts-
gründen dem Adoptivvater gegenüber. Alle anderen Gebäude — und deren gab es zahlreiche in der römischen Welt —
ließ Hadrian zu Ehren ihrer einstigen Gründer wiederher-
stellen.

Auch im Bauen verwirklichte der Kaiser vor allem Ju-
gendträume. In jungen Jahren hatte er sich einmal in kindlichem Eifer in eine Unterhaltung Trajans mit dem
berühmtesten Architekten jener Zeit, Apollodorus von Damaskus, eingemischt. Der gestörte Künstler hatte ihn dafür
mit den Worten gerügt: »Verschwinde und male weiter Kür-
bisse! Hiervon verstehst du nichts.« Sicherlich vergaß der
nachtragende Hadrian diesen Vorfall nie. Jetzt, da er als
Kaiser alle Mittel und Möglichkeiten dazu besaß, wollte er
dem berühmten Baumeister beweisen, daß er von architektonischen Dingen eben doch eine ganze Menge verstand. Er
entwarf einen Plan für den Tempel der Venus und Roma, der
als größter Tempel der Stadt gegenüber dem Colosseum an
der Via Sacra erstehen sollte. Den Plan schickte er an Apollodorus und bat ihn um seine Meinung.

Der Syrer schlug vor, den Tempel auf ein Podest zu stellen, damit man ihn von der Via Sacra aus besser sehen könne. Außerdem kritisierte er die Größe der vorgesehenen
Götterstatuen. Wenn diese Göttinnen aufstünden, um hin-
auszugehen, so meinte er, würden sie sich den Kopf an der
Decke anstoßen.

Etwas boshaft bemerkt der Chronist, Hadrian habe den
Architekten für diese Überheblichkeit verbannt und später
sogar hinrichten lassen. Aber das scheint nur ein böswilliges

Gerücht gewesen zu sein. Hätte sich der Kaiser sonst den fachmännischen Ratschlägen gebeugt? Andere Geschichtsschreiber wissen, daß Apollodorus noch Jahre später unermüdlich tätig war und ihn der Kaiser selbst mit Aufträgen bedachte.

Um Platz für den Tempel zu schaffen, mußte die schon früher erwähnte Kolossalstatue des Nero näher an das Amphitheatrum Flavium herangerückt werden. Hierzu war die Zugkraft von 24 Elefanten nötig. Nachdem die Züge des Nero durch diejenigen des Sonnengottes ersetzt worden waren, beauftragte der Kaiser den besagten Apollodorus, ein entsprechendes Standbild für die Mondgöttin zu entwerfen. Der Sonnengott, den die Römer »Hel« nannten, war der Nemenspatron Hadrians. Helius — Aelius! Es konnte nicht schaden, Rom und die Welt tagtäglich daran zu erinnern, daß auch der Aelier eine Sonne war, die über der ewigen Stadt und ihrem unermeßlichen Imperium strahlte.

Gerade Hadrians Bauten gehören zu der Hinterlassenschaft des Kaisers, die selbst nach Jahrhunderten noch von seinen ungewöhnlichen Talenten zeugt. Wenigstens die wichtigsten von ihnen zu streifen, scheint deshalb für einen Hadrian-Biographen unerläßlich.

Beginnen wir beim schon erwähnten Venus-Roma-Tempel! Er bestach schon durch seine Größe, die eine Grundfläche von 14 500 Quadratmetern (145 auf 100 Meter) einnahm. Für die Errichtung eines solch gigantischen Bauwerks mußte der Hügel beim Colosseum, die »Velia«, durch eine umfangreiche Plattform erweitert werden. Aber nicht nur von der Größe her, auch dem Aussehen nach war das Gotteshaus ungewöhnlich, unrömisch fast wie sein Erbauer. Aus leuchtendem Carraramarmor geschaffen, umschlossen es nach außen hin 150 Säulen, ganz, wie man es von den Griechen gewohnt war. Durch diesen Säulenwald entstand ein umfangreicher heiliger Bezirk, eine Art »Forum Hadriani«. Das Innere bestand aus zwei Cellen mit Apsiden. Dort thronten die Weltbeherrscherin Roma und Venus, die Stammutter der Cäsaren, Rücken an Rücken. Venus sah nach Osten, von wo sie einst gekommen war, und Roma blickte stolz auf die westlichen Provinzen.

Venus und Roma! Die Verbindung dieser beiden Gottheiten war keineswegs zufällig, sondern wurde ganz bewußt in den Dienst des Kaiserkults gestellt. Obwohl Venus offiziell nur als Stammutter des julisch-claudischen Kaisergeschlechts gegolten hatte, wurde sie noch immer als Schutzpatronin der nachfolgenden Herrscherhäuser angesehen. Roma war seit jeher die Stadtgöttin der Metropole. Die gemeinsame Ehrung dieser beiden für Rom so überaus bedeutenden Göttinnen unter einem Dach ließ also erwarten, daß sich dieses zu einer Art Nationalheiligtum entwickeln würde. Vor allem damit mag Hadrian gerechnet haben, als er im Jahre 121 am Geburtstag der Stadt den Grundstein für die mächtige Tempelanlage legte.

Wie die Göttinnen abgelöst wurden, so hat die Zeit auch von dem einst imposanten Bauwerk wenig übriggelassen. Hadrian selbst durfte seine endgültige Fertigstellung nicht mehr erleben. Denn vollendet wurde es erst unter Antoninus Pius. Nach einem Brand ließ Maxentius zu Beginn des vierten Jahrhunderts die Anlage restaurieren. Was heute noch steht, stammt hauptsächlich von dieser Restauration.

Zum Teil erhalten blieben die Apsiden. Von den umfassenden Säulengängen hat man einige Granitsäulen wiederaufgerichtet. Die, die verschollen sind, deutete man durch geschmackvoll gepflanzte Sträucher an. So vermittelt die Tempelanlage selbst nach über 1800 Jahren ein anschauliches Bild ihres einstigen Glanzes, wenn es auch einiger Phantasie bedarf, sich das alles in weißglänzendem Marmor vorzustellen. Das »Forum Hadriani« gehört übrigens zu den weniger besuchten Teilen des Forum Romanum. Und so bietet sich hier eine gute Gelegenheit, unmittelbar neben dem Trubel der Touristenprozessionen an still-beschaulichem Ort über das unergründliche Wesen jenes Kaisers nachzudenken.

Sehr im Gegensatz zu der fast übersteigerten Monumentalität des Venus-Roma-Tempels entstand auf dem Marsfeld das Pantheon, eine Kultstätte, die mit allen überlieferten Vorstellungen vom Tempelbau in fast revolutionärer Weise brach. »Kuppelsäle der Thermen scheinen mehr Vorbild gewesen zu sein als Sakralbauten. Dennoch war offensichtlich eine gewandelte religiöse Vorstellungswelt die Ursache dafür, daß man sich zu einem Kuppelbau entschloß...«

Dieser »man« war Hadrian. Kein anderes seiner Bauwerke, die er der Nachwelt hinterlassen hat, trägt seine ausgeprägtere Handschrift. Keines hat ihn berühmter gemacht. Keines hat aber auch den Unbilden der Zeit mehr getrotzt als jene eigenartige Raumkugel, die schon im Altertum als Sinnbild der Vollkommenheit galt. Oft kopiert, aber niemals erreicht, nimmt das Pantheon unter allen Schöpfungen der antiken Architektur einen einzigartigen Rang ein. Und doch sind die Ideen, die Hadrian zu diesem Tempelbau veranlaßten, unerforscht, rätselhaft wie der Mann selbst, der durch die Wiederanbringung der alten Weihinschrift im Architrav den ursprünglichen Erbauer, Agrippa, auf vorbildlose Weise ehrte. Denn auch das Pantheon blickte schon in hadrianischer Zeit auf eine wechselvolle Geschichte zurück. Der erste Bau stammte von Agrippa, dem Schwiegersohn von Kaiser Augustus. Im Jahre 80 war er einem Großbrand zum Opfer gefallen. Von Domitian wiedererrichtet, zerstörte 110 ein Blitzschlag das heimgesuchte Gebäude. Hadrian begann mit dem Neubau 118 oder 119. So genau wissen wir das nicht. Und seine Bescheidenheit, die Agrippa als Erbauer auswies, hat bis in jüngste Zeit in der Wissenschaft einige Verwirrung gestiftet. Erst gegen Ende des 19. Jahrhunderts konnte ein französischer Architekt aufgrund eingehender Untersuchungen des Mauerwerks nachweisen, daß der Bau unter Hadrian errichtet wurde. Bei den Römern war es nämlich üblich geworden, die Ziegelsteine mit Datumstempeln zu versehen. Man nannte das Konsulat, unter dem die Steine gefertigt wurden.

Ähnlich wie der sichtbare Ausdruck von Hadrians Bescheidenheit trug etwas anderes zur Verunsicherung der forschenden Architekten bei. Es ist der offensichtliche Widerspruch »zwischen ursprünglicher Absicht und tatsächlicher Wirkung« des Ganzen. Die dem Gebäude als Pronaos vorgelagerte Säulenhalle trägt eindeutig griechischen Charakter. Der Kuppelbau hingegen läßt eine kühne Neuerung der römischen Architektur ahnen. Zudem ist die Säulenhalle nicht harmonisch mit dem Hauptteil verbunden.

Diese Tatsachen haben die Forschung immer wieder daran zweifeln lassen, daß der Bau tatsächlich das einheitliche Werk eines einzigen Menschen ist. Da man eine Restaurierung unter Septimius Severus nachweisen kann, vermutete man lange Zeit, mindestens die Säulenhalle gehe auf ihn zurück. Aber entspricht nicht gerade das Pantheon mit seinen offensichtlichen Widersprüchen Hadrians zwiespältigem

Das Pantheon symbolisiert stoisches Streben nach Vollkommenheit und läßt mit seiner mächtigen Kuppel neue Dimensionen römischer Architektur ahnen

Die kassettierte Halbkugel der Kuppel des Pantheons stellte einst
das Himmelsgewölbe dar

Charakter? Offenbart sich nicht gerade hierin die Schwierigkeit seines Wesens, die ihn zeitlebens zwischen Bewunderung für Traditionen und dem Streben nach dem Revolutionären hin- und herriß? Tatsächlich hat einer der bedeutendsten Kenner hadrianischer Architektur, Dr. Roberto Vighi, festgestellt, der Charakter dieses Tempels verrate, daß alleine Hadrian der Plan dafür zuzuschreiben sei. Denn »nur ein Mann wie er, der ein leidenschaftlicher Bewunderer der griechischen Kultur war und zugleich ein kühner Neuerer auf dem Gebiet der römischen Architektur, konnte ein solches Werk konzipieren: diese Verbindung einer großen Giebelhalle griechischer Art mit einer weiten runden Halle, die in der Behandlung des kurvilinearen Raums ein Meisterwerk typisch römischer Architektur ist...« Und schließlich, fährt er fort, könnten nur einem Mann, der nicht berufsmäßiger Architekt sei, jene Unstimmigkeiten des Stils unterlaufen, die dem geschulten Auge am Pantheon sogleich auffielen.

Die fast sprichwörtliche Vollkommenheit dieser Raumkugel ist mathematisch bedingt: Durchmesser und Höhe haben die gleiche Länge von 43,20 m. Der zylinderförmige Unterbau ist dabei ebenso hoch wie die Kuppel. Würde man beim Querschnitt durch den Bau den Halbkreis der Kuppel zum Kreis ergänzen, so tangierte er den Boden. Oder, mit anderen Worten ausgedrückt: die Halbkugel zur Kugel vervollständigt, läge auf dem Boden auf.

Die Gewaltigkeit der Kuppel des Pantheon ist höchster Ausdruck architektonischen Genies im alten Rom. Aber sie ist auch einmalig in der bisherigen Architekturgeschichte. Man hat sich oft an ihr inspiriert, man hat sie gelegentlich auch nachzuahmen versucht: Erreicht wurde sie dennoch nie. Selbst Michelangelo, der sich am Pantheon seine Anregung zur Gestaltung der Kuppel des Petersdomes holte, ist mit seiner Ausführung jener um fast 80 Zentimeter unterlegen. Ob er das Pantheon deshalb »einen engelsgleichen, nicht menschlichen Entwurf« nannte?

Die Vorhalle des Tempels ist giebelgekrönt. Früher führten fünf Stufen zu ihr hinauf. Das Giebeldach wird von 16 monolithischen Säulen getragen. Ihre Basen sind aus weißem Marmor gehauen, ebenso die korinthischen Kapitelle, die zu den schönsten der römischen Architektur gehören.

Die Säulen dieses im traditionellen griechischen Stil gehaltenen Pronaos lohnen einer näheren Betrachtung: acht sind aus rosa, acht aus grauem Granit. Jede Säule mißt 12,50 Meter und wiegt 60 Tonnen. Es grenzt nahezu an ein Wunder, daß man diese Steine in Ägypten abbauen, zuhauen und unversehrt nach Rom transportieren konnte. Es ist nämlich nachgewiesen, daß mindestens die sieben Säulen der Frontseite aus der östlichen Wüste Ägyptens kommen, wo Trajan mit dem Abbau der Steinbrüche begonnen hatte.

Im Innern überrascht die vollkommene Harmonie der Formen. Rhythmisch gliedert sich der Raum, unterteilt sich die Höhe. Die Strukturelemente spielen majestätisch in diesem großartigen Bauwerk zusammen.

Dion Cassius schrieb, die Kuppel gleiche dem Himmelsgewölbe. Sie ist durch fünf konzentrische Ringe aufgelockert. Vertiefungen bilden Kassetten und verleihen dem Gewölbe eine zusätzliche Gliederung. Im Scheitel befindet sich das »Auge«. Es ist eine kreisrunde Öffnung von fast neun Metern Durchmesser, die einzige Lichtquelle des Tempels, dessen Inneres dennoch in hellem Tageslicht erstrahlt. Nirgendwohin werden Schatten geworfen.

Von besonderer Bedeutung ist der Fußboden. Nicht nur, weil er trotz häufiger Restaurierungen sein ursprüngliches Muster und den Originalmarmor bewahrte. Unmittelbar unter dem »Auge« leiten Schlitze im Boden das einfallende Regenwasser ab. Es wird — seit fast 2000 Jahren — durch ein unterirdisches Kanalisationssystem in den Tiber geleitet. Wasser, in welcher Form es auch auftreten mochte, war für die alten Römer niemals ein Problem.

Die Wand, die den runden Innenraum umschließt, ist ebenfalls reich gegliedert. In sieben Nischen befanden sich früher Götterstatuen. Die Aedikulen zwischen den Nischen waren ebenfalls für Figuren bestimmt.

Nicht nur architektonisch, auch unter dem Aspekt des Religiös-Kultischen bedeutete dieser Tempel eine revolutionäre Neuerung. Bisher war das Tempelinnere, die Cella, nur Aufbewahrungsort für das Kultbild der Gottheit. Das Volk versammelte sich vor dem Heiligtum, wo auch der Opferaltar stand. Beim Pantheon aber mußte es den Innenraum betreten. Das Gewölbe, der Überlieferung nach mit Sternen auf nachtblauem Grund geschmückt, sollte den Himmel symbolisieren. Das Pantheon war also als Sinnbild des Kosmos gedacht. »In dieser Vorstellung verbarg sich stoische Philosophie, die in der Kaiserzeit große Bedeutung hatte. Nach Auffassung der Stoiker, die Gott im pantheistischen Sinne begriffen, war das ganze Weltall von Logoi spermatikoi, von Samenteilchen göttlicher Vernunft, also vom göttlichen Geist erfüllt. So lebt das Göttliche folgerichtig auch in dem Raum, der Kosmos bedeutet, und der Innenraum des Pantheon als solcher ist Träger des Göttlichen. Die Götterbilder in den Nischen vertragen sich sehr gut mit dieser stoischen Auffassung. Die verschiedenen Gottheiten galten bei den Stoikern als Personifikationen von Kräften des alldurchwaltenden Geistes. So spiegelt das Pantheon stoische Weltanschauung wider.« Pantheon bedeutet somit: die allerheiligste Stätte und nicht: die allen Göttern geweihte.

Hadrian war der personifizierte Ausdruck der gewandelten religiösen Vorstellung der ausgehenden Antike, sein Tempel hierfür der steinerne Beweis. Aber er hat gleichzeitig die Kirche der Christen unbewußt um Jahrhunderte vorweggenommen. Oder stand der Kaiser christlichem Gedankengut doch näher, als er sich und seiner Umwelt eingestehen mochte? Wird nicht auch in der christlichen Vorstellung die Gottheit im pantheistischen Sinn begriffen? Ist nicht auch nach ihrem Denken das ganze Weltall vom göttlichen Geist erfüllt?

Wie dem auch sei. Mit dem Siegeszug des Christentums wurde aus dem Pantheon eine Kirche zu Ehren der Mutter Gottes und alle Märtyrer. Umbauten waren nicht erforderlich. Und so kann Hadrian noch heute den seltenen Ruhm für sich beanspruchen, der Christenheit eine der ersten Kultstätten zur Bekundung ihres Glaubens gestiftet zu haben.

Die Geschichte des Pantheon ist wechselvoll und soll hier nur gestreift werden. Wie durch ein Wunder blieb es von den Verwüstungen der Barbaren verschont. Selbst die Bronzetür, die ins Innere führt, entging auf geheimnisvolle Weise barbarischer Habgier. Das weströmische Reich hatte längst aufgehört zu bestehen, als der alte Tempel im Jahre 608 von Kaiser Phokas Papst Bonifaz übergeben wurde. Die Päpste ließen häufig Restaurierungen vornehmen. Als Papst Urban VIII. aus dem Hause der Barberini das Bronzedach des Pronaos abdecken ließ, um daraus Kanonen und die Säulen des Baldachins in der Peterskirche zu gießen, hat Pasquino diesen Frevel mit den Worten beklagt: Quod non fecerunt barbari, fecerunt Barberini (Was die Barbaren nicht gemacht haben, haben die Barberini gemacht).

Bernini verunzierte die Vorhalle mit den »Eselsohren«, zwei Glockentürmen, die glücklicherweise 1893 wieder verschwanden.

Seit dem 16. Jahrhundert wurden im Pantheon berühmte Künstler beigesetzt. Allen voran der junge Raffael, dessen Andenken der Distichon des Kardinals Pietro Bembo für alle Zeiten ehrt: »Hier ruht Raffael« ist über der Ruhestätte zu lesen. »Als er lebte, fürchtete die große Mutter Natur, von ihm übertroffen zu werden. Als er starb, fürchtete sie, ebenfalls zu sterben.«

Über allem Nachruhm aber darf nicht vergessen werden, daß es Hadrians Werk ist, das hier die Stürme der Zeiten überdauerte. Eine große Bewunderin des Kaisers, M. Yourcenar, die Hadrians Memoiren nachvollzog, äußerte sich zu ihrem Buch folgendermaßen: »... Ich schreibe diese Zeilen in Italien ... In Rom unter der Kuppel des Pantheons, wo er (Hadrian) in einem der herrlichsten Momente des Heidentums seinen großen kosmischen Gedanken verewigte ... läßt es sich am besten über diesen nachdenklichen, leidenschaftlichen und tatkräftigen Mann weitergrübeln...«

Worte, denen man nichts hinzuzufügen vermag.

EIN AUSFLUG NACH TIVOLI
— Die Villa Hadriana —

Während der Kaiser im fernen Asien und in Griechenland weilte, entstand unweit von Rom beim zauberhaft romantischen Bergstädtchen Tivoli — dem Tibur der Antike — ein steinerner Traum, Hadrians Traum. »Nach der Gewohnheit glücklicher, reicher Menschen« wollte sich der Herr der Welt einst hierher zurückziehen, »um die letzten Tage seines Lebens in friedlichem Gepränge zu verbringen und sich ganz der Malerei, Musik, Dichtung und Literatur zu widmen.« Wie die meisten Menschen hoffte er auf ein langes Leben. Aber sein Traum vom beschaulichen Lebensabend sollte durch eine unheilbare Krankheit jäh zunichte werden.

Horaz hatte Tivoli ein himmlisches Fleckchen Erde genannt, taubenetzt, luftig, das »Tibur süßer Muße«, in dem er seine letzten Tage zu verbringen gedachte. Das ihm von seinem Freund Maecenas geschenkte Landgut lag nicht weit von hier.

Auch andere berühmte und reiche Römer hatte der Reiz dieser Gegend angezogen. Unter ihnen besaßen Augustus und Claudius im Bereich von Tivoli ausgedehnte Villenanlagen. Die ursprünglichen Gebäude der Villa Hadriana gehen nicht auf Hadrian zurück. Sie sind, wie aus dem Mauerwerk ersichtlich ist, mindestens eineinhalb Jahrhunderte früher entstanden. Aber wir kennen weder den oder die Vorbesitzer noch die Zeit des Eigentumsübergangs. Möglich ist, daß das Gelände der Villa schon lange zum kaiserlichen Fiskus gehörte oder daß es Kaiserin Sabina in die Ehe mitgebracht hat. Selbst über das spätere Schicksal von Hadrians weitläufigem Landsitz ist wenig bekannt. Er ist wahrscheinlich an Antoninus Pius übergegangen und auch noch in der Folgezeit kaiserlicher Besitz geblieben. Bis zum Ende des dritten Jahrhunderts sind Umbauten erfolgt, Neubauten allerdings nach Hadrian nicht mehr. In konstantinischer Zeit wurde die Villa — ein untrügliches Zeichen für den kulturellen Verfall in dieser Epoche — all ihres Schmuckes beraubt. Germaneneinfälle sind über sie hinweggegangen. Im Mittelalter diente sie nur noch als Steinbruch. Ihr Marmor wanderte in die Kalköfen, deren Reste man in den Ruinen fand.

Als 1450 Flavius Blondus seine »Italica Illustrata« schrieb, wurde man erstmals wieder auf den ausgedehnten Landsitz aufmerksam. 10 Jahre später besuchte ein kunstbeflissener Papst die romantischen Ruinen von Tivoli. Es war Julius II. »... und in den verfallenen Hallen vor den Mauern, deren zerbröckelnde Malereien von Epheu umrankt sind, empfindet er die Vergänglichkeit allen Menschenwerks...«

Im Jahre 1873 kaufte der italienische Staat einen großen Teil des Areals. Damit war gesichert, was die Zeit von einer der großartigsten Anlagen, die Rom je hervorgebracht hatte, übriggelassen hat. Man ging daran, die sichtbaren Reste zu bewahren und begann mit systematischen Ausgrabungen. Was da im Laufe von fast 100 Jahren dem Schoß der Erde entrungen wurde, erfüllt den umherwandernden Touristen mit Staunen und sprachloser Bewunderung.

Denn es handelt sich um keine Villa nach heutigem Verständnis. Eher um eine Stadt, in der, wie vor mehr als 100 Jahren der Kulturhistoriker Gregorovius schrieb, nur das »Gemeine und Alltägliche« fehlt. »Die Großartigkeit, mit der hier ein einzelner Mensch seine architektonischen Neigungen in die Tat umgesetzt hat, ist wohl einmalig, und im Vergleich dazu muten die Villa d'Este und die Bemühungen unserer kunstliebenden Fürsten des 18. Jahrhunderts wie ein Spiel mit Bauklötzen aus der Kinderstube an...«

Man stelle sich einen ausgedehnten Landsitz vor, malerisch am Fuß der Albaner Berge gelegen, von ihnen nur durch das »Tempe-Tal« getrennt, gesäumt von hundertjährigen Olivenhainen, Zypressenbeständen und von ausladenden Schirmpinien eifersüchtig bewacht. Im Vergleich zum übervölkerten Rom einsam die Gegend, als habe die Zeit hier ein Stück Vergangenheit in die Gegenwart gerettet. Wenn man genügend Phantasie hat, den ausgetretenen Pfaden folgend die Ruinen mit Leben zu füllen, fühlt man sich tatsächlich in eine andere Welt versetzt: Man muß nur die zahllosen Säulen wiedererrichten, ihnen die heruntergestürzten Kapitelle aufsetzen, die roten Backsteinmauern mit Marmor verkleiden und die geborstenen Gewölbe wieder zusammenfügen ... Tatsächlich umfaßt Hadrians Villengrundstück fast 70 Hektar. Um eine genauere Vorstellung von der Größe dieses Geländes zu vermitteln, ließe es sich etwa mit dem Spielfeld eines Fußballstadions vergleichen, das mit einer Größe von 88 Ar dort fast achtzigmal Platz fände.

Bald nach Hadrians Regierungsantritt wurde mit umfangreichen Um- und Neubauten begonnen. Die einwandfreie Datierung der einzelnen Bauabschnitte verdankt die Wissenschaft einem glücklichen Umstand. Seit flavischer Zeit wurden die Ziegel — das bevorzugte (aber nicht ausschließliche) Baumaterial der Römer — vor dem Brand mit Namen und Ort der Ziegelei, ihres Besitzers oder Pächters und ab dem zweiten Jahrzehnt des zweiten Jahrhunderts n. Chr. auch mit Datum unter Angabe der amtierenden Konsuln versehen. (Ein anderes Mauerwerk, das die Strukturen eines Netzes aufwies, war mindestens ebenso üblich. Es hieß »opus reticulatum« (Netzmauerwerk) und war ein Gemisch aus Steinbrocken und Kalkmörtel. Ihm gab man durch Schalen mit zugespitzten Tuffsteinchen quadratischer Ansichtsfläche den nötigen Halt. Sie wurden rautenförmig angeordnet, und ihre Spitzen verankerten sich dabei wie Zähne im Mörtelbett. Dieser kurze Ausflug in die römische Bautechnik schien nötig, weil wichtige Gebäude der Villa Hadriana auf diese Weise ausgeführt wurden. Besonders deutlich ist das noch heute an einer mächtig gerundeten Mauer zu sehen. Es handelt sich um die Reste eines großen Prunkbrunnenhofes).

Besonders aus der Datumsangabe stellte man eine rege Bautätigkeit für die Zeit unmittelbar nach dem Einzug des Kaisers in Rom und nach der Rückkehr von der ersten großen Reise fest. Auf die Zeit nach der zweiten großen Reise lassen sich hingegen kaum noch Steine datieren. Sicherlich ist das Projekt damals noch nicht abgeschlossen gewesen. Aber als Hadrian 134 endgültig nach Rom zurückkehrte, infolge des Judenaufstands vielleicht später als ursprünglich geplant, war er ein gebrochener Mann. Nicht nur der Tod des geliebten Antinoos hatte ihn die unverrückbaren Grenzen des Menschenlebens spüren lassen. Auch eine geheimnisvolle Krankheit zehrte an den Kräften des 58jährigen. Wahrscheinlich trug er sich deshalb nicht mehr mit großen

Plänen für Um- und Ausbauten, sondern dachte daran, den Besitz seines Alterssitzes jetzt ungestört zu genießen.

Die »Vita« berichtet, Hadrian habe vielen Teilen seiner Villa Namen der berühmtesten Orte gegeben, die er auf seinen Reisen besuchte. Das ist sicher richtig und mit dem Wesen dieses komplizierten Charakters durchaus zu vereinbaren. Eine Wunschvorstellung der romantisierenden Nachwelt scheint es dagegen zu sein, daß der Kaiser viele Sehenswürdigkeiten exakt nachbauen ließ. Ein solches Vorhaben, sollte es je bestanden haben, wäre schon an der Natur des Ortes gescheitert. Bei der Anlage des dem Heiligtum von Canopos mit seinem Kanal tatsächlich nachempfundenen Teils der Villa mußte beispielsweise ein langer Einschnitt in den Felsen gehauen und ein Fluß umgeleitet werden. Und trotzdem ist der Kanal Hadrians nur ein Tümpel im Vergleich zu dem Wasserlauf, der einst den ägyptischen Wallfahrtsort mit der Hauptstadt Alexandria und dem Nil verband.

Es ist viel eher möglich, daß der Kaiser bestimmte Anlagen seiner Stadt mit den Namen großer Vorbilder versah, weil sie charakteristische Eigenschaften mit jenen teilten.

Obwohl heute nur noch Ruinen die einstige Anlage in ihrer Vielfalt erahnen lassen, ist doch in dem Gesamtkomplex eine Unruhe zu erkennen, die im Wesen des Bauherrn begründet ist. Keine äußeren Schranken zügelten seinen unsteten Geist. Wie am Pantheon spürt man auch hier den anderen Wind, der unter Hadrian die römische Architektur zu durchdringen beginnt. Bei erstaunlicher Phantasie und Gestaltungskraft des Bauherrn wirken die einzelnen Bauten fast disharmonisch zueinander. Kein abgeschlossener Plan scheint bei Beginn der Bauarbeiten vorgelegen zu haben. Ungeformt, unberechenbar, ja maßlos entwickelte sich jene

Anlage, die wie nichts anderes steinerner Ausdruck der Eigenwilligkeit ihres Schöpfers ist. Sie, die wahrscheinlich »erstaunlichste Schöpfung römischer Architektur«, ist »bei aller Verpflichtung an die Tradition antiker Wohnkultur, an Bauformen und Ordnungen ... ohne vergleichbare Vorbilder, Parallelen und Wiederholungen«.

Heute mutet das Ausgrabungsfeld der Villa Hadriana wie ein riesiges Labyrinth an. Felsengleich wachsen Gebäuderuinen aus dem von einer üppigen Vegetation überzogenen Erdreich, ragen gespenstisch in den Himmel. Es ist nicht einfach, sich in diesem Durcheinander von Mauerwerk zurechtzufinden oder erhaltene Gebäudeteile durch bloße Betrachtung noch einwandfrei zu identifizieren. Vieles, was im Laufe von Jahrzehnten dem schützenden Schoß der Erde entrungen wurde, vermag nicht einmal die Wissenschaft exakt einzuordnen. Und so wird selbst von ihr noch immer vielerorts vermutet, der oder jener Gebäudekomplex habe diese oder jene Bestimmung gehabt.

Am Eingang der »Villa Hadriana« hat eine etwa 200 Meter lange und 9 Meter hohe Mauer die Stürme der Zeiten überdauert. Sie, wohl Rest einer riesigen, rechteckigen Wandelhalle, umschloß einst prachtvolle Gartenanlagen und einen Teich, in dem der Überlieferung zufolge die Fische für die kaiserliche Tafel bis zu ihrer Schlachtung schwammen. Schon die Gelehrten der Renaissance identifizierten diese Säulenhalle als »Stoa Poikile«. Der Griechenfreund Hadrian, so argumentieren sie, habe den Bau der klassischen athenischen Schule des Stoikers Zenon nachempfunden. Ebenso wie diese sei auch Hadrians »Stoa« mit berühmten Bildwerken geschmückt gewesen. Das von den Italienern liebevoll »Pecile« genannte Bauwerk war wahrscheinlich ein

doppelter Säulengang, der zu täglichen Spaziergängen ein-
lud. Mal konnte man entsprechend den römischen Gesundheitsregeln in der Sonne, mal im Schatten wandeln.

Von dieser Säulenhalle führen einige Stufen zu einem etwa
300 Quadratmeter großen Saal. Er hat in einer Wand sieben
Nischen erhalten, in denen einst die Statuen der sieben Weisen gestanden haben sollen. Deshalb wurde er lange Zeit
Philosophensaal genannt. Sein Verwendungszweck ist aber
noch immer unklar. Man vermutet neuerdings, daß hier eine
Bibliothek untergebracht war, in der man Pergamentrollen
und Papyrusblätter aufbewahrte. Hatten sich die oft zahlreichen kaiserlichen Gäste in der Bibliothek zum Lesen einge-
funden, so konnten sie das Gelesene anschließend im
Wandelgang der Poikile überarbeiten oder sich mit anderen
darüber unterhalten. Und auch der Kaiser selbst hatte von
der Inselvilla, seinem bevorzugten Aufenthaltsort, einen unmittelbaren Zugang zum »Philosophensaal«.

Die Inselvilla, der wahrscheinlich intimste Bau des weitläufigen Areals, wird schon seit dem 17. Jahrhundert »Teatro Marittimo« genannt, das »Meer-Theater«. Mit seinem
Bau wurde unmittelbar nach Hadrians Regierungsantritt begonnen. Es trägt aber allenfalls dann seinen Namen »zu
Recht, wenn man auf Wasser und Wasserspiele als konstitu-
tives Element seiner Archtektur abhebt und auf die zahlreichen Bildwerke mit mythischen Meerwesen, die sicherer
Kenntnis nach einst das Gebäude schmückten.«

Theater wurde hier niemals gespielt. Höchstens mag das
eigenwillige, aber für Hadrian so typische Gebäude eine Art
Loge gewesen sein, von der aus er das Schauspiel Leben in
einzigartiger Abgeschiedenheit verfolgen und sich ihm
gleichzeitig entziehen konnte. Denn das Teatro Marittimo ist

Die »Inselvilla« in der Villa Hadriana bei Tivoli ist Ausdruck kaiserlicher Einsamkeit

Der Saal mit den drei Exedren in der Villa Hadriana. Seine Bestimmung konnte nicht geklärt werden. Diente er vielleicht als repräsentativer Audienzsaal?

eine kreisrunde, fast 500 Quadratmeter große gemauerte Insel, auf der eine kleine Villa steht. Um ihren quadratischen Innenhof gruppieren sich mehrere Räume, die ein dreiteiliges Bad, zwei kreuzförmige Gemächer, die wahrscheinlich eine Bibliothek beherbergten, und einen Hauptraum mit Alkoven enthalten. In ihm stand einst das Ruhebett des Kaisers.

Es berührt seltsam, sich den Mann vorzustellen, Herrscher über ein Weltreich, der sich durch ein architektonisches Werk Einsamkeit und Stille schuf. Tatsächlich mag das gesamte Bauwerk, wie heute noch zu erkennen ist, einer mittelalterlichen Festung geglichen haben. Die Inselvilla ist von einem ringförmigen, fünf Meter breiten und etwa eineinhalb Meter tiefen Wassergraben umgeben, über den einst zwei drehbare Holzbrücken führten. Man hat sie durch steinerne Brücken ersetzt. Den Kanal umgab — ebenfalls zum Teil noch erhalten — ein etwa ebenso breiter Säulengang mit einer äußeren geschlossenen Ringmauer. Zog sich der Kaiser zum Malen, Entwerfen, Lesen oder auch zum Meditieren auf die Inselvilla zurück, konnte er vor jeder unliebsamen Störung sicher sein.

Wie kaum ein anderes Gebäude ist das Teatro Marittimo die Schöpfung eines Einsamen: Alles ist auf einen Punkt hin ausgerichtet, von ihm aus gestaltet: dem Alkoven mit dem Ruhebett des Kaisers. So wird für Hadrian die Welt, das Leben überhaupt zum Schauspiel. Und insofern unterscheiden sich seine Bauten auch von denen seiner schauspielernden Vorgänger Nero und Domitian. Für sie war die Architektur Bühne und Kulisse ihres eigenen Auftritts. Für Hadrian wird auch die Architektur zum Schauspiel, wie alles, was er im Laufe seines ereignisreichen Lebens erfährt.

Die über zwanzig der inzwischen ausgegrabenen Gebäude der Hadriansvilla genau zu beschreiben würde ein eigenes Buch füllen und den Rahmen einer Biographie sprengen.

Etwa gleichzeitig mit der Inselvilla entstanden die sogenannte Lateinische und die Griechische Bibliothek. Auch sie gehören zu den frühesten Bauten der Anlage. Man weiß heute, daß die beiden Gebäude als Sommertriclinien benutzt wurden, wie man überhaupt feststellen konnte, daß Tibur nur als Sommerresidenz geplant war. Von wenigen Ausnahmen abgesehen, hat man nirgendwo Vorrichtungen zum Heizen gefunden. Von besonderem Interesse ist das Gästehaus. Nicht nur wegen seines erstaunlich guten Erhaltungszustands — noch heute kann man an Ort und Stelle die kunstvollen Bodenmosaiken bewundern, die nahezu unversehrt Motive aus der Pflanzenwelt erhalten haben. Die Notwendigkeit eines solchen, wenn auch im Vergleich zu den anderen Gebäuden recht kleinen Bauwerks wirft wieder ein bezeichnendes Licht auf den Kaiser: als stets wißbegieriger Intellektueller zog er immer wieder Gelehrte und Denker an seinen Hof. Er diskutierte mit ihnen, oft witzig, manchmal besserwisserisch, aber stets mit großer Sachkenntnis. Gelegentlich versuchte er sogar, sie zu provozieren, indem er sie mit Fragen verblüffte und über ihre Widersprüche und Dispute spottete. Wie harmlos es trotz allem dabei zuging, zeigen einige kleine Anekdoten, die von den antiken Schriftstellern überliefert wurden. Sie an dieser Stelle zu erzählen, schein insofern reizvoll, als man sich leicht vorstellen kann, wie sich die damalige gelehrte Welt in Tibur um ihren Mittelpunkt, um Hadrian, sammelte. Freilich werden sich die meisten Geschichtchen, die sich um den Kaiser ranken, während der langjährigen Reisen und vor allem in seinem geliebten

Die Nischen für die Statuen der sieben Weisen im sog. »Philosophensaal« der Villa Hadriana

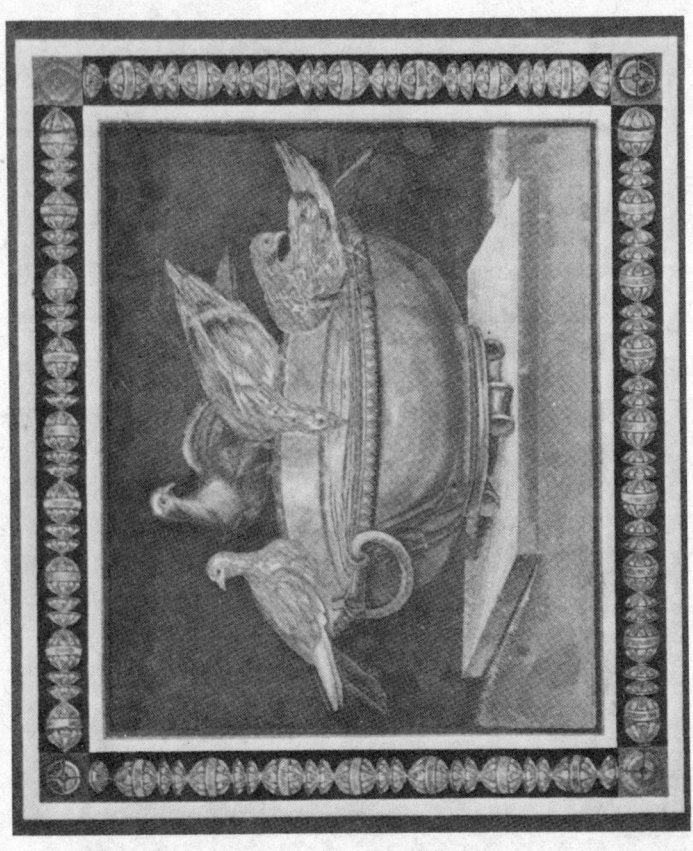

Taubenmosaik aus der Villa Hadriana; heute in den
Kapitolinischen Museen in Rom

Athen abgespielt haben. Da sind seine Dialoge mit Sekundus und Epiktetus. Ein triviales Frage- und Antwortspiel, das in ähnlicher Form allerdings in viele Lehrbücher der kommenden Jahrhunderte eingegangen ist. »Was ist härter als Eisen?«, hat man da etwa gefragt. Die fast rührende Antwort lautete: »Das Herz des Stolzen.« Den Tod definierte man als »das, wovor jeder flieht und dem keiner entkommt«.

Einer der innigsten Freunde des Kaisers war ein gewisser Favorinus, ein hochberühmter Gelehrter aus Arles in Südfrankreich. Favorinus war nicht nur für seine beißende Ironie bekannt, sondern mindestens ebenso für die gallische Schärfe seiner Aussprüche wie dafür, so perfekt Griechisch zu sprechen, daß es unmöglich war, die Feinheiten seiner Gedankengänge im Lateinischen wiederzugeben. Favorinus galt allgemein als weisester an diesem Philosophenhof. Weil er dennoch des öfteren dem Kaiser rechtgab, wo dieser ganz offensichtlich irrte, machten sich seine Freunde über ihn lustig. »Gestattet mir zu glauben«, soll er jenen daraufhin erwidert haben, »daß derjenige klüger ist, der über dreißig Legionen gebietet«.

Dieser — sicher nicht ernst gemeinten Äußerung — war ein Streit zwischen Hadrian und Favorinus vorausgegangen, in dem sich die beiden nicht einigen konnten, ob anerkannte Schriftsteller ein bestimmtes Wort gebraucht hätten. Favorinus hatte schließlich nachgegeben. Wie ungefährlich es für einen Denker der hadrianischen Zeit war, selbst dem Kaiser entgegenzutreten, zeigt der bekannteste Ausspruch des Kaiserfreundes. Es gebe, pflegte er zu verbreiten, in seinem Leben drei Paradoxa: Er sei ein als Hellene lebender Gallier. Obwohl von recht schwächlicher Gesundheit, werde er dennoch ständig wegen Ehebruchs verklagt. Und er habe dem Kaiser widersprochen und sei noch am Leben.

Anläßlich einer anderen Auseinandersetzung zwischen dem Kaiser und seinem Freund — es ging um die Besetzung des Oberpriesteramts — glaubten die versammelten Stadtväter wirklich, Hadrian habe sich über den Philosophen geärgert. Sogleich machten sie sich daran, seine Statue herunterzureißen. Favorinus, der natürlich wußte, daß Hadrians »Verstimmung« nur gespielt war, meinte zu diesem Eifer lachend: »Wenigstens ergeht es mir noch besser als Sokrates.«

Ein anderer Freund des Kaisers hieß Florus. Wie Hadrian selbst schrieb auch dieser Florus gern Gedichte. Eines davon hatte er Hadrian gewidmet:

Ich möchte nicht Kaiser sein,
Streifen durch Britannien,
Schleichen durch ...
Skytische Winter ertragen.

Der Kaiser war um die entsprechende Antwort nicht verlegen:

Ich möchte nicht Florus sein,
Streifen durch Tavernen,
Schleichen durch Garküchen,
Rundliche Mücken ertragen.

So sehr aber Hadrian auch durch seinen Witz und seine Gelehrsamkeit bestochen haben mag, wird er doch nicht wenige wirkliche Fachleute dadurch in Verlegenheit gebracht haben, daß er immer und überall mit seinem Wissen zu glänzen versuchte. Auch muß es manche verletzt haben, wenn er über sie hinwegsah und ihre Ansichten bespöttelte. Das mag tatsächlich den einen oder anderen veranlaßt haben, ihm nach dem Munde zu reden. Und es wird auch dazu beigetragen haben, daß selbst die nächste Umgebung dem Kaiser zwar ehrfürchtig, aber immer distanziert begegnete. Der römische Kaiser hatte sicher schon durch seine hohe Stellung etwas Abstandgebietendes. Hadrian war und blieb darüber hinaus einsam durch sein Wesen.

Seine Einsamkeit, sein Hang zur Schwermut drücken sich noch in einem weiteren bemerkenswerten Bauwerk der Villa aus: dem Canopos, mit dem das Tal abschließenden Serapis-Heiligtum.

»Hadrian, tief beeindruckt von der Kultur und den mystischen Kulten Ägyptens, errichtete die Anlage in Erinnerung an seinen Aufenthalt in dem ägyptischen Wallfahrtsort Kanopos nahe der Hafenstadt Alexandria. Hierher pilgerten auch viele Römer, um das Bild des Gottes Serapis zu verehren. Hadrian versah die Replik des Heiligtums in seiner Villa mit einer zu jener Zeit staunenerregenden muschelförmigen Halbkuppel und kunstvollen Wasserspielen, deren komplizierte Konstruktion ebenfalls Zeugnis gibt von einer ingeniösen technischen Phantasie.« Wie nichts anderes auf dem ausgedehnten Areal ist dieses künstlich angelegte Tal von vollkommener Anmut.

Man grub die Anlage Anfang der fünfziger Jahre aus. Die dabei entdeckten Säulen aus karischem Marmor sowie Nachbildungen einst hier aufgestellter Statuen schmücken heute das von einer Kolonnade umgebene Wasserbecken, dessen romantischer Reiz durch die Ruine des Serapis-Heiligtums im Hintergrund noch erhöht wird.

Die Villa Hadriana gehört zu den weniger besuchten Resten der Antike in der Umgebung Roms. Und wer das Glück hat, an einem sonnigen Frühlingsmorgen hierher zu kommen, wenn die violetten Anemonenwiesen noch taubenetzt dem Tag entgegenträumen und nur aufgescheuchte Schlangen und grünschillernde Eidechsen die Einsamkeit teilen, kann sich dem Zauber dieses Ortes kaum entziehen. Dann lohnt es sich, auf einer Bank am Rande des Canopos auszuruhen und über jenen Mann ein wenig nachzudenken, der wohl zu den größten Individualisten der Geschichte gehört.

Hadrians Landsitz verfügte über drei Badeanlagen. Die kleinen und die großen Thermen waren, wenngleich teilweise kuppelgedeckt, im traditionellen römischen Stil entstanden. Ungewöhnlich hingegen erscheinen die Heliocaminus-Thermen südlich des Philosophensaals: Hier konnte man im sonnengewärmten Sand Schwitzbäder nehmen. Aber auch für trübe Tage war vorgesorgt: mangelnde Sonnenwärme wurde durch eine Heizung ersetzt.

Besonders prunkvoll ausgestattet war der Bereich des kaiserlichen Wohnpalastes. Einem der dazugehörigen Bauwerke hat man den Namen Piazza d'Oro, Goldplatz, gegeben. So kostbar waren die Kunstwerke, die die Spaten der Archäologen hier freilegten.

Das Aussehen des »Saales der dorischen Pfeiler« wird schon durch seine Benennung bestimmt. Durch ein großzügiges Nymphäum war er ebenso mit dem Hauptpalast verbunden wie durch eine Basilika. Von ihr weiß man bis heute nicht, ob sie als Speisesaal diente oder wie ihre großen Schwestern in der Hauptstadt Gerichtsstätte war.

Es erübrigt sich eigentlich festzuhalten, daß in Hadrians Sommerresidenz ein griechisches Theater ebenso zu finden war wie ein Venus-Tempel. Das dort aufgestellte Standbild der Gottheit — eine römische Kopie der Venus von Knidos — befindet sich heute in den Vatikanischen Museen. Man

Die nach dem Vorbild römischer Badehäuser von Hadrian ab 118 n. Chr. bei Tivoli in der Villa Hadriana gebauten »Großen Thermen«

Der »Canopos« in der Villa Hadriana bei Tivoli erinnerte den Weltreisenden an Ägypten

hat in den letzten Jahren einige der Säulen des Heiligtums wieder aufgerichtet. Sie rahmen jetzt malerisch den Blick auf das reizvolle Tivoli. Und dem ungeschulten Auge entgeht, daß die Statue der Göttin, erneut Mittelpunkt des Tempelinnern, wiederum nur der ehemaligen Kopie nachempfunden ist.

Welche Erfahrung drängt sich nun auf, wenn man, über Hadrian nachdenkend, in den Ruinen seiner Wohnung umherwandert?

Zunächst überrascht die Vielfalt der Räume, die in krassem Widerspruch zu der Tatsache steht, daß sie nur für einen einzigen Menschen Lebensbereich sein sollten, gebaut »zu keinem anderen Zweck als diesem, einen einzigen, weltmüden Mann zu erheitern, seine Langeweile mit dionysischen Festen zu maskieren und ihm vorzuspiegeln, daß jeder Tag hier ein olympischer Festtag sei«.

Daneben muß die Villa als erstes Beispiel moderner Architektur angesehen werden, subjektiv und ohne Vorbild, fast unpersönlich wie nichts zuvor.

Die Bauten anderer großer Römer, das Haus des Augustus wie der Palast des Tiberius, Neros Domus Aurea und die zahlreichen Landhäuser reicher Römer in Pompeji und Herculaneum, sie alle sind mehr oder weniger Zweckbauten und lassen sich durchaus mit den Gebäuden von Zeitgenossen ihrer Erbauer vergleichen. Hadrians Villa bei Tivoli aber nimmt einen einzigartigen Rang ein. In ihr »allein verdichtet sich der Zeitgeist zu etwas Einmaligem, das in Dilettantismus und Ästhetentum, in der Distanz vom Urspünglich-Lebendigen und im Subjektivismus, in Unruhe und Begabung, im komplizierten besonderen Menschentum ihres Erbauers ihr Gegenbild findet.«

22.

DIE ZWEITE GROSSE REISE

Neben der Riesenvilla am Fuß der Albaner Berge, dem bevorzugten Aufenthaltsort des Kaisers, gab es andere kaiserliche Residenzen, beispielsweise den Stadtpalast auf dem Palatin. Aber auch ihn bewohnte Hadrian nur gelegentlich bei seinen kurzen römischen Aufenthalten. Sein unsteter Geist war im ganzen Imperium zu Hause. Und so hielt es ihn auch diesmal nur etwas länger als ein Jahr in der Hauptstadt. Dort lief ohnehin alles wie am Schnürchen. Es gab für den Kaiser eigentlich nichts zu tun. Anders war es in den Provinzen, von denen diesmal Afrika einen vorrangigen Anspruch auf den kaiserlichen Besuch hatte.

Die Provincia Africa, die das heutige östliche Tunesien umfaßte, gehörte zu Roms neueren Besitzungen. Sie hatte einst Sizilien in der Rolle als Kornkammer Roms abgelöst; unfreiwillig zwar war sie unter das römische Joch geraten. Aber dafür verhalf ihr Rom mit seinen Soldaten, Geschäftsleuten und Siedlern zu einem bisher nicht gekannten Wohlstand. Römische Tüchtigkeit hatte der Wüste Schritt für Schritt fruchtbaren Boden abgerungen und durch ein ausgeklügeltes Bewässerungssystem die Ernteerträge zu schwindelerregender Höhe gesteigert. Das Talstück zwischen den Höhenzügen am Mittelmeer und dem Atlas hatte subtropi-

300

sche Vegetation. Es brachte dank römischer Hilfe »so viele Oliven hervor, daß die Araber im siebten Jahrhundert, wie sie erstaunt feststellten, von Tripolis nach Tanger reiten konnten, ohne je schattenspendende Olivenhaine verlassen zu müssen.«

Afrika war somit nicht nur eine wichtige Kornkammer der Hauptstadt, sondern auch ihr bedeutendster Lieferant für Oliven. Ihr Öl fand nicht nur für die Bereitung der Speisen Verwendung, sondern ebenso als Beleuchtungs- und Waschmittel.

Darüber hinaus lieferte Afrika seit langem die meisten wilden Tiere für die unersättliche Gier der römischen Arenen. Sie wurden im Hafen von Karthago verschifft, denn die Entfernung von dort zum benachbarten Sizilien war der kürzeste Seeweg, der das alte Italien mit dem fremden Kontinent verband. Noch heute veranschaulichen einige Mosaiken, die in den Villen der Tierhändler ausgegraben wurden, wie einträglich das Geschäft mit der lebenden Ware im Altertum war.

Schließlich lag in Afrika auch die dritte Legion Augusta. Sie gehörte zu den wenigen, die Hadrian bisher noch nicht inspiziert hatte, und war die einzige Schutztruppe Nordafrikas. Von den an anderen Grenzen stationierten Truppen unterschied sie sich insofern, als sie zum Kulturträger jener Gegend wurde. 117 n. Chr. hatte die Augusta die Stadt Thamugadi gegründet, sechs Jahre später das nur wenig westlich gelegene Lambaesis, wo sie ein dauerhaftes Quartier einrichtete. Aber erstaunlicherweise ließen sich die Soldaten nicht im Lager nieder, sondern bezogen Privathäuser, beteiligten sich am Bau von Tempeln, Theatern und Bädern und versuchten auf diese Weise, etwas Abwechslung in die Eintönigkeit ihres Legionärslebens zu bringen. Denn es gab für sie als Soldaten wenig zu tun.

Das kam nicht von ungefähr. Zwar war die Provinz ständig der Bedrohung räuberischer Nomadenstämme ausgesetzt, die man einst aus den fruchtbaren Tälern vertrieben hatte. Aber die Verteidigung gegen diese feindlichen Übergriffe stellte dank des ausgedehnten Straßennetzes, mit dem die Römer auch dieses Land überzogen hatten, keine Schwierigkeit dar. Und im Süden bildete ohnehin die riesige Sahara eine der natürlichen Grenzen des Imperiums.

All das kann also höchstens als Vorwand der kaiserlichen Besuchsabsicht gewertet werden. Der wirkliche Grund für jene Reise lag wohl tiefer. Es war auch diesmal wahrscheinlich die Faszination der Vergangenheit, die den Kaiser in die Ferne lockte.

Karthago, die frühere Hauptstadt Puniens, hatte einst als einzige wirkliche Rivalin Rom den Anspruch auf die Weltherrschaft streitig gemacht. Mit wechselndem Glück und Erfolg hatten beide Großmächte jahrzehntelang ihre Stärke gemessen, bis der legendäre Feldherr Hannibal die Oberhand zu gewinnen schien. Da war ihm plötzlich in dem erst 25jährigen römischen Adligen Publius Cornelius Scipio ein ebenbürtiger Gegner erwachsen. Im Laufe der Jahre war es Scipio schließlich gelungen, die Karthager in die Schranken zu weisen. Nicht zuletzt, weil man sich auf römischer Seite die Kriegstaktik des Gegners angeeignet hatte. Scipio war es, der im Jahre 201 v. Chr. die Friedensbedingungen diktierte. Zu ihnen gehörte vor allem, daß die Punier die gesamte iberische Halbinsel räumten und außerhalb Afrikas überhaupt nicht mehr, innerhalb des Kontinents nur nach vorheriger Zustimmung der Siegerin Kriege führen durften.

Dieser harte Friedensvertrag hatte Karthago zwar wehrlos gemacht, aber nicht vernichtet. Im Grunde war er nicht mehr als ein Kompromiß, zu dem sich die Römer angesichts der eigenen augenblicklichen Ohnmacht hatten hinreißen lassen. Niemals aber erloschen die Eifersucht und der angestammte Haß gegen die einstige Rivalin. Der hochbetagte Cato, Roms letzter wirklicher Republikaner, der später Hadrians uneingeschränkte Bewunderung genießen sollte, wurde nicht müde, die Feindschaft gegen die afrikanische Stadt zu schüren. Sein Hauptanliegen, das berühmte »ceterum censeo Carthaginem esse delendam« (übrigens meine ich, Karthago muß zerstört werden) schloß jede seiner eifrigen Reden vor dem Senat. Das Zitat wird noch heute in viele lateinische Lehr- und Lernbücher aufgenommen. In damaliger Zeit fand dieser makabre Aufruf zum Vernichtungskrieg ein offenes Ohr bei Roms beutegierigem Adel und seiner expansionslüsternen Kaufmannschaft.

Ein eher lächerlicher Verstoß gegen die harten Friedensbedingungen genügte als Anlaß zur Vergeltung. 146 setzte ein weiterer Scipio (mit dem Beinamen Africanus Minor) zum Kampf an. Die einst stolze Beherrscherin des Mittelmeeres, von Seuchen und Hungersnot heimgesucht, leistete zwar unerschrocken Widerstand. Dennoch wurde sie nach furchtbaren Straßenkämpfen genommen. »Die Überlebenden wurden als Sklaven verkauft. Was von dem Brande der Stadt noch übriggeblieben war, fiel der Zerstörung anheim. Der Pflug zeichnete seine furchenden Streifen über die Stätte, wo durch sieben Jahrhunderte eine mächtige Stadt geblüht und über das Mittelmeer geherrscht hatte ...«

Aber Karthago war als römische Ansiedlung bald wiedererstanden. Schon Antonius hatte sie mit Thermen geschmückt, deren Ruinen noch heute im Freilichtmuseum des Ausgrabungsgeländes zu bewundern sind.

»Nach der Schlacht von Actium nahm Augustus die vereitelten Pläne des Gaius Gracchus und Cäsars wieder auf und siedelte eine Reihe von Soldaten in Karthago an, deren Treue und Tapferkeit er mit Grundbesitz belohnen wollte ... Ein Jahrhundert nach seiner Neugründung war Karthago bereits die größte Stadt der westlichen Provinzen ...« Bald nahm sie auch nach Athen und Alexandria als Universitätsstadt die dritte Stelle ein.

Als Hadrian dort im Frühling des Jahres 128 als erster römischer Feldherr seit Scipio landete, nannte sich die Stadt ihm zu Ehren »Hadrianopolis«. Denn nicht nur der Ruf des Glück- und Segensbringers war dem Kaiser vorausgeeilt. Als er seinen Fuß an Land setzte, regnete es zum ersten Mal seit fünf Jahren. Gewiß nur Zufall, wenn auch ein überaus glücklicher. Aber das abergläubische Volk schrieb diese Wohltat kaiserlichen Kräften zu und verehrte ihn darum besonders. So hat es Spartianus in seiner Lebensbeschreibung ausdrücklich festgehalten.

Auch bei dieser Reise ist eine eindeutige Route nicht festzulegen. Doch kennt man wenigstens die Hauptstationen des afrikanischen Aufenthalts. Er besuchte Zama, wo einst Scipio über Karthago gesiegt hatte. Besonders bedeutend aber muß für ihn der Besuch Uticas gewesen sein. Es war der Ort, an dem Cato im Jahre 149 v. Chr. gestorben war, ohne daß er die Erfüllung seines jahrzehntealten Wunsches, die Vernichtung der Rivalin, noch hätte miterleben dürfen.

Für Cato hegte der Kaiser eine besondere Vorliebe. Das kann sich freilich nur auf den archaisierenden Stil jenes letzten großen Republikaners bezogen haben. Hadrian gab nämlich vor, Catos Werke mehr zu bewundern als beispielsweise die des Cicero. Cato hatte aber auch eine tiefe Wirkung auf die römische Geschichte, wenn auch nur die Zerstörung der punischen Hauptstadt ein wirklicher Erfolg war: Sein lebenslanger Feldzug richtete sich gegen die nach seiner Meinung sittenverderbende Hellenisierung Roms. Er haßte alles Griechische, vor allem die Philosophen. So ist es fast unverständlich, daß ausgerechnet Hadrian, unter dessen Bemühungen der Hellenismus ein letztes Aufflackern erfuhr, zu seinen größten Bewunderern gehört haben soll.

Beide für Roms Weltherrschaft so bedeutende Städte wurden vom Kaiser in den Rang von Kolonien erhoben und hießen von da an Iulia Aelia Hadriana Utica und Aelia Hadriana Zama Augusta.

Nach einem kurzen Verweilen an jenen geschichtsträchtigen Orten stattete Hadrian auch der afrikanischen Schutztruppe in Lambaesis einen Besuch ab. Es war mehr als eine Pflichtübung. Vierzehn Tage lang lebte der römische Kaiser dort als erster Feldherr im Heerlager, teilte mit seinen Soldaten wiederum Speise und Trank und konnte auf diese Weise vor Ort kontrollieren, ob seine umfassenden Neuregelungen befolgt wurden. Ein glücklicher Zufall erhielt uns den Sockel einer monumentalen Ehrensäule aus jener Zeit. Sie wurde Hadrian von den dankbaren Legionären errichtet. Dort kann man noch Teile von Ansprachen entziffern, die der Kaiser damals an Truppen und Hilfstruppen gerichtet hat. Als »Adlocutiones Hadriani« haben diese kaiserlichen Reden Geschichte gemacht. Selbst wenn man unterstellt, daß die Soldaten in den insgesamt fünf Reden nur das für sie Schmeichelhafteste einer Aufbewahrung für wert befanden, so liefert die kaiserliche Kritik, die als erste von zahl losen ihr in den nächsten Jahrhunderten folgenden Ansprachen dieser Art festgehalten wurde, doch ein anschauliches Bild jener Zeit. Die Säule zeigt uns aber noch mehr: Auch der friedliebende Kaiser war mit den Taktiken und Praktiken der Kriegführung vertraut und insofern römischen Traditionen verhaftet. Wie so viele Imperatoren vor ihm und so mancher General nach ihm war auch er stolz auf seine Soldaten und das, was sie zum Wohle des Imperiums geleistet hatten. Es scheint tatsächlich, als habe sein strenges Regiment die Armee wieder in jene Verfassung gesetzt, die ihrer Bedeutung als Schutzmacht des Weltreiches entsprach.

Die erste Rede widmete er der Legion III Augusta. Die Einheit war geschwächt, weil ihr viele Leute entzogen und zu anderen Grenzkompanien abgestellt worden waren. Trotzdem muß die Augusta in ausgezeichneter Verfassung gewesen sein. Der Kaiser nämlich ist voll des Lobes für die militärischen Übungen, deren gutes Gelingen er der Tüchtigkeit und Tapferkeit der Zenturienführer und vor allem der unermüdlichen Sorge des Legaten zuschreibt.

Die Kavallerie beglückwünschte er zu ihrer Kühnheit. »Man kann sagen, daß alle militärischen Übungen ihre festgelegten Regeln haben. Wenn man ihnen etwas wegnimmt oder etwas hinzufügt, werden sie entweder von geringem Nutzen oder zu kompliziert. Je schwieriger aber eine Übung ist, desto weniger stellt sie vor. Ihr habt«, lobt Hadrian, »die härteste Übung ausgewählt, um sie mir vorzuführen: das Speerwerfen im vollen Galopp und in voller Rüstung.«

Die »Adlocutiones« sind noch unter einem weiteren Gesichtspunkt interessant. Sie machen deutlich, wie bunt das römische Heer im beginnenden zweiten Jahrhundert schon zusammengesetzt war und welche Nationalitäten hier die afrikanische Grenze gegen das Barbarentum verteidigten: berittene Infanterie aus Spanien, Reiterschwadronen aus Pannonien, der Türkei und dem heutigen Österreich.

Besonders ausführlich fiel dem Kaiser die Anerkennung für seine berittenen Landsleute aus. Sie zeigt zudem, wie die damaligen Wälle angelegt waren, die das Reich zusätzlich absicherten. Bei diesem Anlaß läßt sich Hadrian auch lobend über die Geschwindigkeit aus, mit der seine Spanier Verschanzungen anlegen konnten: »Wozu andere tagelang brauchen, habt ihr an nur einem Tag geschafft. Den Wall für ein stehendes Winterquartier habt ihr in kaum längerer Zeit gebaut wie andere eine Barriere aus Torf. Sie herzustellen ist natürlich einfach. Torfstücke werden in einer bestimmten Größe abgestochen. Man kann sie leicht tragen und handhaben. Es ist auch nicht schwierig, sie aufeinanderzuschichten, denn sie sind von Natur aus weich. Aber der Wall, den ihr errichtet habt, war aus großen, schweren Steinen unterschiedlicher Art und Größe, die herbeigeholt, gehoben und sorgfältig aneinandergepaßt werden mußten. Danach habt ihr einen senkrechten Graben durch härtesten Kies gezogen und die Seiten geglättet. Als ihr damit fertig ward, seid ihr ins Lager geeilt, habt Verpflegung und Waffen erhalten und seid hinter der Kavallerie ausgeschwärmt. Mit lautem Kriegsgeschrei seid ihr vorgerückt und dieser zu Hilfe gekommen, als sie zurückwich ... Ich beglückwünsche meinen Legaten Catullinus zu seiner Auswahl der Übungen, die der Kriegswirklichkeit so nahekommen und euch so gut ausbilden. Euch gratuliere ich herzlich zu dem Erfolg. Auch euer eigener Befehlshaber, Cornelianus, ist ein ausgezeichneter Offizier ...« Catullinus erhielt auch bald darauf die angemessene Belohnung. Er wurde Konsul, als er zwei Jahre später nach Rom zurückkehrte.

Die pannonische Schwadron lobte er für ihr rasches Gehorchen und ihr ausgezeichnetes Speerwerfen. Überhaupt habe bei ihr jede gezeigte Übung exakt den Regeln entsprochen. Auch das Verdienst hierfür schrieb er in erster Linie der Sorgfalt des Kommandeurs zu.

Die Reiter aus der Commagene beeindruckten ihn durch ihre trotz der Hitze ausgezeichneten Leistungen. Auch diesmal vergaß er nicht, den Legaten Catullinus lobend hervorzuheben.

Jede der kaiserlichen Ansprachen schlägt den gleichen Ton an. Überall fällt der Stolz des Feldherrn auf seine Soldaten auf. Aber überall wird auch besonders darauf hingewiesen — und das ist wiederum kennzeichnend für Hadrian —, daß das Hauptverdienst um diese schlagkräftige Armee dem Geschick und dem unbedingten Gehorsam der Vorgesetzten zukommt. Und es ist sicher nicht zu gewagt, wenn man behauptet, Hadrian habe damit gleichzeitig darauf hinweisen wollen, daß auch der Wohlstand des Reiches in erster Linie seiner Umsicht zu verdanken war.

Er wollte seine Soldaten nicht verlassen, ohne ihnen zuvor noch einige Anweisungen zu geben: »Ich lege keinen Wert auf offene Schlachtordnungen«, betonte er. »Dabei berufe ich mich auf die besten Autoritäten ...« (Hier ist leider der Name der von Hadrian erwähnten Personen verlorengegangen. Man vermutet, er habe Cato oder Augustus bemüht. Oder meinte er vielleicht Scipio?) »Beim Vorrücken soll der Reiter jede Deckung nützen, soweit das möglich ist. Beim Verfolgen jedoch ist Vorsicht geboten. Ansonsten ... könnte er leicht in einen Hinterhalt geraten ... Stürmt Knie an Knie!«

Viele Städte der für Rom lebenswichtigen Provinz zeigen noch heute Spuren des hohen Besuches. Denn wie in anderen Teilen des Imperiums wirkte Hadrian auch hier unermüdlich. Überall erwuchsen prächtige Bauten. In Leptis Magna erstanden beispielsweise ausgedehnte Thermenanlagen, die den größten Bädern im kaiserlichen Rom nachempfunden waren. Bei ihrer Planung hat Hadrian selbst mitgewirkt.

Sabratha gelangte zu solch unerwartetem Wohlstand, daß seine dankbare Einwohnerschaft Kaiserin Sabina ein Weihegeschenk darbrachte. Man fand es auf dem Forum in Rom.

Aber auch dem Kaiser selbst wurden Ehrenstatuen und Bogen errichtet. Als er die Provinz — wohl in den ersten Augusttagen des Jahres 128 — wieder verließ, war das römische Afrika ein erschlossenes Land. Die Straßen waren ausgebaut, neue Kolonien angelegt, alte neu belebt. Die römischen Siedler konnten zufrieden auf kaiserliche Gesetze blikken, die sie fortan vor Übergriffen und Willkürakten der Steuerpächter schützen sollten. Noch mehr als fünfzig Jahre später werden sich diese »coloni« hilfesuchend an Kaiser Commodus wenden und ihn bitten, die Macht der Steuereintreiber auf dasjenige Maß zu beschränken, das Hadrian ihnen einst verliehen hat.

23.

DER WEITE WEG NACH ASIEN

Wohl kehrte Hadrian nach seiner Afrika-Reise für kurze Zeit nach Rom zurück. Wie es scheint, packte er dort nur eilig seine Sachen zusammen, um sich in das nächste große Abenteuer seines Lebens zu stürzen: die zweite Reichsreise, die ihn fast mehr als sechs Jahre von der Hauptstadt fernhalten sollte.

Die »Vita« spricht von einem sofortigen Aufbruch. Auch die übrige Geschichtsforschung bestätigt, daß Hadrian noch im August des Jahres 128 seinen langen Weg nach Osten antrat.

Das ist um so erstaunlicher, wenn man sich die Strapazen der Reise für den damals immerhin Zweiundfünfzigjährigen vor Augen hält. Zudem war Hadrian wahrscheinlich schon damals krank. Nach Epitome (14,9) hatte Hadrian schon lange gelitten, als die Krankheit offen ausbrach. Die Münzprägung der Jahre 127—129 erhärtet diese Behauptung: Es fanden sich Münzen mit dem Bild der »Salus Augusti« (Gesundheit des Kaisers). Auf einem Medaillon dieser Zeit ist die Salus zusammen mit Asklepios dargestellt, dem von den Griechen nach Rom eingeführten Gott der Heilkunde.

Aber die Sehnsucht des alternden Mannes nach der Einweihung in die letzten Mysterien von Eleusis und sein Verlangen, das geliebte Athen wiederzusehen, übertrafen die Sorge um das körperliche Wohlergehen. Hatte Hadrian auf seiner ersten Reise die niederen Weihen von Eleusis empfangen, so wollte er jetzt noch einmal Zeuge des Wunders der Eleusinien sein. Man munkelte sogar, Hadrian habe dieses Fest, dessen nachhaltige Wirkung auf ihn noch zwei Jahre später in Ägypten zu spüren war, nach Rom verpflanzen wollen (Aurelius Victor, Liber de Caesaribus, 14).

Und auch diesmal begleitete den Kaiser ein Troß von Architekten, Baumeistern und Handwerkern und natürlich auch Dichtern und Gelehrten. Auch diesmal wälzte sich wieder »eine nach Tausenden zählende Hofschranzengesellschaft, die im strengen Zeremoniell dem Kaiser diente«, über die Straßen des Weltreichs. Unbestritten ist, daß die Kaiserin ihren Gemahl auf dieser zweiten Reise begleitete. Weniger sicher ist sich die Wissenschaft hingegen, ob auch Antinoos von Anfang an mit von der Partie war oder ob Hadrian den »Göttlichen« erst während dieser zweiten langen Abwesenheit von Rom kennenlernte. Darüber wird noch ausführlich berichtet werden.

Erstes Ziel der ausgedehnten Wanderung war Athen. Wiederum richtete es der Kaiser so ein, daß er gerade zur Feier der großen Eleusinien in Athen eintraf. Er wollte umgehend seine zweite Mysterienweihe vornehmen lassen. Die Feierlichkeiten wurden im Boedromion (etwa September) abgehalten. Schon anläßlich seines ersten Aufenthaltes als Kaiser in Athen war ihm zu Ehren der Anfang des attischen Jahres vom Hekatombaion auf den Boedromion verlegt worden, wie auch damals eine neue athenische Ära begann. Das Jahr 125/126 galt als ihr erstes. Die Ankunft in der Lieblingsstadt fiel also auch mit dem Beginn des neuen Jahres zusammen.

In Athen konnte sich Hadrian lässiger geben als zu Hause in Rom. Er trug griechische Kleidung und sprach griechisch. Er war hier mehr Privatmann als Kaiser des Weltreichs, wenigstens vorübergehend befreit vom lästigen Druck der Geschäfte, vom strengen Zeremoniell der Hofetikette und auch vom Tragen der Toga. Gewiß, als Kaiser hätte er sich auch in der Hauptstadt selbst jede Freiheit herausnehmen können. Und vielleicht hätte das nicht einmal Anstoß erregt. War man doch dort, was kaiserliche Launen betraf, allerhand gewohnt. Aber wie schon mehrfach erwähnt, hielt Hadrian streng auf Formen. Was er von den Senatoren und jedem römischen Bürger erwartete, verlangte er in erster Linie von sich selbst. So vertauschte er beispielsweise entgegen den Gepflogenheiten seiner Vorgänger das Kriegsgewand schon bei Betreten italischen Bodens mit der Toga und nicht erst vor dem Einzug in Rom. So hat er auch die Unfreundlichkeiten der kaiserlichen Gemahlin ertragen, ohne die vom Gesetz gegebene Möglichkeit einer Trennung wahrzunehmen. Er hörte sich die fortgesetzten Sticheleien des Servianus an, des mehr als dreißig Jahre älteren Schwagers. Die Beispiele der Kapitulation des Menschen Hadrian vor dem Kaiser ließen sich beliebig fortsetzen.

Die großartigen Bauten in Athen, die Hadrian während seines ersten Aufenthaltes begonnen hatte, sahen jetzt ihrer Vollendung entgegen. Ihnen allen voran das Olympieion, der Tempel des olympischen Zeus. Ein Zeitgenosse des Kaisers nannte dieses Bauwerk: »unum in terris inchoatum pro magnitudine Dei« (das einzige, das der Größe Gottes auf Erden gerecht wird). Davon ist man rasch überzeugt, wenn man sich allein die gewaltigen Ausmaße vor Augen hält. Über 200 Meter lang und 130 Meter breit war die äußere Kolonnade des Gotteshauses. 104 kannelierte Säulen mit prächtigen korinthischen Kapitellen dienten als Schmuck. Sie waren, eher römischem als griechischem Geschmack entsprechend, 17,25 Meter hoch. Und man kann sich leicht den Eindruck vorstellen, den schon die Größe des Gebäudes auf die Menschen des Altertums machen mußte. Sie müssen wohl sprachlos vor Verwunderung gewesen sein. Nur der berühmte Redner Polemo aus Ladokien, ein Sophist, fand ein paar Jahr später bei der feierlichen Einweihung, wie es Philostratus überliefert, die passenden Worte: »Wahrlich, Gott selbst hat den Kaiser zu dieser Arbeit inspiriert!« Dann lobte er in langer und flüssiger Rede das gelungene Werk.

Fachleute allerdings halten es für weniger gelungen. Die Säulen seien eben nach jenem römischen Geschmack für ein griechisches Bauwerk zu hoch geraten. Aber sie schreiben diesen Fehler nicht Hadrian zu, sondern dem ursprünglichen Architekten, dem Römer Cossutius, dessen Pläne der Kaiser unverändert übernommen habe.

Wie dem auch sei. Das Olympieion lag weit genug vom Parthenon entfernt, was einen unmittelbaren Vergleich verhinderte. Und die Athener haben in ihrem Freudentaumel derartige Unstimmigkeiten nicht einmal bemerkt. Noch heute vermitteln die 16 Säulen, die als einzige der Zeit getrotzt haben, einen anschaulichen Eindruck von jenem Meisterwerk, dessen Fertigstellung vor allem symbolischen Charakter hatte. Die Reste des Olympieion gehören noch immer zu den bedeutendsten Ruinen der antiken Stadt.

Aber nicht nur dem olympischen Himmelsvater, auch sich selbst hatte der Kaiser in der Cella einen Altar errichten lassen, um den dankbaren Athenern einen Platz für seine Verehrung zu weisen. (Die »Vita« spricht von »aram sibi«, für sich einen Altar.) Sie griffen das Angebot freudig auf und nannten ihn fortan »Olympios«. Mehr noch. Sie setzten ihn dem höchsten Gott gleich.

Das war nicht ungewöhnlich. Wie wir schon gesehen haben, drückte sich überall in der östlichen Reichshälfte die Dankbarkeit der Menschen für den Wohltäter Hadrian so aus, daß dieser an die Stelle des besonders verehrten Gottes des Ortes trat. Er nahm dessen Namen an, empfing seinen Kult und wurde der Gott selbst in sichtbarer Gestalt. Die Vergöttlichung eines herausragenden Menschen war seit hellenistischer Zeit bekannt. Sie hat sich in der Entwicklung des Kaiserkults fast zur Absurdität gesteigert. Die Erhebung Hadrians und seine Gleichsetzung mit der höchsten Gottheit übertraf jedoch alles bisher Geübte und mag von ihm nicht einmal beabsichtigt gewesen sein. Aber: »Er ist der höchste Wohltäter der Menschen, den eine gesteigerte Dankbarkeit und Freude über sein Werk als den höchsten Gott erkennen läßt. Die Verkündigung des Wortes von der Glückseligkeit der Menschen auf Erden, die Umsetzung des Wortes in die Tat lenkt die religiös empfängliche und erregte Menschheit zu den erhabenen Gefühlen, dem Quell neuer Lebensfreude, und daraus entspringend zu der in ihrem Sinne großartigen Vorstellung von der Gleichheit des Glücksbringers mit dem höchsten Gott der Welt. Dies ist auch eine der Stufen des Monotheismus ...«

Die Verehrung des kaiserlichen Genius in der westlichen Reichshälfte hat im Osten unter Hadrian eigene Formen angenommen. Die Anbetung des Staates im Oberhaupt ist in Griechenland, wo der Kaiserkult am wenigsten entwickelt ist, in die griechischer Religion entstammende Form des Zeustums verwandelt. Dieser Monotheismus ist folglich nur denkbar in der Form des Zeuskults. Die Schöpfung der Hadrian zum »Gott« erhebenden Athener ist daher eine Assimilierung römischer Anschauungen an griechische. »Daß er nicht, wie in Antinoe und Jerusalem, als Kapitolinus, sondern als › Olympios ‹ verehrt wird, erklärt sich daraus, daß er in Athen und damit in Griechenland Konzessionen an die griechische Religion gemacht hat, die ihre Form des höchsten Gotteskultes hervorgeholt hat. Der Olympioskult wurzelt daher in Athen und hat seine Äste ausgebreitet über alle griechischen Lande. Die politische Diesseitsreligion des Kaiserkults ist demnach unter Hadrian vertieft worden; das enge Bündnis, welches der Kaisergott mit dem Himmelsgott eingegangen ist, ist ein Abbild des diesseitigen Lebens und der jenseitigen Welt.«

Als Weihegeschenk spendete der Kaiser dem Tempel eine Schlange. Sie wurde aus Indien geholt, war aus Gold gefertigt und reich mit Edelsteinen besetzt. Und die Athener bedankten sich ihrerseits mit der Stiftung einer Säule für ihren Gönner. Man stellte sie hinter dem Tempel auf. Und sie soll alle dem Kaiser anderswo gewidmeten Ehrenmale an Schönheit übertroffen haben.

Wenn man auch dieser Häufung von überlieferten Superlativen skeptisch gegenüberstehen sollte, eines ist sicher: Seit dem perikleischen Zeitalter hatte die Griechenstadt niemals so sehr im Mittelpunkt des Weltgeschehens gestanden, hatte sich ein Weltherrscher niemals so eifrig um sie bemüht. Das mag nicht nur ihre Einwohner mit besonderer Freude erfüllt haben, sondern vor allem den Kaiser selbst, der durch die Wiederbelebung des Hellenismus einen Jugendtraum verwirklicht sah. Den Titel »Panhellenios« hörte er deshalb besonders gern.

Er wurde Vorsitzender des panhellenischen Rates. Dieser hatte zwar keinerlei politische Bedeutung, mußte jedoch das Nationalgefühl der Griechen erheblich stärken. So stellte er beispielsweise griechischen Gemeinden auf neugriechischem Boden Echtheitszertifikate aus. Wem der panhellenische Rat bescheinigte, daß er griechisch war, der konnte stolz sein.

Hadrian führte den Vorsitz bei den panhellenischen Spielen, einer Neustiftung, die die bekanntesten Wettkämpfer aus allen Teilen des Reiches anlockte. Seit Neros Zeiten mehr als sechs Jahrzehnte zuvor war ein überregionaler Talentwettbewerb nicht mehr mit solchem Glanz ausgetragen worden. Und diesmal entbehrte er darüber hinaus der Lächerlichkeit, der ihn der damalige Kaiser durch seine aktive Teilnahme als Athlet, Dichter und Sänger ausgesetzt hatte. Für Griechenland schien wirklich ein neues Zeitalter angebrochen.

Die panhellenischen Spiele waren mit der Stiftung des bereits früher erwähnten Panhellenion verbunden, des neuen Tempels für den höchsten Griechengott Zeus. Neben dem unter Hadrian fertiggestellten Olympieion gehörte er zu der wichtigsten Hinterlassenschaft des Kaisers in der Stadt. Reste von ihm sind nicht erhalten geblieben. Man darf aber annehmen, daß er dem Tempel des olympischen Göttervaters kaum nachgestanden hat.

Zu Hadrians Meisterwerken gehörte das Gymnasium. Es war so großzügig angelegt, daß man es eher für einen großen Marktplatz hätte halten können: ein überdimensionales Quadrat mit über hundert Metern Seitenlänge, geschmückt mit hundert Säulen, die man eigens dafür aus Libyen eingeführt hatte.

Ebenso prächtig war wohl die Stoa im Norden der Akropolis. Dort hatte Hadrian eine öffentliche Bibliothek eingerichtet. Die Stoa bildete ein Rechteck, 80 auf 120 Meter groß, und war ebenfalls von hundert Säulen umgeben. Man hat sie bis gegen Ende des vorigen Jahrhunderts als Markthalle benutzt. Einen Teil der Westfront dieses Kaiserforums kann man noch heute sehen.

Wie in der Hauptstadt ließ Hadrian auch hier ein Pantheon errichten. Es enthielt in seiner Inschrift den eigenen Rechenschaftsbericht des Kaisers (Pausanias I 5,5). Er wurde später von einem Hadrianforscher mit den »res gestae divi Augusti« (Taten des vergöttlichten Augustus) verglichen. Das ausgedehnte Viertel, um das der Kaiser die Stadt nach Osten erweitert hatte, wurde mit einer Mauer umgeben. Athen behielt den ihm unter Hadrian gegebenen Umfang bis in justinianische Zeit, obwohl es in mehreren Kriegen schwere Schäden hinnehmen mußte.

Die griechische Hauptstadt hatte sich mit kaiserlicher Hilfe in wenigen Jahren so erneuert, wie es sich Hadrian zu Beginn seines ersten Aufenthalts vorgestellt haben mag. Über der Sorge um diese eine Stadt war aber das Bemühen um die anderen Reichsstädte und Provinzen nicht abgebrochen. Jeder griechische Stamm hatte dem Kaiser im Dionysos-Theater eine Statue mit Inschrift als Zeichen der Zuneigung und Dankbarkeit gesetzt. Ein Ehrenmal besonderer Art hatten sich die Einwohner Olympias ausgedacht: Es handelte sich um ein offizielles Standbild. Der Kaiser ist, wie es der Brauch verlangt, mit dem Brustpanzer dargestellt. Auf ihm pflegte man gern etwas Symbolträchtiges abzubilden, bei den in Rom gefundenen Standbildern Hadrians etwa die Sonne. (Auf die Verbindung Helius-Aelius ist bereits hingewiesen worden.) Hier in Olympia stellte man nun Athene dar, die auf dem Rücken der römischen Wölfin steht.

Zweifellos sollte damit der heimliche Sieg Griechenlands über Rom angedeutet werden. So sehr das auch Hadrians eigene Gefühle und seinen Geschmack getroffen haben mag, für sein Verhältnis zu Rom und seine Stellung als römischer Kaiser kann es kaum förderlich gewesen sein.

Es war Frühling im Jahr 129, als Hadrian nach der Feier der kleinen Eleusinien erneut von Athen aufbrach. Einmal noch, drei Jahre später, sollte er in seine geliebte Stadt zurückkehren. Aber als ein anderer Mensch: gealtert, krank und in seinem Wesen stark verändert.

24.

DER ERSTE ÖKOLOGE

Erstes Ziel der zweiten asiatischen Reise war Ephesus, von wo er nur wenige Jahre zuvor Abschied von Asien genommen hatte. Daß er sich in der Stadt, die er allen anderen in Asien vorzog, im Jahre 129 aufgehalten haben muß, beweist nicht nur der inschriftlich erhaltene Brief, den er ihren Einwohnern vor der Abreise aus Eleusis sandte. Mindestens ebenso zuverlässig ist die Aussage der Münzen jener Zeit, die die Aufschriften »Diana Ephesia« und »Fortuna Ephesia« tragen. Auf einer Bildsäule findet sich darüber hinaus eine Ehreninschrift Hadrians für Catilius Severus, der, wie wir bereits gehört haben, gleich zu Beginn der hadrianischen Herrschaft mit der Statthalterschaft Syriens betraut worden war.

Wie lange er allerdings dort blieb, ist ebenso unbekannt, wie es die Gnadenerweise sind, die er diesmal seiner Lieblingsstadt auf asiatischem Boden zukommen ließ. Wie es scheint, hat er es aber nicht sehr lange ausgehalten. Denn wie kaum ein anderes war das Jahr 129 von Unstetigkeit geprägt.

Der genaue Weg durch die östliche Provinz ist nicht mehr zu rekonstruieren. Die »Vita« beschränkt sich auf ein nüchternes »per Asiam iter faciens« (durch Asien reisend) und zählt die besuchten Orte nur unvollständig und nicht einmal in der richtigen Reihenfolge auf. Wahrscheinlich ist der Kaiser in dem nördlich von Ephesus gelegenen Magnesia gewesen, das von jener Zeit an Sabina als Demeter verehrte. Der Stadt Tralles wurden anläßlich des hohen Besuches 60 000 Scheffel ägyptischen Weizens bewilligt, die der reiche römische Beamte Priscianus zahlte. Halikarnaß, der Geburtsort des berühmten griechischen Geschichtsschreibers Herodot, ist für Hadrian sicher ein besonderer Anziehungspunkt gewesen.

Über Laodikien dürfte der kaiserliche Hofstaat dann entlang der kilikischen Küste nach Tarsus gelangt sein, der Stadt, der der Apostel Paulus entstammte, keine gemeine Stadt, wie ihr berühmtester Sohn versicherte, sondern bekannt für ihre Schulen und Philosophen.

Tarsus nahm den Titel »Hadrianae« an. Ab Hadrians Zeit erscheint auf ihren Münzen der Apollonkult, der also wahrscheinlich vom Kaiser dort eingeführt worden ist. Später wird die Stadt auch Kultstätte des Antinoos werden.

In Cremna wurde Hadrian eine Basilika geweiht. Salagassos feierte ihn als Olympios. Die Städte Baris und Seleucia begannen unter ihm eine eigene Münzprägung.

Gewiß, all dies kann höchstens als Hinweis für die kaiserliche Anwesenheit angesehen werden. Auch zu damaliger Zeit hatte ein Kaiser die Möglichkeit, Anordnungen und Ermächtigungen über seine Legaten zu erlassen oder seine Geschenke und Gnadenerweise über Dritte zu verteilen. Aber schon die Tatsache, wie sehr sich jede Stadt bemühte, im Zusammenhang mit Hadrian genannt zu werden, spricht doch eine eigene Sprache.

Der Kaiser wollte den Sommer in Antiochien verbringen. Wahrscheinlich ist er dort vor dem 23. Juni eingetroffen.

Denn an diesem Tag feierte die Stadt ein großes Fest, an dem der Hof wohl teilnahm. Ein Teil der Geschichtsforschung behauptet, Hadrian habe Antiochien von allen Städten am wenigsten gemocht. Denn sie sei trotz aller Hellenisierungsversuche im Kern semitisch geblieben, was sich hauptsächlich in der Sprache ausgedrückt habe: dem Aramäischen, einer Art panasiatischen Dialekts, der seinerzeit von Ägypten bis Persien zu Hause war und noch heute den Christen als die Sprache von Jesus und seinen Jüngern bekannt ist.

Hadrians behauptete Abneigung gegen Antiochien ist aber nicht nachzuweisen. Warum hätte er auch ausgerechnet gegen diese Stadt etwas haben sollen? Sie, das heutige Antakya, war über 300 Jahre lang die Hauptstadt des Seleukidenreiches gewesen. Ihr größter Teil lag an einem Hang. Zu seinen Füßen strömte der Orontes. Schon die malerische Lage hatte einst dazu beigetragen, aus ihr eine ernsthafte Rivalin von Rhodos um den Ruf der schönsten Stadt des hellenistischen Ostens zu machen. Lebenslustig hallten nachts ihre hellerleuchteten Straßen von der Ausgelassenheit ihrer Bewohner wider. Es gab zahlreiche Schulen, aber man legte keinen Wert auf den Ruf eines Bildungszentrums, sondern zog es vor, dem Augenblick zu leben.

Ein mildes Klima ließ Feigen- und Olivenkulturen gedeihen. Und nur wenig außerhalb der antiken Stadt lockte der Hain der Daphne, ein Vorstadtpark, der von Lorbeerbäumen, Zypressen und Eichen bestanden war. Dazu kamen das Apollonheiligtum und andere Tempel. (Von alldem sind leider nur geringe Reste geblieben.) Außerdem war Antiochien die Stätte bedeutender sportlicher und musischer Wettkämpfe. Es ist kaum einzusehen, warum all das gerade auf den Ästheten Hadrian seine Wirkung verfehlt haben soll.

Einen Gutteil seines Lebens hatte er hier zugebracht. Er hatte Antiochien immer wieder zum Ausgangspunkt einzelner Reisen erwählt. Dort hatte er einen historischen Augenblick erlebt, nicht nur für sein eigenes Leben, sondern auch für Rom und die Welt, als ihn vor damals mehr als elf Jahren die Adoptionsurkunde und die Nachricht vom Tode Trajans erreichten. Auch die Gunstbeweise, die er gerade dieser Stadt zukommen ließ, bestätigen die vermutete Abneigung nicht. Hadrian stiftete ihr ein öffentliches Bad und einen Aquädukt, die beide nach ihm benannt wurden. Tempel, Theater und die Verbesserung des Bewässerungssystems vervollständigen die kaiserlichen Bemühungen.

Von Antiochien aus besuchte er Cappadokien, wo er der an der Grenze zu Armenien in Melitene stationierten Truppe, der Legion XII Fulminata, einen Besuch abstattete. Die Grenze war ruhig. Die Disziplin der Truppe ließ nichts zu wünschen übrig. Und so gab es für den kaiserlichen Gast nicht viel mehr zu tun, als ein paar Sklaven einzukaufen, die künftig alle untergeordneten Arbeiten verrichten sollten. Offenbar wollte er damit die Soldaten entlasten, damit sie sich auf ihre eigentlichen militärischen Aufgaben konzentrieren konnten. Vielleicht erkannte der Kaiser, wie unwirtschaftlich es ist, Leute mit qualifizierter Ausbildung niedere Dienste verrichten zu lassen. Und das Angebot an Sklaven war ja, was uns immer wieder befremdet, auch im humanistischen Zeitalter der sogenannten Philosophenkaiser reichlich.

Der Besuch bei der cappadokischen Truppe ist wieder durch eine Münze nachgewiesen: »Exercitus Cappadociae« (das cappadokische Heer).

Nirgendwo gibt es Anzeichen für einen Besuch nördlich dieser Region, wenn auch in diesem Jahr die Straße von

Nicopolis nach Satala in Armenia Minor gebaut wurde. Möglicherweise rechnete man mit der baldigen Ankunft des Kaisers. Oder man erhoffte sie zumindest.

Dem diplomatischen Talent Hadrians war es »schon öfter gelungen, in der Politik der Reichsverteidigung eine entscheidende Wendung herbeizuführen. Er hat seine Persönlichkeit — vielleicht die Persönlichkeit des Repräsentanten der Kultur — gegen die Orientalen und Barbaren ausgespielt. Seine Friedenspolitik hat er konsequent durchgeführt — zum guten Gelingen seines inneren Reformwerks ...«

Auch diesmal, und gerade im diplomatischen Geschick wirkt Hadrian verblüffend modern, wollte er wieder seinen ganzen Einfluß für den Reichsfrieden einsetzen und die gutnachbarlichen Beziehungen zu den Grenzvölkern des Imperiums pflegen. Daß es ihm nur teilweise gelungen ist, lag am wenigsten an ihm selbst.

Die »Vita« (13,8) erzählt, Hadrian habe alle Fürsten und Könige der Gebiete bis hin zum Kaukasus zu einem Freundschaftsfest geladen. Viele seien dieser Einladung bereitwillig gefolgt, und Hadrian habe es ihnen mit einer so üppigen Gastfreundschaft gedankt, daß diejenigen, die ein erbitterter Stolz am Erscheinen gehindert hatte, ihren Kleinmut bereuten. Besonders hochmütig habe sich ein gewisser Pharasmanes gezeigt, damals König der asiatischen Iberer, die das Gebiet des heutigen Georgien bewohnten. Er hatte die Einladung des römischen Kaisers einfach ignoriert, obwohl er von Hadrian eine Menge kostbarer Geschenke bekommen hatte. Er begnügte sich, die kaiserliche Gunst mit gleicher Waage aufzuwiegen. Er schickte dem Kaiser als Gegengabe 300 goldbestickte Mäntel.

Hadrian aber war über so viel anmaßenden Stolz erzürnt. Wenn er auch nicht beabsichtigte, es dem Iberer mit Waffengewalt heimzuzahlen, so schien es ihm doch nötig, ein Exempel zu statuieren. Der Welt mußte ein für allemal vor Augen gehalten werden, wie sie mit Rom und seinen Herrschern umzugehen hatte.

300 verurteilte Verbrecher wurden gezwungen, die kostbaren Kleidungsstücke anzulegen und sich dann gegenseitig in der Arena umzubringen. Jedem, der eine so offensichtliche Schmähung Roms wagte, konnte es künftig ebenso ergehen.

Wie erwartet, zog Pharasmanes daraus seine Lehre. Als Antoninus Pius Kaiser wurde, kam er zusammen mit seiner Königin nach Rom, um dem Kaiser, der Stadt und dem Reich die nötige Reverenz zu erweisen. Diese Geschichte ist darüber hinaus ein weiteres Beispiel für Hadrians Empfindlichkeit.

Ein besonderes Problem, weil noch nicht allseits befriedigend gelöst, stellte Parthien dar. Zwar gehörten offene Feindseligkeiten, wie sie noch unter Trajan auf der Tagesordnung standen, jetzt dem Reich der Vergangenheit an. Trotzdem glich das Verhältnis zwischen dem Imperium und dem Regnum Parthorum mehr einem Waffenstillstand als einem dauerhaften und auf sicheren Beinen stehenden Frieden. Um so bedauerlicher war es, daß Chosroës, der Partherkönig, der kaiserlichen Einladung zu dem Fürstentreffen keine Folge leistete. Bedauerlich vor allem deshalb, weil Hadrian seine freundschaftlichen Absichten mit der Rückgabe der einst von Trajan gefangengenommenen und in Rom als Geisel festgehaltenen Königstochter bekräftigt hatte. Dennoch muß allein Hadrians Persönlichkeit den »Erbfeind« tief beeindruckt und auch nach dem Tod des Kaisers noch lange nachgewirkt haben. Als nämlich unter Antoninus Pius in Armenien Aufstände drohten, genügte ein schriftliches Wort an den Partherkönig, um eine offene Rebellion zu verhindern.

Das geschichtlich wohl vorbildlose Freundschaftsfest spielte sich in Samosata ab, dem heutigen Samsat. Dort lag auch die Legion XVI Flavia, die bei dieser Gelegenheit einer Inspektion unterzogen wurde. Der Stadt war damit eine herausragende Stellung gewiß. Sie erhielt den Titel »metropolis« und wurde die Hauptstadt der Commagene, des südöstlichen Teils von Cappadokien.

Hadrians Mission an der östlichen Reichsgrenze war damit abgeschlossen, und er konnte zu einem geruhsameren Aufenthalt in die syrische Hauptstadt zurückkehren. Das heißt, er hätte es können, wäre er nicht der Weltenbummler und diesem Ruf verpflichtet gewesen. Antiochien scheint ihm auch für diesen Herbst/Winter 129/130 nicht mehr als eine zentral gelegene Zufluchtsstätte gewesen zu sein, ein stehendes Quartier, das er unausgesetzt zu Ausflügen in die nähere und fernere Umgebung nutzte. Diese »Vergnügungsfahrten« wurden zugleich mit Inspektionen der über ganz Syrien verstreuten Truppen verbunden. Vermutungen, welche Heeresteile nun besucht wurden und welchen Weg der Kaiser dabei einschlug, wären allerdings mangels Überlieferung reine Spekulation.

Mit einer ganz kurzen Notiz nur wird in der »Vita« die romantische Tour des Kaisers nach Arabien erwähnt. Er unternahm sie ab Herbst 126: »Arabia peragrata« (nachdem er Arabien durchreist hatte). Man vermutet einen Aufenthalt in Palmyra, was durch eine Inschrift aus dem Jahre 130 erhärtet wird. Sie erwähnt einen nicht lange zuvor erfolgten kaiserlichen Besuch.

Palmyra, die Stadt der unzähligen Palmen, wie die Griechen sie nannten, verdankte seinen Reichtum nicht nur dem fruchtbaren Boden, sondern vor allem seiner in zweifacher Hinsicht günstigen Lage: Es war an der Handelsstraße von Damaskus zum Euphrat erbaut und gleichzeitig weit genug von anderen Ansiedlungen entfernt. Das erlaubte ihm trotz der nominellen Zugehörigkeit zum römischen Imperium eine weitgehende Unabhängigkeit. Als eine der bedeutendsten Städte des Ostens hatte es breite Straßen und mächtige Bögen. Sein Stolz aber war der Sonnentempel, der die assyrische Tradition der Großräumigkeit fortsetzte. Er war der Dreieinigkeit von Sonne, Mond und Baal geweiht. Und man kann sich leicht vorstellen, welchen Eindruck die korinthische Säulenreihe, die mit ihren 1 350 Metern Länge nirgendwo auf der Welt übertroffen wurde, selbst auf den von Superlativen verwöhnten Kaiser gemacht haben muß. Daß er sich gerade Palmyra hätte entgehen lassen, ist deshalb nicht zu vermuten.

Es gab kaum eine Provinz des Reiches, die sich in bezug auf Gewerbefleiß und Wohlstand mit Syrien hätte messen können. Heute ist schwer vorstellbar, daß zu Trajans Zeiten in jener Gegend mehr als zehn Millionen Menschen lebten, deren Erwartungen an die Lebensqualität mit denen des ausgehenden 20. Jahrhunderts durchaus vergleichbar wären. Die Versorgung mit Trinkwasser war ebenso selbstverständlich wie ein unterirdisches Abwassersystem. Bildungseinrichtungen, kulturelle Veranstaltungen und öffentliche Bauten hätten mit neuzeitlichen konkurrieren können. »Die älteste Stadt war Damaskus, auf der Höhe von Sidon jenseits des

Libanon gelegen, durch die Wüste ringsum gesichert und von den sich ausbreitenden Armen und Seitenbächen eines dankbar › Goldfluß ‹ genannten Stromes fast in einen Garten verwandelt. Hier trafen viele Karawanenstraßen zusammen und ergossen in die Basare die Erzeugnisse dreier Erdteile.«

Tyrus hatte sich wie viele der alten Küstenstädte Phönikiens über Jahrhunderte am Leben erhalten. Zur römischen Kaiserzeit war es reicher als je zuvor. Hier konnte man größere Wohnhäuser als in Rom bewundern und sich über schlimmere Elendsviertel entsetzen. Der Fleiß und das Geschick seiner Handwerker waren ebenso sprichwörtlich wie die Gewandtheit seiner Kaufleute, deren Interessen die günstige Lage an der Küste noch entgegenkam.

Beide Städte, das reiche Damaskus und das alte Tyrus, erhielten anläßlich des kaiserlichen Besuches ebenso wie das in der Commagene gelegene Samosata den Titel »metropolis«, rückten also in den Rang von Mittelpunktorten der Provinz auf.

Die letzte wichtige Station dieses romantischen Ausflugs scheint Beirut gewesen zu sein, das Berytes der Römerzeit. Die alte phönikische Hafenstadt war um 140 v. Chr. von den Syrern zerstört worden und erst unter Augustus als Colonia Iulia Augusta Felix Berytos wiedererstanden. Bis vor seiner sinnlosen Zerstörung vor wenigen Jahren galt Beirut als die am meisten verwestlichte Stadt des Orients. Einzelne Stadtteile trugen so auffallend europäischen Charakter, daß man Beirut lange Zeit als »Paris des Ostens« pries. Aber schon in der Antike war man dort westlichem Kulturgut stets aufgeschlossen.

Die Einwohner dieser freundlich anmutenden römischen Kolonie dankten dem Kaiser den Besuch mit einer Opfergabe im Tempel des Baal-Marqod. Und Hadrian seinerseits revanchierte sich durch die Erneuerung des Straßennetzes, was aufgefundene Meilensteine, die seinen Namen tragen, bezeugen.

Als Hadrian in jene Gegend kam, war das niederschlagsreiche Libanongebirge noch bewaldet. Wacholder, Kiefern, Eichen, Tannen und vor allem die berühmten Libanonzedern lieferten hier das begehrte Rohmaterial vornehmlich für den Schiffsbau. Kein Wunder, daß waldreiche Gebiete bei den expansionslüsternen Politikern damals fast ebenso hoch gewertet wurden wie Waffen. Schutzmaßnahmen zur Erhaltung der Wälder und eine gezielte Wiederaufforstung abgeholzter Bestände waren weitgehend unbekannt. Um nun wenigstens den Baumbestand des Libanon für römische Interessen zu sichern, erklärte Hadrian die ausgedehnten Wälder zu Staatseigentum. Er ließ an ihren Rändern zahlreiche Steine errichten, die ihn inschriftlich als Eigentümer auswiesen. Alles andere wurde in Privatbesitz übergeben, wohl in der Hoffnung, daß so für die Wälder besser gesorgt würde.

Wenn man mangels entsprechender Hinweise auch nicht mehr sagen kann, welche Bäume der Kaiser für sich ausbedungen hatte, so wird doch sicherlich die Libanonzeder dazugehört haben, das damals wie heute wertvollste Holz.

Der »cedrus Libani« kann bis zu 40 Meter hoch und bis zu 1300 Jahre alt werden. Leider haben Hadrians Schutzvorkehrungen wenig bewirkt. Oder waren sie unzureichend? Denn kommende Jahrhunderte haben den Wald des Libanon durch unkontrollierten Raubbau weitgehend vernichtet. Erst in jüngerer Zeit werden große Anstrengungen zur Wiederaufforstung weiter Gebiete unternommen. Doch vor allem alte Zedernbestände sind selten geworden. Es gibt sie nur noch an zwölf kleinen Standorten. Der berühmteste ist der mit etwa 300 Exemplaren in der Nähe des höchsten Berges des Libanongebirges, des Kurnat As Sauda im Norden.

Schutz eines bedrohten Lebensraumes — auch darin war dieser römische Herrscher ohne geschichtliches Vorbild, wenn auch seine Motive anderer Art gewesen sein mögen als die neuzeitlicher Ökologen.

Immer waren für Hadrian Naturschönheiten von besonderer Anziehungskraft. Vor vier Jahren hatte er auf Sizilien den Ätna bestiegen, um einen Sonnenaufgang gleichsam vor Ort zu erleben. Nun bot der Mons Casius in unmittelbarer Nähe von Antiochien eine ähnliche Gelegenheit. Der Berg ist nur 1 500 Meter hoch, mutet aber wegen seiner Steile höher an. Plinius erzählt, die syrischen Zeitgenossen des Kaisers hätten ihn für unbezwingbar gehalten und behauptet, von seinem Gipfel aus könne man Tag und Nacht gleichzeitig sehen, den Tag zur einen, die Nacht zur anderen Hand. Dort oben hatte Jupiter Casius seinen Sitz, obwohl sich der gnädige Gott mit einem Tempel am Fuße des Berges begnügte. Es versteht sich von selbst, daß Hadrian Antiochien nicht verlassen wollte, ohne der in den Höhen waltenden Gottheit zu opfern.

So bestieg er zu nächtlicher Stunde den Berg, mit Opferdienern, Priestern und Opfertier ausgestattet. Er ließ sich geduldig auf dem Gipfel nieder, um den erwachenden Morgen zu erwarten. Aber statt des ersehnten Sonnenaufgangs überraschte die Gruppe ein Gewitter. Opfertier und Opferdiener wurden von den zornigen Blitzen des Göttervaters erschlagen ...

Die anwesenden Priester beeilten sich natürlich, das böse Vorzeichen dahin zu deuten, Hadrian sei durch den Blitz des allmächtigen Jupiter als der Erkorene der Gottheit ausgezeichnet worden. Es wurde als deutliche Parallele zu Alexanders Erhebung zum Sohn des Jupiter Amon gesehen. Und auch Hadrian selbst schien von dem Unglück äußerlich unberührt. Er verfaßte eine Art Trostgedicht, das allerdings zu seiner weniger geglückten poetischen Hinterlassenschaft gehört. Das war alles an nach außen sichtbarer Reaktion.

Wie aber mag es in seinem Innern ausgesehen haben? Es bedarf keiner allzu großen Phantasie, sich die Ängste vorzustellen, die ein derart böses Omen in einem Römer der damaligen Zeit ausgelöst haben wird. Der Zorn der Gottheit hatte die Opfergaben vernichtet! Zumal für Hadrian, der von Jugend an durch Vorzeichen, Wunder, Prophezeiungen und einen unbeirrbaren Glauben an den Wandel der Gestirne geleitet worden war, mußte dieser Zwischenfall alles an bösen Ahnungen bergen.

Tatsächlich waren dann die letzten acht Jahre dieses Lebens verdüstert: durch Krankheit, Tod und Mißerfolg, aber auch durch eine verhängnisvolle Liebe, durch Leidenschaft und Verlust.

Die Sonne der Aelier versprühte keinen Glanz mehr.

25

DER VERHÄNGNISVOLLSTE AUFBRUCH

Wie sehr Hadrian der eigenen Sterndeutekunst vertraute und wie sehr auch sein Biograph betont, der Kaiser habe alles, was ihm im Laufe eines Jahres zustoßen würde, vorausgesehen und schriftlich festgehalten: die Kette der unglücklichen Ereignisse, die Hadrian im Jahr 130 treffen und sein Leben so nachhaltig verändern sollten, kann er kaum vorausgeahnt haben.

Es muß wohl im Frühjahr 130 gewesen sein, als er sein Winterquartier in Antiochien in Richtung Süden verließ. Die »Vita« spricht von einem Zug durch Arabien, was durch Münzen, die den Kaiser begrüßen und ihn als »Restitutor« preisen, erhärtet wird. Die arabische Hauptstadt Petra nannte sich stolz »Adrianae Petra«.

Die Provinz Arabia gehörte zu den jüngsten römischen Territorien. Das Arabien jener Zeit erstreckte sich keineswegs auf die Ländereien, die man heute unter diesem Begriff zusammenfaßt. Die Sinai-Halbinsel gehörte dazu und ein schmaler Landstreifen östlich von Judäa, das »Arabien« vom Mittelmeer trennte. Im zweiten Jahrhundert v. Chr. hatten die Nabatäer hier ein kleines, aber zähes Königreich errichtet. Größtenteils Wüste, wurde der Hauptteil von den Römern bezeichnenderweise »Arabia Deserta« genannt. Ein

Bergzug im Südwesten, etwa dem heutigen Jemen, hieß dagegen »Arabia Felix«. Die Pharaonen und die Seleukiden hatten die rätselvolle Halbinsel ebensowenig zu erobern vermocht als später die Ptolemäer. Und selbst die erfolgsgewohnten Römer hatten sich an jener Gegend lange die Zähne ausgebissen.

Zuerst Pompeius, der 63 v. Chr. nach Osten zog. Das nabatäische Reich verdankte sein Überleben damals nur einem Zufall: Just als Pompeius sich an die Eroberung machte, wurde er nach Jerusalem abberufen. Sein Nachfolger sah nach der Annahme eines Abstandsgeldes von der Eroberung ab.

Auch Augustus scheiterte, als er im Jahre 25 v. Chr. den Feldherrn Aelius Gallus entsandte, das winzige Reich dem Imperium Romanum einzuverleiben. Augustus hatte ursprünglich beabsichtigt, das Königreich Herodes dem Großen zu schenken. Da Herodes starb, begnügte sich der Kaiser damit, den arabischen Hafenplatz Aden zu zerstören und so eine wichtige Handelsstraße zwischen Ägypten und Indien kontrollieren zu können. Wieder war das Nabatäerreich mit dem Schrecken davongekommen. Aber noch einmal, vierzig Jahre später, war seine Existenz bedroht.

Sein König hatte Herodes Antipas, einem römischen Schützling, den Kampf angesagt. Dieser Vorfall lieferte der römischen Expansionspolitik einen willkommenen Anlaß zum Eingreifen. Tiberius veranlaßte den römischen Statthalter von Syrien, für Rom Rache zu nehmen. Und wieder rettete die Nabatäer nur eine Laune der Geschichte, diesmal der Tod von Kaiser Tiberius, der das Ende des Königreiches hinauszögerte.

Erst im Jahre 106 n. Chr. gelang Trajan dann die Eroberung. Die Eingliederung ging ohne Schwierigkeiten vor sich, und Trajan gab dies auch unverblümt zu. Auf die Münzen, die dieses Ereignis feierten, ließ er »Arabia adquista« schlagen. Arabien wurde also nur »erworben«, nicht etwa, wie Parthien, »erobert«. Der Kaiser hatte sich um diese Neuerwerbung nicht einmal selbst bemühen müssen. Cornelius Palma hatte sie als Statthalter von Syrien fast reibungslos durchgeführt.

Das Schicksal des bisher unabhängigen Königreichs war betrüblich, wenn auch so manchem Araber die römische Herrschaft willkommen gewesen sein wird. Es wurde geteilt, die nördlichen Gebiete schlug man der Provinz Syrien zu.

Besonders unglücklich gestaltete sich die Zukunft der Hauptstadt Petra. Sie wurde zugunsten des weiter nördlich gelegenen Bostra ihrer bisherigen Vormachtstellung beraubt. Petra war eine hellenistische Stadt, aramäisch zwar in der Sprache, aber griechisch in Kunst und Kultur und alexandrinisch in der Pracht ihrer Anlage. Eingebettet in steile Felswände, die ihr den Namen verliehen, verfügte sie als Hüterin des Tores zur Wüste über eine strategisch günstige Lage. Dennoch hielt es Trajan für zweckmäßiger, die Hauptstadt nach Bostra zu verlegen. Die unmittelbare Nähe Syriens war der Nachrichtenübermittlung und der Versorgung der Legionäre dienlicher.

Petra, die Stadt aus Stein, verkümmerte, als sich Bostra zu einem Knotenpunkt der Karawanenstraßen entwickelte, die durch die Wüste führten. Als Hadrian im Jahre 130 die Gegend besuchte, zog er sicherlich auf jener Straße nach Süden, die gleich nach der Annexion Arabiens in Auftrag gegeben worden war. Sie führte, wie auf ihren Meilensteinen zu lesen stand, »offen und gepflastert von den Grenzen Syriens bis zum Roten Meer«. Und mit Recht durften ihre Er-

bauer stolz auf sie sein. Ihre Reste und die des Befestigungs-
gürtels, der sie einst im Osten gegen wilde Nomadenstämme
schützte, soll man noch heute bewundern können.

Die ungewöhnliche Lage Petras mag für den neugierigen
Hadrian ein besonderer Anziehungspunkt gewesen sein.
Denn nicht nur die Stadt der Lebenden war vom Stein beherrscht. Riesengrabmäler hatte man in der Zeit des Nabatä-
erreiches außerhalb der Stadt in den Felsen gehauen. Ihre
rohen, aber mächtigen Fassaden boten sich dem Besucher
dar, und ihre doppelten Säulenreihen erreichten manchmal
eine Höhe von über 30 Metern.

Aber mit dem Niedergang der Stadt verfielen auch die
protzigen Grabstätten. In kalten Nächten sollen schließlich
Nomaden dort Zuflucht gesucht und gefunden haben. Auch
hier bewahrheitet sich die Ansicht Hadrians über die Vergänglichkeit: »Selbst den Gräbern droht Verderben ...«

Ein Bild des Sterbens bot sich dem Kaiser dar, als er in die
einstige Königsstadt kam. Und es bedarf keiner überschwenglichen Phantasie, sich die Freude ihrer Bewohner
über den hohen Besuch vorzustellen. Der Name »Hadriana«, mit dem sich Petra fortan schmückte, und die Verleihung des Ehrentitels »metropolis« können freilich nur ein
geringer Trost gewesen sein und eine gewisse Aufwertung,
wenn von einer solchen überhaupt die Rede sein kann, höchstens vorübergehender Natur. Die einstige Bedeutung vermochte auch ein römischer Kaiser keiner Stadt zurückzugeben, wenn ihre Zeit abgelaufen war. Daran konnte auch
nichts ändern, daß man ihn in aller Welt als den Bewahrer
und Erneuerer des Erdkreises pries.

Wenn auch Hadrian den Lauf der Geschichte nicht aufhalten konnte, in ihn eingreifen konnte er sehr wohl. Das

sollte sich bald zeigen, als er nach Judäa kam, wahrscheinlich mit den redlichsten Absichten, allen voran der Erhaltung des Reiches, aber unter völliger Fehleinschätzung möglicher Folgen einer verhängnisvollen Judenpolitik.

Zuvor jedoch scheint er noch Gerasa besucht zu haben. Denn dort errichtete man damals eine Stadtmauer und ein Tor. Und es geht die Sage, Hadrian habe in der Griechenstadt, ähnlich wie in Athen, an die Anlage eines neuen Stadtteils gedacht. Gerasa hatte nämlich unter dem jüdischen Krieg, den der spätere Kaiser Titus beendet hatte, sehr gelitten. Augenblicklich erlebte es aber, offensichtlich wegen der Neugründung der Provinz Arabien, einen Aufschwung. Wie dem auch sei, nichts deutet darauf hin, daß dieser kaiserliche Plan, sollte er überhaupt bestanden haben, auch ausgeführt wurde.

Anders dagegen verhielten sich die Dinge in Jerusalem. Was darüber bisher in antiken Quellen nur spärlich überliefert war, geriet an einem Frühlingstag des Jahres 1960 in ein neues Licht. Damals nämlich hatten sich namhafte Archäologen auf die Suche nach den Spuren des letzten Fürsten von Israel begeben und waren fündig geworden.

Doch bevor auf die näheren Ereignisse in Judäa, die für alle Zeiten einen düsteren Schatten auf das Bild des Friedenskaisers werfen, näher eingegangen wird, scheint es zweckmäßig, Hadrians Verhältnis zur Religion, ja zur Philosophie überhaupt, näher zu beleuchten.

26

DIE KULTUR IM ZEITALTER DER ADOPTIVKAISER

Die einst von Griechenland importierte und in Rom unter Seneca zu letzter Vollendung gereifte Lehre des Stoizismus war die Modephilosophie der hadrianischen Zeit. Sie beeinflußte wesentliche Teile des öffentlichen Lebens. Es wäre aber ein Fehler, auch Hadrian uneingeschränkt dieser philosophischen Richtung zuzuordnen. Sein vielschichtiger Charakter, die Kompliziertheit seines Wesens, seine Leidenschaften, die er niemals zu verbergen, geschweige denn zu zügeln versuchte, verbieten solche Absolutheit beanspruchenden Feststellungen. Es ist vielmehr sehr scharf zu trennen zwischen dem Menschen Hadrian und dem stoischen Wertvorstellungen nacheifernden Throninhaber.

»Wohl entspricht Hadrian in entscheidenden Gesichtspunkten seiner Politik wie in der Maxime vom dienenden Herrscher den Lebensregeln des stoischen Weisen; man spürt sie in der Gelassenheit, mit der er sein eigenes Schicksal behandelt, wie wenn er, in einem Attentäter den Verrückten erkennend, ihn nicht dem Richter, sondern dem Arzt übergibt, in der Schlichtheit seines Auftretens, selbst in der Annahme des Bartes der Philosophen.« Hadrian hatte versprochen, der leitende Grundsatz seiner Herrschaft werde sein, den Staat als Gemeinwesen, nicht als Eigentum des

Kaisers zu betrachten. Im Gegensatz zu den Herrschern des ersten Jahrhunderts sahen die sogenannten Adoptivkaiser in der Herrschaft kein persönliches Recht, sondern erklärten, die Macht »übertrage die Gottheit dem Manne, der den übrigen Angehörigen des Gemeinwesens sittlich und geistig überlegen sei, und ihre angemessene Ausübung sei eine Pflicht, die Gott ihm auferlege, eine schwere persönliche Obliegenheit.« Nach der stoischen Lehre gab es keinen Herrn über die Menschheit, sondern ihren Diener, der für die Wohlfahrt aller zu wirken verpflichtet war.

Die Verwirklichung dieser stoischen Ideale wurde nach der kurzen Regierungszeit von Nerva zum ersten Mal unter Trajan gespürt, der ein anerkannter Anhänger des Stoizismus war. Der bestimmende Zug in dem von ihm eingeleiteten neuen Kapitel in der Geschichte des Prinzipats war das gute Einvernehmen zwischen dem Herrscher und seinen Untertanen, die Wahrung des Anscheins, er handle nicht als absoluter Monarch und uneingeschränkter Gewalthaber, sondern der Staat erkenne ihn, den Kaiser, als ersten und besten Bürger freiwillig an.

Wer wollte dem politischen Wirken Hadrians die ernsten und redlichen Absichten absprechen? Seine Sorge für das Reich war unermüdlich. Er war das Haupt der Beamtenschaft, leitete und überwachte ihre Tätigkeit, selbst wenn er weit entfernt von Rom war. Sorgfältig verwaltete er die öffentlichen Gelder und kümmerte sich persönlich um die finanzielle Sicherheit der Untertanen. Die »Vita« berichtet, seine aufopfernde Fürsorge habe selbst dann nicht nachgelassen, als er, schon todkrank, auf dem Sterbebett sein Testament verfaßte. Unbeirrbar folgte vor allem Hadrian dem stoischen Grundsatz, daß die Pflicht des Staatsmannes und die Wohlfahrt der Untertanen allen persönlichen Interessen vorzugehen hätten. Gewissenhaftigkeit, Tüchtigkeit und Vaterlandsliebe sind keineswegs die geringsten Tugenden dieses außergewöhnlichen Herrschers.

Wie anders sind hingegen die charakterlichen Eigenschaften des Privatmannes Hadrian! Zwar versucht er auch hier, vorbildhaft zu leben, wenn öffentliche Interessen dies erfordern, wie etwa, wenn er die launische Gattin nicht entläßt. Aber ihm fehlen letzten Endes der Gleichmut und die Ausgeglichenheit des wahren Stoikers. Ihm fehlt die Freiheit von Neigungen und Affekten, ein Leben nach der Vernunft, das die stoische Lehre fordert, weil nach ihrer Auffassung die Vernunft der innersten Natur entspricht. Von der ebenfalls geforderten Tugendhaftigkeit ist er weit entfernt. Fremd bleibt ihm das Streben nach hoher Sittlichkeit, das den wahren Stoiker zur Gottähnlichkeit führt. Der persönlichen Vervollkommnung steht die Leidenschaftlichkeit seiner Gefühle im Wege. Im Gegensatz zu dem gelebten Vorbild des Epiktet, dem er nahezustehen vorgibt, ist er eitel und nachtragend, was viele seiner ehemaligen Freunde zu spüren bekommen. In der Liebe kann er ebenso leidenschaftlich sein wie im Haß, im Neid ebenso unmäßig wie in der Verschwendung mit Ehrungen. Er ist schamlos genußsüchtig, wenn auch mit Geschmack. Und bei aller zur Schau gestellten Überlegenheit beeinflussen ihn doch Vorzeichen und Prophezeiungen.

Wie steht es auf der anderen Seite mit Hadrians Verhältnis zur Religion? Zweifellos gehörte sie nicht zu seinen bevorzugten Interessengebieten. Noch heute empfinden wir, daß der einzige Weg zur Freiheit nicht über Politik und Revolution, sondern über die Philosophie führt. Die wahre Philosophie besteht aber nicht in den Spekulationen der Bücher, »sondern in der getreulichen Ausübung der Ehrenhaftigkeit und Anständigkeit nach der innersten Stimme, die in einem gewissen mystischen Sinn das Wort Gottes im Herzen der Menschen ist«.

Tatsache ist, daß im Zeitalter des aufgeklärten Despotismus besonders des zweiten Jahrhunderts christlicher Zeitrechnung die Religion gegenüber der Philosophie ihre einstige Vormachtstellung zurückeroberte. Der einst in Griechenland beheimatete und von dort auf Italien überkommene rationalistische Geist begann, einer religiös-mystischen Geisteshaltung zu weichen. Schon Augustus und seine Nachfolger hatten sich bemüht, den alten Glauben zu neuem Leben zu erwecken. Die ererbten Kulte wurden in ihrer äußeren Form aufrechterhalten und schienen als Staatsreligion noch immer Lebenskraft zu haben. Sie richteten sich vor allem auf die Verehrung der auf dem Kapitol thronenden göttlichen Dreiheit von Jupiter, Juno und Minerva. Dazu kam seit voraugusteischer Zeit mit dem Tod Cäsars die Vergöttlichung der Person des Kaisers und später auch die seiner Familie.

In Wirklichkeit aber waren diese althergebrachten religiösen Vorstellungen längst ihres Inhalts beraubt. Weil unpersönlich, boten sie keine Befriedigung mehr, weder Hilfe in Not noch Trost im Leiden oder in aktuellen Problemen des gegenwärtigen oder eines künftigen Lebens. »Die gebildeten Schichten hielten sich noch an den Stoizismus mit seiner erhabenen Sittenlehre und seiner pantheistischen Theologie. Aber der Stoizismus sah sich mehr und mehr außerstande, den religiösen Bedürfnissen intellektueller Kreise zu genügen; er war zu kalt, zu vernünftig und logisch, zu irdisch ...«

Das Auffangbecken religiöser Strömungen war in der Kaiserzeit das Heer. Zurückgekehrte Soldaten hatten fremde Kulte besonders aus dem Orient nach Rom gebracht und dort in eigenen Tempeln beheimatet. Die römische Regierung nahm für gewöhnlich die fremdländischen Religionen bereitwillig auf, verlangte aber, daß die neuen Götter den alten gegenüber die gleiche Duldung übten. Der aufgeklärte Despotismus der Adoptivkaiser war sogar geneigt, die Verbreitung religiöser Strömungen aus dem Osten zu begünstigen, allerdings immer unter der Voraussetzung, daß sie loyal waren und sich jeglicher politischer Einflußnahme enthielten. Dazu wurden gelegentliche Gesten der Verehrung gegenüber den alten Göttern und dem Haupte des Staates verlangt. Zum bestätigenden Zeichen der Loyalität gegenüber dem Staat hatte sich das Abbrennen von Weihrauch vor der Statue des Kaisers entwickelt, ein Akt der Verehrung, von dem nur Juden und zunächst auch die vermeintlich jüdische Sekte der Christen ausgenommen waren.

Das Heidentum war keine einheitliche Religion, sondern ein Chaos verschiedenster und oft konkurrierender Glaubensbekenntnisse. Und noch war keines von ihnen geeignet, die Sehnsüchte der suchenden Menschheit zu erfüllen.

Zu den Suchenden jener Zeit gehörte auch der römische Kaiser selbst. Er bemühte sich zwar, seine Aufgaben als Pontifex Maximus getreu seinem Vorbild Augustus gewissenhaft zu erfüllen und die tradierten ausgehöhlten Religionen mit neuen Inhalten zu beleben. Dem Herakles von Gades, dem Gott seiner Kindheit, fühlte er sich zeitlebens ebenso verbunden wie sein Vorgänger Trajan. Bei der Bezeugung seines Glaubens an die Überlieferung scheute er weder Mühen noch körperliche Strapazen, so wenn ihn Wind und Wetter nicht davon abhalten konnten, von Zeitgenossen für unbezwingbar gehaltene Berge zu besteigen, um den in den Höhen waltenden Gottheiten zu opfern. Aber ebensowenig wie auf allen anderen geistigen Gebieten vermochte er hier eine bleibende Renaissance zu bewirken. Denn ihn selbst lockten eher die Geheimnisse von Eleusis, an denen er teilnahm, in die er sich bis zur Ekstase versenkte. Die Kulte von Samothrake zogen ihn ebenso in ihren Bann wie die sonderbarsten Gottheiten Ägyptens, das er als Wiege aller Kulturen betrachtete. Der dort beheimateten Gottheit Serapis ließ er in seinen tiburtinischen Gärten ein eigenes Heiligtum errichten. Es ging die Rede, er habe einige Kulte nach Rom verpflanzen wollen. Kühne Historienschreiber behaupten sogar, er habe sich mit dem Gedanken getragen, der christlichen Gemeinde in Rom Kirchen zu errichten und Christus selbst im Pantheon einen Platz unter den heidnischen Göttern zuzuweisen. Mindestens das scheint unglaubhaft.

Mit unvorstellbarer Geschwindigkeit hatte sich eine Glaubensströmung ausgebreitet, deren Anhänger sich Christen nannten. Sie führten ihren Namen auf den Juden Jesus Christus zurück, den Messias oder Gesalbten, wie er im Bewußtsein vieler Menschen in Erinnerung geblieben war. Seine vor damals mehr als hundert Jahren in Judäa begründete Lehre brach mit der jüdischen Überlieferung, der Tempel sei die Manifestation des Glaubens und Jerusalem der privilegierte Mittelpunkt der religiösen Welt. Zwar verlangte auch Jesus die Verehrung des einen Gottes, näherte sich aber zumindest mit seiner Auffassung vom göttlichen Geist der pantheistischen Vorstellung der Stoa und ihrer Lehre von den Kräften der alldurchwaltenden Gottheit.

Die neue Glaubensbewegung, die sich deutlich von jüdischen Überlieferungen unterschied, war von Anfang an international angelegt, an Juden wie Heiden gerichtet, und hatte schnell alle Gesellschaftsschichten erfaßt. Das lag womöglich daran, daß im Gegensatz zu den anderen Göttern des römischen Reiches dieser Jesus tatsächlich gelebt hatte, durch die Vorbildlichkeit seines Lebenswandels im ganzen Osten berühmt geworden war und schließlich einen Tod erlitten hatte, der von vielen Zeitgenossen als ungerecht empfunden wurde. Zudem war seine Lehre insofern revolutionär, als sie erstmals die Gleichheit aller Menschen vor Gott verkündete (was freilich nicht so weit ging, das Sklavenwesen jener Zeit anzuprangern oder auch nur in Frage zu stellen). Allen Menschen wurde darüber hinaus ein Weiterleben nach dem Tode zugesichert gemäß ihren irdischen Verdiensten: den einen ewige Höllenqualen, den anderen ein Dasein in himmlischen Freuden im Angesicht ihres Gottes. Die Düsterkeit eines Hades hatte nach Jahrhunderten plötzlich ihren Schrecken verloren. Kein Wunder also, daß sich die Anhänger dieser Lehre zunehmend von allen irdischen Gütern abwandten und ihr ganzes Dasein auf jene künftigen Freuden auszurichten begannen. Das wiederum erregte den Argwohn der heidnischen Mitbürger.

Man machte den Christen bald den Vorwurf, alle staatsbürgerlichen Pflichten zu fliehen und damit eine Schwächung der nationalen Lebenskraft herbeizuführen, ein Vorwurf, der im Spiegel der Geschichte sicherlich seine Berechtigung gehabt haben mag. Man bemäkelte die überlegene Abgeschlossenheit der »christiani« und die zur Schau gestellte Selbstsicherheit und rügte, daß sie ihren Bischöfen und Priestern mehr Ehrerbietung entgegenbrachten als jedem römischen Würdenträger. Auch diese Rüge mag angesichts der Unantastbarkeit, die Priester noch heute mancherorts genießen, berechtigt gewesen sein.

War diese Abneigung zunächst auch vom Volke ausgegangen, so hatte sie sich doch im Laufe von Jahrzehnten auch der politischen Führungsschicht und schließlich sogar dem Kaiserhaus mitgeteilt. Dort mißfiel zumindest die Weigerung dieser Leute, durch die vorgeschriebenen Opferriten ihre Solidarität mit dem Staat zu bekunden.

Wir haben keine zuverlässigen Nachrichten darüber, wann ein Christ erstmals offiziell als Staatsfeind gebrandmarkt wurde. Nach einigen Bemerkungen römischer Historiker scheint jedoch ab Nero das Bekenntnis zum Christentum als todeswürdiges Verbrechen geahndet worden zu sein. Die nachfolgenden Kaiser, vielleicht mit Ausnahme von Domitian, haben aber die diesbezüglichen Vorschriften bewußt nachlässig gehandhabt. Immerhin verbürgt sich die erhaltene Korrespondenz zwischen Kaiser Trajan und seinem Statthalter Plinius, der das Gesetz wahrscheinlich mit übertriebenem Diensteifer anzuwenden gedachte, dafür, daß niemand Schlimmeres zu befürchten hatte, der in der vorgeschriebenen Weise zur Verehrung der Staatsgötter bereit war. Tat er das, ließ man ihn für gewöhnlich frei, und er durfte sogar ungehindert seinem »perversen Irrglauben« nachgehen. Wie man weiß, waren die mittelalterlichen Kirchenfürsten, so sehr sie sich auch über römische Grausamkeiten ereiferten und tatsächlich Hingerichtete als Märtyrer feierten, in der Verteidigung ihres Glaubens weniger zimperlich.

Die Schwierigkeit der Christen lag in ihrer Intoleranz. Sie verweigerten das Recht des Staates, auf dem Staatskult zu bestehen, und weigerten sich damit, ihre Loyalität gegenüber Rom zu bekunden. Der Christ stellte sich bewußt außerhalb der Gemeinschaft. Folglich war er zu bestrafen. Die an sich friedliche Christengemeinde verletzte auf Grund ihrer besonderen Gläubigkeit ständig die Gefühle der römisch denkenden Mitmenschen. Für einen Römer aber zählte vor allem das menschliche Benehmen in der Gesellschaft. Von einer unsterblichen Seele wußte er noch nichts.

Hadrian nahm den Christen gegenüber eine noch gleichgültigere Haltung als Trajan an. Es gilt zwar als gesichert, daß er sich mindestens einmal mit der neuen Lehre näher beschäftigte. Von einer Auseinandersetzung kann aber keine Rede sein. Während seines zweiten Aufenthaltes in Athen nämlich erschien vor ihm Quadratus, der dortige Bischof. Er befand sich in Begleitung eines Priesters. Die beiden Männer übergaben dem Kaiser eine Verteidigungsschrift ihrer verfolgten Gemeinde. Hieronymus betont den tiefen Eindruck, den die beiden Kirchenvertreter auf Hadrian gemacht hätten. Der habe daraufhin sogar die Christenverfolgungen einstellen lassen.

Diese Darstellung ist aber übertrieben. Der Eindruck war keineswegs so nachhaltig, wie es der Kirchenhistoriker uns glauben machen möchte. Bereits früher wurde ausführlich auf Trajans Haltung gegenüber der jungen Gemeinde der Christen eingegangen und darauf hingewiesen, daß sich Hadrian im wesentlichen der trajanischen Politik anschloß. Diese hatte sich zum Grundsatz gemacht: »Aufzusuchen sind sie nicht!« Hadrian gab darüber hinaus Anweisungen, im Zweifel stets zugunsten der Verdächtigen zu entscheiden. Es existiert ein Brief des Kaisers auf eine Anfrage eines Statthalters aus Asien:

»... Denn weder sollen die Unschuldigen beunruhigt werden, noch soll verleumderischen Zuträgern Gelegenheit gegeben werden, sich zu bereichern. Wenn unsere Untertanen in den Provinzen für ihre Klage gegen die Christen Beweise beibringen, so daß man ein ordentliches Gerichtsverfahren einleiten kann, dann habe ich nichts dagegen, wenn sie das tun. Aber ich gestatte ihnen nicht, sich dabei lediglich auf leeres Gerede zu berufen. Denn es ist viel gerechter, daß du, wenn jemand Klage gegen die Christen erheben will, gerichtlich nachprüfst, was man ihnen vorwirft. Wenn daher jemand Anklage erhebt und beweist, daß die obengenannten Leute etwas Ungesetzliches tun, dann wirst du sie entsprechend ihrem Vergehen bestrafen; andererseits sollst du, bei Herkules, besonders dafür Sorge tragen, daß gegen denjenigen, der irgendwie Christen nur um sie zu verleumden anklagt, mit schweren Strafen vorgegangen wird, entsprechend seinem abscheulichen Verhalten.«

Der Inhalt dieses Erlasses macht doch höchstens deutlich, daß die Christen mit ihrer Intoleranz gegen die Staatsreligion nach wie vor zu bestrafen waren. Einen Schutz vor Verfolgung, den spätere Kirchenväter, allen voran Justin, hineininterpretierten, bedeutete er mit Sicherheit nicht. Aber es durfte eben nur auf Grund ordentlicher Anzeigen gegen die Anhänger der neuen Lehre vorgegangen werden. Diese Einstellung entspricht der kaiserlichen Korrektheit auch in anderen Dingen.

Im späten vierten und frühen fünften Jahrhundert setzten übereifrige Kirchenväter den Irrtum einer hadrianischen Christenverfolgung in die Welt. Aber frühere Kirchengeschichtler wissen davon nichts. Auch ist aus hadrianischer Zeit nur ein einziger Märtyrer bekannt: Telephorus, der siebte oder achte Bischof Roms.

Im Jahre 155 starb in hohem Alter der Bischof von Smyrna namens Polycarp. Jahrzehntelang hatte er unter Trajan und Hadrian unbehelligt gewirkt, obwohl diese Provinz als eine der feindlichsten und fanatischsten des Imperiums galt. Die Römer hatten deshalb auf sie ein besonderes Augenmerk.

Die christliche Kirche genoß unter Hadrian weitgehend Frieden. Unter Marc Aurel erging es ihr dann wesentlich schlechter.

Die christliche Lehre hat am Kaiserhof keinen Zugang gefunden. Warum auch hätte sich Hadrian für sie interessieren sollen? Was die beiden Kirchenmänner dem Kaiser vortrugen, »ist in Disposition und Sprache unbeholfen und ohne geistige Durchdringung und muß in ihrer der Stoa entlehnten Auseinanderstzung mit dem Polytheismus und der schlichten Katechismuslehre einem Intellektuellen wie dem Kaiser fremd gewesen sein. Welche Berührungsmöglichkeiten gab es auch zwischen der einfachen und spröden Glaubensbewegung der frühen Christen und einem Menschen wie Hadrian ... ?«

Der Kaiser erkannte vielmehr in den religiösen Gefühlen des späten Griechentums die Kräfte, die einzig geeignet waren, die Einheit seines Riesenreiches gegen die drohenden Gewalten der Zersetzung zu verteidigen, wenn auch diese Kräfte wenig dazu beitragen konnten, seine persönlichen religiösen Bedürfnisse zu stillen. Auch hier muß man wieder einen scharfen Trennungsstrich ziehen zwischen dem rationalen Politiker, der im antiken Polytheismus als Pantheismus eine politische Notwendigkeit sah, und dem empfindsamen Menschen, der wie kaum ein anderer von den vielfältigen Gottesvorstellungen seiner Zeit ergriffen wurde.

Die Ehrfurcht vor Überkommenem trifft auf eine ständige Bereitschaft für das Neue; kühle politische Berechnung kontrastiert mit tief empfundener Frömmigkeit. Seine Fähigkeit zum schlichten Glauben steht einem Hang zu barocker Selbstvergötterung entgegen, wenn auch diese von den Anmaßungen eines Nero weit entfernt scheint. Wir sehen Hadrian, der als Richter im heimischen Pantheon thront oder in den Tempeln Athens, wo man ihn mit Zeus und Athene in einem Atemzug nennt. Wir begegnen dem Gottkaiser, der als solcher an zahllosen Stätten des Reiches verehrt wird und diese Verehrung zweifellos genießt. Und wir staunen schließlich über den einfachen Mann, der vor den alten Göttern das Haupt demütig zu neigen bereit ist.

Verständlich wird Hadrians Haltung zur Religion, wenn man gleichzeitig sein Verhältnis zur Kunst betrachtet: »Die Sprache seiner Kunst, die sich aus der formstrengen und maßvollen Richtung Trajans zu einer freieren Gebärde aufgelöst hat, ist die seiner Persönlichkeit und nicht minder die Verdichtung der Ideen der Zeit. Die Religiosität des Kaisers hat zwei Gesichter, Mystik und Pathos. Das Loslösen von der Welt und das Genießen der Welt sind Gegensätze, die einer Quelle entspringen. Versucht seine Religiosität, sich der Welt gegenüber zu äußern, so redet sie in überwältigenden Formen; der Zug zum Erhabenen und Pomphaften lebt in ihr. Seine Baukunst und Plastik war dazu fähig. So entstehen die Kolossalanlagen von Tempeln und Statuen ...«

Irreligiös, wie manche Geschichtsschreiber ihm vorwerfen, war Hadrian nicht. Aber selbst in seiner Religiosität entdeckt man jenen Zwiespalt, der seine Biographen zu der wiederholten Bemerkung berechtigt: »Semper in omnibus varius« (immer und in jeder Hinsicht wandelbar).

Wenn man die Duldung des Kaisers gegen die verschieden-artigsten religiösen Strömungen in Betracht zieht und selbst eine gewisse Toleranz gegenüber den Christen berücksich-tigt, mindestens insofern, als sich sein Interesse für sie in Grenzen hielt, muß im ersten Augenblick die brutale Intole-ranz verblüffen, mit der er dem jüdischen Volk und seinem Glauben begegnete.

Es ist nicht ganz einfach, die Gründe zu erforschen, die ihn zu dieser Intoleranz berechtigten. Und man tut mit der lapidaren Behauptung, er habe die Juden gehaßt, sicherlich nicht nur dem Kaiser unrecht. Man verkennt auch die pro-blematische Situation, der sich die Judenschaft im ausge-henden Altertum ausgesetzt sah.

Noch jung war der zweite jüdische Staat. Erst 143 v. Chr. hatte Simon Makkabäus die Kämpfe zwischen Rom, Ägyp-ten, den Parthern und Seleukiden ausgenutzt und vom Se-leukidenkönig die Unabhängigkeit Judäas erzwungen. Die Juden errichteten einen theokratischen Staat. »Es war im-mer ein Kennzeichen semitischer Volkskörper, daß sie die geistlichen und irdischen Gewalten eng verbanden, in der Fa-milie und im Staat. Einen anderen Herrscher als Gott woll-ten sie nicht anerkennen.«

Von jeher waren sie von einem unerschütterlichen Be-wußtsein der Andersartigkeit und moralischen Überlegen-heit über andere Völker erfüllt. Das mußte zwangsläufig zu Konflikten führen.

Die erste offene Auseinandersetzung mit Rom ließ nicht lange auf sich warten. Als Pompeius im Jahre 63 v. Chr. mit seinen siegreichen Legionen vor Damaskus stand, wurde er ge-beten, in die Streitigkeiten zweier rivalisierender Thronanwär-ter Judäas schlichtend einzugreifen. Der von Pompeius nachteilig behandelte verschanzte sich mit seinem Heer in Jerusalem. Das lieferte dem römischen Feldherrn einen willkommenen Anlaß, die jüdische Hauptstadt zu belagern und schließlich zu nehmen. Die Geister, die man gerufen hatte, sollte man nicht mehr loswerden. Der Alptraum eines jeden Juden, die Schändung des Tempels, wurde nun schreckliche Wirklichkeit: Ungestraft betrat ein Heide das Allerheiligste. Und die unabhängige Monarchie Judäas wurde Vasallenkönigreich.

Kein Volk der Geschichte hat so hartnäckig und so vergeblich um seine Freiheit gekämpft. Buntbewegt war infolgedessen die Geschichte Judäas bis zur endgültigen Unterwerfung, ja Vernichtung in hadrianischer Zeit.

Dem sich verstärkenden Druck Roms wirkte zunächst das diplomatische Geschick der herodischen Königsfamilie entgegen. Allen voran verstand es Herodes der Große (37 — 4 v. Chr.), sich mit den Römern zu arrangieren. Seine unverhüllte Sympathie für den Hellenismus aber trug ihm den Haß des eigenen Volkes ein. Für einen echten Juden, der aus der Religion seine Gesetze schöpfte und auf sie seinen Staat und alle Hoffnungen gründete, hätte es die Preisgabe der nationalen Eigenständigkeit bedeutet, sich vom Strom eines erneut aufkommenden Hellenismus mitreißen zu lassen. Im Gegensatz zu dem ausschließlich auf das Diesseits orientierten Griechen, der den Menschen als Maß aller Dinge betrachtete, war die jüdische Denkweise allein auf die Ewigkeit ausgerichtet, auf die Befehle Jahwes, des Herrn, der sich das jüdische Volk zur Bekundung seines göttlichen Willens ausersehen hatte. Er war ein eifersüchtiger Gott, der keine fremden Götter neben sich duldete. Es ist verständlich, daß diese beiden so grundverschiedenen Weltanschauungen schwer unter einen Hut zu bringen waren.

Unter Augustus kam es nach dem Tode Herodes des Großen zur offenen Rebellion. Sie endete, wie der Kampf des
Schwächeren gegen den Stärkeren immer enden muß: vorteilhaft für die Legionen des Kaisers, der Judäa zu einer Provinz zweiten Ranges abstempelte und mit einem dem
Statthalter von Syrien verantwortlichen Procurator versah;
verlustreich für die aufständischen Juden, von denen 2 000
gekreuzigt und mindestens 30 000 in die Sklaverei geschickt
wurden.

Während der folgenden Jahrzehnte spitzte sich die Lage
nach anfänglicher Beruhigung noch weiter zu. Agrippa, ein
Enkel des Herodes, hatte es verstanden, Kaiser Claudius zu
beeindrucken, der ihn zum König über ganz Palästina erhob.
Nach Agrippas Tod im Jahre 44 aber setzte Rom wieder einen Procurator ein. Das Amt wurde in der Folgezeit mit
wechselndem Geschick ausgeübt. Gewöhnen aber konnte
sich die jüdische Bevölkerung an die römischen Oberhäupter
keineswegs. Und jenen wird mit Sicherheit die Unterdrückung des freiheitsliebenden und leidensfähigen Volkes
viel Mühe bereitet haben.

Kleinere und lokal begrenzte Aufstände entluden sich
schließlich in einer offenen Revolution, die im September 66
Jerusalem und ganz Palästina erfaßte. Die Anhänger bislang
eher gemäßigter Strömungen schlossen sich ihr an. Nach zä-
hem Ringen und Schlächtereien auf beiden Seiten wurde der
jüdische Widerstand schließlich im Jahre 70 n. Chr. von Titus gebrochen. Er eroberte und zerstörte Jerusalem. Der
Tempel, Mittelpunkt des jüdischen nationalen Lebens, wurde geschleift. Seine Schätze, vor allem der siebenarmige
Leuchter, wanderten nach Rom, wo sie den Triumphzug des
Titus schmückten. Noch heute sind diese traurigen Szenen

auf der Innenseite des Titusbogens am Forum Romanum zu sehen. Und man sagt, kein Jude sei jemals durch diesen Bogen hindurchgegangen. Nur die über dem Westufer des Toten Meeres erbaute Festung Masada blieb bis 73 n. Chr. letzter Stützpunkt der jüdischen Glaubensgruppen der Zeloten und Essener.

Mit einzigartiger Pracht feierte Rom den Sieg. Münzen mit der Aufschrift »Iudaea capta« kamen im ganzen Reich in Umlauf. Und für den Augenblick schien es tatsächlich, als habe das jüdische Volk aufgehört zu existieren.

Daß wir über diesen sogenannten Ersten Aufstand so gut unterrichtet sind, ist mehr oder weniger einem Zufall zu danken. Zu den Verteidigern und wenigen Überlebenden der galiläischen Festung Jotapata gehörte ein Priester namens Josephus, ein intelligenter junger Mann, der dem Belagerer Vespasian lebend in die Hände gefallen war. Als man ihn in Ketten nach Rom führen wollte, prophezeite er Vespasian die künftige Kaiserwürde und erlangte die Freiheit. Der Feldherr, dem er bald unersetzlich wurde, brauchte ihn als Ratgeber im Krieg gegen die Juden und hinterher als Aufzeichner des jüdischen Krieges. In griechischer Sprache füllte er damit sieben Bücher. Daneben hinterließ er der Nachwelt zwanzig Bände über alte jüdische Geschichte. Er nahm Vespasian zu Ehren den Familiennamen »Flavius« an, verteidigte Titus' Unerbittlichkeit in Palästina und versuchte, die Juden durch ein kraftvolles Bild von der Macht Roms von weiteren Erhebungen abzuschrecken. Wie vergeblich solche Bemühungen waren, sollte schon die nahe Zukunft lehren.

Jerusalem war zerstört, das Judentum aber nicht bezwungen, der Tempel eingeäschert, aber der religiöse Geist nicht erloschen. Er lernte zu überleben, auch ohne das Zentrum seines Kults. Eine unerschütterliche Messiaserwartung beflügelte die Hoffnung eines jeden Juden, der Tag der Rückkehr nach Jerusalem sei nicht mehr fern. Dann werde der Tempel wiederaufgebaut. Der Messias werde erscheinen und die Heiden unterwerfen.

Flucht und Versklavung beschleunigten die Ausbreitung der Juden im gesamten Mittelmeerraum. Sie hatte schon sechs Jahrhunderte zuvor mit der Babylonischen Gefangenschaft begonnen und war mit der Ansiedlung der Juden in Alexandria fortgesetzt worden. Mittlerweile gab es jüdische Gemeinden in fast jeder Provinz, so daß sich Antisemiten zu der sicherlich übertriebenen Feststellung berechtigt fühlten: »Die Juden haben sich schon fast in jeder Stadt des Erdkreises breitgemacht. Es gibt kaum einen Ort in der Welt, der dieses Volk nicht beherbergte und nicht in seiner Gewalt wäre.« Die jüdische Bevölkerung betrug nach vorsichtigen Schätzungen etwa sieben Prozent der Einwohnerzahl des römischen Reiches.

Nach dem Ersten Aufstand erwuchs außerhalb Palästinas eine neue Diaspora. Flüchtlinge verstärkten die bereits bestehenden jüdischen Exilgemeinschaften. Rasch hatten sich die Juden mit der für sie bezeichnenden Beweglichkeit erholt. Überall entstanden neue Zentren jüdischer Gelehrsamkeit. Hatten bislang Juden und Heiden, von wenigen Ausnahmen abgesehen, ohne nennenswerte Schwierigkeiten nebeneinandergelebt, so begannen jetzt die israelischen Emigranten, extremistische Ideen zu schüren. Der Geist des alten Judentums schwelte unter einer scheinbar ruhigen Oberfläche weiter. Hier und da brachen zwischen den Israeliten und ihren Nachbarn in und außerhalb Palästinas offene Feindseligkeiten aus.

Die Vergeltungsmaßnahmen Vespasians nach dem großen Aufstand trafen die Juden im ganzen Imperium, nicht nur in Judäa. Hatte früher jeder Jude eine Art Tempelsteuer entrichten müssen, so wurde diese Abgabe jetzt für Jupiter Capitolinus fällig. Die Kosten für den Wiederaufbau des zerstörten Tempels wurden der besiegten Nation auferlegt. Der »Fiscus Iudaicus«, der seinen Sitz in Rom hatte, trieb durch eigene Bevollmächtigte die Gelder mit unnachgiebiger Härte ein. Erst Nerva schaffte diese demütigende Art der Steuereintreibung ab.

Unter dem Schutz der staatlichen Unterdrückungen breitete sich allmählich im ganzen Imperium ein Antisemitismus aus, der an zynischer Verhöhnung die offiziellen Vergeltungsmaßnahmen noch übertraf. Er äußerte sich in beißenden Witzen oder abschätzigen Bemerkungen selbst anerkannter Schriftsteller und schreckte sogar vor hinterhältigen Morden nicht zurück. Die andersartigen Lebensgewohnheiten, Wohlstand, Absonderung, Intelligenz und Bilderfeindlichkeit stießen bei den heidnischen Zeitgenossen auf Unverständnis, das sich schließlich in Intoleranz und Haß auswuchs.

Keine fünf Jahrzehnte nach dem Fall Jerusalems stand das römische Reich erneut in Flammen. Überall hatten sich die Juden zur Verteidigung ihrer geistigen und religiösen Unabhängigkeit erhoben. Zuerst in der Cyrenaika, dann in Cypern, Ägypten und Mesopotamien. Die Juden in der Diaspora bedrängten die einheimische Bevölkerung so heftig, daß sich Rom zum Eingreifen gezwungen sah. Die Opfer der gegenseitigen Metzeleien werden von Dion mit fast astronomischen Zahlen angegeben. Etwa eine halbe Million Menschen sollen damals umgekommen sein. Mag diese

Zahl auch übertrieben erscheinen, sicher ist doch, daß zum Beispiel noch Jahrhunderte später kein Jude cyprischen Boden betreten durfte und sich die Cyrenaika niemals mehr von den dort angerichteten Verwüstungen erholte.

Die Aufstände der Jahre 115 bis 117 fanden hauptsächlich in der Diaspora statt. Ihre Kunde drang jedoch bis Palästina vor. L. Quietus, einer der Generäle Trajans, hatte, wie wir bereits gehört haben, die Unruhen in Mesopotamien niedergeschlagen und war daraufhin zum Statthalter von Palästina ernannt worden, um auch dort für Ruhe zu sorgen. Wie erbittert die Feindseligkeiten waren, zeigt die Tatsache, daß einige jüdische Quellen von dem »Polemos des Quietus«, dem »Krieg des Quietus«, sprechen, den sie damit gleichrangig neben die unter Titus und Hadrian geführten Aufstände stellen.

In jener Zeit lebte ein Gesetzeslehrer namens Aqiba. Er hatte einst zu jener jüdischen Abordnung gehört, die von Kaiser Nerva die Aufhebung des »Fiscus Iudaicus« erzwang. Seine Lebensaufgabe aber bestand in der Kodifizierung der »Halacha«, der mündlich überlieferten Gesetze. Das Gesetz nämlich war das unentbehrliche Bindeglied nicht nur aller Generationen, sondern auch aller Juden in der Diaspora geworden.

Rabbi Aqiba hatte zeitlebens Mäßigung gepredigt. Wie vergeblich seine Worte waren, sollte der letzte große Judenkrieg zeigen, dem auch der friedfertige Gelehrte schließlich seinen Segen gab.

Die Wissenschaftler aller Zeiten haben mehr oder weniger übereinstimmend immer wieder die Gründe der jüdischen Erhebungen zu erklären versucht. Was auch im Altertum wie in späteren Epochen zur jüdischen Unzufriedenheit und zum Antisemitismus beigetragen haben mag, die Hauptursache der Auseinandersetzungen scheint doch stets die unerschütterliche Messiaserwartung gewesen zu sein, die enge Verknüpfung religiöser Vorstellungen mit der Nationalität. Diese an Fanatismus grenzende Uneinsichtigkeit hat den Juden trotz häufiger Warnungen nachgiebigerer Glaubensbrüder in allen Jahrhunderten zum Verhängnis gereicht. Im Mangel an Kompromißbereitschaft liegt die eigentliche jüdische Tragik.

27.

PALÄSTINA UND ÄGYPTEN

Will man dem französischen Geschichtswissenschaftler Abel (»L'histoire de la Palestine depuis la conquête d'Alexandre jusqu'à l'invasion arabe«) glauben, so war einer der Hauptgründe Hadrians für die Palästinareise die Inspektion der dort stationierten Truppen. Es ist nicht unwahrscheinlich, daß er einen der größten Unruheherde des Imperiums der Fürsorge seiner Soldaten ganz besonders empfehlen wollte. Ein Besuch der Truppen Judäas ist durch Münzen nachgewiesen, wie auch Münzen den kaiserlichen Aufenthalt bei anderen Armeen des Ostens belegen.

Mindestens ebenso entscheidend wird für die kaiserliche Reise nach Judäa die Anziehungskraft Jerusalems gewesen sein, folgt man dem Bericht des Kirchengeschichtlers Epiphanius. Die altberühmte Stadt lag nun schon 60 Jahre öde und verlassen da, wenn sie wahrscheinlich auch nicht völlig unbewohnt war.

Titus hatte nach seiner Eroberung die Stadt im Jahre 70 n. Chr. völlig zerstören lassen. Nur ein Teil der oberen Burg war zum Andenken an die römische Tapferkeit stehengeblieben. Aber der jüdische Fleiß hatte mit der ihm eigenen Zähigkeit über den Trümmern neue Behausungen errichtet, wenn sie auch eher Notunterkünften geglichen haben werden. Behauptungen späterer Kirchenväter, die halbe Stadt sei der Verwüstung entgangen und in hadrianischer Zeit habe Jerusalem gar über eine christliche Kirche und nicht weniger als sieben Synagogen verfügt, sind mit Vorsicht zu genießen. Widerlegen lassen sie sich allerdings nicht.

Denn den Juden war von den römischen Siegern das Betreten ihrer Stadt damals noch nicht untersagt worden. Und es ist auch möglich, daß einige Christen, die aus Jerusalem während des Aufstandes geflohen waren, nach der jüdischen Niederlage dorthin zurückkehrten. Zudem war in der Burg eine Legion stationiert, um die sich möglicherweise wie anderswo ein sogenanntes Lagerdorf mit Geschäften, Wirtshäusern und den dazugehörigen Unterkünften gebildet hatte.

Alles in allem kann das Jerusalem jener Tage für den großen Restitutor kein befriedigendes Bild geboten haben. Ihm, der allerorten Städte aus weit nichtigerem Anlaß aus dem Boden stampfen ließ, muß der Wiederaufbau der traditionsreichen Stätte ein echtes inneres Bedürfnis gewesen sein. Vielleicht hoffte er auch, nach der Restauration des Hellenismus Zion in eine Festung der Heidenschaft verwandeln zu können. Die Wahl des Namens des neuen Jerusalem macht zwar römische Absichten deutlich, muß aber von den Juden als außerordentliche Provokation empfunden worden sein. Es erhielt als römische Kolonie zur Erinnerung an Hadrians Geschlecht und an Jupiters Capitol in Rom den Namen »Aelia Capitolina«. »Capitolina« bestätigt die zentrale Stellung des Jupiterkults in der neuen Kolonie, die von jeher religiöser Mittelpunkt des Landes gewesen war. Diese Bedeutung sollte der Stadt weiterhin erhalten bleiben, der Jupiter vom Kapitol der einigende Kopf sein. Dieses Vorgehen »war für einen der klügsten Staatsmänner der Geschichte ein erstaunlicher psychologischer und politischer Mißgriff«.

Und es blieb nicht der einzige. An die Stelle des alten Nationalheiligtums ließ Hadrian einen Jupiter-Tempel errichten, womit er wiederum religiös-politische Absichten verfolgte. In dem Gotteshaus wollte auch er selbst göttlich verehrt werden. Er wollte mit allen Mitteln ein Wiederaufleben der Verehrung Jehovas verhindern, überhaupt die sich stets erneuernde Kraft des Judentums brechen und das Jerusalem der Tradition auslöschen. Jedem hellenistisch gesinnten Römer galten die Volksstämme des Orients als Barbaren, und Hadrian machte hierin sicherlich keine Ausnahme.

Im Jahre 131 erließ er ein Dekret, das den Juden die Beschneidung und die öffentliche Unterweisung im Gesetz verbot. Interessanterweise schreibt Spartianus den Ausbruch des Zweiten Aufstands dem Befehl Hadrians zu, die Juden sollten »ihre Genitalien nicht mehr verstümmeln«. Aber dieses Verbot war nicht neu. Bereits Domitian hatte ein Kastrationsverbot erlassen, das Nerva wiederholte. Hadrians Erlaß war im Grunde nur eine dahingehende Auslegung, es schlösse die Beschneidung ein.

Kaum konnte der Kaiser in dieser Hinsicht Gehorsam erwarten, mochte er die Nichtbeachtung auch unter Todesstrafe stellen. Auch andere orientalische Völker waren von der Vorschrift betroffen. Ihnen fiel das Befolgen allerdings leichter. Die Juden aber sahen in der Unterlassung einen unverzeihlichen Verstoß gegen ihre überlieferte Weltanschauung. Das Ritual der Beschneidung war Bestandteil ihrer Religion wie der Monotheismus, war unverrückbar der Wille Jahwes, des Herrn, gegen den kein gläubiger Jude jemals wissentlich verstoßen hätte.

Wissenschaftler haben immer wieder herumgerätselt, warum Hadrian das Verbot dennoch erließ. Zwei wesentliche Gründe scheinen ihn dazu bewogen zu haben. Zum einen betrachtete er alle Nationen des Imperiums als eine einheitliche Gesellschaft. Das widerspricht nicht seinem Bemühen um Aufwertung der Provinzen. Vielleicht wäre das kaiserliche Imperium Romanum einem neuzeitlichen Bundesstaat vergleichbar. Nationale Eigenarten sind solange erwünscht und geduldet, als sie den Zusammenhalt der Gemeinschaft nicht gefährden. Tanzt jemand aus der Reihe, muß das als separatistische Bestrebung zwangsläufig auf Widerstand stoßen.

Hadrian hat einmal die Beschneidung »Verstümmelung der Genitalien« genannt. Aus heutiger Sicht mag es kleinlich erscheinen, körperliche Besonderheiten, selbst wenn sie willkürlich herbeigeführt werden, als nationale Manifestation zu betrachten. (Vor nicht allzu langer Zeit war das aber auch bei uns noch anders, wie man weiß.) Die Ansicht wird allerdings verständlicher, wenn man berücksichtigt, daß im Altertum gymnastische Übungen, Wettkämpfe und Bäder in der Öffentlichkeit stets nackt vollzogen wurden.

Zum anderen mag den Philhellenen befremdet haben, daß Menschen ihren Körper widernatürlich veränderten. Für den Griechen war der Mensch das Maß aller Dinge. Niemand hatte das Recht, in Körper oder Geist gegen die naturgegebene Ordnung einzugreifen. Das Verbot stellte also auch und wahrscheinlich in erster Linie ein unmißverständliches Bekenntnis zur hellenistischen Weltanschauung dar.

»So ist in einer Zeit«, klagt einer von Hadrians neuzeitlichen Bewunderern, »in welcher die neue Weltreligion aufwuchs, einer der religiösesten Kaiser ihr Gegner gewesen, indem er die Bewegung der Völker, in welchen sie geboren wurde, eindämmte. 100 Jahre später hat der Orient dem Imperium Romanum das Kaiserhaus gegeben.«

Das war für Hadrian ebensowenig voraussehbar wie die Tatsache, daß vor allem die unterdrückenden Maßnahmen gegen die jüdische Religion dem Christentum zu seinem weltweiten Siegeszug verhelfen sollten.

Auf die Ereignisse in Judäa jetzt einzugehen, hieße der Zeit vorgreifen. Denn die Juden hielten sich zumindest so lange ruhig, als sie den Kaiser in Judäa selbst, im benachbarten Ägypten und wahrscheinlich auch in Syrien wußten. Der Tanz der Mäuse beginnt in der Regel erst, wenn die Katze außer Hause ist. Im damaligen Palästina ist das nicht anders gewesen.

Nachdem der Kaiser seine Anordnungen bezüglich Jerusalem getroffen hatte, brach er unverzüglich nach Ägypten auf.

Was heute manchem Menschen das klassische Altertum bedeutet, das war für den gebildeten Römer oder Griechen das alte Ägypten. Dort lag für die klassische Welt die Wiege der Kultur, bestanden seit urdenklichen Zeiten vielfältige Religionen und geheimnisvolle Kulte, die auf einen sensiblen Geist ihre Wirkung nicht verfehlen konnten. Eigentlich hat Ägypten bis heute nichts von seiner Faszination verloren. Im Gegenteil! Seitdem die moderne Altertumsforschung immer wieder die erstaunlichsten Schätze zutage fördert, scheint das Interesse an jener Hochkultur ständig zu wachsen.

Ägypten war und ist von anderer Wesensart als die übrigen Mittelmeerländer: nicht eigentlich afrikanisch, eher orientalisch in seinen Strukturen. Die Romanisierung hat

dort keinen Zugang gefunden; sie drang kaum über die Nil-
mündungen hinaus. Nirgendwo finden sich die für den Mittelmeerraum sonst typischen Olivenkulturen. Nirgendwo
wächst Wein, der anderswo die Gemüter beschwingt. Die
Natur hat dem Land am Nil die warmen Regenfälle des
Früh- und Spätjahres versagt und damit die sonst üppige Vegetation des Mittelmeerraumes. Brach und unfruchtbar erscheinen die weiten Sandflächen, die sich an den Ufern des
trägen Stromes dahinziehen.

Dennoch hätte Ägypten seit jeher das glücklichste aller
Länder sein müssen. Denn seit Menschengedenken überflu-
tete der lebensspendende Nil weite Teile des Landes und sicherte so die Versorgung der Bevölkerung mit Obst und dem
notwendigen Getreide. Immer wieder standen die Menschen
diesem Naturwunder staunend gegenüber, achteten den geheimnisvollen Strom wie einen Gott, der Jahr für Jahr die
Felder mit seinem Wasser tränkte und mit seinem Schlamm
befruchtete. Der Reiz dieser wunderbaren Tätigkeit des Flusses wurde noch dadurch erhöht, daß niemand wußte, woher
der segensreiche Gott kam. Und es ist erstaunlich, wie sich
diese Unkenntnis bis in neueste Zeit herübergerettet hat. Auf
einem der schönsten Plätze Roms, der »Piazza Navona« im
Zentrum der Stadt, steht der »Vier-Ströme-Brunnen«, eines
von Berninis Meisterwerken. Die vier größten Flüsse der damals bekannten Welt sind dort allegorisch dargestellt, der
Nil mit verhülltem Haupt, weil seine Quellen noch immer
unbekannt waren.

Anfang der siebziger Jahre unseres Jahrhunderts wollte
man mit dem Bau des Assuan-Staudammes die ägyptische
Lebensader zähmen, die Überschwemmungen regulieren.
Man ahnte damals nicht, daß sich die Natur für diesen Ein-

griff bitter rächen würde. Mittlerweile steht fest, daß nicht nur die Fruchtbarkeit leidet, weil der Damm den Schlamm zurückhält. Man hat auch ein Ansteigen des Grundwasserspiegels und damit eine Gefährdung ägyptischer Altertümer festgestellt. Und der eigentliche Zweck des Großprojekts, die Gewinnung fruchtbaren Ackerlands, hat sich eher ins Gegenteil verkehrt: Der jetzt schlammfreie Nil liefert keinen Ziegelrohstoff mehr. In ihrer Not greift die Landbevölkerung für die Herstellung der traditionellen Lehmziegel zum fruchtbaren Ackerboden. Was vor noch nicht allzu langer Zeit als nationales Superprojekt und Stolz Ägyptens gepriesen wurde, gerät zunehmend ins Kreuzfeuer öffentlicher Kritik.

Mit dem ihm eigenen Scharfsinn hatte schon Augustus 31 v. Chr. nach dem Sieg über Antonius und Kleopatra die Bedeutung Ägyptens für Rom erkannt. Dort lag nicht nur das Tor zum Osten. Wer immer Ägypten in der Hand hatte, konnte leicht die Hauptstadt in die Knie zwingen. Denn zweifellos hätte das Versiegen der afrikanischen Kornkammer Roms Untergang bedeutet. Hungersnot und Volksaufstände wären wohl die unausbleibliche Folge gewesen. Die Verteilung kostenlosen Getreides war nämlich noch immer das geeignetste Mittel, die Masse des Volkes bei Laune zu halten. Das Ausbleiben des Nahrungsnachschubs war deshalb auch immer einer jener zermürbenden Alpträume, an denen jeder Kaiser litt. Wie wichtig der ungestörte Besitz Ägyptens für das Imperium einerseits war und wie verführerisch die dortigen Reichtümer andererseits auf den damaligen Römer gewirkt haben müssen, zeigt die Tatsache, daß es beispielsweise keinem römischen Konsul gestattet war,

Ägypten zu betreten, ohne daß ihn ein kaiserliches Visum ausdrücklich dazu ermächtigt hätte.

Rom zählte das Land zum Besitz des Kaisers, nicht zu den Provinzen. Es wurde von einem Präfekten regiert, der nur dem Kaiser verantwortlich war. Römische Beamte kontrollierten nach strengen Anweisungen den Ablauf des Produktionsprozesses, von der Aufteilung des Saatguts bis zur Lagerung der Ernten in den staatlichen Kornspeichern. Wie der Nil die Lebensader Ägyptens war, so hatte sich dieses Land zum Lebensnerv des römischen Imperiums entwickelt.

»Fünf Jahrtausende lang führte der Reichtum Ägyptens einen Despoten oder Eroberer nach dem anderen in Versuchung, während die Ägypter in ihrer halb tropischen Lässigkeit ihnen keinen Widerstand entgegensetzten.«

Alexander der Große war nach Ägypten gekommen, wo ihn in der Oase Siwa das Orakel des Ammon als Gottessohn bezeichnet hatte. Cäsar war hier vor kaum 200 Jahren den Reizen der Ptolemäerin Kleopatra erlegen. Ebenso Marc Anton, der zusammen mit ihr den Freitod wählte, als ihrer beider Großmachtpolitik gescheitert war. Für sie alle mag der Reichtum des Landes der eigentliche Anziehungspunkt gewesen sein. Nicht so für Hadrian, der das Glück hatte zu herrschen, als Ägypten für das Imperium längst gesichert war.

Wie kaum in einer anderen Religion spielte hier das Verhältnis von Leben und Tod, nahegelegt durch den täglich erfahrenen Kontrast Fruchtland—Wüste, eine hervorragende Rolle. Für den Ägypter war das Leben nicht nur an die Schöpfung gebunden, örtlich und zeitlich begrenzt, sondern auch an Periodizität, an das Jahr, die Nilschwelle und die damit verbundene Fruchtbarkeit des Landes. Man glaubte an ein Wiederauferstehen nach dem Tode und den diese Kraft verkörpernden Gott Osiris. Der Mythos berichtet, der von seinem Bruder Seth getötete Osiris sei von seiner liebenden Schwestergemahlin Isis rituell beklagt und zu neuem, allerdings nicht mehr irdischem Leben erweckt worden.

Das göttliche Geschwisterpaar wurde als Herr über das Schicksal verehrt. Man sagte ihm nach, das Geschick der Menschen beeinflussen, ja verändern zu können. Hierin unterschieden sich die ägyptischen Götter wesentlich von denen der klassischen Antike, die selbst dem Schicksal unterworfen waren. Es ist verständlich, daß sich Griechen und Römer gern den ägyptischen Gottesvorstellungen zuwandten, um dem Los der Prädestination zu entgehen. Der religiöse Kult Ägyptens war daher auch in weiten Teilen des Imperiums verbreitet.

Neugierig, wie Hadrian war, wollte er diese Religion, die alles beherrschende Leidenschaft des Nillandes, die »zwischen den Polen sinnlich und unsinnlich, persönlich und unpersönlich, Kraft und Gestalt« (H. Bonnet) schwang, nun am eigenen Leib erfahren. Er wollte die Vielzahl der dort verehrten Götter kennenlernen und die Mannigfaltigkeit religiöser Erfahrungen, die weit angelegten Tempel ebenso wie die unterirdischen Totenstädte und die geheimnisvollen Sphinxen, die diese kuriose Welt mit ernster Miene bewachten. Gegenüber dem modernen Reisenden hatte der Kaiser einen entscheidenden Vorteil: Damals waren jene Gottheiten noch lebendig und allgegenwärtig, und Scharen von Gläubigen standen ihnen bewundernd und voll Ehrfurcht gegenüber.

Der Kaiser reiste über Pelusium, einen Ort, der durch den Tod eines großen Römers zu trauriger Berühmtheit gelangt war. Hierher hatte sich nämlich vor fast 200 Jahren Pompeius nach der Niederlage bei Pharsalos geflüchtet und war auf Betreiben des ägyptischen Ptolemäerkönigs unmittelbar nach seiner Landung heimtückisch ermordet worden. Das blutige Haupt hatte man damals seinem siegreichen Rivalen Cäsar übersandt, der sich über das tragische Ende des einstigen Schwiegersohnes und Freundes weinend abgewandt haben soll. Hadrian fand die Grabstätte des großen Pompeius, wie man ihn zu Lebzeiten genannt hatte, verwahrlost. Viele Jahrzehnte hatte da ein Mann ungeehrt unter fremder Erde gelegen, der Rom einst mit der Bezwingung von 22 Königen die Welt zu Füßen gelegt hatte. Zwar fühlte sich Hadrian wie die anderen Kaiser vor ihm als der legitime Nachfolger des julischen Kaiserhauses und damit Augustus und dessen »Vater« Cäsar verbunden. Familienbande vermochten aber seine Bewunderung für andere verdienstvolle römische und griechische Staatsmänner nicht zu beeinträchtigen, selbst wenn diese seinen »Vorfahren« weniger freundlich gesinnt waren.

Der Anblick des verkommenen Grabes rang dem Kaiser ein Seufzen ab: »Er, der einst so viele Tempel besaß, hat jetzt nicht einmal ein Grab.« Man nimmt, wahrscheinlich zu Recht, an, daß Hadrian selbst der Verfasser der gleichlautenden Grabinschrift war.

Die Grabanlage wurde prachtvoll ausgestattet, was der kaiserliche Biograph ausdrücklich vermerkt. Und Hadrian selbst bekundete damit einmal mehr seine Verbundenheit mit geschichtlichen Persönlichkeiten. »Für ihn ist Geschichte ebenso voller Wirklichkeit, wie er sich ergreifen läßt von dem unendlichen Reichtum des Mythos. In manchem ist sein Denken in diesen Dingen wie das seiner Zeitgenossen sicher für uns sonderbar, nie erscheint es als frivol.«

Sein eigentliches Ziel war Alexandrien, jene unvergleichliche Stadt, die Alexander der Große gegründet hatte und in der er noch immer mit Honig einbalsamiert und, in einen gläsernen Sarg gebettet, in einem schönen Mausoleum seiner Auferstehung harrte. Niemand weiß, was aus ihm geworden ist, und die Altertumsforscher suchen noch immer vergeblich nach seinen sterblichen Überresten.

Alexandria war nach Rom die zweitgrößte Stadt des Imperiums, als Griechenstadt angelegt, in Hadrians Zeit aber weitgehend orientalisiert. An Ruhm stand sie der Hauptstadt nicht nach. Zehn Prozent der ägyptischen Bevölkerung lebten hier, und nach einem Hadrian zugeschriebenen Brief war in Alexandria ein jeder tätig. Selbst Lahme und Blinde sollen Arbeit gefunden haben. Denn hier lagen die Zentren der Glaswaren-, Papier- und Leinenindustrie. Hier war der Mittelpunkt für Mode und Bekleidung. Insofern ist es gewiß nicht übertrieben, Alexandria das Paris der Kaiserzeit zu nennen. Der große Hafen besaß Werften von 14 Kilometern Länge, die alexandrinische Handelsflotte war auf vielen Meeren beheimatet. Es gab prächtig angelegte Straßen und geräumige Plätze. Zahlreiche Hotels nahmen die Scharen von reiselustigen Fremden auf, die Jahr für Jahr die Stadt überfluteten, um von hier aus die Pyramiden und die majestätischen Tempel Thebens zu besuchen.

Alexandria war eine lebensfrohe Stadt. Fast jedes Mittelmeervolk hatte dort seine Vertreter, woraus eine leicht entflammbare, streitsüchtige, aber auch intellektuell gewandte Mischbevölkerung entstand. Dion Chrysostomos schilderte das Leben in der ägyptischen Hauptstadt als »ein einziges Gelage«. Der Schein unzähliger Fackeln machte die Nacht zum Tage. Und die Kanäle waren von jenen Nachtbummlern belebt, die nach der nur wenige Kilometer entfernten Vergnügungsstätte Canopos strebten. Es gab herrliche Paläste, mächtige Tempel und Verwaltungsgebäude. Man sagt, einer der fünf Stadtteile habe fast ausschließlich aus den Gebäuden und Parkanlagen der Ptolemäer bestanden. In ihnen residierte nun der römische Präfekt.

Hadrian interessierte sich besonders für das »Museion«, eine Gruppe von Universitätsgebäuden, die in der ganzen Welt berühmt waren.

Gleich zu Beginn seiner Regierungszeit hatte er die führenden Professoren jeder Stadt von Steuern und bürgerlichen Lasten befreit, um seine Solidarität mit der intellektuellen Oberschicht zu bekunden. In Alexandria hatte er einen Teil der dort lehrenden Professoren selbst ernannt. Jetzt war Hadrian gekommen, mit ihnen Meinungen auszutauschen, zu diskutieren und schließlich die angeschnittenen Probleme nach eigenem Gutdünken zu lösen.

Zweifellos war Alexandria das Haupt des Hellenismus und der Wissenschaften. Aus ihm waren schon bedeutende Philosophen hervorgegangen, allen voran der Jude Philon, Sohn einer alteingesessenen Priesterfamilie, seinem Volk von ganzem Herzen zugetan, aber doch von der griechischen Philosophie magisch angezogen.

Ptolemaeus gilt trotz seiner zahlreichen Irrtümer als einer der geduldigsten Wissenschaftler jener Zeit. Seine »Optik«, eine Untersuchung über die Lichtbrechung, gehört zu den bemerkenswertesten experimentellen Forschungen des Altertums.

Nirgendwo aber nahm Alexandria eine so hervorragende Stellung ein wie in der medizinischen Ausbildung. Seit langem schon galt es als deren Hauptort und stellte insofern selbst Athen und Antiochien in den Schatten. Auch in nach-hadrianischer Zeit sollte noch einmal ein ausgezeichneter Gelehrter der ägyptischen Hauptstadt von sich reden ma-chen: Es war der Arzt Galenos, dessen Autorität bis ins Mit-telalter unangefochten blieb.

Mit Ptolemaeus und Galenos neigte sich allerdings das schöpferische Zeitalter der griechischen Wissenschaft dem Ende zu. Das Experiment, das sie ausgezeichnet hatte, trat zurück. An seiner Stelle bemächtigten sich Dogmen der Lehrsäle der Universitäten.

Wie anderswo stellte auch hier die jüdische Bevölkerung ein besonderes Problem dar. Philon gab ihren Anteil mit 40 Prozent an. Das dürfte jedoch übertrieben sein. Josephus erscheint dagegen glaubhaft, wenn er ihre Moral gegenüber der sexuellen Zügellosigkeit der heidnischen Mitbewohner als vorbildlich preist. Die Juden waren in der Regel Kaufleu-te und Gewerbetreibende, bereicherten aber auch das kultu-relle Leben, indem sie erhebliche Beiträge zur Philosophie und Naturwissenschaft leisteten. Auch ein Teil der Theolo-gen gehörte ihrem Stand an.

Man hätte friedlich nebeneinander leben können, hätten nicht auch dort tief verwurzelte Rassengegensätze die Ge-müter erregt. Philon hatte sich einst um einen Ausgleich zwi-schen Heiden und Juden bemüht. Dennoch war es immer wieder zu Konfrontationen gekommen, die schließlich in dem Aufstand gipfelten, der nun fast fünfzehn Jahre zu-rücklag. Damals hatten die aufgebrachten Juden Alexandria zerstört, um ihrerseits von General Turbo bis aufs Blut ver-folgt zu werden. Was von ihnen übriggeblieben war, wurde auf Geheiß Hadrians vertrieben; die Stadt selbst gab er zum Wiederaufbau frei. Kein Wunder also, daß man ihn jetzt als

Erretter und Neugründer besonders begrüßte, ihn in berechnender Schmeichelei zum Gott erkor und ihm einen Tempel weihte. Und ebensowenig ist es verwunderlich, wenn die Judenschaft Palästinas den kaiserlichen Besuch gerade in Alexandria als weitere Provokation betrachtete.

Vielleicht kam Hadrian im Spätsommer des Jahres 130 in die ägyptische Hauptstadt. In jenen Tagen unternahm er auch einen Jagdausflug in die libysche Wüste, wobei ihn sein Freund und Geliebter Antinoos begleitete. Die »Vita« (26,3) erzählt, der Kaiser habe damals eigenhändig einen Löwen erlegt. Das Ereignis wurde in späteren Jahren in einigen Medaillonreliefs festgehalten, die ursprünglich ein Denkmal Hadrians schmückten. In der Spätantike wurden sie jedoch am Konstantinsbogen verbaut, wo man sie noch heute bewundern kann. Auch ein Dichter feierte die sogenannte »Antinoosjagd«. Es war Pankrates, der in einem seiner Gedichte von jenem Ausflug berichtet, bei dem der Kaiser die Erlegung des Tieres eigentlich seinem jugendlichen Begleiter habe überlassen wollen. Als das Wild Antinoos jedoch angefallen habe, habe Hadrian persönlich ihn herausgeschlagen und den Löwen eigenhändig getötet.

Wahrscheinlich ist während dieser Zeit auch die kaiserliche Gemahlin zum Hofstaat gestoßen. Sie befand sich in Begleitung einer altjüngferlichen Hofdame namens Balbilla, von der noch die Rede sein wird. Man wollte neben der Hauptstadt auch das Land kennenlernen, das seit Augustus kein römischer Herrscher mehr betreten hatte und auf das das Imperium doch, wie wir gesehen haben, mit seiner ganzen Existenz angewiesen war. Berühmte Ausflugsziele wollte sich offensichtlich auch die Kaiserin nicht entgehen lassen, so uninteressiert sie sonst auch gewesen sein mag.

Folgen wir dem Kaiser nilaufwärts. Träge wälzte sich der kaiserliche Hofstaat in der milden Herbstsonne den lebensspendenden Fluß hinauf, der für Hadrian aber schon bald zum Fluß des Todes werden sollte. Seit fast 200 Jahren, als Cäsar und Kleopatra die gleiche Reise unternommen hatten, hatte hier niemand mehr ähnliches gesehen. Und gewiß ließen die Bewohner Ägyptens ihre Arbeit ruhen, um das prächtige Schauspiel wenigstens eine kleine Wegstrecke mitverfolgen zu können. War ihnen doch in Hadrian ein neuer Pharao erstanden, ein Gottkönig, dem ägyptischen Wesen zwar fremd, dafür aber leibhaftig und wenigstens mit den Augen zu erfassen, wo doch die eigenen Herrscher längst dem Reich der Legende angehörten. Es ist anzunehmen, daß Hadrian diesen Nimbus auch entsprechend genossen hat. Von seiner »barocken Sucht nach monumentaler Selbstvergötterung« ist ja schon mehrfach die Rede gewesen.

Der Oktober neigte sich allmählich dem Ende zu. Man hatte etwa die Hälfte des Weges nach Theben zurückgelegt und befand sich nur wenige Kilometer vor El-Amarna, der einst von Echnaton gegründeten Stadt, die nur eine ganz kurze Blütezeit erlebt hatte, um schnell wieder aus der Erinnerung der Menschen gelöscht zu werden.

Da geschah am 30. ein Unglück. Es bedeutete nicht nur einen tiefen Einschnitt in Hadrians Leben. Er war danach in seinem Wesen stark verändert, weltfremder, schwermütiger und einsamer denn je. Die Ereignisse während der Nilreise vor allem, deren Geheimnis nie ganz ergründet worden ist, umgeben den Kaiser mit jenem rätselhaften Schleier, der ihn bis auf den heutigen Tag für uns alle so undurchsichtig macht.

DER GÖTTLICHE ANTINOOS

>... und doch wurde noch kein Mensch zum Gott
außer dem Worte nach oder aus Liebedienerei
gegen den Kaiser ...«

(Pausanias)

Niemand weiß, wann er dem Kaiser zum ersten Mal über den
Weg lief. Schon 123, als der Hof während seiner ersten Reise
über das kleinasiatische Hochland auch die Heimatstadt des
Knaben, Bithynion-Claudiopolis, berührte? Damals muß
Antinoos dreizehn, allenfalls vierzehn Jahre alt gewesen
sein. Oder ist der Kaiser seiner Leidenschaft an der Schwelle
des Alters erst während der zweiten großen Reise begegnet?
Man wird es wohl nie mehr erfahren. Und ebensowenig wird
man je noch klären können, was den bildschönen Jüngling
in der Blüte seines Lebens in den Tod trieb. »Die offizielle
Verlautbarung und des Kaisers Bericht in seinen eigenen Lebenserinnerungen und wohl auch in den zahlreichen Briefen, die bald nach dem Tod zwischen ihm und den Städten
des Ostens hin- und hergingen ... erwähnten nur die nackte
Tatsache: Zur Zeit der großen Nilüberschwemmung, als sich
auf dem Fluß das große Fest der Fruchtbarkeit entfaltete mit
den zahllosen geschmückten Gondeln, mit Musik und man-

cherlei Scherzen, wie sie etwa das große Nilmosaik aus Praeneste zeigt, war der Jüngling über Bord gefallen und vor den Augen des Kaisers ertrunken.«

Sein Geburtstag ist der 27. November, das Geburtsjahr ist nicht gesichert, wird aber mit 110 oder 112 angegeben. Er war Grieche und außergewöhnlich schön, von ernster Anmut mit langem, gelockten Haar und vollkommenen Gesichtszügen. Der Gegensatz der düsteren, stets von dichten Brauen umschatteten Schwärmeraugen zu dem kindlich vollen Untergesicht und dem sinnlichen Mund, die fast weiblich gewölbte und doch kraftvolle Brust, eine von dichten Locken umkränzte niedrige Stirn, das träumerische Gemüt: Die Natur hatte jugendliche Schönheit männlicher wie weiblicher Art in dem sonderbaren Jungen auf geheimnisvolle Weise gepaart. Seine interessante Erscheinung hat posthum die Portraitkünstler in hohem Maße inspiriert.

Sie konnte auf einen sensiblen Geist wie Hadrian ihre Wirkung kaum verfehlen. Alternd und kinderlos, erkannte er in ihm wohl einen jugendlichen Gott, die Verkörperung seines Ideals schlechthin, und beschloß, ihn zu seinem ständigen Begleiter zu machen. So folgte Antinoos dem Kaiser auf dessen Reisen durch das Weltreich, begleitete ihn auf zahlreichen Jagdausflügen und krönte schließlich Hadrians zweiten Aufenthalt in Athen. »Der Beziehung des Kaisers zu dem Jüngling ist in der Stadt, deren geistige und physische Gegenwart die Rückwendung zum goldenen Zeitalter des Griechentums unendlich erleichterte, wohl überhaupt erst ihre volle Sinngebung zuteil geworden.«

Welcher Art aber war diese Beziehung? Auch diese Frage wird niemals mehr mit letzter Sicherheit beantwortet werden können. Aufschlußreich sind für uns die Reaktionen der

Zeitgenossen auf Antinoos' Tod und die tiefe Erschütterung des Kaisers selbst über den Verlust, seine Trauer, seine Verzweiflung, das vielfache Bekenntnis zum verlorenen Geliebten, von dem er wissen mußte, daß es bei dem eher nüchternen Zeitgeist nur auf Befremden stoßen konnte. Besonders die Wirkung des Ereignisses auf den Kaiser gibt der Gestalt des Antinoos jenes Rätselhafte, das sie schon für die alte Welt so schwer durchschaubar machte und das uns nach fast zwei Jahrtausenden die Wirklichkeit kaum noch erahnen läßt.

Halten wir uns zunächst an die Überlieferung. Ihr zufolge hat Hadrian den Toten wie eine Frau beweint (»muliebriter«, Vita 14,5). Dann ordnete er seine Konsekration an. Es sei, so behauptete er, im Bilde des Adlers ein neuer Stern am Himmel aufgegangen, und er wisse, daß es der des Antinoos sei. Seine Umgebung bestätigte eifrig diese Auffassung, lachte den Kaiser aber insgeheim dafür aus. So hat es uns Dion überliefert.

Die Verehrung Hadrians für den Jüngling mit dem schönen Antlitz kannte keine Grenzen. Niemals zuvor hatte ein römischer Bürger ähnliche Ehrungen erfahren. Cäsar nicht, dessen heimtückische Ermordung einst die Gemüter so heftig erregt hatte, und nicht der erhabene Augustus, dem das Imperium seine weltbeherrschende Stellung verdankte. Das Erstaunliche an jenen Vorgängen war, daß die Erschaffung und Verehrung des neuen Gottes vom römischen Kaiser selbst ausging und die für Antinoos eingerichteten Kulte in ihm ihren eifrigsten Jünger, ihren beflissensten Diener fanden.

Er gründete Antinoopolis oder Antinoe. Nach athenischem Vorbild am Ostufer des Nils etwa in der Mitte zwi-

schen Memphis und Theben wahrscheinlich an der Stelle gelegen, wo Antinoos ertrank, sollte die Stadt zu einer Han-
delsmetropole des Roten Meeres und zum Zentrum des
Hellenismus in Ägypten werden. Während die Straßen im
nicht unbedeutenden Pompeji nur knapp über neun Meter
breit waren, hat man hier eine Prachtstraße von 20 Metern
Breite entdeckt. An ihr lagen Tempel und Theater, Bäder
und Gebäude, von denen man lange Zeit eines für das Grab
des Antinoos hielt. Alle Bauwerke waren vorwiegend in dem
für die Spätantike typischen korinthischen Stil gehalten. Das
Straßensystem hatte man in rechten Winkeln angelegt, die
Straßen selbst numeriert wie in modern angelegten Groß-
städten, wie es aber auch der hellenistischen Baukunst entsprach. Sieben Jahre wurde an der Stadt gebaut, und in ihrer
Ausschmückung wurde an nichts gespart.

Aber Antinoe lag zu weit weg von der griechisch-
römischen Welt. Vielleicht erlangte es deshalb nie die ihm
von Hadrian zugedachte Bedeutung. Er selbst ist, als er 131
Ägypten verließ, nie wieder in jene Gegend gekommen.
Doch wie er in seiner Lieblingsstadt Athen mit Zeus gleich-
gesetzt und als Olympios verehrt wurde, feierte man dort
Antinoos als den wiedererstandenen Osiris. Dort lag das
Hauptheiligtum des jungen Gottes, wenngleich auch der
Kaiser den Kult nicht auf Ägypten zu beschränken gedachte.
»Ein Tempel dieses Gottes ist darin; dessen Name › Osiris
Antinous der Selige ‹, gebaut aus schönen Säulen und
Sphinxen um ihn her und Statuen und vielen Säulen, wie sie
vordem gemacht worden sind von den Vorfahren und die
gleichen von den Griechen gemacht werden.« (Röm. Mitt.
XI,112) Griechische und einheimische Kunstelemente haben
sich in der Stadt vermischt und sind zugleich Symbolisie-

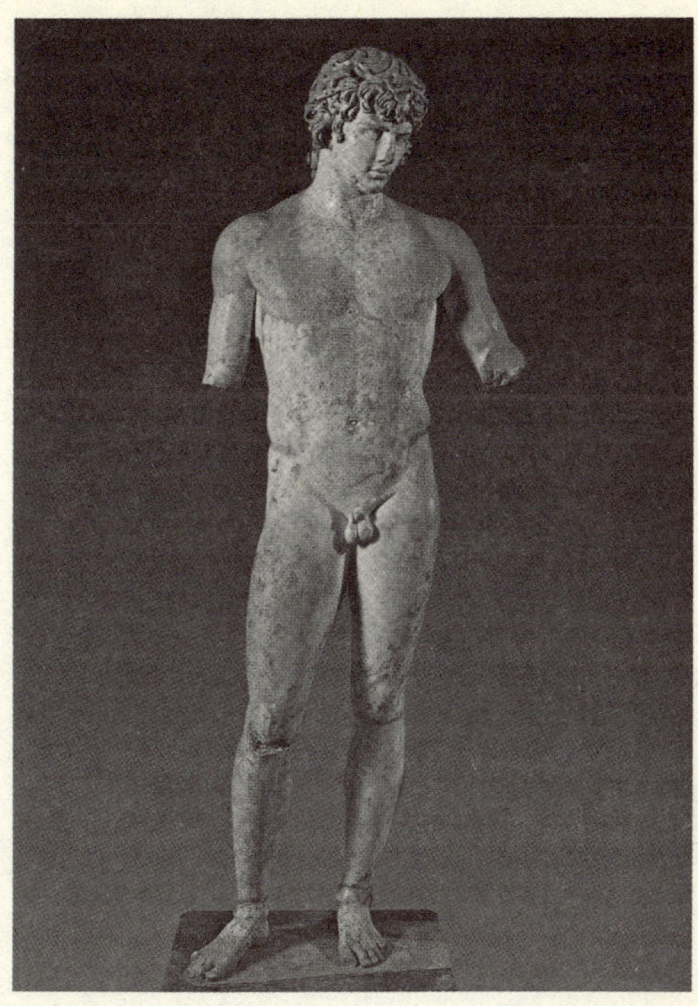

Antinoos-Statue, Museum von Delphi. Fast mädchenhafte Züge
trägt das Portrait des Kaiserlieblings

Antinoos-Statue, Teilansicht

rung des neuen Gottes geworden. Man siedelte in der neuen Gemeinde graecoägyptische Veteranen an, und ihre Patriziergeschlechter erhielten Namen römischer Herrscherfamilien, beispielsweise Hadrianus, Matidius oder Aelius.

Antinoe ist untergegangen. Napoleons Gelehrte waren aber noch in der glücklichen Lage, seine Ruinen zu bewundern und aufzeichnen zu können. Und auch nach Napoleons Tod berichtete ein Forscher von den eindrucksvollen Resten, die er während eines Besuchs am Nil von Antinoopolis gefunden habe.

Die Geburtsstadt des Jünglings rühmte sich, von Siedlern des griechischen Mantinea gegründet worden zu sein. Mantinea gelangte deshalb zu Ehren besonderer Art. Dort wurde ein Orakel des Antinoos eingerichtet. Jährliche Mysterienfeiern und alle vier Jahre abgehaltene Festspiele sollten das Andenken an den Freund des Kaisers noch lange lebendig erhalten. Die Orakelsprüche habe aber, so erzählte man sich, Hadrian selber verfaßt.

Als Osiris aus den Fluten des Nils wiedererstanden, verschmilzt Antinoos im tiefreligiösen Ägypten mit Ammon und Thot zu einem Wesen, identifiziert sich auf griechischem Boden mit Dionysos, Hermes und Pan, nachdem sich der Kult rasch auf die östliche Reichshälfte ausgebreitet hat. Antinoosspiele werden an vielen bedeutenden Stätten des Reiches abgehalten, etwa in Athen, Eleusis und Argos. Tempel entstehen zu seinen Ehren. Nur der nüchterne Westen steht der neuen Gottheit skeptisch gegenüber. Auf italischem Boden gewährt man ihr nur widerwillig Zutritt, setzt sie dort allenfalls mit Silvan gleich, dem Gott der Wälder und Fluren, wie es das Relief aus einer Villa in Torre del Padiglione zwischen Lanuvium und Anzio belegt. Und der einzig wirklich bedeutende Tempel, den westliches Realitätsdenken den pervers anmutenden Kaiserlaunen zugesteht, erhebt sich in Lanuvium. Aber selbst ihn muß der jugendliche Gott mit der Jagdgöttin Diana teilen.

Immerhin blieb der Antinooskult bei den für neue geistige Strömungen empfänglicheren Bewohnern Griechenlands und des Orients lange wach. Antinoosspiele wurden noch 200 Jahre später veranstaltet, und ein Menschenalter nach dem Tod des merkwürdigen Kaisers berichtet Athenagoras, man bringe Antinoos noch immer aufrichtige Verehrung entgegen.

Die makellose Schönheit des jungen Griechen, sein fast legendenhafter Tod und die bittere Trauer des Weltherrschers regten die Phantasie der Kunst in hohem Maße an. Bildhauer portraitierten den Kaiserliebling, nicht ohne die jugendlich vollkommenen Züge noch weiter zu idealisieren. Tatsächlich erreichte die römische Portraitkunst in seinen Bildnissen die höchste Blüte. 131 oder 132 entstand wahrscheinlich das griechische Urbild, das man als Vorlage in weite Teile des Reiches verschickte. Bildwerke ägyptisierenden Inhalts waren in allen für Antinoos im Land des Nils eingerichteten Gedenkstätten zu finden.

Sichersten Anhalt für das Portrait bieten die Münzen, besonders die von Alexandria und vielen kleinasiatischen Orten. Münzbilder von Antinoos gibt es erst seit 133/34. Offensichtlich war die Jährung des Todestages Anlaß, Gedenkmünzen prägen zu lassen. Aber auch griechische Städte wetteiferten in dieser Art der Ehrbezeugung, allen voran Mantinea und Delphi.

Nicht nur die bildende Kunst, auch die Poesie beschäftigte sich mit dem Kaiserfreund. Viele Dichter versuchten, Hadrian mit ihren Werken zu trösten. Andere priesen den Jüngling und schmückten die Umstände seines Todes aus.

Die Aufnahme des Kultes in Rom scheiterte an der konservativ ablehnenden Haltung gegen die Apotheose des Kaiserlieblings. Wohl soll Hadrian die sterblichen Überreste des jungen Freundes dorthin überführt haben. Aber wie es die römischen Gesetze verlangten, mußte auch Antinoos wie jeder andere Tote außerhalb des Pomeriums bestattet werden, vielleicht an der Via Labicana im Südosten der Stadt, wo im 16. Jahrhundert ein zerbrochener Obelisk an die Bestattung erinnerte. Der Obelisk steht heute auf dem Pincio. »Seine Hieroglyphen enthalten in den gestelzten Formeln einer vieltausendjährigen, verwahrlosten Schrift eines der erschütterndsten Zeugnisse für den Menschen Hadrian. Sie berichten von der Entrückung des Osiris Antinous, des Jünglings mit dem schönen Antlitz, der die Augen erfreute, mit dem klugen Herzen wie ein Mann, von den Kulten und Mysterien, die zu seinen Ehren entstanden, von seinen Stätten, der Wirkung seiner Orakel, von seinen Traumerscheinungen, seinen Heilungen, von der Verbreitung seiner Kulte, von der Gründung der Stadt, von den Agonen, von seiner ewig währenden Verjüngung, und sie künden dort, wo dem Drängen nach Publizität das Schriftbild zu seiner großartigsten Klarheit sich entfaltet hat, in heiligen Zeichen, die niemand entziffert und die selbst die Schreibenden verwirren, von dem Gebet, das Antinoos an den Sonnengott richtet, dem Kaiser für all das, was er an ihm getan hat, Segen zu gewähren.«

Am Ort der Bestattung selbst wurden nur geringe Mauerreste entdeckt. Sie sind zu dürftig, als daß man mit Bestimmtheit sagen könnte, hier habe sich einst der Sarkophag befunden und mit dem Grab sei ein Zirkus für Leichenspiele verbunden gewesen, wie an der Via Appia beim Mausoleum des Romulus, des Sohnes von Kaiser Maxentius. Einige Historiker bezweifeln sogar, daß Antinoos auf römischem Boden beigesetzt wurde, meinen eher, der Kaiser habe den Toten gleich in Ägypten bestattet, und der Obelisk, auf dem Hadrian und sein jugendlicher Freund in ägyptischer Tracht dargestellt sind, sei nicht mehr als ein Kenotaph.

Sie stützen ihre Ansicht auf eine Bemerkung des Epiphanius, der einzigen Quelle, die von einer Bestattung des Jungen in Antinoopolis erzählt. Der in Rom selbst »extra muros« (außerhalb der Mauern) aufgefundene Obelisk jedoch spricht von »Antinous, welcher dort ist, welcher ruht in dieser Stätte, die im Grenzfelde der Herrin des ... Rom ist.« Die präzise Übersetzung »im Grenzfelde« von Rom macht deutlich, daß hier den alten römischen Gesetzen Genüge getan wurde. Sie deutet nach Ansicht der meisten Hadrianforscher darauf hin, daß Antinoos an dieser Stelle bestattet wurde.

Wie dem auch sei, Rom ist der einzige Ort, von dem wir wissen, wo uns der Geliebte des Kaisers nicht als Gott, sondern als Mensch begegnet. Es mag ein Zugeständnis Hadrians an die römische Nüchternheit gewesen sein, daß Antinoos in dem Hieroglyphentext dreimal als Mensch und nur einmal als Gott angesprochen wird. Und ebenso können jene Darstellungen angesehen werden, die für ein Denkmal in den letzten Jahren des Kaisers entstanden: Es handelt sich um jene Medaillonreliefs, die Jagdszenen enthalten und unter anderem die kurz vor Antinoos' Tod abgehaltene Löwenjagd feiern. Sie schildern recht eindrucksvoll die Entwicklung des Knaben Antinoos zum jungen Mann, des kaiserlichen Dieners zum bevorrechtigten Gefährten. Noch heute kann sie der interessierte Rombesucher, wie bereits erwähnt, am Konstantinsbogen bewundern, wohin sie die Spätantike verpflanzt hat.

Besonders das Wort »muliebriter« hat seit dem Altertum immer wieder zu zahlreichen Spekulationen Anlaß gegeben. Es ließe auch heute noch, wollte man es nicht als stereotype Wendung für heftigen Schmerz verstehen — wie bei anderen antiken Schriftstellern tatsächlich gebraucht —, für Lästerer ganz bestimmte Rückschlüsse zu. Vielleicht war das Verhältnis des alternden Mannes zu dem jungen Griechen nicht frei von Sinnlichkeit. Antinoos' Schönheit war fast sprichwörtlich. Hadrians Vorliebe für Männer und seine hemmungslose Leidenschaftlichkeit waren allseits bekannt. Nur: daran hätten sich die Zeitgenossen kaum gestört. Derartiges waren sie gewohnt, denn die Päderastie hatte in der altgriechischen Tradition ihre großen Vorbilder.

Hadrian zählte wenige Freunde, vor allem in Rom, wo man ihm mangelnde Sorge um die hauptstädtischen Belange vorwarf. Der nie aufgeklärte Tod seines Günstlings war für niedrig gesinnte Geister eine willkommene Gelegenheit, Rache zu nehmen. Unbewußt tat Hadrian durch seine offen zur Schau gestellte Erschütterung ein übriges, der Gerüchteküche Nahrung zu liefern. Hatte man je gehört, daß der Herr der Welt um den Tod eines Lustknaben so viel Aufsehens machte? Man dachte an Antinoopolis, die Vergöttlichung des Unbedeutenden, seine Verehrung in Tempeln und auf Münzen, in der Poesie und in der gestaltenden Kunst. Und man kam bald zu der Überzeugung, der Kaiser selbst habe sich diesen Tod auf das Gewissen geladen. Seine zügellose Leidenschaft habe den zu sehr Geliebten in die kalten Fluten getrieben. Aus Scham und Verzweiflung über sein verpfuschtes Leben habe Antinoos den Freitod im Nil gewählt.

So könnte es gewesen sein. Aber andere Versionen sind nicht weniger glaubhaft. Etwa die des Senators Cassius, der mit anderen meinte, Antinoos habe sich für den in abergläubischen und hintersinnigen Träumen versponnenen Kaiser aus freien Stücken geopfert. »... denn es bedurfte zu dem, was der Kaiser vorhatte, der freiwilligen Aufopferung eines anderen.« Wollte der Geliebte Hadrian vor Unglück bewahren? Sicherlich hat die geheimnisvolle Atmosphäre Ägyptens den alternden Mann für böse Vorahnungen besonders empfänglich gemacht. Vielleicht hat Antinoos das gespürt. Oder er wußte um die keimende Krankheit des Kaisers, dererwegen man ihn schon zu Hause in Rom der Fürsorge der Götter besonders empfohlen hatte. Wollte er Hadrian das Leben retten? Wollte er mit der Hingabe seines eigenen jungen Lebens Hadrian für all die Liebe danken, die ihn, den unbedeutenden jungen Mann aus der Provinz, in so kurzer Zeit über alle anderen kaiserlichen Begleiter erhoben hatte? Antinoos muß um den Preis gewußt haben, der für ein derartiges Opfer winkte. Von alters her glaubte man nämlich in Ägypten, der im Nil Ertrunkene erstehe als Gott aus den Fluten, als zu neuem Leben erwachter Osiris, der mit den anderen Göttern zu einem Wesen verschmelze ...

Oder war es schlicht ein Unglücksfall, was der nüchternen Festellung in der kaiserlichen Autobiographie am nächsten käme? Sicherlich war Antinoos ein guter Schwimmer. Warum hat er sich nicht gerettet? Haben Wachen und Diener einen — allerdings entscheidenden — Augenblick lang versagt? Man darf annehmen, daß auf den Günstling des Kaisers immer gut aufgepaßt wurde. Warum hören wir dann aber nichts von einem Strafgericht, das die Verantwortlichen mit Sicherheit getroffen hätte? War es gar Mord? Selbst das scheidet nicht aus. Ein Günstling des Kaisers hat keine Freunde. Aber auch für diesen Fall fehlt wieder die Überlieferung von einer erfolgten Bestrafung.

So bleibt als wahrscheinlichste Todesursache der Selbstmord, die einzige Antwort, die auch die Menschen der Antike gelten ließen. Als Motiv die freiwillige Aufopferung für den geliebten Kaiser, vor dessen Augen das Unglück geschah und der, wenn er nur gewollt hätte, die Rettung des Jungen hätte veranlassen können.

Was aber war es nun wirklich, das die beiden Männer verband, als wären sie ein Herz und eine Seele? Nur eine sinnliche Beziehung? Wohl kaum. Erotik ist kein Fundament, auf das sich Verlangen und Hingabe eines solchen Opfers stützen ließen. Und Erotik berechtigte nicht einmal den römischen Kaiser, sich ihrer wie immer gearteten Auswirkungen zu rühmen. Es darf hierbei nicht unberücksichtigt bleiben, daß Hadrians Verhältnis zu Rom ohnehin gespannt war. Es wäre mehr als unklug gewesen, es durch Provokationen solcher Art noch weiter zu belasten, wobei, wohlgemerkt, nicht die homoerotische Beziehung als solche Anstoß erregt hätte, sondern der Kult, der nach ihrer Auflösung getrieben wurde. Die bösen Zungen, die den Kaiser also in dieser Richtung verleumdeten, straften sich selbst Lügen.

»Auf einer Nilreise«, schreibt einer von Hadrians neuesten Bewunderern, »für vornehme Römer eine beliebte Art, Ferien mit Kultursnobismus zu vereinen, ertrank unter ungeklärten Umständen der junge, bildschöne Antinoos, mit dem Hadrian eine Liebesbeziehung hatte. Es wäre jedoch zu simpel, anzunehmen, es habe sich nur um eine homoerotische Bettgeschichte gehandelt: Was nun geschah, läßt sich auch nicht vor dem Hintergrund damaliger religiöser Vorstellungen erklären, nach denen ein gewöhnlicher Mensch, gar ein Kaiser, zu göttlichen Ehren gelangen konnte.

Hadrian schuf für den Toten einen eigenen religiösen Kult, der binnen weniger Jahre das ganze römische Reich überzog; er gründete eine Stadt, die nach Antinoos hieß, und ließ für ihn Tempel bauen. Der erhaltene Bestand an Antinoos-Büsten und -Köpfen übertrifft jenen von Hadrian bei weitem, es sind 60. Auch mag der Tod des jungen Mannes nicht ohne Einfluß darauf gewesen sein, daß der melancholische Grundzug der hadrianischen Natur und eine Neigung zum grausamen Handeln immer stärker hervortraten.«

War es ein Stück Eigenliebe, das den Kaiser mit dem Sklaven verband? Ein Wallenstein-Max-Verhältnis sozusagen? Hatte der alternde Mann in dem mehr als 30 Jahre jüngeren Bithynier die eigene Jugend wiedergesehen? Auszuschließen ist es nicht. Wahrscheinlicher aber erscheint mir, daß der kinderlose Hadrian in dem Jüngling einen Idealsohn erblickte, jung, gesellig, gutaussehend und von Geburt aus Grieche, einen Sohn, wie ihn in dieser Vollkommenheit die Götter niemals hätten schenken können und auch tatsächlich nie geschenkt haben. Später einmal verteidigte Hadrian die Berechtigung der Adoption vor dem Kronrat: Ein erwählter Erbe, meinte er, sei besser als ein leiblicher, weil es leichter sei, Tugenden zu erkennen, als solche zu vererben. Adoptieren und als offiziellen Nachfolger im Prinzipat ernennen konnte der Kaiser den Fremden freilich nicht. Aber wer wollte ihn daran hindern, den Jungen wie einen natürlichen Sohn zu lieben und ihn nach dem Tode zu vergöttlichen?

Die historische Wahrheit wird nie mehr zu ergründen sein. Sie reicht über das bloße Wissen um die Existenz eines Antinoos kaum hinaus. Und dennoch schien es nicht einmal zu gewagt, den Griechen als natürlichen Sohn Hadrians zu vermuten. Selbst das ließe sich einigermaßen begründen. Nicht allzuviel ist über Hadrians Aufenthalt in den Jahren 109 bis zu seiner Archontenschaft in Athen (112) bekannt. Könnte er sich nicht auch zeitweise an der Südküste des Schwarzen Meeres aufgehalten haben, wo ihm eine schöne Bithynierin, zumal griechischer Abstammung, vielleicht den Kopf verdrehte? Mindestens die Vergöttlichung des Jünglings, die bislang traditionsgemäß nur den Mitgliedern der kaiserlichen Familie vorbehalten war, wäre geeignet, eine solche Vermutung zu stützen. Wir haben keinerlei Anhaltspunkte dafür, daß Hadrian mit dieser Tradition zu brechen gedachte. (Gleichzeitig mit der Apotheose des Antinoos gelangte beispielsweise auch die Schwester Paulina zu göttlichen Ehren. Sie war wohl schon früher verstorben, und mit ihrer Konsekration wollte Hadrian dem Vorwurf der Zeitgenossen begegnen, er habe Paulina vernachlässigt.) Und erst recht würde die biologische Vaterschaft die tiefe Erschütterung erklären, die das Leben des Kaisers fortan überschattete.

Aber verirren wir uns nicht in Spekulationen. Wahrscheinlich ist Antinoos nicht weniger gewesen als das: Hadrians Idealvorstellung von dem, was ihm von der Natur in der legitimen Verbindung mit Sabina versagt geblieben war. Vielleicht hat die Kaiserin gegen diese Beziehung auch deswegen keine Einwände erhoben, die der Nachwelt überliefert worden wären. Und möglicherweise stellt auch aus diesem Grunde das aelische Familiendenkmal in Rom Hadrian, Sabina und Antinoos in friedlicher Eintracht dar.

Mit dem Andenken an den Kaiser hat auch das seines jugendlichen Freundes überlebt. Erst Marc Aurel verbot offiziell, Antinoos in der Liste der kaiserlichen Freunde zu erwähnen. Ob aus Verachtung für die großväterlichen Leidenschaften oder, um dem anhaltenden Gerede Einhalt zu gebieten, ist nicht bekannt.

Die Verachtung der alten Kirchenväter war Hadrian allerdings gewiß. Für sie galt die Deifizierung eines Sterblichen als Sakrileg. »Alle Menschen«, weiß deshalb auch Justinus (Apol. 29,4), »ehrten ihn (A.) aus reiner Furcht als Gott, denn sie wußten, wer er war und woher er kam.« Und er unterschied sich kaum von einem Pausanias, dessen abfällige Bemerkung eingangs schon erwähnt wurde. Nur Aurelius Victor meinte gerechterweise, man müsse die Sache offenlassen.

Wie für die späteren Christen mußte für die Juden die Vergöttlichung eines Menschen eine Provokation ersten Ranges darstellen. Hadrian, der sie noch in ganz anderem Maße vor den Kopf stieß, hätte auch darauf, selbst wenn er darum gewußt hätte, kaum Rücksicht genommen. Tatsächlich aber war dieser politische Mißgriff ein weiterer Stein des Anstoßes, der das Maß jüdischer Geduld vollmachte. Der Ausbruch des Zorns ließ nicht lange auf sich warten.

Die Geschichte des Antinoos ist nur eine kurze Episode in Hadrians Leben, eine von vielen, aus denen sich jedes Leben zusammensetzt. Für das römische Reich war sie von keinerlei historischer Bedeutung, schicksalhaft nur für Hadrian selbst, den Menschen, nicht den Kaiser. Was mag in ihm vorgegangen sein, wenn er einsam durch die weitläufigen Palastanlagen seines Tivoli wanderte? Sechzehn Abbildungen des Jungen hat man allein dort gefunden, Büsten, Statuen und Reliefs. Für wen ließ der Kaiser all die leeren Tempel und Kapellen erbauen, in denen kein Götterbild stand? Hatte er etwa gehofft, »in einem dieser Tempel dem auferstandenen Jüngling zu begegnen?«

Es ist nicht immer klar zu trennen, wo der Mensch aufhört und wo der Kaiser anfängt. Und die Vielzahl der Einzelschicksale ist es, die letzten Endes auch die Weltgeschichte ausmacht.

29.

ABSCHIED VON ÄGYPTEN
UND DRITTER AUFENTHALT IN ATHEN

Es ist nicht überliefert, inwieweit sich der Kaiser seinen
Schmerz der unmittelbaren Umgebung anmerken ließ. Noch
weniger ist bekannt, ob man ihm von dort aus irgendein Zeichen des Mitgefühls entgegenbrachte. Aus der Unbeküm-
mertheit, mit der man die Reise fortsetzte, als wäre nichts
geschehen, ließe sich eher das Gegenteil schließen. Schon ein
paar Tage später, am 21. November, befand sich der Hof am
Ziel des Unternehmens, in Theben.

Während Hadrians stets wissensdurstiger Geist nach dem
Kennenlernen der ägyptischen Altertümer lechzte, waren
seine gefühlsarme Gemahlin und Balbilla, ihre schrullige
Hofdame, sensationslüstern: Es gab nämlich (und gibt sie
noch heute) westlich von Theben an der Straße, die zum Tal
der Könige führt, zwei kolossale monolithische Sitzfiguren
des Pharaos Amenophis III. Mit einer Höhe von 19,50 Metern flankierten die hünenhaften Sandsteinkönige einst den
Eingang seines längst verschwundenen Totentempels, dazu
ausersehen, das Reich der ewigen Ruhe zu bewachen.

Schon von Herodot erwähnt, wurden die beiden Statuen
zu einem Anziehungspunkt besonderer Art, seit Neros Zeiten gar zu einer Touristenattraktion ersten Ranges. Sie »san-

gen« nämlich. Nicht immer, sondern nur, wenn die Sonne seit etwa zwei Stunden aufgegangen war. Dann aber gab die nördlichere der beiden Figuren ein Geräusch von sich, das an das Klingen einer gespannten Harfensaite erinnerte. »Memnonsäule« hießen sie bei den alten Griechen. »Wenn die Mutter Eos über den Horizont stieg, seufzte und klagte der Sohn Memnon«, der Äthiopierfürst und einstige Bundesgenosse der Trojaner. Er war im Zweikampf gegen Achill gefallen und hatte vom Göttervater Zeus auf Drängen seiner Mutter die Unsterblichkeit erhalten. Ihn sahen die Griechen in den beiden Kolossen. In seinem Wehklagen hörten sie einen »Ton, der nicht menschlich war und dennoch zu Herzen aller ging, die ihn hörten. Strabo und Pausanias berichteten darüber.«

Tatsächlich hat man bis heute keine exakte wissenschaftliche Erklärung für das Phänomen, glaubt aber, das ergreifende Tönen sei durch die von der Erwärmung begünstigte Ausdehnung des Steins entstanden, insbesondere der gesprungenen Finger. Septimius Severus ließ den oberen Teil der Statuen mit Sandsteinblöcken restaurieren, und das Singen verschwand. Allerdings scheint sich das erst zur Zeit Caracallas herumgesprochen zu haben. Denn damals kam auch der Reiseverkehr zu den Memnonsäulen zum Erliegen.

Die kaiserliche Hofgesellschaft, allen voran Hadrian mit seinen Damen, wartete auch auf die Klage des Memnon. »Sie wurden belohnt mit einem Tönen, das sie ergriff wie nichts zuvor.« Balbilla hielt das erfreuliche Geschehen in einigen kleinen Versen fest, die sie am Fuß der Figur einritzte. In schmeichlerischer Übertriebenheit berichtet sie darin von einer dreimaligen Begrüßung des Gottes für den Kaiser, von denen eine gar schon vor Sonnenaufgang erfolgt sei. Da sich das Klingen zu diesem Zeitpunkt mit keiner anderen Überlieferung deckt, muß es Balbilla erfunden haben, um dem Kaiser zu schmeicheln. Wir haben allerdings keinerlei Nachrichten darüber, ob und wie er darauf reagierte.

Immerhin konnten die Memnonsäulen nach dem hohen Besuch einen unverhofften Besucheransturm verzeichnen. Fast 30 der Inschriften, durch die sich die Reiselustigen des Altertums nachahmend auf Memnons linkem Fuß verewigten, stammen aus hadrianischer Zeit.

Nirgendwo wird über Hadrians Verhältnis zu den Pharaonen berichtet, jenen Gottkönigen, die im Bewußtsein der Bevölkerung des damaligen Ägypten noch lebendig waren. Wir wissen deshalb auch nicht, ob Hadrian dem Tal der Könige einen Besuch abstattete, um dort wenigsten einige der zahlreichen Pharaonengräber zu besuchen. Andererseits übten die geheimnisvollen altägyptischen Religionen und mysteriösen Kulte auf den römischen Kaiser keine geringe Anziehung aus. Die Pharaonen wurden oft mit den alten Göttern identifiziert oder standen ihnen doch so nahe, daß weltliche und religiöse Geschichte eng miteinander verknüpft waren. Man darf wahrscheinlich zu Recht annehmen, daß Hadrian die Gelegenheit nicht ausgelassen haben wird, sich auch mit Ägyptens Vergangenheit näher zu beschäftigen.

Von Theben nach Alexandrien zurückgekehrt, machte er vielleicht einen Abstecher in die Cyrenaika, die durch den Judenaufstand des Jahres 117 völlig verwüstet war und sich noch nicht erholt hatte. Es existiert jedenfalls eine Münze, die dem »restitutori Libyae« gewidmet ist und auf seine Anwesenheit hindeutet. Wohl im Herbst 131 verließ er die ägyptische Hauptstadt.

Es gibt einen Brief aus jener Zeit, angeblich noch von Alexandrien aus geschrieben. Er richtet sich an den Schwager Servianus zu Hause in Rom. Er wurde in einem späteren Werk über einen Aufständischen gegen Kaiser Probus erwähnt, in der Vita des Saturnius, deren Verfasser Vospiscius heißt. Der Autor beschreibt darin den Brief als »ex libris Phlegontis liberti eius proditam« (als aus den Büchern seines (H.s) Freigelassenen Phlegon herausgegeben). Es ist bekannt, daß Hadrian seine Autobiographie unter dem Namen dieses Phlegon veröffentlichte. Daraus jedoch auch auf eine Urheberschaft des Kaisers für diese Zeilen zu schließen, schiene voreilig. Tatsächlich ist sich die Wissenschaft über die Echtheit des Schriftstücks nicht einig.

»Ägypten, mein teurer Servianus«, schreibt Hadrian nach Rom, »das Du mir angepriesen, habe ich als ein durchaus leichtsinniges, schwankendes und jedem Gerüchte gleich nachrennendes Volk kennengelernt. Diejenigen, welche den Serapis verehren, sind die Christen; Menschen, die sich Bischöfe Christi nennen, sind nichts desto weniger dem Serapis ergeben. Da gibt es keinen Vorsteher der jüdischen Synagoge, keinen Samariter, keinen christlichen Presbyter, der nicht Astrolog, Zeichendeuter, Quacksalber wäre. Der Patriarch selbst wird, so oft er nach Ägypten kommt, von der einen Partei gezwungen, den Serapis, von der andern, den Christus anzubeten. Es ist eine aufsässige, nichtsnutzige, schmähsüchtige Menschenklasse. Die Stadt ist mächtig an Schätzen und Hilfsquellen. Niemand legt da die Hände in den Schloß. Hier wird in Glas gearbeitet, dort in Papier, dort in Leinwand. Alle diese geschäftigen Menschen scheinen irgendein Handwerk zu betreiben. Podagristen, Blinde, selbst Chiragristen machen sich zu thun. Alle haben einen

Gott, Christen, Juden, alle Nationen verehren ihn. Nur schade, daß diese Stadt so schlecht geartet ist, ihre Bedeutung macht sie wohl wert, auch ihrer Größe nach das Haupt von ganz Ägypten zu sein. Ich habe ihr Alles zugestanden, ihr die alten Privilegien wiedergegeben, neue so hinzugefügt, daß mir die Bürger persönlich danken kamen, und doch machten sie, sobald ich die Stadt verlassen hatte, meinem Sohne Verus eine üble Nachrede. Was sie dem Antinous nachsagten, weißt Du schon, wie ich glaube. Mögen sie immerhin mit ihren Hühnern sich mästen, von denen, wie sie dieselben ausbrüten, ich zu reden mich schäme. — Ich schickte Dir drei buntfarbige Kelche, die mir der Tempelpriester entgegenbrachte, als besondere Weihegeschenke, für Dich und meine Schwester. Daraus magst Du an Festtagen beim Mahle trinken.«

Gewiß, an manchen Stellen mag dieser Brief nicht ganz unverdächtig erscheinen. Aber wer auch immer sein Urheber gewesen ist, er gibt doch ein lebhaftes Zeugnis von dem geschäftigen Volk von Ägypten, wo die Anschauungen des Orients und des Hellenismus zusammenflossen.

Hadrian wird das Land am Nil wohl kaum verlassen haben, ohne zuvor noch das in der Nähe gelegene Wallfahrtsstädtchen Canopos und sein weltberühmtes Serapis-Heiligtum besucht zu haben. Sicherlich kam ihm dabei auch der Gedanke, das Tal samt Kanal und Tempel in seiner Villenanlage in Tivoli nachzuempfinden oder wenigstens doch einen typischen Teil der Anlage nach dem berühmten ägyptischen Vorbild zu benennen.

Über Syrien kehrte der Kaiser nach Europa zurück.

Sein nächstes Ziel war wieder Griechenland, vor allem Athen, das bei ihm noch immer eine bevorzugte Stellung einnahm.

Leider geraten die antiken Überlieferungen für diesen Zeitraum, die Jahre 131 bis 133, etwas durcheinander.

Einige Historiker datieren die früher besprochene Reise nach Moesien, Thrakien und Dakien in diese Tage. Das erscheint jedoch wenig sinnvoll. Andere als politische Interessen können den Kaiser kaum in jene entlegenen Gebiete gelockt haben. Seit den Aufständen unmittelbar nach seinem Regierungsantritt, die damals seine erste Ankunft als Kaiser in Rom verzögert hatten, hatten sich jene Völker ruhig verhalten. Daß um das Jahr 130 dort Unruhen ausgebrochen wären, die eine Bedrohung des Imperiums dargestellt und die persönliche Anwesenheit des Kaisers erfordert hätten, ist nirgendwo glaubhaft überliefert. Ein Besuch dieser nordöstlichen Reichsprovinzen anläßlich der ersten großen Reise, also nur kurze Zeit nach Ausbruch und Niederwerfung der großen Aufstände, ist deshalb wahrscheinlicher. Die nach 119 geprägten Münzen zur Begrüßung des Kaisers stehen dieser Annahme nicht entgegen.

Der Senator Cassius verlegte Hadrians zweite Griechenlandreise in diese Zeit. Von einem dritten Aufenthalt in der griechischen Hauptstadt hören wir bei ihm nichts. Hieronymus berichtet von einem Griechenlandbesuch Hadrians nach der Ägyptenreise. Besonders das bestärkt die neuere Wissenschaft in ihrer Vermutung, Hadrian sei 131 oder 132 zu einem dritten Aufenthalt nach Griechenland gekommen. Dieser Besuch beschränkte sich aber offensichtlich nicht auf die Hauptstadt. Hadrian bereiste damals beispielsweise Makedonien. Danach durchzog er das Tempetal in Thessalien, woran ein auf dem Areal der Villa in Tivoli nachbenannter Geländeeinschnitt noch heute erinnert. Epirus Dodona verehrte ihn als Zeus Hadrianos. Nikopolis prägte anläßlich seiner Ankunft Münzen.

Daß der Kaiser aber im Jahre 132 auch in Athen weilte, ist deswegen wahrscheinlich, weil damals eine große Anzahl griechischer Städte durch feierliche Gesandtschaften Ehrensäulen Hadrians im soeben fertiggestellten Olympieion aufstellen ließ. Damit waren aber auch große Festlichkeiten verbunden, bei denen der Wohltäter der Stadt sicherlich nicht fehlen durfte.

Athen war für den alternden Herrscher die Erinnerung an glücklichere Tage. Das letzte Mal hatte Antinoos ihn dorthin begleitet und den Aufenthalt gekrönt. Was mag in dem jetzt noch einsamer gewordenen Menschen vorgegangen sein, als er seine Lieblingsstadt betrat? Warum kam er überhaupt noch einmal dorthin? Wollte er vergessen oder die Vergangenheit noch einmal heraufbeschwören? Wir werden es nie mehr erfahren. Zu wenig ist aus jenen Tagen bekannt, als daß sich anderes als vage Vermutungen daraus ableiten ließe.

Inschriften verraten uns, daß die Einweihung des Olympieions im Herbst 131 erfolgte. Hadrians Anwesenheit bei den Dionysien des Jahres 132, den großen Festlichkeiten, die alljährlich im Frühjahr zu Ehren des wiedererstandenen Gottes abgehalten wurden, ist ebenfalls bezeugt. Das spricht deutlich für einen Winteraufenthalt in Athen.

Glanzvoll wurde jene Einweihung vollzogen, für die, wie bereits früher erwähnt, der Hauptvertreter der Sophistik, Polemo aus Smyrna, verpflichtet worden war. Es wurde das Fest des wiedererstandenen Hellas: »Man mag sich als die glänzendste Sonnenhöhe dieser neuen Sophistik den Tag vorstellen, an welchem der aus Smyrna herbeigezogene Polemo zur Einweihung des im grauen Altertum begonnenen, nun endlich durch Hadrian vollendeten Olympieion in Athen, von der Schwelle des erhabenen Tempels vor dem

Kaiser und allem Volk die Bedeutung des Tages rednerisch zu feiern hatte, an welchem man in der Tat an das durch die Gunst des Herrschers erweckte, nun im herrlichsten Symbol sich widerspiegelnde neue Leben der alten Hellas zu glauben sich verleiten lassen konnte.«

War der Parthenon das Symbol des alten Athen, so wurde das nach Jahrhunderten fertiggestellte Olympieion, bei dessen Bau so viele Generationen zugeschaut hatten, zum wichtigsten Tempel der Hadrians-Stadt und die vom Kaiser dorthin gestiftete Schlange zum Gegenbild der Erechteusschlange auf der Burg. Allerdings ist nie geklärt worden, warum der Kaiser das heilige Symbol seiner Stadt gerade aus Indien holen ließ.

Während der Dionysien saß Hadrian im attischen Festgewand aufgeputzt im Theater, jetzt auch äußerlich ganz Grieche, »und der erste des Volkes in seiner Glorie als Kaiser, Gott und Wohltäter der Stadt«. Die Kulturen zweier Welten hatte er in sich vereinigt wie einst Alexander der Große. Aber im Gegensatz zu dem glücklichen Makedonen schlugen dem neuen Weltenkönig nicht nur Wellen der Sympathie entgegen. Die damals wie heute so stolzen Römer hatten wenig Verständnis für einen Mann, der kaum ein Viertel seiner bisherigen Regierungszeit in der Hauptstadt verbracht und sie in ihren Augen so schimpflich vernachlässigt hatte.

Vielleicht wollte der ansonsten diplomatisch geschickte Mann damals auch wirklich nach Italien zurückkehren, um der verständlichen römischen Abneigung entgegenzuwirken.

Aber kriegerische Ereignisse in Judäa sollten die Heimreise noch um ein weiteres Jahr verzögern.

30.

DAS ENDE JUDÄAS
UNTER DEM »SOHN DES STERNS«

... Bar Kochba wurde erschlagen und
sein Kopf zu Hadrian gebracht. »Wer erschlug ihn?« fragte der Kaiser. Ein Cu-
thäer (Samariter) sagte zu ihm: »Ich
erschlug ihn.« »Bringe mir seinen Körper!« befahl er. Er ging und fand eine
Schlange, die sich um seinen Hals rin-
gelte. Als man Hadrian dies berichtete,
da rief er: »Wenn sein Gott ihn nicht erschlagen hätte, wer hätte ihn überwinden können?« ...

Die Erzählung ist mehr als eine Legende. Sie charakterisiert
einen der fanatischsten Männer Israels, einen, der wie kein
anderer bis zu seinem bitteren Ende den jüdischen Freiheits-
drang symbolisierte.

Der Krieg Bar Kochbas, der sogenannte Zweite Aufstand,
war ein grausamer Krieg. Er stellte an Verlusten selbst jenen
Ersten Aufstand unter Titus in den Schatten und mag zu den
Auseinandersetzungen mit den schrecklichsten Folgen gehören, die Rom je zu bestehen hatte. Daß diese Revolten ausge-

rechnet unter Hadrian zu bewältigen waren, daß er ihnen mit solcher Hartnäckigkeit und Unversöhnlichkeit begegnete, warf für alle Zeiten einen düsteren Schatten auf das Bild des Friedenskaisers. »Zu schweren Feldzügen«, berichtet Spartianus in seiner Lebensbeschreibung, »kam es unter ihm nicht. Die Kriege wurden sogar fast in der Stille erledigt.« Kaum kann der Biograph dabei jenen entsetzlichen Kampf gegen das Judentum im Auge gehabt haben.

Tatsächlich war bis in neueste Zeit über den Zweiten Aufstand nur wenig bekannt. Ihm fehlte ein Flavius Josephus, der auf Vespasians Veranlassung seinerzeit über den ersten Krieg so ausführlich berichtet hatte. Hadrian hatte wohl kein Interesse daran, seine Grausamkeiten in Palästina einer kritisierenden Nachwelt aufgeschrieben zu hinterlassen.

Jedenfalls ist nicht bekannt, daß er einen Historiker mit der Abfassung seiner Kriegsgeschichte gegen die Juden beauftragt hätte. Das ist um so erstaunlicher, als dieser Krieg nicht nur für das jüdische Volk so weitreichende Folgen hatte. So gab es bislang nur einige Bemerkungen von Geschichtsschreibern aus nachhadrianischer Zeit, verstreute Hinweise in den Schriften der frühen Kirchenväter und ungenaue Nachrichten in zwei jüdischen Quellen, dem Babylonischen Talmud und den Klageliedern des Midrasch Rabbah, die man alle für entschuldbarerweise gefärbt hielt. Alles andere war für Jahrhunderte Legende.

Die zuverlässigste antike Quelle ist der Bericht des Dion Cassius. Er erzählt, wie Hadrian auf den Trümmern Jerusalems eine neue Stadt errichtete und sie nach sich selbst benannte. Wo einst der jüdische Tempel gestanden, habe der Kaiser dem römischen Jupiter eine Verehrungsstätte erbaut. Dies aber habe einen Krieg »von nicht geringer Bedeutung und langer Dauer« heraufbeschworen. Denn die Juden haben sich weder mit der Fremdherrschaft noch mit der Ausübung römischer Religionsriten im Zentrum ihres Glaubens abfinden wollen. Solange Hadrian allerdings in der Nähe weilte, hätten sie sich ruhig verhalten. Erst nach dem Aufbruch des Kaisers von Syrien nach Europa wagte man die offene Konfrontation. Doch schon vorher, sagt Dion, »machten sie die Waffen, die sie liefern mußten, absichtlich minderwertig, damit die Römer sie zurückwiesen und sie selbst sie dann benutzen konnten...«

Es wurden noch andere Vorbereitungen getroffen. Zu ihnen gehörten das Besetzen strategisch wichtiger Stellungen, das Bauen von Befestigungsmauern und die Anlage unterirdischer Gänge, die als Fluchtburgen und -wege dienen sollten, wenn die Benutzung offener Straßen zu vermeiden war. Die Rebellen machten sich dabei die natürliche Beschaffenheit der Landschaft zunutze, indem sie zahlreiche Höhlen miteinander verbanden und die Gänge mit einem ausgeklügelten Belichtungs- und Belüftungssystem versahen.

Die römische Besatzungsmacht unter ihrem Statthalter Tineius Rufus achtete anfangs kaum auf diese aufrührerische Tätigkeit. Erst als schon ganz Judäa offen rebellierte und die Juden in der Diaspora (aber auch viele Nichtjuden einfach aus Beutegier) sich anschlossen, verfügte Hadrian, das Problem militärisch zu bereinigen. Denn das ganze Reich schien damals in Flammen aufzugehen. Wie niemals zuvor war das Imperium Romanum in seiner Existenz bedroht. Mindestens unter diesem Gesichtspunkt wird der militärische Eingriff Roms verständlich, wie auch aus dieser Sicht die unbarmherzige Härte Hadrians entschuldbar ist.

Bevor auf den Verlauf des Krieges und die für die Judenschaft fatalen Folgen ihrer Niederlage näher eingegangen
wird, scheint es wichtig, über die Person ihres Anführers ein
paar Worte zu verlieren.

Während Dion den Anführer der Juden überhaupt nicht
nennt, war die urspüngliche Information so spärlich, daß
nicht einmal sein Name ermittelt werden konnte. Nur die
Schriften der frühen Kirchenväter bewahrten den Namen
»Bar Kochba«, was im Hebräischen oder Aramäischen soviel wie »Sohn des Sterns« bedeutet. Das sollte wahrscheinlich auf seinen messianischen Sendungsanspruch hinweisen.
Jüdische Quellen nennen ihn hingegen »Bar Koziba«, was
bei nur wenig geänderter Aussprache eine ganz andere Bedeutung hat, nämlich »Sohn eines Lügners« oder »Betrü-
gers«. Scharen von Gelehrten haben darüber argumentiert
und debattiert. Eine Schule glaubte, sein Name sei wirklich
Bar Kochba gewesen (vielleicht nach seinem Geburtsort),
später aber, als sein Unternehmen fehlschlug, als Wortspiel
in »Betrüger« abgeändert worden. Andere wieder argumentieren genau umgekehrt: Sein wirklicher Name sei »Bar Koziba« gewesen — ebenfalls nach seinem Geburtsort oder
Vater —, den später seine Anhänger, die glühend an seine
messianische Mission glaubten, in Bar Kochba, »Sternen-
sohn«, umänderten. Der berühmte Ausspruch des großen
Rabbi Aqiba, in Talmud und Midrasch überliefert, wurde
zur Unterstützung dieser Ansicht so zitiert: »Rabbi Simon
Ben Yohai sagte: Rabbi Aqiba, mein Lehrer, erläuterte die
Stelle › Es soll ein Stern (KWKB) aufgehen aus Jacob ‹ wie
folgt: › Es geht KWZBA auf aus Jakob. ‹« Darüber hinaus
wird zitiert, Rabbi Aqiba habe von Bar Kochba gesagt:
»Dies ist der König Messias.«

Dieser Ausspruch des schon früher erwähnten Rabbi Aqiba ist insofern interessant, als Rabbi Johanan darauf erwidert haben soll: »Aqiba, aus deinen Kinnbacken wird Gras wachsen, und er wird noch nicht gekommen sein.«

Wie über Bar Kochbas Auftrag scheiden sich die Geister über seinen Mut und seine Brutalität. Die angeblich 20 000 Mann, mit denen er sich in Bethar der römischen Belagerung widersetzte, sollen alle einen amputierten Finger gehabt haben. Ihr Anführer pflegte nämlich ihren Mut durch das Abschneiden eines Fingers auf die Probe zu stellen. Die Weisen Israels sandten ihm daher eine Botschaft: »Wie lange willst du fortfahren, die Männer Israels zu verstümmeln?« Er antwortete ihnen: »Wie sonst soll ich sie prüfen?« Man empfahl ihm, jedem die Aufnahme in sein Heer zu verweigern, der keine Libanonzeder mit den Wurzeln ausreißen konnte. Allerdings ist nicht überliefert, ob sich Bar Kochba an diese klugen Ratschläge hielt.

Dem Midrasch zufolge muß der letzte Judenfürst selbst außerordentlich mutig gewesen sein. »Er fing die Geschosse der Feinde mit einem seiner Knie auf und schleuderte sie zurück und tötete so viele Feinde«, wird in der jüdischen Quelle berichtet.

Einige Quellen schreiben ihm Züge von Eitelkeit zu. »Wenn sie in die Schlacht stürmten, schrien sie: O Gott, hilf uns nicht, aber entehre uns auch nicht!« Die Legende will, daß seine Brutalität und Überheblichkeit schließlich ihn und ganz Israel zu Fall brachten. Bar Kochba hatte den angesehenen Rabbi Eleazar von Modi'in in Verdacht, die Feste Bethar an die Römer verraten zu wollen. Er zitierte den frommen Mann vor sein Strafgericht, geriet in Wut, »gab ihm einen Fußtritt und tötete ihn«. Da tönte eine Stimme vom Himmel und rief:

»Wehe über den ruchlosen Hirten, der seine Herde verläßt! Das Schwert soll über seinen rechten Arm kommen und über sein rechtes Auge ... Du hast den Arm Israels gelähmt und sein rechtes Auge geblendet, daher soll dein Arm verdorren und dein rechtes Auge trüb werden.« Die gleiche Quelle weiß, daß Bethar alsbald um der Sünden willen erobert und Bar Kochba selbst erschlagen wurde.

Mindestens ebenso kennzeichnete den jüdischen Führer eine sture Unversöhnlichkeit. Unter seiner Königsherrschaft duldete er kein unbeschnittenes männliches Wesen. Das Ritual der Beschneidung mußte über sich ergehen lassen, wer versucht hatte, seine semitische Herkunft zu verheimlichen oder statt der Beschneidung das mittlerweise vielerorts üblich gewordene rituelle Bad zu wählen. Dieser Zwang brachte vor allem gemäßigtere Juden in eine verzwickte Lage, seitdem Hadrian die »Verstümmelung der Genitalien« bei Todesstrafe verboten hatte. So wird verständlich, daß Bar Kochba unter der Judenschaft der hadrianischen Ära nicht nur Anhänger hatte. Andere aber und wahrscheinlich der Großteil der jüdischen Bevölkerung sahen in ihm den soldatischen Helden, den langersehnten Messias, der vom Himmel herabgekommen war, Judäa von der römischen Fremdherrschaft zu befreien und das Gottesreich auf Erden zu errichten. Sie sympathisierten mit ihm in blind fanatischem Haß, nicht ahnend, daß er ihren Untergang und das jahrhundertelange Verschwinden ihrer Nation von jeder Landkarte mindestens mitverschulden sollte.

Noch ein weiterer entscheidender Fehler wird Bar Kochba zur Last gelegt: seine starre Haltung gegen die Christen. Nahezu übereinstimmend berichten die alten Kirchenväter von Christenverfolgungen, die wohl auf die Weigerung der Christen zurückzuführen waren, Bar Kochba als Messias anzuerkennen. Eusebius schreibt, er habe sie töten lassen, wenn sie sich weigerten, ihn im Kampf gegen die römischen Truppen zu unterstützen. Auseinandersetzungen zwischen Juden und Christen waren damals an der Tagesordnung und so alt wie das Christentum selbst. Zum endgültigen Bruch hatten sie dennoch nicht geführt. Wie eng verwandt beide Religionen für einen Außenstehenden aussahen, zeigt schon die Tatsache, daß Rom die Christen lange Zeit für eine jüdische Sekte hielt. Durch Bar Kochbas unerbittliche Feindseligkeit verhärtete sich nun auch die Haltung der Christen, was bis in neueste Zeit die bekannt tragischen Auswirkungen hatte.

Die Stimmen für und gegen den letzten Fürsten Israels halten sich in den jüdischen Quellen die Waage. Die einen feiern in ihm den Befreier ihrer gequälten Nation und bringen ihm Ehrfurcht und Bewunderung entgegen. Andere hingegen verachten ihn für sein Scheitern als Messias und bedenken ihn mit all dem Zorn ihrer enttäuschten Hoffnungen. Wenn auch alle Überlieferungen, die so weit zurückliegen, wegen der möglichen Parteilichkeit der Berichterstatter stets mit Vorsicht zu genießen sind, so erstaunt doch, was Bar Kochba und seinen Aufstand betrifft, die Übereinstimmung der Berichterstattung in so verschiedenen Quellen, wie sie uns in der Hinterlassenschaft der frühen Kirchenmänner und den jüdischen Schriften erhalten sind.

Dennoch ergaben alle Spuren von Bar Kochba nur ein unscharfes Bild. »In der jüdischen Folklore war er mehr ein Mythos als ein Mann aus Fleisch und Blut. Die jahrhundertelange Verfolgung der Juden und ihre Sehnsucht nach nationaler Rehabilitation machten aus Bar Kochba einen Volkshelden, eine schwer faßbare Gestalt, der sie anhingen, weil er bewiesen — und als letzter bewiesen — hatte, daß die Juden um ihre geistige und politische Freiheit kämpfen konnten. Zur Erinnerung an seinen Aufstand wurde es Tradition, daß die Kinder jüdischer Gemeinden in Osteuropa am Fest von Lag Ba'omer › Bar Kochba und die Römer ‹ spielten, wie die Kinder im Westen Cowboy, Indianer oder Robin Hood. Für eine kurze Weile versetzten sie sich aus der Diaspora in das Land ihrer Väter und träumten ...«

Aber es gab daneben auch einen greifbaren Beweis für Bar Kochbas Existenz und den Zweiten Aufstand. Man kannte nämlich eine Reihe von sogenannten »Koziba«-Münzen, Silber- und Bronzeprägungen, freilich nicht eigener Art. Vielmehr wurden in aller Eile römische Geldstücke überprägt, teilweise so schlecht, daß die römischen Zeichen unter den hebräischen noch deutlich zu erkennen sind. Dennoch sind gerade diese Zeugnisse für den Verlauf des Krieges und den ihn tragenden messianischen Gedanken sehr aufschlußreich: Die Embleme der Rückseiten spiegeln all die Sehnsucht nach dem Wiederaufbau Jerusalems und des Tempels wider. Für das Opferritual heilige Gefäße, Musikinstrumente, Palmzweige und andere Symbole verraten trotz aller Eile handwerkliches Geschick und den Enthusiasmus derer, die sie fertigten.

Die Vorderseiten nennen das Jahr 1 und 2 der Befreiung Israels. Eine dritte Münze ist der »Freiheit Jerusalems« gewidmet. Und die Gelehrten streiten noch immer, ob sie gleich zu Beginn des Aufstandes geprägt wurde, als die Rebellen tatsächlich die Hauptstadt vorübergehend den Römern entwunden hatten, oder erst gegen Ende, als die Befreiung Jerusalems nur noch eine Wunschvorstellung war.

Fast alle Münzen aber tragen den Namen »Shimeon«. Und eine von ihnen weist gar über einer stilisierten Tempelfassade einen Stern auf. Lange Zeit vermochte man das nicht miteinander in Einklang zu bringen.

Bereits früher wurde kurz darauf hingewiesen, daß die Ereignisse in und um Jerusalem im Frühling des Jahres 1960 ein völlig neues Licht erhielten.

Schon in der Mitte unseres Jahrhunderts hatten Beduinen in den Höhlen am Toten Meer alte Schriftstücke entdeckt, deren finanzielle Bedeutung ihnen nicht entgangen war. Archäologen hatten sich daraufhin auf eigene Faust auf die Suche nach weiteren Altertümern dieser Art begeben, ohne fündig zu werden. Wie so oft kam aber der Wissenschaft der Zufall zu Hilfe. Es war im Januar 1952, als Beduinen ein weiteres Dokument anboten, das mit den Worten begann: »Von Shimeon ben Koziba an ...« Zum ersten Mal war damit der wahre Name des letzten jüdischen Anführers enthüllt: Shimeon ben (oder bar) Koziba.

Auf Drängen namhafter Altertumsforscher gaben die Beduinen schließlich die Fundorte preis: vier Höhlen im Wadi Murabba'at in der Wüste Juda, jener wilden, von tiefen Schluchten zerklüfteten Landschaft am Westufer des Toten Meeres. Diese Schlupfwinkel waren zwar der meisten Dokumente beraubt, aber dennoch aufschlußreich, weil alsbald festgestellt wurde, daß sie verfolgten Menschen seit urdenklichen Zeiten als Fluchtburgen gedient hatten. Damit war mindestens die Legende erhärtet, auch zur Zeit des römischen Krieges hätten die überlebenden Juden in unterirdischen Gängen Zuflucht gesucht.

Erst acht Jahre später wurde die Wüste Juda im Auftrag der israelischen Regierung von Archäologen systematisch erforscht. Man fand eine Höhle, die einige »Gräber« enthielt. Schädel und Skelette waren in Nischen beigesetzt und mit Textilien und Matten bedeckt. Untersuchungen ergaben, daß es sich um Überreste von Männern, Frauen und Kindern aus der Zeit des Zweiten Aufstands handelte. Damit aber stand fest, daß auch die Zivilbevölkerung vor den Römern geflüchtet war. Und es bewahrheiteten sich die haarsträubenden Geschichten über die vom Hunger geplagten Eingeschlossenen, wie sie in den jüdischen Midrasch-Quellen überliefert sind: »Dies geschah einer Gruppe, die in eine Höhle geflüchtet war: Einer erhielt den Befehl, gehe und suche die Leiche eines Getöteten, damit wir davon essen. Er ging, fand den Leichnam seines Vaters, versteckte, bezeichnete und begrub ihn. Dann kehrte er zurück und sagte: Ich habe nichts gefunden. Sie sagten: Ein anderer soll gehen. Einer von ihnen ging, folgte dem Gestank der Leiche und brachte sie mit. Sie aßen davon, und die Zähne des Sohnes wurden stumpf. Er fragte: Woher habt ihr diese Leiche? Sie antworteten: Aus der und der Ecke. Er fragte weiter: Welches Zeichen trug sie? Sie antworteten: Dies und das Zeichen. Er sagte: Wehe über diesen Sohn! Er hat das Fleisch seines Vaters gegessen!« Reste von Römerlagern auf den Kuppen über den Höhlen beweisen, daß die Römer die Flüchtlinge systematisch aushungerten.

Weiter entdeckte man an dieser Stelle ein Bündel Papyri und beschriebene Holztafeln. Es sind Briefe Bar Kochbas an seine Untergebenen. Sie enthalten Anforderungen und Befehle, die meist mit Strafandrohungen gekoppelt sind. Ein Holzbrief nennt sogar den Titel »Fürst über Israel«. Obwohl der Anführer keinen der Briefe persönlich geschrieben oder unterzeichnet hat, tragen sie doch unverkennbar seine »Handschrift«. Der telegrammartige Stil verrät, daß der

Fürst über Israel ein energischer und harter Mann war. Diese Briefe lassen wie die in anderen Höhlen gefundenen erkennen: Bar Kochba hatte in Herodium unweit von Bethlehem ein provisorisches Regierungslager errichtet. In En-gedi und anderen Orten befanden sich Stützpunkte. Und mit den Schriften hat sich auch ein interessantes Siegel erhalten. Es zeigt einen bärtigen Mann in kurzer Tunika, der mit einem Löwen kämpft. Wenn uns auch dieses Motiv in griechisch-römischen Gemmen, wo es Herkules Kampf mit dem nemeischen Löwen darstellt, sehr oft begegnet, so mag es in diesem besonderen Fall als Symbol des Kampfes zwischen Bar Kochba und den Römern gegolten haben.

In einem Brief aus dem Wadi Murabba'at, der leider nur fragmentarisch erhalten ist und weder Empfänger noch Absender nennt, drückt sich die ganze Verzweiflung über die jüdische Katastrophe aus. Er muß geschrieben worden sein, als der Krieg für die Juden so gut wie aussichtslos geworden war. Die düsteren Worte berühren noch heute seltsam und haben an Aktualität nichts verloren. Man könnte ihnen ebenso auf den Friedhöfen zweier Weltkriege begegnen oder sie als Warnung vor künftigen kriegerischen Unternehmungen verstehen.

»... bis zum Ende ...
... sie haben keine Hoffnung ...
... meine Brüder im Süden ...
... von ihnen fielen durch das Schwert ...
... diese meine Brüder ...«

Die Auswertung aller aufgefundenen Dokumente läßt folgende Schlüsse auf die Lage der Freiheitskämpfer zu:

Nachdem Hadrian seine gesamte Streitmacht mobilisiert hatte, war Bar Kochba in die Defensive gedrängt worden.

Damals war noch nicht ganz Judäa Kriegsschauplatz. Hilfesuchend, aber offensichtlich vergeblich, hatte sich der Fürst über Israel an die Oase En-gedi gewandt und um Nachschub von Lebensmitteln und Kriegern gebeten. Inzwischen hatte sich das Schlachtfeld bis En-gedi ausgebreitet. Die Bevölkerung suchte mit einem Teil ihrer Habe vor den heranrückenden Römern Schutz in den unterirdischen Verstecken. Die wurden bald von Hadrians Leuten entdeckt, die Garnisonen über den Eingängen der Höhlen aufstellten und damit den Flüchtlingen jede Überlebenschance nahmen.

Den Verlauf des Krieges genau nachzuvollziehen, ist aber trotz dieser sensationellen Entdeckungen schwierig geblieben. Schon bei der Aufzeichnung der Gründe, die zu ihm wie zu den vergangenen Aufständen führten, sind und waren sich die Gelehrten uneinig, wie wir schon mehrfach gesehen haben. Erst in jüngster Zeit scheint sich die Ansicht durchzusetzen, daß Beschneidungsverbot (Spartianus), Bau der Aelia Capitolina und des Jupitertempels (Dion) oder das von Hadrian angeblich wegen einer Klage der Samariter nicht eingelöste Versprechen, den jüdischen Tempel wiederaufzubauen (Midrach-Bücher), der jüdischen Unzufriedenheit nur willkommene Vorwände boten. Der eigentliche Grund für ihre dauernden und aussichtslosen Erhebungen wird immer häufiger nicht rational greifbaren Anlässen, sondern ihrer unerschütterlichen Messiaserwartung zugeschrieben.

Besonders über die wahren Gründe des letzten Aufstandes ist man sich noch immer uneins: Ein Historiker namens Hugo Mantel kommt sogar zu dem Schluß, nicht die Erlasse Hadrians hätten zu dem Bar Kochba-Aufstand geführt. Vielmehr seien sie die römische Reaktion auf die jüdischen Aufstände gewesen. Ähnlich schreibt auch schon Pausanias den Zweiten Aufstand revolutionären Umtrieben und dem Streben der Juden nach derRestauration eines eigenen unabhängigen Staates zu.

Der eigentliche Krieg nahm in Jerusalem seinen Anfang. Tineius Rufus hatte als Kommandeur der X. Legion Jerusalem zu halten versucht, sah sich aber bald gezwungen, seine Truppen aufzuteilen, um den von allen Seiten auf ihn gerichteten Angriffen wirksamer begegnen zu können. Der als Guerillakrieg geführte Aufstand war sorgfältig geplant — den Aufständischen kamen nicht nur die von den Römern zurückgewiesenen Waffen zugute. Aus allen Gegenden eilten gleichgesinnte Juden zur Unterstützung ihrer Glaubensbrüder herbei, schnitten die Nachrichtenverbindungen der Römer ab und gefährdeten damit ihre Versorgung. Rufus konnte Jerusalem nicht länger halten, da es in seiner Befestigung durch die Zerstörungen im Krieg 66/67 noch stark beeinträchtigt war.

Er wandte sich hilfesuchend an den Statthalter von Syrien, Publicius Marcellus, der unverzüglich südwärts eilte. Auch der Kaiser selbst erkannte den Ernst der Lage. Er entsandte seinen besten Feldherrn, Iulius Severus, bislang Statthalter von Britannien, um später persönlich auf dem Kriegsschauplatz zu erscheinen. Wie bedrohlich die Lage für das Imperium eingeschätzt wurde, zeigt die Zahl der Truppen, die aus allen Teilen des Reiches nach Palästina abkommandiert wurden. Besonders die nördliche Grenze mußte dafür gefährlich entblößt werden. Nur wenige Jahrzehnte später hätte sich Rom wegen des gewachsenen Selbstbewußtseins barbarischer Stämme eine derartige Truppenverschiebung nicht mehr leisten können.

Das riesige Truppenkontingent verteilte sich über Judäa und das benachbarte Galiläa, das sich mittlerweile den Kämpfenden angeschlossen hatte. Und dennoch sah sich das erfahrene Römerheer einer der schwersten Herausforderungen seiner Geschichte gegenüber. Denn der Gegner war nicht nur gerissen und zäh, sein Aufbegehren wurde darüber hinaus von einem religiös fanatischen Haß genährt.

Aber Severus war ein erfahrener Mann. Wohl bei den stets aufmüpfigen Briten hatte er den Umgang mit Aufständischen gelernt. Nachdem er die Unzahl der jüdischen Freiheitskämpfer und ihre Tollkühnheit durchschaut hatte, vermied er geschickt den Kampf Mann gegen Mann. Er begnügte sich mit geringeren Erfolgen, kreiste immer nur Gruppen von Aufständischen ein oder belagerte ihre Städte, um sie auszuhungern. So verringerte er allmählich ihre Zahl.

Überall hatte der Feind sich verschanzt: in den zahlreichen Felsenschluchten ebenso wie auf den Kuppen der Hügel, was die Römer vor ganz neue strategische Aufgaben stellte. Noch einmal mußte Appolodorus von Damaskus zu Rate gezogen werden (ein weiterer Beweis dafür, daß er damals noch lebte), um zur Bekämpfung der feindlichen Truppenverbände, die die Berghöhen besetzt hielten, geeignete Wurfmaschinen zu bauen. Bald wurde Jerusalem eingenommen und erneut zerstört. Dion berichtet, die Römer hätten 50 Festungen erobert, etwa 1 000 wichtige Niederlassungen des Feindes vernichtet und 580 000 jüdische Kämpfer erschlagen. Wie viele Menschen der Zivilbevölkerung durch Hunger, Krankheit oder Feuer starben, vermag niemand auch nur annähernd zu schätzen.

Dion versäumt nicht, auch auf die offensichtlich großen Verluste der Römer hinzuweisen. Die Aufständischen schreckten in der Bekämpfung des Gegners vor nichts zurück. Die aus Ägypten angereiste Legion wurde völlig vernichtet, und man vermutet, sie sei an vergiftetem Wein zugrunde gegangen, den Juden ihr verkauft hatten. »Auch viele Römer« schreibt Dion, »fielen in diesem Krieg.« Daher gebrauchte Hadrian in seinem Bericht an den Senat nicht die übliche Eröffnungsformel der Kaiser: »Wenn ihr und eure Kinder gesund seid, so ist es gut. Ich und die Legionen sind wohlauf.« Der Tod so vieler Römer hatte ihn wohl gezwungen, das »mihi et legionibus bene« wegzulassen.

Die jüdische Revolte stand von Anfang an unter keinem günstigen Omen: Noch vor Beginn des Krieges war das Grabmal Salomons, für die Juden ein Gegenstand höchster Verehrung, »von selbst zusammengestürzt«. Wilde Tiere hatten sich der Städte bemächtigt. Aus Dios Bericht läßt sich auf ein Erdbeben schließen, das die Bevölkerung beunruhigt hatte. Die Stimmen aber, die zur Mäßigung aufgerufen und die Verwüstung Judäas vorausgesagt hatten, gingen im allgemeinen Revolutionsfieber unter.

Als letzte Festung leistete Bethar heftigen Widerstand. Dort hatte sich Bar Kochba mit angeblich 20 000 Mann verschanzt. Der greise Aqiba wurde nicht müde, den Haß zu schüren. Nur von den Stämmen Juda und Benjamin würde das Heil kommen. Das Schicksal der Stadt aber und mit ihm das ganz Judäas war längst besiegelt. Der Anführer der Aufständischen fiel, die letzte Bastion jüdischen Freiheitsdranges geriet in römische Hand. Und eine fast ironische Parallelität der Ereignisse wollte es, daß sie am gleichen Tag unterging wie im Jahre 70 der Tempel in Jerusalem: am 9. Tag des Monats Ab. Man zählte das achtzehnte Jahr von Hadrians Regierung, das Jahr 135 christlicher Zeitrechnung.

Der Kaiser war längst, und diesmal endgültig, nach Rom zurückgekehrt. Die Beendigung des Krieges lag in den Händen seiner erfahrenen Generäle.

Was sich hier so sachlich liest und in der rabbinischen Literatur zur Sage verdichtet ist, muß in Wirklichkeit eine Tragödie unvorstellbaren Ausmaßes gewesen sein. Das beweisen vor allem die Funde in den Höhlen um das Tote Meer.

Tineius Rufus hatte die Rabbis, die die Revolte unterstützt hatten, durch ganz Judäa verfolgt und getötet. Aqiba starb auf der Folter, ohne den Glauben an seinen Gott verloren zu haben. Viele der Midrasch-Bücher beschreiben vor allem das Unglück, das über Bethar hereinbrach. Danach sollen die Römer »80 000 Myriaden« (hier große Anzahl; ansonsten Anzahl von 10 000) Menschen erschlagen und so viele Einwohner niedergemetzelt haben, »bis ihre Pferde bis zu den Nüstern im Blute wateten und das Blut ... ins Meer floß«. Kinder wurden in die Heiligen Schriften gewickelt und angezündet. Anderen zerschmetterte römische Rache die Schädel an einem Stein, an dem schließlich die Gehirne von 300 Menschen klebten.

Hadrian habe, so berichtet die Sage weiter, bei Bethar einen 18 Quadratmeilen großen Weinberg besessen, der mit den Erschlagenen umzäumt worden sei. »Und es wurde nicht befohlen, sie zu begraben, bis ein gewisser König aufstand und ihre Begräbnis anordnete.« Sieben Jahre lang hätten die Heiden ihre Weinberge mit dem Blut Israels gedüngt und keinen Mist gebraucht.

Mag auch vieles hiervon der Phantasie entsprungen oder von ihr aufgebauscht worden sein, so hat doch jede Sage ihren historischen Kern. Er darf hier um so bestimmter angenommen werden, als auch die christlichen Kirchenväter von römischen Greueltaten berichten.

Der letzte Akt des Dramas ist vielleicht der tragischste. Wer von den Juden die Schlächtereien überlebt hatte, wurde gefangengenommen und in Hebron als Sklave verkauft. Da sich dort nicht genügend Käufer fanden, wurde der Rest nach Gaza geschickt, einen Ort der »Unreinheit«, den kein Jude freiwillig betreten hätte. Und doch waren sie wahrscheinlich noch glücklicher daran als die Vielzahl jener, die »zusammen mit ihren Frauen und Kindern, ihrem Gold und Silber, worauf sie vertrauten, in unterirdischen Gängen blieben und in allertiefsten Höhlen ...,« einem qualvollen Ende entgegensehend. So wird Bethar noch heute »Untergang der Juden« genannt.

Hadrian wollte die verlustreiche Unterwerfung Judäas auch für die Zukunft sichern und künftigen Erhebungen vorbeugen. Anders als Vespasian und Titus verbot er jedem Juden bei Todesstrafe, Jerusalem fortan zu betreten oder sich der Stadt auch nur auf Sichtweite zu nähern. Vor dem Tor zur Straße nach Bethlehem ließ er ein Schwein aus Marmor aufstellen, das die völlige Vernichtung der jüdischen Nation symbolisieren sollte. So sah der Triumph des Mannes aus, der »alle Macht Israels in seinem grimmigen Zorn zerbrochen« hatte.

Aelia Capitolina wurde von Ausländern kolonisiert. Der berühmte Bibelübersetzer Aquila aus Sinope im Pontus überwachte einem Bericht des Epiphanias zufolge die Bauarbeiten in der neuen Kolonie. Aquila soll zum Christentum konvertiert, später jedoch wieder aus der Kirche ausgestoßen worden sein, weil er den heidnischen Glauben an die Sterne nicht aufgeben wollte.

Getreu römischer Städtebaukunst wurde Jerusalem neu angelegt. Von Norden nach Süden verlief der Cardo Maximus, die Hauptstraße. Wo früher das Allerheiligste gestanden hatte, erhob sich jetzt eine Statue Hadrians zu Pferde.

Entgegen den kaiserlichen Vorstellungen aber entwickelte sich die Stadt zu einem Zentrum christlichen Brauchtums, unter Konstantin zur Christenstadt überhaupt. Aelia blieb Christenstadt, bis sie im 7. Jahrhundert von den Arabern erobert wurde. Zählebig hielt sich auch der ihr von Hadrian gegebene Name. Moslemische Schriftsteller sprechen noch von der nach dem römischen Kaiser benannten Stadt, als die Christen ihr längst den Namen Jerusalem zurückgegeben hatten.

Heute ist Jerusalem Regierungs- und Kulturzentrum des neuen Staates Israel und gleichzeitig einer der Mittelpunkte der christlichen Welt. Das heutige Aussehen der Christenstadt wurde ausgerechnet von jenem Kaiser geprägt, der sie als Feste Zion aus der Erinnerung der Menschen zu tilgen und ihre Bewohner auszurotten trachtete und der mit der wachsenden Gemeinde der Christen nichts anzufangen verstand.

Der Staat Israel selbst ist nach mehr als 1800 Jahren neu erstanden. Das Imperium Romanum hingegen, für dessen Bestand er einst weichen mußte, gibt es seit eineinhalb Jahrtausenden nicht mehr. Und nach menschlichem Ermessen wird es in dieser Form nie wieder bestehen.

So eigenwillig sind oft die Launen der Geschichte.

31.

DAS GRABMAL AM TIBER

Anfang 134 war Hadrian endgültig nach Rom zurückgekehrt; darf man seinem Biographen glauben, traurig darüber, daß er seine Regierungszeit nun doch nicht ohne Krieg
hatte beenden können. Andererseits durfte er zufrieden auf
ein Reich blicken, das er seinem Nachfolger geordneter hinterlassen würde als je ein Herrscher vor ihm.

Rom und die Römer teilten diese Zufriedenheit allerdings
nicht. Von Anfang an hatte man Hadrian in der Hauptstadt
wenig Sympathie entgegengebracht. Er war ein Fremder, ein
Emporkömmling aus der Provinz, um dessen Thronbesteigung das Rätselraten noch lange nicht abgeschlossen war.
Und Hadrian selbst hatte bisher noch wenig getan, die ihm
entgegengebrachten Vorurteile abzubauen. Im Gegenteil!
Sein Verhalten war eher geeignet, die römische Abneigung
noch zu begünstigen.

Trotz aller zur Schau gestellten Zuvorkommenheit des
Kaisers ließ sich der Senat nicht darüber hinwegtäuschen,
daß er politisch ausgeschaltet war und Hadrian alle innen-,
außen- und provinzialpolitisch wichtigen Entscheidungen in
diktatorischer Selbstherrlichkeit zu treffen pflegte. Die Aufwertung der Provinzen war nicht nach römischem Sinn. Hadrian hatte Rom seiner jahrhundertelangen bevorrechtigten

Stellung beraubt. Im Senat, der einst nur römische, später auch italische Mitglieder hatte, waren die Provinzialen mittlerweile in der Überzahl. Statthaltern und Legaten hatte sich der Kaiser verfeindet, da er ihnen auf seinen großen Reichsreisen mit unnachgiebiger Strenge auf die Finger sah.

Aber auch die Herzen des einfachen Volkes vermochte der Kaiser nicht auf Dauer für sich zu gewinnen. Groß und unüberbrückbar blieb die Kluft zwischen dem intellektuellen Eigenbrötler und dem einfachen Mann auf der Straße. Er hatte als Kaiser nur jeweils wenige Monate in Rom gelebt, zu kurz, als daß er sich mit den Belangen des einfachen römischen Bürgers hätte näher beschäftigen können. Auch in Rom war er nicht blind für die Notstände der Zeit. Er hatte die Stadt prachtvoll ausgeschmückt, hatte Tempel und breite Straßen bauen und den Tiber regulieren lassen. Er hatte die Ufer des Flusses mit zwei neuen Brücken verbunden. Die Häuser der Plebs waren sauber und luftig und unterschieden sich so von denjenigen früherer Epochen. Dennoch war das Volk von Dankbarkeit weit entfernt. Einmal auf den Geschmack gekommen, nahm es jede empfangene Wohltat als sein gutes Recht.

Bei Hadrians sensiblem Geist befremdet der Geschmack, den er immer wieder an den zur Zufriedenheit der Plebs veranstalteten öffentlichen Spielen fand. Soweit es sich um Wettkämpfe handelte, in denen etwa Wagenlenker ihre Geschicklichkeit maßen, mag man dafür noch Verständnis aufbringen. Anders jedoch, wenn in den Arenen Gladiatoren auf Leben und Tod miteinander kämpften oder ihre Kräfte an wehrlosen Tieren ausließen. Aber selbst bei diesen Genüssen des Volkes ließ der Kaiser seine Untertanen immer die Distanz spüren, die ihn von ihnen trennte. Man erzählt, das Volk habe einmal die Freilassung eines Sklaven verlangt, der sich als Wagenlenker im Zirkus besonders hervorgetan hatte. Es wäre Hadrian ein leichtes gewesen, den beliebten Mann seinem Besitzer abzukaufen und ihm die Freiheit zu schenken. Allein, er wollte sich nicht um der eigenen Beliebtheit willen zu etwas nötigen lassen, was nicht nach seinem Sinn war. So gab er der Menge zu verstehen, daß sie kein Recht habe, die Freiheit eines Sklaven zu verlangen, der nicht ihr Eigentum war, und ebensowenig erwarten könne, daß er sich dazu herabließe.

Eine andere Anekdote berichtet von einer Szene im Theater. Der lärmempfindliche Kaiser befahl einem Herold, auf den Rängen für Ruhe zu sorgen. Man war nämlich über die Tapferkeit eines bekannten Gladiators in helle Begeisterungsstürme ausgebrochen. »Sag ihnen, sie sollen den Mund halten!«

Der Herold mag gewußt haben, wie vergeblich ein solcher Ordnungsruf gewesen wäre. Stattdessen hob er nur die Hand, die übliche Gebärde, wenn jemand öffentlich eine wichtige Mitteilung zu machen hatte. Tatsächlich legte sich bald der Sturm, und jedermann sah gespannt zur Kaiserloge. »Genau das wollte der Kaiser«, teilte der Diener daraufhin der aufmerksamen Menge mit.

Solche kleinen Geschichten, mögen sie auch von der Phantasie einer romantisierenden Nachwelt aufgebauscht worden sein, eignen sich doch immer wieder zur Charakterisierung einer Persönlichkeit im Spiegel ihrer Zeit sowie im Urteil der Geschichte. Hadrian dachte und empfand elitär. Seiner intellektuell und politisch herausragenden Stellung war er sich jederzeit bewußt. Für das einfache Volk hatte er kaum mehr als Verachtung übrig, darüber vermochte selbst seine betonte Fürsorge, die allein seinem ausgeprägten Pflichtbewußtsein entsprang, nicht hinwegzutäuschen. Was hatte er auch mit dem plebejischen Römer gemein? Das Volk von Rom hatte ja nur noch statistische Bedeutung. Längst waren jene Comitien aufgelöst, die einst in republikanischen Tagen als Volksversammlungen Gesetze erlassen hatten. Unter Nerva waren sie zuletzt zusammengetreten, seitdem zur Bedeutungslosigkeit geschrumpft. Der einfache Quirite hatte keinen Einfluß mehr auf den Lauf der Welt.

Andererseits aber war gerade er empfindlich. Nicht zu Unrecht stolz auf die Leistungen seiner Ahnen und Roms weltbeherrschende Stellung, die mit dem Blut unzähliger einfacher Männer erkämpft worden war, fühlte er sich von einem Herrscher verletzt, der so offensichtlich den Hellenismus dem Römertum vorzog und kein Hehl daraus machte, daß er in der griechischen Metropole lieber weilte als in der ewigen Roma. Die Atmosphäre im Rom jener Tage war frostig. Hadrian selbst sorgte dafür, daß sie eisig wurde. Zu seiner Entschuldigung sei angeführt, daß es unbewußt und ungewollt geschah.

Die Lebenserwartung in damaliger Zeit war ungleich niedriger als heute, da sie durch die Errungenschaften der medizinischen Wissenschaft und die umfangreichen Kenntnisse über die Vorgänge und Bedürfnisse des Lebens ständig gesteigert wird. Aussicht, alt zu werden, hatte nur, wer von ernsthaften Krankheiten verschont blieb und einen vernünftigen Lebenswandel führte. Vernünftig, das bedeutete damals schon Schonung des Körpers sowohl vor ständiger Überanstrengung als auch vor übermäßigen leiblichen Genüssen, wie es noch heute die Gesundheitsregeln immer wieder fordern. Hadrian hatte sich niemals an solche gehalten.

Leichtsinnig gekleidet hatte er sich, wie seine Biographen wiederholt feststellen, grimmiger Kälte ausgesetzt und unzureichend geschützt der sengenden Glut Ägyptens, obwohl er als Südeuropäer eher gemäßigte Temperaturen gewohnt war. Zeitlebens war er ein starker Esser gewesen. Bei Trajans Trinkgelagen hatte er in jungen Jahren mitgehalten, aus welchen Motiven auch immer. Die Quittung für diesen leichtsinnigen Umgang mit der Gesundheit wurde ihm jetzt präsentiert. Dem seit Jahren Angeschlagen zeigten die Sünden der Vergangenheit nun ihre fatalen Wirkungen.

Rom erlebte einen Kaiser, den Wutanfälle schüttelten, den eine unkontrollierte Rachsucht trieb und dessen Charakter völlig entartete. Es waren Hadrians letzte Jahre, durch die sich seine Kritiker zu der Feststellung berechtigt hielten, er sei von Natur aus gewalttätig und grausam gewesen und seine früheren Wohltaten seien nur ein geschickter Schachzug, die angeborenen Mängel der Natur zu überdecken. Und die Eindrücke dieser Zeit, der einzigen, die er als Kaiser ohne Unterbrechung in der Hauptstadt verbrachte, haben sein Bild in der Überlieferung entscheidend geprägt.

Er fühlte wohl am ehesten, daß seine Jahre gezählt waren. Er begann mit dem Bau seines Grabmals. Noch einmal nahm er sich dabei den Begründer des Prinzipats, Augustus, zum Vorbild. Die gigantische und bis heute nahezu unverletzte Grabanlage, den Touristen als Engelsburg mindestens ebenso bekannt wie das Kolosseum, lohnt einer näheren Betrachtung.

Etwa eineinhalb Jahrhunderte zuvor hatte Augustus am linken Tiberufer für sich und seine Familie in der Tradition etruskisch-italischer Grabarchitektur eine Ruhestätte erbaut. Es war ein Hügelgrab und wird von namhaften Autoren wie Tacitus und Vergil entsprechend »tumulus« genannt. Auf einem Zylinder von 87 Metern Durchmesser erhob sich bis zu 44 Metern Höhe ein mit Zypressen bepflanzter Erdhügel. Seine Spitze krönte die eherne Kolossalstatue des Kaisers. Im Innern teilten konzentrische Ringe die Grabanlage in viele kleine Kammern, in denen die Urnen mit der Asche des Kaisers und seiner Verwandten aufbewahrt wurden. Eindrucksvolle Reste dieser Begräbnisstätte kann man noch heute in der Nähe der Piazza Cavour bewundern.

Obwohl noch vollendet, bevor Augustus Kaiser wurde, war es ein imposantes Grabmonument und geeignet, Ruhm und Bedeutung der julischen Familie weithin zu verkünden. Aber die später wohl fälschlicherweise als »Mausoleum« bezeichnete Ruhestätte Hadrians sollte das Augusteum weit in den Schatten stellen.

Am jenseitigen Tiberufer lagen die Gärten der Domitia, die zum »ager vaticanus« gehörten. Sie waren seit wenigstens einem Jahrhundert Besitz der kaiserlichen Familie und, mit Alleen, Brunnen und Säulenhallen geschmückt, eine Art Erholungspark der römischen Nobilität. Viele reiche Römer hatten in jener Region Grundstücke, einige besaßen dort bereits ihre Grabstätten. So soll sich schon in vorhadrianischer Zeit in der Zone der vatikanischen Hügel eine Grabpyramide befunden haben, die etwa zehn Meter höher war als die heute noch erhaltene des Gaius Cestius bei der Porta S. Paolo.

Ebenso weiß man von einem sehr hohen Grab, das die Form übereinandergesetzter konzentrischer Zylinder aufwies. Dennoch ist es erstaunlich, daß sich Hadrian gerade das Tiberufer für sein Grab aussuchte.

Wer die Geschichte dieses Flusses kennt, weiß um die zahlreichen Überschwemmungen, mit denen er in mehr oder weniger regelmäßigen Abständen die Uferviertel heimsuchte. Erst gegen Ende des letzten Jahrhunderts hat man durch den Bau hoher Befestigungsmauern dieser Naturkatastrophe Einhalt geboten. Hadrian hielt sich bei der Wahl des Ortes allein an das augusteische Beispiel. Wenn Augustus es gewagt hatte, den Zornausbrüchen des »Deus Tiberinus« zu trotzen, was sollte ihn abhalten, es ebenso zu tun? Darüber hinaus sollte sein Bauwerk das des angesehenen Vorgängers an Stabilität und Gewaltigkeit übertreffen.

Sehr tief im aufgeweichten Boden wurden Subkonstruktionen aus Travertin verlegt, die die Angriffe des entfesselten Flusses nicht zu fürchten brauchten. Man verband sie zusätzlich mit den Untermauerungen der als »Pons Aelius« bekannten Brücke, die Hadrian als Zugang zu seinem Grabmal ebenfalls anlegen ließ. Das Hadrianeum und die Brücke sind strukturell als aufeinander bezogen entworfen. Man kann sie beinahe als ein einziges Bauwerk betrachten. Es liegt auf der Hand, daß einer derart stabilen Konstruktion selbst reißende Wassermassen nicht viel anhaben konnten.

Der interessierte Tourist erliegt immer wieder der Versuchung, den Orient als Quelle der kaiserlichen Inspiration für das römische Denkmal anzusehen. Hadrians waches Interesse für alle fremdländischen und vor allem östlichen Kulte und seine bekannte Abneigung für Rom sind geeignet, diesen Eindruck zu unterstützen. Dennoch ist sein Grab als Typus fest in der römischen, sogar in der stadtrömischen Architektur verwurzelt. Die architektonische Idee geht auf die »pyrae« zurück, jene hölzernen Gerüste mit übereinanderliegenden festen Böden, wie sie uns auf Münzbildern begegnen. Es waren kunstvoll errichtete Scheiterhaufen, auf denen man die verstorbenen Kaiser verbrannte und divinisierte.

Zudem war Augustus' Mausoleum zu eindrucksvoll, als daß Hadrian ihm keine Beachtung geschenkt hätte. Die äußere Ringmauer des Augusteums weist bei 12 Metern Höhe einen Durchmesser von 87 Metern auf. Die viereckige Umfassungsmauer des Hadrianeums mißt fast 87 Meter Seitenlänge und ist ebenfalls 12 Meter hoch. Das kann kaum Zufall sein. Mindestens in seiner wesentlichen Anlage hat das zweite Monument das auf dem jenseitigen Tiberufer gelegene berücksichtigt.

Das ursprüngliche Aussehen des Hadrianeums ist zuverlässig gesichert. Rangerio, Bischof von Lucca, hat um das Jahr 1090 eine detaillierte Beschreibung der Engelsburg verfaßt. Das war fünf Jahre nach dem Tod des auch für die deutsche Geschichte bedeutungsvollen Papstes Gregor VII., der in der Engelsburg einst vor den belagernden Römern Zuflucht gesucht hatte.

Auf quadratischem Unterbau erhob sich ein Ziegelzylinder von 73 Metern Durchmesser. Er war von einem Marmormantel umgeben. Darüber lagerte ein Erdkegel, der mit dicht beieinanderstehenden immergrünen Bäumen bepflanzt war. Noch im späten Mittelalter müssen Reste dieser »hängenden Gärten« vorhanden gewesen sein. Ein weiterer Zylinder mit geringerem Durchmesser in der Form eines kleinen Tempels trug auf seiner Plattform die vergoldete Quadriga mit einer Statue des Sonnengottes Helios, der ja als Namensbruder des Kaisers galt. Diese Dreiteilung des Hadrianeums ist trotz zahlreicher Umbauten und Nutzungsänderungen auch heute noch zu erkennen. Die Marmorverkleidungen sind allerdings verschwunden, wie auch der krönende Sonnenwagen fehlt, der 1752 durch eine Bronze-statue des Erzengels Michael ersetzt wurde. Das Schicksal des antiken Schmuckes ist ebensowenig bekannt wie das der Urnen mit den sterblichen Überresten der Kaiser und ihrer Angehörigen, die bis zu den Zeiten Caracallas hier bestattet wurden. Danach wurde das Hadrianeum als Begräbnisstätte nicht mehr benutzt. Und man vermutet, daß es bereits ge-plündert wurde, als Konstantin die neue Hauptstadt Kon-stantinopel ausschmückte. Reste wertvoller Ausstattungsge-genstände dürften dann spätestens bei den Plünderungen Roms im fünften Jahrhundert verschwunden sein.

Im Innern beeindruckt trotz jahrhundertelanger Zweckent-fremdung — die Engelsburg wurde erst vor 100 Jahren Mu-seum — noch immer die düstere Abgeschiedenheit der Grabanlage. Es fällt nicht schwer, sich einen römischen Trau-erzug vorzustellen, der sich im Schein der Fackeln mit der Aschenurne des Verstorbenen die spiralförmige Rampe hin-aufwand. Sie besteht noch heute, ein düsterer Gang, so spär-lich beleuchtet, daß man auf seinem Boden gerade noch die geringen weißen Spuren erkennen kann, die sich vom einsti-gen Mosaikbelag erhalten haben. Noch immer führt dieser Korridor zu der höher gelegenen Mitte des Grabmals, heute der Weg jedes beliebigen Touristen, der die Engelsburg erfor-schen oder ein wenig auf den Spuren Hadrians wandeln will. Wer genauer beobachtet, erkennt an den Wänden Überbleib-sel der Klammern, die früher die Marmorverkleidung hielten. Das Grabmal sollte als letzte Bleibe des kaiserlichen Herr-schers den Palästen der Lebenden nicht nachstehen.

Den Mittelpunkt der Anlage bildet die eigentliche Grab-kammer, auch Urnenkammer genannt. Sie ist in den vielen Verschachtelungen nicht leicht auszumachen, zumal nir-

Die als »Engelsburg« bekannte Grabstätte Hadrians in Rom

Die Apotheose der Kaiserin Sabina; Kapitolinische Museen in
Rom

gendwo auf die ursprüngliche Bedeutung hingewiesen wird. Der Totensaal lohnt aber jede Mühe. Er soll zu den eindrucksvollsten Innenräumen gehören, die aus der antiken Welt erhalten sind. Von quadratischem Grundriß mit 8,2 Metern Seitenlänge, besteht er aus Travertinblöcken, ist mit einem Tonnengewölbe überdeckt und war ursprünglich mit gelb geflammtem Marmor verkleidet. Auch davon sind noch geringe Reste zu sehen. Durch ein fünf Meter hohes Eingangsportal, wahrscheinlich aus Bronze, erlangte man Zutritt zu dem ehrfurchtgebietenden Totenreich.

Dennoch wird angenommen, Hadrian selbst sei nicht in diesem prächtigen Raum zur letzten Ruhe gebettet worden, sondern im obersten Teil des Mittelturmes, einem hohen, marmorgeschmückten Saal. Im Altertum soll er eine zwölf Meter hohe Cella und mit dem darüber befindlichen Fahnensaal einen einzigen Raum gebildet haben. Es ist der erhabenste und am besten sichtbare Punkt des Denkmals, abgesondert von den übrigen Gräbern, und beinahe unzugänglich, außerdem ganz Rom »beherrschend«. Der Sonderling wollte auch im Tod von allen anderen Menschen distanziert sein und seine hervorragende Stellung betonen. Die Vermutung, Hadrians Grab habe sich eben dort befunden, wird durch König Theoderich erhärtet. Er war dem Hadrianeum besonders verbunden und nahm es als Vorbild für seine eigene Grabanlage in Ravenna. Auch er ließ sich »den obersten abgesonderten und beinahe unzugänglichen Raum als seine Begräbnisstätte einrichten«.

Es ist nicht bekannt, wann aus dem Rundsaal der riesige Porphyrsarkophag des Kaisers verschwand. Mit 3,68 Metern Länge und zwei Metern Höhe ist er der größte Sarg, von dem man weiß. Einer Überlieferung zufolge brachte man um das Jahr 1000 den unteren Teil in die Lateranbasilika, wo er 300 Jahre später einem Brand zum Opfer fiel. Der Deckel ist noch heute, zum Taufbecken umgestaltet, in der Peterskirche zu bewundern.

Die auf Roms Fall folgenden Jahrhunderte haben der alten Welt wenig Verehrung entgegengebracht. Und selbst das Zeitalter der Renaissance, das jene antiken Werte zu neuem Leben erwecken wollte, hat sich nicht gescheut, diesen heiligen Ort des riesigen Grabes zu entweihen. Versteckt und unzugänglich innerhalb der mittlerweise zur Festung umgestalteten Engelsburg, schien er ab dem 15. Jahrhundert den machthungrigen Päpsten sicher genug, ihr Barvermögen und den Staatsschatz zu bewachen. Die drei großen Truhen sind noch heute dafür ein eindrucksvoller Beweis.

Schon bald wurde die Grabesruhe der antiken Kaiser durch die Stürme der Zeiten gestört. Die Grabstätte, deren Unterhaltung enorme Summen verschlang, ging in der zweiten Hälfte des dritten Jahrhunderts in staatlichen Besitz über. Es war dies zu einem Zeitpunkt, als sich Rom den Luxus derart kostenträchtiger Grabanlagen nicht mehr leisten konnte. An der Nordgrenze Italiens lauerten barbarische Stämme. Noch bestand keine unmittelbare Bedrohung für die Hauptstadt selbst. Aber die Obrigkeit war sich doch der Gefahr bewußt und hatte längst begriffen, daß das römische Heer seinen legendären Ruf als erfolgreichste Armee der Welt eingebüßt hatte. Einem gezielten feindlichen Angriff würde es nur mit Mühe standhalten können. Die Einnahme Roms schien nur noch eine Frage der Zeit. Dem vorzubeugen, beschloß als erster Aurelian, die Stadt auch auf andere Weise zu sichern. 271 begann er mit dem Bau einer Mauer, die auf etwa 19 Kilometern Länge Rom im Süden, Norden und Osten einschloß. Auch die westliche Seite durch eine Mauer zu schützen war überflüssig. Denn dort hatte der vorausschauende Kaiser im Mausoleum des Hadrian die bedrohlichste und uneinnehmbare Festung Roms erkannt. Ein feindliches Heer würde in schlimmste Bedrängnis geraten, wenn es sich der Stadt von dieser Seite näherte. Das kaiserliche Grab wurde also in den Befestigungsplan einbezogen und entsprechend zur Festung umgebaut.

Hauptbollwerk Roms ist es dann auch in den verschiedenen Machtkämpfen geblieben. Es wurde zum Schlüssel für den Besitz der Stadt. Als sich die Waffen und strategischen Methoden der Barbaren verbessert hatten und ihnen die verfallene alte Welt nicht mehr gewachsen war, konnte sich stets der rühmen, absoluter Herrscher über Rom zu sein, in dessen Händen sich die Engelsburg befand. In »Engelsburg« war das Grabmal schon 590 umbenannt worden. Papst Gregor der Große soll dort während einer Pestprozession eine Erscheinung des Erzengels Michael gehabt haben. Gregor schloß aus dieser Vision auf ein baldiges Ende der Seuche, und man sagt, sie habe auch bald danach aufgehört. Aus den heftigen Auseinandersetzungen zwischen weltlicher und geistlicher Macht ging im späten Mittelalter das Papsttum als der eigentliche Sieger hervor. Die Engelsburg geriet endgültig in päpstlichen Besitz. Alexander VI. und seine Nachfolger bauten das Kastell zur stadtbeherrschenden Burg aus. Es wurde jedoch später vernachlässigt, die einzelnen Wohnräume wandelte man in Kasernen und Gefängnisse um. Und mancher Gefangene der Päpste ist dort in den dunklen und feuchten Verliesen eines qualvollen Todes gestorben, viele vielleicht auch in dem Bewußtsein, daß man sie in ein wirkliches Grab eingesperrt hatte.

Erst das ausgehende 19. Jahrhundert sicherte der jetzt ziegelroten Grabanlage die beschauliche Ruhe des Museums. »Aber noch der zweite Weltkrieg riß den Bau wieder in das Getriebe des Zeitgeschehens, hinter seine unbezwingbaren Mauern flüchteten notgequälte Menschen bei Fliegeralarm und bezogen die entleerten Grabkammern als den besten Schutzkeller Roms.«

Der Friedenskaiser hat wohl niemals geahnt, daß sich die Menschen um den Besitz seiner Grabstätte so heftig streiten würden. Und ebensowenig wird ihm je der Gedanke gekommen sein, daß es ausgerechnet jene ihm gleichgültigen Christen sein würden, die das Monument endgültig für sich vereinnahmen sollten.

Ist es nicht eigenartig? Der fromme Christ erreicht die ihm heiligen Stätten über die Brücke, die Hadrian als Zugang zu seinem Grabmal anlegen ließ. Und als Symbol der Ewigen Stadt gilt ihm das Grabmonument eines Kaisers, der jene Religion aufs heftigste bekämpfte, in der die Christenheit ihre Wurzeln sieht. — Dabei ist die Engelsburg neben dem Kolosseum das größte Baudenkmal, das uns die Antike in Rom hinterlassen hat, und mindestens ebenso Sinnbild jener entlegenen Zeit.

Auch in Zukunft wird der Kaiser dort nicht zur Ruhe kommen. Heute sind es die nicht abreißenden Touristenströme, die, aus welchen Gründen auch immer, den Frieden des Totenreichs stören. »Dieses Bauwerk«, schrieb der bereits erwähnte Bischof Rangerio aus Lucca weiter, »hat die Stürme der Zeiten und den ... Verfall überdauert. Prächtige Türme und große Paläste fielen unter den Schlägen wilder und einheimischer Völker. Und wenn wir lesen, was über Troja gesagt wurde: es ist gewesen; wer wird dann zweifeln können, daß man auch sagen wird: Rom ist gewesen?

Dennoch ist der Turm beharrlich in der Bewachung der Brücke geblieben, und Rom bewahrt noch immer das Denkmal der Antike.«

Worte, denen auch nach 900 Jahren nichts hinzuzufügen ist.

32.

LUCIUS AELIUS VERUS CAESAR

»Es ist meine Absicht, ... Deiner allerhöchsten Kenntnis nicht nur diejenigen zu unterbreiten, die den Herrscherplatz auf eben dem Posten, den du einnimmst, innegehabt haben, ... sondern auch solche, die entweder den Caesartitel geführt haben, ohne Kaiser oder Augustus zu sein, oder auf irgendeine andere Art in den Geruch der Kaiserwürde oder in deren Reichweite gelangt sind. Von diesen letzteren ist vor allem über Aelius Verus zu berichten, der als erster nur den Caesartitel erhielt, als er durch Adoption von Seiten Hadrians Mitglied des Kaiserhauses wurde ...«

Das schreibt Hadrians Biograph an Kaiser Diokletian. Der ausführlichen Ankündigung folgt die kurze Lebensbeschreibung eines gewissen Ceionius Commodus, der von Hadrian Aelius Verus genannt wurde. Er soll von oberflächlichem Charakter gewesen und dennoch von Hadrian, der um seine Mängel mit Sicherheit wußte, als Nachfolger im Prinzipat bestimmt worden sein. Dieser offensichtliche Widerspruch läßt manche Wissenschaftler vermuten, Aelius Verus sei ein natürlicher Sohn des Kaisers gewesen. Vermutungen, die sich, wie wir noch sehen werden, durch sein eigenartiges Verhalten durchaus erhärten lassen.

Tragische Ereignisse umdüsterten die letzten Lebensjahre des römischen Kaisers. Er wohnte in seiner Villa draußen in Tivoli. Aber entgegen allen Vorstellungen und Träumen nicht als der geniale Landesherr und Philosoph, sondern heimgesucht von Alter, Krankheit und Siechtum. Kaum vermochte er noch, sich von seinem Krankenlager zu erheben. Er mußte von der Sonne in den Schatten und von dort wieder ans Licht getragen werden. Zu einem schweren Herzleiden, an dem er schon in frühen Jahren gelitten haben mag, zu Wassersucht und krankhaften Blutungen gesellte »sich allmählich eine Störung des seelischen Gleichgewichts. Eine unerträgliche Unruhe hat ihn befallen, verschärft die Gegensätze seines Wesens. Zeitweilig die Liebenswürdigkeit und Heiterkeit in Person, ist er dann wieder seiner Umgebung unerträglich. Seine Bauleidenschaft ist nach der zweiten Reise erlahmt ...«

Hadrian, der hervorragende Herrscher, ist schließlich nur noch ein Zerrbild seiner selbst.

Erstaunlicherweise meistert der verwirrte Geist noch immer die Last der Regierungsgeschäfte. Bis zuletzt bleibt er seinem modern anmutenden Grundsatz treu, daß der Herrscher der erste Diener seines Staates sei. Wie arbeitsreich seine letzten Jahre waren, soll ein skizzenhafter Überblick zeigen:

Gleich nach der Rückkehr aus dem jüdischen Krieg widmete er sich noch einmal mit letztem Eifer der geistigen Aufwertung der Hauptstadt. Eine Universität entsteht, die den bezeichnenden Namen »Athenaeum« erhält. Die Metropole des Weltreichs soll auch insofern Anschluß finden an die Kulturzentren der zivilisierten Welt.

Inzwischen hat Iulius Severus den jüdischen Krieg erfolgreich beendet und ist vom Kaiser dafür mit den »ornamenta triumphalia« (Ehrenzeichen des Triumphs) ausgezeichnet worden. Hadrian selbst wird zum zweiten Mal zum Imperator ausgerufen, zum absoluten Herrn über Krieg und Frieden. Die gänzlich verwüstete Provinz Judäa erhält den Namen »Syria Palaestina«. Außer der Legion X Fretensis wird noch die Legion VI Ferrata als Bewachung stationiert. An die Stelle des bisherigen prätorischen Legaten tritt ein konsularischer als Statthalter. Man will in Zukunft kein Risiko mehr eingehen.

Etwa im Jahre 135 nimmt Hadrian die Provinz Bithynien wieder unter kaiserliche Verwaltung und gibt dem Senat dafür Pamphylien. Es ist eine Vorsichtsmaßnahme, denn die jenseits des Cyrus in Asien ansässigen Albaner verüben um diese Zeit einen gefährlichen Einfall auf armenisches Gebiet.

Aus dem Jahre 136 ist ein kaiserlicher Erlaß überliefert, der Hilfsmaßnahmen zugunsten Ägyptens anordnet. Dort waren in zwei aufeinanderfolgenden Jahren die fruchtbarkeitsspendenden Überschwemmungen des Flusses ausgeblieben. Das hatte die Ägypter veranlaßt, ihre Not dem Kaiser zu klagen. Da er ihr Land aus eigener Erfahrung kannte, durften sie auf ein offenes Ohr hoffen. Auf Grund eben dieser Erfahrung wußte Hadrian aber auch, daß in anderen Jahren wieder überdurchschnittliche Ernten zu erzielen waren und auch tatsächlich erzielt wurden. Ägypten mußte geholfen werden. Das stand außer Frage. Aber gleichzeitig war dem Versuch vorzubeugen, daß man sich dort künftig nur noch auf die kaiserliche Hilfe verließ, anstatt selbst in Zeiten des Überflusses oder der Üppigkeit für magerere vorzusorgen. Der Brief Hadrians an die Ägypter zeugt noch einmal von seinem regen Geist und läßt ein für die antike Welt erstaunliches diplomatisches Geschick erkennen: »Man hat mir berichtet«, schrieb er, »daß in diesem und im vorigen Jahr die Nilüberschwemmungen unzureichend gewesen sind. Obwohl diese in den vorhergehenden Jahren höher denn je waren, so daß im ganzen Land üppige Ernten eingebracht werden konnten, halte ich es dennoch für notwendig, den Bauern etwas zu helfen. Ich hoffe aber, daß künftig der Nil selbst den Mangel ausgleichen und das Land nach mageren Zeiten wieder üppige erleben wird.« Zu Recht wird man sich fragen, ob so viel Vernunft tatsächlich einem kranken Geist entsprungen sein kann.

Zu Beginn des Jahres 136 muß die Schwere der Krankheit Hadrian ernsthaft zur Bestimmung eines Nachfolgers gezwungen haben. Die »Vita« erzählt von einem Blutsturz, der ihn beinahe das Leben gekostet hätte. Seine Wahl ist um so erstaunlicher, als es zwar keine legitimen Thronerben gab, aber immerhin doch einen nahen Blutsverwandten: Fuscus, den Enkel seiner Schwester Paulina. Er war damals achtzehn Jahre alt, und man darf annehmen, daß er als Großneffe des Kaisers eine standesgemäße Erziehung genoß. Wahrscheinlich hoffte er auch auf den Thron, ermutigt durch Wunderzeichen und Weissagungen. Doch gerade das, erzählte man sich, habe den ganzen Abscheu des Kaisers erregt, der offenbar vergessen hatte, daß er selbst einmal die eigene Hoffnung durch den ihm günstig erscheinenden Wandel der Gestirne und durch Orakel gestärkt hatte.

Während dieser Nachfolgeüberlegungen soll Hadrian einmal anläßlich eines Essens seine Gäste gebeten haben, ihm zehn Männer zu nennen, die für die Kaiserwürde in Frage kämen. Als niemand antwortete, bat er unter Hinweis, daß ja auch Servianus noch da sei, wenigstens um neun Namen. Berücksichtigt man das Alter des greisen Schwagers — Servianus zählte damals 90 Jahre —, so kann die kaiserliche Bemerkung höchstens als Scherz aufgefaßt worden sein. Dennoch lieferte sie der römischen Gerüchteküche wieder reichlich Nahrung. Inwieweit sich der alte Mann für sich oder den Enkel tatsächlich Hoffnungen auf den Thron machte, ob beide gar eine Verschwörung gegen Hadrian anzettelten, um wenigstens dem jugendlichen Fuscus die Nachfolge zu sichern, ist ungewiß. Fest steht, daß sie beide auf Hadrians Veranlassung hingerichtet wurden. Und der Straßenklatsch sah das Motiv für die Beseitigung im Neid des Kaisers auf den betagten Greis, der in aufrechter Haltung eine Postenkette von Soldaten abschreiten konnte, der dem Hofgesinde Essen schickte und der es schließlich gewagt hatte, auf dem Thronsessel neben dem kaiserlichen Bett Platz zu nehmen. Wieviel böswillige Verleumdung hinter all dem steckte, weiß man nicht. Servianus war immerhin noch 134, und das zum dritten Mal, von Hadrian mit dem Konsulat bekleidet worden. Zumindest das läßt noch auf eine gewisse Bevorzugung schließen.

Sicherlich aber ist auch an den schlimmen Nachrichten etwas Wahres, auch an denen, die dem Tod der beiden »Thronanwärter« eine Reihe weiterer Hinrichtungen oder erzwungener Selbstmorde folgen lassen. Nur so wird nämlich der Haß des erschreckten Senats verständlich, der noch 137 die Vicennalien des Kaisers in übertriebenem Pomp feiern ließ und ihm nur ein Jahr später die Konsekration, die Erhebung unter Roms Götter, verweigern wollte, ja sogar die »damnatio memoriae« (Ausrottung des Andenkens) vorschlug. Just in jenen Tagen erinnerte man sich der Ermordung der vier Konsuln, die freilich schon zwanzig Jahre zurücklag. Man befürchtete eine erneute Schreckensherrschaft wie zu Domitians Zeiten, wenn auch viele dieses Kapitel römischer Geschichte nur vom Hörensagen kannten. Überall munkelte man von heimtückischen Morden, von Verbannungen und Beschlagnahmungen. Sicher ist auch, daß das mutige Dazwischentreten des endgültigen Nachfolgers Antoninus (Pius) viele Todeskandidaten rettete und Beschlagnahmungen rückgängig machte. Antoninus war wohl einer der wenigen, die um Hadrians zerrütteten Geisteszustand wußten und Mitleid fühlten.

Mit der dem Alter oft eigenen Zähigkeit hing Servianus am Leben. Man sagt, er habe nicht sterben wollen, ohne seinem Mörder zu fluchen. Er ließ sich eine kupferne Feuerschale kommen, warf Weihrauch darauf, rief die Götter Roms an und stieß einen fürchterlichen Fluch aus. »Da ich unschuldig bin«, schrie er, »seid ihr mir Zeugen, ihr Götter. Ich sehe Hadrian. Er wünscht zu sterben und wird nicht sterben können!«

Wenn es wahr ist, daß Flüche Auswirkungen haben können, dann sollte sich zumindest für abergläubische Geister dieser unfromme Wunsch des Verwandten für den Kaiser verhängnisvoll zeigen.

136 war ein schicksalhaftes Jahr in Hadrians Leben. Gegen Ende starb Sabina, wahrscheinlich eines natürlichen Todes, wenn auch gemunkelt wurde, sie sei einem Giftanschlag des kaiserlichen Gatten zum Opfer gefallen. Warum hätte sie der Kaiser, der ihre Launen nun schon länger als 30 Jahre ertragen hatte, ausgerechnet jetzt umbringen sollen? Gegen eine Ermordung spricht auch die Tatsache ihrer Vergöttlichung. Bis zum heutigen Tag hat sich ein eindrucksvolles Relief von der Vergöttlichung der Kaiserin erhalten. Man begegnet ihm auf dem Kapitol im Konservatorenpalast, der die

schönsten Altertumssammlungen Roms beherbergt. Im Hintergrund sieht man einen Scheiterhaufen in Flammen. Darüber schwebt ein fackeltragendes Flügelwesen, in dem man die Ewigkeit (»aeternitas«) zu erkennen glaubt. Der weibliche »Engel« trägt Sabina zum Himmel empor. Hadrian, rechts im Vordergrund sitzend, beobachtet die Szene und weist mit erhobenem Zeigefinger auf die entschwindende Gemahlin. In der linken Bildecke ist das Marsfeld in Gestalt eines schönen Jünglings personifiziert. Es weist auf den Ort der Verbrennung und Divinisierung der Kaiserin hin.

Aber dieses Kapitel ist Aelius Caesar gewidmet. Kehren wir also zu ihm zurück!

Spartianus erzählt, wahrscheinlich bewußt untertreibend, die einzige Merkwürdigkeit seines Lebens habe darin bestanden, daß er als erster »Caesar« genannt wurde. Aber hier irrt der Biograph. Wie die spätere Geschichtsschreibung herausfand, wurden schon seit Vespasians Zeiten die Thronanwärter mit dem Namen des mächtigsten römischen Staatsmanns betitelt, der für glückbringend gehalten wurde und nach Spartianus »ebenso ewig dauern wird wie das Weltall«. Für Aelius Verus allerdings ist »Caesar« alles andere als ein Glücksomen gewesen.

Er stammte aus hochangesehener Familie, die in Etrurien oder Faventina beheimatet war. Als sein offizieller Vater galt Ceionius Commodus, den einige Verus, andere Lucius Aurelius und wieder andere Annius genannt hatten. Als sich Hadrian zu seiner Adoption entschloß, muß sich nicht nur der Kaiser selbst, sondern auch der Adoptierte schon bei sinkender Kraft befunden haben. Dennoch wurde Aelius Verus alsbald zum Prätor gemacht und zum militärischen und zivilen Oberhaupt der pannonischen Provinzen bestellt. Schließlich erhielt er noch das Konsulat. Das Volk bekam anläßlich seiner Adoption reiche Geschenke. Zirkusspiele und andere Volksbelustigungen sollten das freudige Ereignis würdig feiern. An die Soldaten wurde traditionsgemäß eine Spende verteilt, die stattliche Summe von 300 Millionen Sesterzen.

Aelius Verus war ein Lebemann von gepflegtem Äußeren und »königlicher Schönheit«, die bösen Zungen zufolge Hadrians Neigung zu ihm begründet habe. Er war mit der Tochter des einstigen Verschwörers Nigrinus verheiratet und hatte einen Sohn, den kleinen Antoninus Verus, der zum Zeitpunkt der Adoption sechs Jahre alt war und dereinst als Mitregent Marc Aurels zu etwas größerer Berühmtheit gelangen sollte als sein irdischen Genüssen verfallener Vater. Wenn dieser wohl auch über eine ungewöhnliche Redegabe verfügte und ein gewandter Verseschmied war, so scheint sein Charakter doch eher mittelmäßig gewesen zu sein. Seine Liebhabereien gelten zwar nicht als schimpflich, aber doch als reichlich ausgefallen.

Er hatte das »Viererlei« erfunden, eine Komposition aus Schweinseuter, Fasanenfleisch, überbackenem Schinken und Wildbret. Dieses Spezialgericht entwickelte sich bald zu Hadrians Leibspeise. Auch hatte er sich ein Bett mit vier schwellenden Polstern bauen lassen. Es war rundum von einem dünnen Vorhang umgeben. Als Matratze diente ihm eine Fülle von Rosenblättern. Die Decke bestand aus Lilienblüten. In dieser »Wolke von persischen Wohlgerüchen« vergnügte sich Roms designierter Thronerbe mit seinen zahlreichen Mätressen. Ovids Bücher von der Liebe und Martials deftige Epigramme bildeten seine Bettlektüre. Beklagte sich seine Frau einmal über die Seitensprünge, entgegnete er: »Laß mich schon bei fremden Weibern meine

Lust büßen; der Begriff Gattin ist nämlich ein Ehrenname und hat nichts mit Sinnenlust zu tun!«

Es ist eine altbekannte Weisheit, daß der Mensch mit seinen Aufgaben wächst. Aelius Verus waren nur wenige Monate des Schaffens als Statthalter an der Donaugrenze vergönnt. Sein labiler Gesundheitszustand, offenbar eine Lungentuberkulose, zwang ihn bald, nach Rom zurückzukehren. Dennoch konnte er sich in der kurzen Zeit den Ruf eines mindestens leidlich guten Feldherrn erwerben. Vielleicht hätte auch er sich noch im Sinne Hadrians entwickelt, wenn ihm nur etwas Zeit geblieben wäre. Aber das Schicksal erwies sich als nicht so gnädig.

Bald hatte der Kaiser den erbärmlichen Gesundheitszustand seines Adoptivsohnes erkannt. Der konnte kaum mehr einen Schild von einigem Gewicht halten. Bitterkeit überkam Hadrian, und er beklagte die 400 Millionen Sesterzen, die er mit den Spenden an Volk und Heer hinausgeworfen habe: »Haben wir uns doch gegen eine baufällige Wand gelehnt, die keinesfalls den ganzen Staat, kaum uns selbst zu stützen vermag.« Diese Äußerung tat Hadrian gegenüber dem Präfekten, der sie eilends dem todkranken Kronprinzen überbrachte. Das aber verschlimmerte noch seinen Gesundheitszustand, da er sich jetzt als von seinem »Vater« aufgegeben betrachtete. Auch der Abschied, den der übertrieben eilfertige Präfekt daraufhin erhielt und der den Anschein eines milderen Urteils erwecken sollte, änderte daran nichts mehr. So sah sich Hadrian schließlich zu der Bemerkung veranlaßt: »Ich habe offensichtlich nicht einen Sohn, sondern einen Gott adoptiert.« Als ein Gelehrter ihn trösten wollte und darauf hinwies, daß auch das Horoskop des jungen Mannes falsch gestellt sein könnte, soll der Kaiser erwidert haben: »Du hast gut reden. Brauchst du doch nur für dein Hab und Gut und nicht für den Staat einen Erben zu suchen.«

Tatsächlich soll er sich damals mit dem Gedanken getragen haben, Aelius Caesar wieder aus dem Kaiserhaus zu entfernen. Doch der Tod kam diesen Absichten zuvor.

Gegen Ende des Jahres 137 hatte Aelius Caesar eine Ansprache verfaßt, mit der er am Neujahrstag seinem Vater danken wollte. Es wird von einer außergewöhnlich schönen Rede berichtet. Sie ist später veröffentlicht worden. Halten konnte sie der Kaisersohn aber nicht mehr. Am Vorabend des neuen Jahres nahm er einen Arzneitrank, von dem er sich eine kräftigende Wirkung versprach. Am Neujahrstag starb er an einem Blutsturz. Der Kaiser betrauerte ihn, wie der Geschichtsschreiber bemerkt, als guter Vater, nicht aber als gutes Staatsoberhaupt. Er ließ sogar, weil der Votivtag bevorstand, die offizielle Staatstrauer absagen. An den Kalenden des Januar nämlich pflegten die Konsuln die feierlichen Gelübde für das Wohl des Staates abzulegen. Und eine öffentliche Trauerfeier gerade zu diesem Zeitpunkt wäre das denkbar schlechteste Omen für das römische Reich gewesen.

Gewiß haben nicht nur die eher kargen Bemerkungen des Historikers zu der Vermutung beigetragen, Verus sei in Wirklichkeit ein natürlicher Sohn Hadrians gewesen. Wir sehen den Kaiser im Kreis von Gelehrten durch die schattigen Haine von Tibur wandeln. Er zitiert die berühmten Verse Vergils, die einst anläßlich des Todes des Augustusneffen Marcellus gedichtet worden waren. Die Mutter des Jünglings hatten sie so ergriffen, daß sie in Ohnmacht fiel.

435

»Ostendent terris hunc tantum fata neque ultra esse
sinent« —
(Zeigen nur wird ihn der Welt das Schicksal,
wird nicht länger dem Lichte ihn gönnen ...)

Einer der Gelehrten fährt fort:
»nimium vobis Romana propago
visa potens, superi, propria haec si dona fuissent«
(Roms Söhne deuchten euch zu mächtig, ihr Götter,
bliebe solch ein Geschenk sein eigen ...)

Da hält Hadrian inne. Etwas hat ihn stutzig gemacht.
»Nein«, sagt er, »zu diesen Versen stimmt das Los des Verus
nicht.« Dennoch vervollständigt er, ein kritischer Vater, der
trotz der offensichtlichen Fehler liebt:

»Manibus date lilia plenis;
purpureos spargam flores animamque nepotis
his saltem accumulem donis et fungar inani munere.«
(Reicht mir Lilien mit vollen Händen,
daß ich ihre Purpurblüten streue:
Diese letzten, undankbaren Spenden
will ich meines Enkels Seele weihn.)
(Übers. E. Hohl, Historia augusta)

Nicht nur Hadrians Freunde haben damals empfunden,
was dem aufmerksamen Leser auch heute nicht entgeht: So
kann kein Fremder trauern. Hätte der Kaiser des römischen
Reiches einen Fremden vergöttlicht und mit »kaiserlichem
Gepränge« im Familienmausoleum am Tiber bestattet? Hätte er jemand nur um seiner schönen Gestalt willen im gan-

436

zen Imperium überlebensgroße Standbilder errichten und viele Tempel bauen lassen? Und hätte er schließlich, als er sich für den endgültigen Nachfolger, Antoninus Pius, entschied, diesem zur Auflage gemacht, seinerseits neben dem fähigen Marc Aurel auch den Sohn des Aelius Caesar, den kleinen Lucius, zu adoptieren?

»Das Reich soll«, so Hadrian, »doch wenigstens etwas von Verus behalten.« Und Lucius wurde auch weiterhin im Palast erzogen, als ob er »sein (des Kaisers) eigener Enkel« wäre.

Ein Verhalten, das jeden weiteren Kommentar erübrigt.

33.

HADRIANS TOD

... So sollte man auch erkennen, daß
es ein Fluch für die Menschen wäre, nie
zu sterben ... Was habe ich da zu tun?
Nur das tue ich, was in meiner Macht
steht: ... daß ich mir bewußt bleibe,
daß alles, was entstanden ist, auch vergehen muß. Ich bin ja nicht ewig, sondern ein sterblicher Mensch, nur ein
Teilchen des Weltalls, wie die Stunde ein
Teilchen des Tages. Ich muß kommen
wie die Stunde und vorübergehen wie
die Stunde ...

(Epiktet)

Gleich zu Beginn des Jahres 138 war Hadrian also in der
Thronfolgefrage wieder so weit wie zwei Jahre zuvor. Ein
Nachfolger für das Reich war noch nicht vorhanden. Das erschien um so schlimmer, als sich der Gesundheitszustand
des Kaisers von Tag zu Tag verschlechterte. Er selbst mag seinen Zustand besonders beklagenswert empfunden haben, da
er wiederholt äußerte, ein Fürst sollte im Vollbesitz seiner
Kräfte sterben.

Dennoch hatte er bereits einen Nachfolger ins Auge gefaßt. Auf die besorgte Frage einiger Freunde, wer denn nun für die Adoption in Betracht käme, erwiderte er tröstend: »Schon als Verus noch am Leben war, hatte ich meinen Entschluß gefaßt.« Und jedermann fragte sich, ob er damit seinen Scharfblick oder seine Prophetengabe bekunden wollte. Auf alle Fälle durfte Rom gespannt sein.

Am 24. Januar, seinem letzten Geburtstag, empfahl Hadrian der erstaunten Welt den Consul T. Aurelius Fulvus Boionius Arrius Antoninus zum Nachfolger. Antoninus war, wenn wir der Überlieferung Dions glauben dürfen, auf die Herrschaft alles andere als erpicht. Auch Capitolinus berichtet in seiner Lebensbeschreibung, der Kaiser habe diesem Bedenkzeit gelassen, ob er die Wahl annehmen wolle. Antoninus wußte wohl, daß er mit dem Thron auch die Sorgen der Welt erben würde. Seine Frau Faustina, die über die Aussichten, Kaiserin des Imperium Romanum zu werden, hocherfreut war, herrschte er an: »Dummes Weib, jetzt haben wir auch das noch verloren, was wir vorher hatten.«

So erfolgte die Adoption auch erst einen Monat später, am 25. Februar 138.

Antoninus war ein Mann ohne Fehl und Tadel, von makellosem Ruf, anständig, gerecht und weise. Seine Vorfahren väterlicherseits waren zwei Generationen zuvor aus Nimes gekommen und hatten sich als Großgrundbesitzer in Rom zu einer der reichsten und angesehensten Familien entwickelt. Mütterlicherseits war er in der Hauptstadt beheimatet, wo die Ahnen schon generationenlang öffentliche Ämter bekleidet hatten.

Auch Antoninus selbst war kein Unbekannter. Er hatte sich nicht nur als Verwalter eines der vier italischen Gerichtsbezirke einen Namen gemacht, sondern auch als umsichtiger und sparsamer Statthalter Asiens. Der Kaiser selbst hatte den langjährigen Freund dort eingesetzt. Rom hätte also allen Grund gehabt, sich über die Wahl dieses Mannes der alten Schule zu freuen, der vornehm, elegant und dazu noch überaus gutaussehend war. Dennoch gab es Neider, die den Vollzug der Adoption bedauerten. Zu ihnen gehörte der Stadtpräfekt Catilius Severus, der wahrscheinlich selbst Absichten auf den Thron gehabt hatte.

Aber auch Antoninus hatte einen Mangel. Ebensowenig wie der Kaiser konnte der damals 51jährige der Welt einen legitimen Nachkommen vorweisen. Es stand auch nicht mehr zu erwarten, daß sich daran noch etwas ändern würde. Hadrian mußte also vorsorgen. So machte er Antoninus zur Auflage, seinerseits Marcus Annius Verus, den späteren Marc Aurel, zu adoptieren und daneben seinen »Enkel« Lucius Verus, von dem wir schon gehört haben.

Marcus Annius wurde 121 in Rom geboren. Kurz nach seiner Geburt war der Vater gestorben, und das Kind wurde im Haus des reichen Großvaters aufgezogen, der damals Konsul war. Hadrian besuchte als Gast häufig das Haus des wohlhabenden Mannes. Er erkannte bald die Fähigkeiten, die in dem kleinen Marcus steckten, und bemerkte wohl auch dessen »Einfachheit in der Lebensweise und Abweichung vom Gehabe reicher Leute«, wie es der spätere Philosoph in seinen Lebensbetrachtungen niederschrieb, obgleich schon das Kind auf allen Seiten von Wohlstand umgeben war. Sicher auch auf Einfluß des Kaisers, der bald in dem Knaben einen möglichen Nachfolger erblickte, genoß der junge Marcus eine der nachhaltigsten Erziehungen, von denen wir wissen.

Lucius hingegen hatte von den väterlichen Anlagen geerbt. Neben dem weisen Marc Aurel verblaßte der Sproß des Aelius, zumal er wie der Vater eher dem Reich der Liebe als dem Staate diente. Sein politischer Einfluß blieb gering. Und dennoch schaffte die Teilung der Regierungsgewalt »einen schlechten Präzedenzfall, der später unter Diokletians und Constantins Erben zur Aufteilung und Schwächung des Reiches führte«. Eine Entwicklung, die Hadrian nicht voraussehen konnte.

Was er voraussah und beabsichtigte, war, dem Reich eine weitere Periode des Friedens und der inneren Sicherheit zu gewährleisten. Mindestens mit Antoninus und Marc Aurel ist ihm das so trefflich gelungen, daß das Urteil der Geschichte die Zeit von Domitians Tode bis zu Commodus Regierungsantritt noch immer als blühendsten und glücklichsten Zustand der menschlichen Gesellschaft preisen kann.

Inzwischen hatte sich für den tiefsinnigen und in abergläubischen Gedanken versponnenen Kaiser auf vielfache Weise der Tod angekündigt: »... Als er an seinem letzten Geburtstag den Antoninus (der göttlichen Huld) empfahl, glitt ihm die purpurverbrämte Toga von selbst (auf die Schulter) und enthüllte sein Haupt. Der Ring, in dessen Stein sein eigenes Bild geschnitten war, glitt ihm selbst vom Finger. Vor seinem Geburtstag betrat irgendwer unter Klagetönen den Senat; gegen diesen Menschen geriet Hadrian in höchste Erregung in dem Wahn, es sei von seinem eigenen Tod die Rede, während doch niemand dessen Worte verstand. Als Hadrian im Senat sagen wollte: › Nach meines Sohnes Tod ‹, versprach er sich und sagte: › Nach meinem Tod ‹. Überdies träumte er, er habe sich von seinem Vater einen Schlaftrunk erwirkt. Auch träumte er von einem Löwen, der ihn überwältigt habe...« u diesen für einen Römer der damaligen Zeit

441

verhängnisvollen Vorzeichen erreichten die die Krankheit begleitenden Schmerzen täglich einen neuen Höhepunkt. »Er starb, wie einst Tiberius, täglich ohne zu sterben.« Schrecklich begann sich jetzt der Fluch des greisen Servianus auszuwirken: »Ich sehe Hadrian. Er wünscht zu sterben und wird nicht sterben können.«

Ein Opfer völligen Lebensüberdrusses befahl der Kaiser dem donauländischen Sklaven Mastor, ihn zu töten. Er bezeichnete ihm die Stelle unter der Brust, an der seinem Arzt Hermogenes zufolge der Todesstoß unfehlbar sein mußte. Er flehte ihn an, er drohte ihm, er sicherte ihm sogar Straffreiheit und eine hohe Belohnung zu. Aber der Sklave floh.

Er beschwor unter Tränen seinen Arzt, diesem unerträglichen Zustand ein Ende zu bereiten. Aber der Arzt zog den Selbstmord vor. Schließlich versuchte er selbst, sich das Leben zu nehmen. Doch er war schon zu schwach, und die Waffe wurde ihm mühelos entwunden. Da beklagte Hadrian verzweifelt sein Los, das ihm beschied, andere noch töten zu können, nicht aber sich selber.

Zu jener Zeit lebte in Rom der greise Stoiker Euphrates. Er war seiner Krankheit und seines hohen Alters überdrüssig geworden und suchte beim Kaiser um die Erlaubnis nach, seinem Leben ein Ende setzen zu dürfen. Bereitwillig erteilte sie Hadrian, der Mitleid fühlte. Und Euphrates fand durch den Schierlingsbecher Erlösung von seinen Qualen.

Für Hadrian selbst gab es sie nicht. Antoninus kam und verlangte von ihm, mit stoischer Gelassenheit seinem Tod entgegenzusehen. Wolle er der Welt nicht als Vatermörder gelten, dürfe er nicht zulassen, daß man Hadrian töte oder er selbst Hand an sich lege. Der Hof wimmelte von Kurpfuschern und Quacksalbern aller Art. Und in einem Anfall von Wut entließ Hadrian sie alle. Es war ihm plötzlich der Gedanke gekommen, daß er vielleicht doch hätte gesund weiterleben können, wenn man ihn nur von Anfang an richtig behandelt hätte. »Viele Ärzte sind des Fürsten Tod«, bemerkte er verzweifelt. Dann nahm er absichtlich Speisen und Getränke zu sich, die das Ende beschleunigen mußten. Aber der Tod weigerte sich hartnäckig, in Tivoli einzukehren.

Während des langen Krankenlagers bildeten sich Legenden um den unglücklichen Kaiser. Spartianus hat einige davon für uns festgehalten. Mögen sie zumindest in der Schilderung von Erfolgen auch mehr Erzeugnisse einer phantasierenden Umwelt sein als historischer Wahrheit entsprechen, so vermitteln sie doch wieder einen guen Eindruck von dem Einfluß, den okkulte Mächte in der Antike auszuüben vermochten. »Um jene Zeit«, erzählt Spartianus, »tauchte ein Weib auf, das erklärte, im Traum den Auftrag erhalten zu haben, dem Hadrian zu bestellen, er möge sich nicht umbringen, dieweil er gesunden werde. Als sie den Wink nicht befolgte, sei sie erblindet. Es sei ihr jedoch der nämliche Auftrag an Hadrian abermals zuteil geworden: Auch solle sie ihm die Knie küssen und werde, wenn sie dies getan habe, ihr Augenlicht zurückerhalten. Als sie die im Traum empfangene Weisung ausgeführt hatte, erhielt sie ihr Augenlicht wieder, nachdem sie sich die Augen mit Wasser ausgewaschen hatte, das aus dem Heiligtum floß, aus dem sie gekommen war. Es kam übrigens auch aus Pannonien ein blinder Greis zu dem fieberkranken Hadrian und rührte ihn an. Als dies geschehen war, erhielt der Blinde sein Augenlicht wieder, und von Hadrian wich das Fieber.« Aber auch der Geschichtsschreiber schließt die Möglichkeit von Täuschungen nicht aus.

Inzwischen war der römische Sommer gekommen. Die Gegend um Tibur galt wegen ihrer Feuchtigkeit als ungesund. Kaum vermochte ein Gesunder, die stickige Hitze zu ertragen, die an Hochsommertagen über der dunstigen Ebene lastete. Viele Angehörige der römischen Nobilität hatten deshalb hier von den Toren Roms mehr Winterpaläste als Sommerresidenzen errichtet und pflegten die heißen Sommertage am Meer zu verbringen, wo eine frische Brise stets für Abkühlung sorgte.

Als auch die geräumigsten Hallen der tiburtinischen Villa gegen die drückende Hitze keinen ausreichenden Schutz mehr boten, beschloß Hadrian, den feudalen Landsitz mit einem Palast am Meer zu vertauschen. Er verfaßte sein Testament, übergab die Regierungsgeschäfte, die er trotz des aufreibenden Krankenlagers noch immer geleitet hatte, seinem Nachfolger und trat seine letzte Reise an. Er wollte, wie es heißt, noch einmal das Meer schauen. Ziel des ewigen Wanderers war Baiae, der vornehmste Bade- und Villenort Italiens.

Baiae lag malerisch am Golf von Neapel und war seit spätrepublikanischen Tagen seiner heilkräftigen heißen Quellen wegen berühmt. Der Zauber des lieblichen Golfes hatte schon vor Hadrian berühmte Römer angelockt. Etwa Tiberius, der die letzten Jahre seines von Mißtrauen und Überdruß vergifteten Lebens hier verbrachte, oder Vergil, dessen ewige Ruhestätte sich nördlich von Neapel befand. Auch Cicero, den eher nüchternen Vater der Republik, hatte der Zauber der Landschaft gefangen. Er hatte unweit von hier in Puteoli einen Landsitz besessen. Und in den berühmten Grotten hauste noch immer die geheimnisvolle Sibylle, die einst Vergil besungen hatte. Das geflügelte Wort

»Neapel sehen und sterben« ist sicherlich keine Erfindung der Neuzeit.

Vielleicht erhoffte sich Hadrian anfangs von einem Klimawechsel, wenn nicht Genesung, so doch Linderung seiner vielfachen Leiden. Aber auch hierin sollte er — zum letzten Mal — getäuscht werden.

Als sich sein Befinden nicht besserte, ließ er Antoninus kommen. Er entschlief in den Armen seines getreuesten Freundes, nach christlicher Zeitrechnung am 10. Juli 138.

Noch kurz vor dem Tode verfaßte er ein kleines Gedicht, jene berühmte melancholische Ode an die Seele:

> Animula vagula blandula
> hospes comesque corporis
> quae nunc abibis in loca
> pallidula, rigida, nudula
> nec ut soles, dabis iocos
> (Seele, zärtlicher Atem,
> Gast und Gefährte meines Körpers.
> Schon entfliehst du
> ins Reich der bleichen kalten Schatten,
> und die Spiele mit mir und meinen Freunden sind
> vorüber.)

»Resignation, Sentiment und Manieriertheit schwingen in diesen fünf Zeilen zusammen und geben einen Ton, der zu tief klingt, als daß man glauben könnte, erst der spätere Vitenschreiber habe sie erfunden, zumal schon verwandte Worte sich bei Ennius finden, für den Hadrian eine Vorliebe gehabt haben soll. Und auch hier wissen wir, wie so oft im Leben Hadrians, nicht, was Ausdruck eines echten und ur-

445

sprünglichen Gefühls ist, wie wir es am ehesten in den Zeugnissen des Antinouserlebnisses spüren, und was bloßes Spielen mit der Form ist, wie es immer wieder die Persönlichkeit dieses bedeutenden Mannes in seltsamem Zwiespalt mit seinem eigentlichen, fast schwermütigen Wesen verbirgt.«

Rätselhaft sind diese Verse »wie Märchenworte, ein Spiegel des seltsam schwermütigen Mannes, der fremd und unbegriffen ruhelos durch seine Zeit gegangen war.«

Über 62 Jahre hat Hadrian gelebt, fast 21 davon als Kaiser des mächtigsten Reiches der westlichen Welt.

Was bliebe noch zu berichten?

Daß Antoninus ihn römischer Sitte gemäß mit Hilfe des hadrianischen Sekretärs Celer verbrannte und zunächst in Ciceros puteolanischer Villa beisetzte? Eine sofortige Überführung nach Rom scheiterte am Widerstand des Senats. Der hätte eingedenk der Grausamkeiten der letzten Jahre am liebsten die »damnatio memoriae« (Tilgung des Andenkens) über den unglücklichen Kaiser verhängt, wäre nicht Antoninus beherzt dazwischengetreten. Er beschwor die rachsüchtigen Senatoren, Hadrian doch zu verzeihen, und gab zu bedenken, daß alle Verfügungen, die dieser in letzter Zeit getroffen hatte, ansonsten ungültig wären, auch seine Adoption.

Mochte der Senat über Hadrians krankhafte Ausschreitungen auch noch so erbost sein, auf Antoninus, mit dem man längst einverstanden war, und auf den man — zu Recht, wie sich später herausstellen sollte — die größten Hoffnungen setzte, wollte man nun doch nicht mehr verzichten. So gab man endlich nach und ließ dem Verstorbenen alle Beisetzungsehren zukommen, die für einen römischen Kaiser üblich waren. Der edle Antoninus brachte die sterblichen Überreste seines Vaters nach Rom, wo sie bis zur Fertigstellung des Grabmals am Tiber in den Gärten der Domitia eine vorübergehende Bleibe fanden. Dann, vielleicht Anfang 139, wurden sie am Tiberufer feierlich beigesetzt. Hadrian, der die Hauptstadt zeitlebens geflohen hatte, war endgültig heimgekehrt.

Aber Antoninus war noch nicht zufrieden. Ein Meister der Überredungskunst, dabei von beispielloser Uneigennützigkeit, brachte er bald den Senat dazu, Hadrian auch unter die Götter zu erheben. In Puteoli ließ er zu Ehren des Vorgängers einen Tempel bauen. Er stiftete Wettkämpfe, die alle fünf Jahre stattfinden sollten, und ließ das Andenken des ersten Friedenskaisers von eigenen Priestern und Brüdern feiern. In Rom selbst wurde für Hadrian 145 n. Chr. ein großer Tempel errichet. Er wurde später »Hadrianeum« genannt. Symbolische Figuren, die das Kultbild des vergöttlichten Hadrian flankierten, stellten die Provinzen dar. Antoninus war einer der wenigen Römer seiner Zeit, die erkannten, daß es nicht zuletzt die Provinzen waren, auf denen die Macht des Kaisers und die Größe des römischen Reiches beruhten. Und als einer dieser wenigen war er sich dessen bewußt, was Hadrian für die Provinzen und damit auch für Rom selber geleistet hatte.

Noch heute sind von diesem Bauwerk beachtliche Reste an der Piazza di Petra erhalten, Teile der Cellawand und elf Marmorsäulen mit korinthischen Kapitellen. Sie bilden einen Teil der Mauer der römischen Börse. Wie das hadrianische Grabmal mehr als irgendein anderes Monument für alle Zeiten zum Symbol der »Roma aeterna« geworden ist, so lebt auch in diesen eindrucksvollen Steinen des einstigen Tempels das antike Rom weiter.

Die Nachwelt ist sich nicht schlüssig, was Antoninus' Zeitgenossen wirklich veranlaßte, ihn mit dem einmaligen Prädikat »Pius« (der Fromme) auszuzeichnen. Viele glauben, sein liebevoller Umgang mit dem Schwiegervater, den er einmal per Arm aus dem Senat geleitete, habe ihm zu diesem Titel verholfen. Andere hingegen wollen genau wissen, es sei sein selbstloser Einsatz für Hadrian gewesen, dem er ihn verdankte.

Man ist geneigt, ihnen recht zu geben.

34.

HADRIANS »NACHRUHM«

»Wer unter den Menschen hatte so weitgespannte Interessen, wer war so vielseitig und beweglich, wer konnte so schnell denken, wer versuchte so viel und überraschte selbst die, die ihm am nächsten waren, durch die Kenntnis ihrer geheimsten Gedanken? Wer war in allem so wendig und doch hart wie Stahl, wer so kalt, wenn er rechnete, und so entschlossen, wenn er handelte? ...«

Vielfarben schillert das Bild, das sich der interessierten Nachwelt von Hadrian zeichnet. Er ist die glänzendste Erscheinung auf dem Cäsarenthron und dabei eine Gestalt voller innerer Gegensätze, wie es sich während der vorliegenden Aufzeichnung seines Lebens hoffentlich gezeigt hat. Die Widersprüchlichkeit, die Leben und Werk Hadrians begleitet, die Unstimmigkeit seines Charakters wirken abstoßend und anziehend zugleich. Anziehend, weil er als Repräsentant einer Übergangsepoche wie in seinen menschlich intimsten Eigenschaften die Zukunft um Jahrhunderte vorwegnahm. Vor allem seine Charakterzüge wahrer Humanität gegen Sklaven und Frauen muten modern an. Abstoßend wegen der Verwunderung, die er nicht nur bei Zeitgenossen auslöste. Schon den Alten war er ein Rätsel. Unverstanden ist Hadrian bis heute. Und allem, was uns fremd ist, mag es uns auch noch so faszinieren, stehen wir mit einer gewissen Ablehnung gegenüber.

»Der Selbstaufopferer, der absoluteste der absoluten Herrscher«, schreibt vor 100 Jahren einer seiner Bewunderer, »hatte stolz und einsam über einer Welt gestanden, die ihn zu verstehen glaubte, wenn sie seine Vielseitigkeit und seine Schwächen bespöttelte oder gar ihn mit Schmutz bewarf. Hadrians Selbstlosigkeit ist so außerordentlich gewesen wie sein Selbstgefühl; seine Überhebung war so groß wie seine Liebe. Die Welt war klein für ihn; nur der Gott in ihm war groß.«

Wandelt man unter der Kuppel des Pantheons, wo Hadrians eigenwilliger Geist noch heute zu spuken scheint, oder durch die gepflegten Anlagen der hadrianischen Villa draußen in Tivoli, versucht man, im Grabmal am Tiber einen letzten Funken jenes längst erloschenen Lebens zu erhaschen und die Tragik seines Schicksals zu ergründen, drängen sich einem unwillkürlich Gedanken zu Hadrians Bedeutung auf.

Sie ist für seine Zeit einigermaßen gesichert. Er war nicht nur der erste wirkliche Philhellene auf dem römischen Thron, »sondern auch der größte, auf dessen Spuren im dritten Jahrhundert Gallienus, im vierten Julian« wandelten. Unter ihm konnte sich das Griechentum zur Bildungsmacht des Imperium Romanum entwickeln. Und doch war er bei allem Graecisieren von einem Griechen früher und klassischer Zeit so weit entfernt, daß man ihn mit einer gewissen Berechtigung als »Graeculus« verspotten konnte.

Es muß deutlich unterschieden werden zwischen Hadrians politischem Wirken und seinem persönlichen Anspruch. Man mag mit Wegner übereinstimmen, der Hadrians Handeln »den ernsten und guten Willen« nicht abstreiten möchte. »Aber sein Wirken erwächst nicht einer gesunden Beschaffenheit, tüchtiger Natur und innerer Gewißheit. Man meint, daß Hadrians Bildnis den unfrohen Zug und oft etwas Verkrampftes hat, weil Hadrian mit Willen, Unternehmen und Leisten seine Natur überforderte ...« Die Abneigung der Senatoren, die sich nach den Auswüchsen der letzten Lebensjahre des Kaisers zu Recht vor den Kopf gestoßen fühlten, konzentrierte sich offenbar auf Hadrians Person. Gegen die Auswirkungen seiner ungewöhnlichen Politik konnten sie nichts haben. Denn diese fand in der Fortführung des Nachfolgers ihre glänzendste Bestätigung. Hadrians Verwaltungs- und Militärreform und seine traditionswidrige Außenpolitik bildeten jahrzehntelang die Grundlagen für Wohlstand und Frieden. Die Maßnahmen. auf rechtlichem Gebiet setzten Maßstäbe für Generationen.

Zu Hadrians größten Vermächtnissen auch an die heutige Welt gehört seine Architektur. Kein anderer Herrscher, nicht Künstler noch Architekt, hat je das Aussehen der Welt so nachhaltig beeinflußt. »In fast allen Städten hat er irgend etwas gebaut«, bemerkt sein Biograph. Noch heute beeindrucken die erhaltenen Reste den interessierten Betrachter und liefern dem Kundigen manch wertvolle Anregung.

Nur unzureichend wurde von der Wissenschaft bisher Hadrians Haltung in ihren Auswirkungen auf die Geschichte des Judentums erforscht. Wenn man wahrscheinlich auch nicht so weit gehen kann, sein rücksichtsloses Vorgehen gegen den jüdischen Nationalismus als für die heutigen Nahostprobleme noch ursächlich anzusehen, so steht doch fest, daß er für eine jahrhundertelange Diaspora des jüdischen Volkes zumindest mitverantwortlich ist. Einige Geschichtsschreiber bringen damit die Trennung von Juden- und Christentum in Zusammenhang. Wohl vermag niemand zu sagen, welchen Weg die keimende christliche Lehre später aus eigener Kraft gegangen wäre, hätte sich dieser Bruch damals nicht vollzogen. Doch durch Hadrians unduldsamen Erlaß, der jedem Juden das Betreten Jerusalems bei Todesstrafe untersagte, hörte die Mutterkirche des Christentums auf, jüdisch zu sein. Die ersten heidnischen Bischöfe gelangten in dieser Zeit zu Amt und Würden.

Greifen wir auf Hadrians einfache Lebensgeschichte zurück! Ein unvergleichlich vielfältig begabter Mann erringt das höchste Herrscheramt, vielleicht sogar mit Hilfe von List und Trick. Einmal an der Macht, nimmt er entschieden ihre Möglichkeiten wahr. Die Zeit ist günstig. Aufgewachsen im moralischen Verfall des ersten Jahrhunderts, wittert er mit sicherem Instinkt die Gefahr, die Rom und der alten Welt droht. Seine überragenden Geistesgaben ermöglichen ihm, ihr wirksam zu begegnen.

Er ist ernst und verantwortungsbewußt, von seinen Fähigkeiten überzeugt und doch weit entfernt von der Überheblichkeit eines Nero, kleinlich und großzügig zugleich, hart gegen sich selbst wie gegen andere. Der in allen geistigen Bereichen bewanderte Mensch, seine Bildung, Redekunst, die erstaunlichen Leistungen eines schier unermüdlichen Gedächtnisses, lösen die Bewunderung seiner Zeitgenossen aus. Und doch oder gerade deswegen stehen sie ihm staunend gegenüber, verehren ihn wie einen Gott, ohne ihn zu lieben.

Die Kunst des Menschenfanges ist ihm fremd. Er ist sich nicht nur seiner herausragenden Stellung stets bewußt, auch seiner Andersartigkeit, die ihn mehr noch als erstere von seiner Umwelt distanziert. Melancholie und Schwermut trüben irdische Genüsse. Den Verlust an Lebensfreude versucht er durch um so stärkeres Bemühen um den Staat aufzuwiegen.

Seine Politik ist nicht ohne Konzept, wenn auch unvorhergesehene Ereignisse ihre Ziele oft in Frage stellen.

Er übernimmt die alte Staatsverfassung des Prinzipats, das zu seiner Zeit schon Tradition ist, baut es aber zur Festigung der eigenen Stellung weiter aus.

Hadrians politisches Handeln ist das des Pragmatikers, der die Erfordernisse des Augenblicks erkennt, aber auch für die Zukunft ein untrügliches Augenmaß besitzt. Unbeirrbar folgt er seinem Weg. Stets bezieht er die geschichtlichen Erfahrungen in seine Entscheidungen mit ein.

Viele mögen über die gleichen mannigfaltigen Anlagen verfügen wie er. Manchem ist vielleicht auch das Schicksal ähnlich gewogen. Aber nur selten treffen Begabung und Gelegenheit zu ihrer bestmöglichen Entfaltung so günstig zusammen. Wo sich aber die Natur zu solch seltener Paarung herabläßt, entsteht eine Art Übermensch.

Bei allen offensichtlichen Fehlern und Schwächen, nimmt Hadrian in der Reihe der Herrscher der Welt einen einzigartigen Rang ein. Er war groß, sofern sich historische Größe auch an geistigen Eigenschaften mißt und an der Fähigkeit, sie nutzbringend einzusetzen.

Wie dem auch sei. Wer immer einen Versuch zur Deutung dieser komplizierten Persönlichkeit unternimmt, wird viele Fragen offenlegen, Fragen, zu deren Beantwortung am wenigsten die widersprüchliche antike Überlieferung beiträgt.

Was ist Ruhm? Ist es das hohe Ansehen, das sich jemand aufgrund seiner Taten und Leistungen bei seinen Mitmenschen oder der Nachwelt erringt?

Wenn Tat und Leistung auch als ursächlich für geschichtlichen Ruhm gelten, muß man beide grundsätzlich mit dem Führen von Kriegen oder zumindest der ständigen Bereitschaft dazu gleichsetzen. Ansehen oder Verachtung messen sich dann an den errungenen Erfolgen oder an den eingesteckten Niederlagen. Dies mag ungerecht erscheinen. Dennoch ist es so. Die stets im Rückblick schreibende Geschichtswissenschaft wählt nach diesen Gesichtspunkten aus, was ihr erhaltenswert erscheint. Nicht von ungefähr halten viele junge Menschen die bewahrte menschliche Geschichte für eine Aneinanderkettung unglücklicher kriegerischer Episoden. Und auch der reifere fragt sich, wie denn eine Spezies solange überleben konnte, deren irdischer Weg ausschließlich, wie es scheint, von Konfrontationen geprägt war.

Friedliche Zeiten werden beinahe mit Schweigen übergangen. Nur so kommt man dazu, eine Epoche wie etwa die antoninische als geschichtslos zu bezeichnen. Vielleicht sind wir selbst schuld daran, wenn sich im Bewußtsein eines Großteils der Menschheit die Verherrlichung des Krieges als die ultima ratio festgesetzt hat. Zu offensichtlich wird verkannt, daß der Krieg immer nur den ehrgeizigen Plänen einzelner entgegenkommt, über die meisten Menschen jedoch unsagbares Leid bringt.

Hadrian wurde in den großen römischen Traditionen erzogen. Unter ihnen nahmen kriegerische Ereignisse einen hervorragenden Rang ein. Sie mögen zur Festigung der römischen Herrschaft anfangs vielleicht auf italischem Boden eine gewisse Berechtigung gehabt haben, wurden aber im Laufe der Jahrhunderte immer zweifelhafter. Mindestens in spätrepublikanischer Zeit hatte sich der römische Machtbereich so ausgedehnt, daß weitere Expansionen moralisch nicht mehr zu rechtfertigen waren. Dessen ungeachtet haben fast alle Staatsmänner des ersten vorchristlichen Jahrhunderts den römischen Einfluß noch zu erweitern versucht und auch tatsächlich erweitert. Erst Augustus gönnte seiner Zeit aus eigenem Interesse eine Ruhepause. Aber schon die meisten seiner Nachfolger nahmen das überkommene imperiale Gedankengut wieder auf. Diese Entwicklung erreichte unter Trajan einen Höhepunkt und gleichzeitig einen vorläufigen Abschluß.

Die politisch Verantwortlichen des ersten Jahrhunderts christlicher Zeitrechnung verkannten dabei die vielfache Wandlung, die Rom vom urwüchsig kräftigen Stadtstaat zur luxuriös verwöhnten Beherrscherin der Welt erfahren hatte. Das Ende dieses Wandels war ein biologischer und ethischer Verfall, der zwangsläufig auch den staatlichen nach sich ziehen mußte. Sein Beginn war nur noch eine Frage der Zeit.

Hadrian mag diese verhängnisvolle Entwicklung vorausgesehen haben. Sein Bemühen, ihr Einhalt zu gebieten, ist über einen Versuch kaum hinausgekommen. Das war nicht seine Schuld. Er hat der Menschheit neue Wege gewiesen. Rom, stellvertretend für die alte Welt, hat sie nicht erkannt. Dafür hat es mit seinem Untergang teuer bezahlt.

Die Beschäftigung mit dem Altertum scheint nur dann sinnvoll, wenn es mit der lebendigen Wirklichkeit verglichen werden kann. Die geschichtlichen Prozesse aller Kulturen ähneln sich auf erstaunliche Weise. Das Werden und Vergehen des Weltreiches Rom wird auch heute noch als die größte Tragödie empfunden, die sich auf der Bühne der Menschheitsgeschichte abspielte. Sehen wir keine Parallelen zur Gegenwart, ja »eine bedrohlich eindringliche Ähnlichkeit mit der Kultur und der Problematik unserer Zeit?«

Vielleicht sollten wir uns davor hüten, daß nicht die römische Geschichte eines Tages ein Bericht über uns selber wird. Hadrian?

Kein neuzeitlicher Geschichtsforscher von Rang hat sich bislang mit ihm eingehend auseinandergesetzt. Zu wenig ergiebig mag manchem dieses Leben erscheinen, das von den Idealen des Pazifisten getragen war und nicht vom glänzenden Kriegsruhm. Die Verklärung der Geschichte hat ihn nicht mit dem seltenen Prädikat »der Große« bedacht, obwohl er es vor allen anderen, die damit ausgezeichnet wurden, zu verdienen scheint. Kein Nachruhm kündet sein Lob. Selbst Despoten, die sich aufgeklärt gaben, wie Hadrian selbst hochgebildet waren und philosophische Neigungen hegten, hatten für ihn kaum mehr als Spott. So etwa Kaiser Julian, der verächtlich über Hadrian sagte: »Als Silen diesen sah, wie er die Augen 'gen Himmel schlug und Verborgenes und Geheimzuhaltendes ausspäte, sagte er: wie erscheint euch dieser Sophist? Sucht er etwa Antinous?«

Achtzehn Jahrhunderte haben diesen Mann aus dem Bewußtsein der Menschen verdrängt. Und wären nicht seine geheimnisvollen Verse, an denen sich immer wieder neugierige Geister versuchten, man hätte ihn womöglich ganz vergessen.

Bemühen wir noch einmal seinen eingangs zitierten Bewunderer. Nach ihm könne sich nur rühmen, »ein Kenner des Altertums« zu sein, wer Hadrian verstehe.

Es erscheint mir keineswegs zu kühn, diese Behauptung zu steigern: Das Hadrianproblem ist auch ein Problem unserer Zeit.

ANMERKUNGEN

Literaturangaben mit Kurztiteln der verwendeten Bücher. Soweit allgemeine Lexika (etwa RE = Paulys Realencyclopädie der classischen Altertumswissenschaft) benutzt wurden, wurde auf die Angabe verzichtet.

An antiken Quellen wurde berücksichtigt:
Historia Augusta, Spartianus, Artemis-Verlag, Zürich-München;
Römische Geschichte, Bd. LXIX, Dion Cassius aus Zweitliteratur (genaue Angaben jeweils bei den entsprechenden Kapiteln);
Midrasch-Bücher und Palästinensischer Talmud aus »Bar Kochba« von Yigael Yadin;
Bemerkungen der Kirchenväter Justinus, Eusebius, Hieronymus und Epiphanius aus »Bar Kochba«;
Tacitus, De origine, situ, moribus et populis Germanorum;
Juvenalis, Satiren. Übers. von W. Hertzberg und W. S. Teuffel, 2 Bde., 2. Aufl. Stuttgart 1886;
Vergili Opera, Bucolica, Aeneis;
Sueton, Leben der Cäsaren, dtv-Bibliothek;
Pausanias, Beschreibung Griechenlands, dtv-Bibliothek.

1. Kapitel

»Die UdSSR hat heute mehr als 250 Millionen Einwohner ...« Erich Kuby in Geo, Das neue Bild der Erde, Ausgabe 8/1982, Verlag Gruner und Jahr AG & Co.;
»... mißtrauisch und finster ...« Ivar Lissner, So lebten die römischen Kaiser, Ausg. 1969, Walter-Verlag AG, Olten, S. 91;

»Wenn man die Periode in der Weltgeschichte ...« Michael Grant, Der Untergang des römischen Reiches, S. 28, mit Hinweis auf E. Gibbon: Decline and Fall of the Roman Empire, Bd. 1, S. 76.

2. Kapitel

»Wie ein Wunder tritt das Genie ...« Lissner, a.a.O., S. 220;
»Weit über den Themenkreis der bukolischen Poesie ...«, Nack-Wägner, Das römische Weltreich, Verlag Carl Ueberreuter, Wien, S. 237;
»Dion und Spartianus waren weder ...« Yourcenar, Ich zähmte die Wölfin, dtv, 1980, S. 89;
»Stammbaum, Vorgeschichte bis zum Regierungsantritt ...« Nack, a.a.O., S. 318.

3. Kapitel

»Der wirkliche Geburtsort ...« Yourcenar, a.a.O., S. 30;
»... Weisen mit ihrer Weisheit ...« Yourcenar, S. 26;
»Seine Fähigkeiten scheinen selbst Zeitgenossen ...«, Heinz Kähler, Hadrian und seine Villa bei Tivoli, Verlag Gebr. Mann, Berlin, Dt. Archäologisches Institut, S. 151;
»Unglaublich, wie es scheint ...« Spartianus, Vita Hadriani, eingeleitet und übersetzt von Ernst Hohl, Artemis-Verlag, Zürich und München, »Hadrianus«;
»Es handelt sich um eine ziemlich grobe Arbeit ...« Stewart Perowne, Hadrian, Beck'sche Schwarze Reihe, Bd. 151, Aufl. 1977, S. 20;

4. Kapitel

»... ein Licht am dunklen Himmel römischer Kaisergeschichte ...«, Lissner, a.a.O., S. 188, mit Hinweis auf Sueton, Leben der Caesaren;
»... als den Göttern in den von Domitian ...« Knaurs Sittengeschichte der Welt. Von Rom bis zum Rokoko, Droemersche Verlagsanstalt AG, Zürich, 1968, S. 59;
»... die Karthager bei der Belagerung ...« Yourcenar, a.a.O., S. 29;

»... in verzückter Andacht gehegt ...« Nack-Wägner, a.a.O., S. 361.

5. Kapitel

»... und die Eifersucht, die ...« Perowne, a.a.O., S. 23;
»... dem die geschichtliche Praxis geläufig war ...«, Yourcenar, a.a.O., S. 35;
»So begannen die Verschwörer ...« Lissner, a.a.O., S. 206;
»... für den schon vom Tode gezeichneten Tyrannen ...«, Yourcenar, a.a.O., S. 35;
»Am 16. September ...«, Lissner, a.a.O., S. 207;
»... schwacher Kopf von Kaiserträumen vernebelt ...«, Yourcenar, a.a.O., S. 43;
»Im Wesen waren sie sehr verschieden ...« Kähler, a.a.O., S. 147.

6. Kapitel

»... unbewaffnet und sehr freundlich ...«, Lissner, a.a.O., S. 208ff.;
»Der eiförmige Gesichtsschnitt ist von großem Ebenmaß ...« Max Wegner, Das römische Herrscherbild. Hadrian, Plotina, Marciana, Matidia, Sabina, herausgegeben von E. Boehringer, G. v. Kaschnitz-Weinberg, Max Wegner, Dt. Archäologisches Institut, Verlag Gebr. Mann, Berlin 1956, S. 8;
»Wozu ihn vielleicht die äußere Erscheinung ...«, Kähler, a.a.O., S. 148.

8. Kapitel

»Wenn später ein Kaiser die Regierung antrat ...«, Eutrop VIII, 4: felicior Augusto, melior Traiano;
»Als Crassus 53 v. Chr. ...« Nack-Wägner, a.a.O., S. 150;
»In dem großen Ringen ...« Nack-Wägner, a.a.O., S. 150;
»Man soll sie nicht verfolgen ...« aus dem erhaltenen Briefwechsel zwischen Trajan und Plinius d.J.;
»Ein abgerichtetes Pferd ...« Lissner, a.a.O., S. 218.

9. Kapitel

»Zu meiner sonstigen Arbeit ...« Yourcenar, a.a.O., S. 72;
»Die eine Version erzählt ...« Wilhelm Weber, Untersuchungen zur Geschichte des Kaisers Hadrianus, Leipzig 1907, S. 38;
»Kaiser Trajan ist tot ...« Lissner, a.a.O., S. 220ff.
»... da er (Trajan) nicht mehr schreiben konnte ...« (Perowne, a.a.O., S. 42;
»Immerhin besteht die Möglichkeit ...« Weber, a.a.O., S. 39;
»Man könnte eher auf einen gewissen Widerstand des Trajan ...« Weber, a.a.O., S. 47;
»Allen Formen des Lebens ...« Weber, S. 89;
»... in seiner Unruhe, Bewußtheit ...« Kähler, a.a.O., S. 159.

10. Kapitel

»... im Grunde nichts anderes als die römische Normalkarriere ...« Ernst Kornemann, Kaiser Hadrian und der letzte große Historiker von Rom. Eine quellenkritische Vorarbeit, Dietrich'sche Verlagsbuchhandlung Theodor Weicher, Leipzig 1905, S. 19;
»Seine Außenpolitik war von Anfang an ...« Bernard W. Henderson, The Life and the Principate of the Emperor Hadrian, London 1923, S. 137;
»Lieber das Leben eines einzigen ...« Vita Antonini Pii von Spartianus, 9,10;
»... Parther, die einst bei Carrhae ...« Kähler, a.a.O., S. 144;
»Die Roxolani waren ...« Weber, a.a.O., S. 72;
»Man befürchtete mehr, als sie ...« Weber S. 80;
»Auf der großen Straße ...« Weber S. 76.

11. Kapitel

»Unter ihm zuerst ist der Posten des ...« Kähler, a.a.O., S. 148;
»... daß der andere vergißt ...« Kähler S. 148.

12. Kapitel

»Beim Staat war nicht mehr viel zu holen« Nachrichtenmagazin »Spiegel« Ausg. 40/1982, S. 245, mit Hinweis auf Werner Raith, Das verlassene Imperium. Über das Aussteigen des römischen Volkes aus der Geschichte, Verlag Klaus Wagenbach, Berlin; »Schon unter Augustus ...« ebenda

13. Kapitel

»Es war Sitte, daß jeder Prätor ...« Nack-Wägner, a.a.O., S. 177; »Niemals war die Armee ...« Nack-Wägner, S. 301; »Die Heere hielt er ...« Dion Cassius 69,5.

14. Kapitel

»Wenn man festgestellt hat ...« Kähler, a.a.O., S. 150; »War bisher im Bewußtsein der Römer ...« Geo, Das neue Bild der Erde, a.a.O., S. 101f.; »... sind weder Meere noch die dazwischenliegenden Länder ...« Zitat des Aristides, entnommen Perowne, Hadrian, a.a.O., S. 60; »Von Fest zu Fest, von Agon zu Agon zu eilen ...« Weber, a.a.O., S. 89; »Die Provinzialisierung des Reiches ...« Weber, S. 92; »Hoffe nicht auf Platos Staat ...« Marc Aurel, Selbstbetrachtungen, Reclam Verlag, Stuttgart; »... zu einer harmonischen Staats- und Gesellschaftsauffassung ...« Werner Raith, a.a.O., S. 106.

15. Kapitel

»perfektes Produkt ...« Erich Kuby in Geo, a.a.O.; »Wer über Hadrian schreibt ...« Perowne, a.a.O., S. 230; »Welche das geistige und soziale Leben der Zeit ...« Weber, a.a.O., S. 86; »... eine bis ins einzelne durchgeführte Personifizierung ...« Weber, a.a.O., S. 93

»... daß der ohnehin über den Staatsschatz ...« Werner Raith, a.a.O., S. 109.

16. Kapitel

»Der Limes, Roms chinesische Mauer ...« Fischer-Fabian, Die ersten Deutschen. Ein Bericht über das rätselhafte Volk der Germanen, Droemer Knaur Verlag, Locarno 1975, S. 367.

17. Kapitel

»... das Imperium verdankte ...« »Auch sie liebte ihn innig ...« Dion Cassius, 69,10,3;
»Ein wunderbares Werk ...« Spartianus, Vita 12,2.
Die in Athen gefundene Korrespondenz wurde veröffentlicht von H. Diel im »Archiv für Geschichte der Philosophie«, Bd. IV, S. 486—491, Berlin 1890;
»... am sicheren Schwertstoß der Gladiatoren ...« Yourcenar, a.a.O., S. 86;
»Frauen töteten ihre Kinder ...« Durant, Kulturgeschichte der Menschheit, Bd. 5, Weltreiche des Glaubens, Ullstein Verlag, Frankfurt/M.-Berlin-Wien 1981, S. 17.

18. Kapitel

»Das ist nun aber gerade das Jahr ...« Gutschmid, Geschichte des Irans, 1880, S. 146.

19. Kapitel

»... nicht zerstört, es hat ...« Nack-Wägner, a.a.O., S. 360f.;
»Im Charakterbild ...« Weber, a.a.O., S. 174;
Über die Adoption Hadrians: Mommsen, Feste 411, und Weber, a.a.O., S. 173, mit weiteren Hinweisen;
»Priester deuteten ...« DuMont, »Richtig reisen«, Griechenland, von Evi Melas, Köln 1980, S. 41/45;
»Die religiöse Atmosphäre ...« Durant, Bd. 5, S. 59, mit weiteren

Ausführungen zu Epiktet und der Lehre des Stoizismus;
»... den mitten in den Markomannenkriegen ...« Nack-Wägner,
a.a.O., S. 322.

20. Kapitel

»Kein Mensch entfaltete ...« Durant, Bd. 4, S. 452;
»Kuppelsäle der Thermen ...« DuMont, »Richtig reisen«, Das antike Rom, von Herbert Alexander Stützer, S. 283;
» zwischen ursprünglicher Absicht ... nur ein Mann wie er ...« Perowne, a.a.O., S. 128;
»In dieser Vorstellung ...« DuMont, Das antike Rom, S. 285;
»Ich schreibe diese Zeilen in Italien ...« Yourcenar, a.a.O., S. 6.

21. Kapitel

»Nach der Gewohnheit ...« H.V. Morton, Rom. Wanderungen
durch Vergangenheit und Gegenwart, Droemersche Verlagsanstalt,
München, 1981, S. 212;
»... und in den verfallenen Hallen ...« Kähler, a.a.O., S. 18;
»Die Großartigkeit, mit der hier ...« Morton, a.a.O., S. 231;
»... erstaunlichste Schöpfung ...« Kähler, a.a.O., S. 143;
»... zu Recht, wenn man ...« Geo, Das neue Bild der Erde, a.a.O.,
S. 90;
»Hadrian, tief beeindruckt ...« Geo, a.a.O., S. 97;
»... zu keinem anderen Zweck als diesem ...« Ferdinand Gregorovius, Geschichte des römischen Kaisers Hadrian und seiner Zeit,
Verlag J.H. Bon, Königsberg 1851;
»... allein verdichtet sich der Zeitgeist ...« Kähler, a.a.O., S. 159.

22. Kapitel

»... so viele Oliven hervor ...« Durant, Bd. 5, a.a.O., S. 32;
»Die Überlebenden ...« Nack-Wägner, a.a.O., S. 79;
»Nach der Schlacht von Actium ...« Durant, Bd. 5, a.a.O., S. 33.

23. Kapitel

»Eine nach Tausenden zählende ...« Geo, Das neue Bild der Erde, a.a.O., S. 100;
»Er ist der neue Wohltäter ...« Weber, a.a.O., S. 209.

24. Kapitel

»... schon öfter gelungen ...« Weber, a.a.O., S. 234;
»Die älteste Stadt war ...« Durant, Bd. 5, a.a.O., S. 79.

26. Kapitel

»Wohl entspricht Hadrian ...« Kähler, a.a.O., S. 152;
»übertrage die Gottheit dem Manne ...« Michael Rostovzeff, Geschichte der alten Welt. Rom, Verlag Schibli-Doppler, Birsfelden-Basel, S. 317;
»... sondern in der getreulichen Ausübung ...« Durant, Bd. 5, a.a.O., S. 89;
»Die gebildeten Schichten ...« Rostovzeff, a.a.O., S. 423;
»Denn weder sollen ...« Perowne, a.a.O., S. 173;
»... ist in Disposition und Sprache unbeholfen ...« Kähler, a.a.O., S. 152;
»Die Sprache seiner Kunst ...« Weber, a.a.O., S. 269;
»Es war immer ein Kennzeichen ...« Durant, Bd. 5, a.a.O., S. 97.

27. Kapitel

»... war für einen der klügsten ...« Durant, Bd. 4, a.a.O., S. 451;
»So ist in einer Zeit ...« Weber, a.a.O., S. 243f.;
»Fünf Jahrtausende lang ...« Durant, Bd. 5, a.a.O., S. 66;
»Für ihn ist Geschichte ...« Kähler, a.a.O., S. 151;
»... monumentale Sucht ...« Kähler, a.a.O., S. 153.

28. Kapitel

»Die offizielle Verlautbarung ...« Kähler, a.a.O., S. 153;
»Der Beziehung des Kaisers zu dem Jüngling ist in der Stadt ...«
Ch. W. Clairmont, Die Bildnisse des Antinous, Schweizerisches Institut Rom, 1966, S. 18;
»Seine Hieroglyphen ...« Kähler, a.a.O., S. 155;
»... auf einer Nilreise ...« Geo, Das neue Bild der Erde, a.a.O., S. 103f.;
»... in einem dieser Tempel ...« Lissner, a.a.O., S. 235.

29. Kapitel

»Memnonsäulen hießen sie ... Ton, der nicht menschlich war ... Sie wurden belohnt ...« C.W. Ceram, Götter Gräber und Gelehrte, Rowohlt Verlag, 1967, S. 139;
»Ägypten, mein teurer Servianus ...« Brief übersetzt und abgedruckt in F. Gregorovius, a.a.O., S. 41f., mit Hinweis auf Eckhel IV., S. 64;
»Man mag sich ... und der erste des Volkes ...« Weber, a.a.O., S. 271.

30. Kapitel

Alle angeführten Zitate aus: Ygael Yadin, Bar Kochba, Hofmann und Campe Verlag, Hamburg, 1971 (Seitenangaben jeweils am Ende des Zitats);
»Bar Kochba wurde erschlagen ...« S. 256; »... was bei ...« S. 18f.;
»Er fing die Geschosse ...« S. 256; »... gab ihm einen Fußtritt ...«
S. 256; »In der jüdischen Folklore ...« S. 27; »Dies geschah einer Gruppe ...« S. 65; »... bis zum Ende ...« S. 139; »... bis ihre Pferde ...« S. 26; »... zusammen mit ...« S. 259; »... alle Macht Israels ...«
S. 257.

31. Kapitel

»... den obersten ...« Cesare d'Onofrio, Die Engelsburg in der Geschichte Roms und des Papsttums, Romana Società Editrice, 1982,

S. 73;
»... aber noch einmal ...« Nack-Wägner, a.a.O., S. 305;
»Dieses Bauwerk ...« d'Onofrio, a.a.O., S. 20.

32. Kapitel

»... sich allmählich ...« Kähler, a.a.O., S. 158;
Folgende Anmerkungen sämtlich entnommen der Historia Augusta des Spartianus, »Aelius«.

33. Kapitel

»... einen schlechten Präzedenzfall ...« Durant, Bd. 4, a.a.O., S. 458;
»Als er an seinem letzten Geburtstag ...« Historia Augusta in der genannten Übersetzung, S. 57;
»Er starb, wie einst Tiberius, ...« Gregorovius, a.a.O., S. 82;
»Um jene Zeit ...« Historia Augusta, S. 55;
»Resignation, Sentiment ...« Kähler, a.a.O., S. 158;
»... wie Märchenworte ...« Nack-Wägner, a.a.O., S. 306.

34. Kapitel

»Wer unter den Menschen ...« Weber, Cambridge Ancient History, Bd. XI, Kap. VIII,3;
»... sondern auch der größte ...« Hermann Bengtson, Griechische Geschichte, 5. Abschnitt;
»Der Selbstaufopferer ...« Theodor Birt, Römische Charakterköpfe. Ein Weltbild in Biographien, 7. verb. Aufl., Verlag Quelle und Meyer, Leipzig 1922, S. 306;
»Aber sein Wirken erwächst ...« Wegner, a.a.O., Schlußkapitel;
»... eine bedrohlich eindringliche Ähnlichkeit ...« Durant, Bd. 4, a.a.O., Vorwort;
»Als Silen diesen sah ...« Gregorovius, a.a.O., S. 6;
»... ein Kenner des Altertums ...« Birt, S. 306.

CHRONOLOGIE

Übersicht über die Jahre von 76 bis 138 n. Chr.

24. Jan. 76	Hadrians Geburt in Italica, Südspanien
86	Tod des Vaters Afer Hadrianus und Bestellung der Vormünder Trajan und Acilius Attianus
86—91	erster Aufenthalt in Rom
ab 93	wieder in Rom, Empfang der »Toga virilis«, Richter in Erbschaftangelegenheiten, Tribun der Legion II Adiutrix in Aquincum
96	Versetzung zur V. makedonischen Legion
97	Versetzung zur Legion XXII Primigenia Pia Fidelis in Obergermanien
25. Jan. 98	Tod Nervas und Nachfolge Trajans
100	Vermählung mit Vibia Sabina
101	Quästor, erster Dakerfeldzug
105	Volkstribun, zweiter Dakerfeldzug und Oberbefehl über die Legion II Minerva
106	Prätor
22. Juni 108	erstes Konsulat (zweiter Konsul M. Trebatius Priscus)
108 — 112	»Sodalis Augustalis« und andere Priesterämter
112	Archon von Athen
ab 113	Partherfeldzug Trajans, Hadrian Statthalter von Syrien in Antiochia
117	»Legatus expeditionis Parthicae«
116/117	Judenaufstand

11. Aug. 117	»dies Imperii«
117/118	Aufstand der Roxolanen und Sarmaten
1. Jan. 118	zweites Konsulat
9. Juli 118	Einzug als Kaiser in Rom
119	drittes Konsulat (?)
119 oder 120	Reise nach Campanien
21. April 121	Grundsteinlegung des Venus- und Roma-Tempels in Rom
nach dem 21.4.121	erste Reichsreise, Germanien
Winter 121/122	Raetien und Noricum
Frühjahr 122	Ankunft in Britannien
122	Reise durch Gallien, Aufenthalt in der Provence
122	Plotinas Tod, Weiterfahrt nach Spanien, Winter in Tarraco
122/123	Reise in das östliche Imperium
125	über Thrakien und Moesien nach Griechenland
126	Rückkehr nach Rom über Sizilien
Frühjahr bis August 128	kurze Rückkehr nach Rom, Beginn der zweiten großen Reichsreise
Winter 128/129	zweiter Aufenthalt in Athen
Frühjahr 129	Reise nach Asien
Winter 129/130	Antiochia
130/131	Ägypten
30. Okt. 130	Tod des Antinous
131/132	dritter Aufenthalt in Athen
134/135	jüdischer Krieg
ab 134	endgültige Rückkehr nach Rom
136	Tod der Kaiserin Sabina
137	Tod des Aelius Verus Caesar
24. Jan. 138	Wahl des Antoninus Pius als Nachfolger
25. Febr. 138	Adoption des Antoninus Pius
10. Juli 138	Tod in Baiae

QUELLEN

Birt, Theodor: Römische Charakterköpfe, Leipzig 1922

Ceram, C.W.: Götter, Gräber und Gelehrte, 1967.

Clairmont, Ch.W.: Die Bildnisse des Antinous, Rom 1966.

Diel, H.: Archiv für Geschichte und Philosophie, Berlin 1890.

DuMont: Das antike Rom, Köln 1979.

DuMont: Griechenland, Köln 1980.

Durant: Kulturgeschichte der Menschheit, Frankfurt-Berlin-Wien 1981.

Fischer-Fabian: Die ersten Deutschen, Locarno 1975.

Grant, Michael: Der Untergang des römischen Reiches.

Gregorovius: Geschichte des römischen Kaisers Hadrian und seiner Zeit, Königsberg 1858.

Gutschmid: Geschichte des Irans, 1880.

Henderson, Bernard: The Life and the Principate of the Emperor Hadrian, London 1923.

Kähler, Heinz: Hadrian und seine Villa bei Tivoli, Berlin.

Knaurs Sittengeschichte der Welt. Von Rom bis zum Rokoko, Zürich 1968.

Kornemann, Ernst: Kaiser Hadrian und der letzte große Historiker von Rom, Leipzig 1905.

Kuby, Erich: Geo. Das neue Bild der Erde, Ausgabe 8/1982.

Lissner, Ivar: So lebten die römischen Kaiser, Olten 1969.

Mommsen, Theodor: Römische Geschichte.

Morton, H.W.: Rom. Wanderungen durch Vergangenheit und Gegenwart, München 1981.

Nack-Wägner: Das römische Weltreich, Wien.

d'Onofrio, Cesare: Die Engelsburg in der Geschichte Roms und des Papsttums, Rom 1982.

Perowne, Stewart: Hadrian, München 1977.

Raith, Werner: Das verlassene Imperium, Berlin.

Rostovtzeff, Michael: Geschichte der alten Welt, Rom-Birsfelden-Basel.

Weber, Wilhelm: Untersuchungen zur Geschichte des Kaisers Hadrianus, Leipzig 1905.

Wegner, Max: Das römische Herrscherbild. Hadrian, Plotina, Marciana, Matidia, Sabina, Berlin 1956.

Yadin, Ygael: Bar Kochba, Hamburg 1971.

Yourcenar, Marguerite: Ich zähmte die Wölfin, 1980.